Realschule Bayern

Deutschbuch

Sprach- und Lesebuch

6

Herausgegeben von
Bernd Schurf und Sylvia Wüst

Erarbeitet von
Gertraud Bildl (Waldbüttelbrunn),
Ramona Füssel-Hallabrin (Arnstorf),
Franziska Klingelhöfer (Viechtach),
Timo Koppitz (Höchberg),
Marlene Krause (Erlangen),
Renate Kroiß (Neumarkt),
Gabriele Kusebauch (Arnstorf),
Katrin Peschl (Freyung),
Martina Peter (Arnstorf),
Kerstin Scharwies (Hersbruck),
Petra Stich (Burglengenfeld),
Ina Torne (Brannenburg),
Sonja Wiesiollek (Baldham),
Gunder Wießmann (Neumarkt)

Unter Beratung von
Dr. Hans-Peter Kempf (Würzburg)

Euer Deutschbuch auf einen Blick

Das Buch ist in **vier Kompetenzbereiche** aufgeteilt.
Ihr erkennt sie an den Farben:

- 🟥 Sprechen, zuhören und schreiben
- 🟧 Mit Texten und Medien umgehen
- 🟩 Über Sprache nachdenken
- 🟦 Arbeitstechniken und Methoden

Jedes **Kapitel** besteht aus **drei Teilen**:

1 Hauptkompetenzbereich
Hier wird das Thema des Kapitels erarbeitet, z. B. in Kapitel 4 „Berichten".

🟥 4.1 Von Unfällen berichten

2 Verknüpfung mit einem zweiten Kompetenzbereich
Das Kapitelthema wird mit einem anderen Kompetenzbereich verbunden und vertiefend geübt, z. B.:

🟥🟩 4.2 Berichte sprachlich überarbeiten

3 Fit in …? oder Projekt
Hier überprüft ihr das Gelernte anhand einer Beispielschulaufgabe und einer Checkliste oder ihr erhaltet Anregungen für ein Projekt, z. B.:

🟥🟦 4.3 Fit in …? – Berichten

Das **Grundwissen** findet ihr in den blauen Kästen mit der Bezeichnung .

Auf den blauen Seiten am Ende des Buches (▶ S. 269–296) könnt ihr das Grundwissen aller Kapitel noch einmal nachschlagen.

Folgende **Kennzeichnungen** werdet ihr im Buch entdecken:

- ●○○ Aufgabe mit Hilfestellung
- ●●● Aufgabe für „Profis"
- [4] Zusatzaufgabe
-   Partnerarbeit
-   Gruppenarbeit
- 🎭 Rollenspiel
- ▶ S. 276 Auf der angegebenen Seite könnt ihr weitere Informationen nachschlagen.

Kurze Vokale – doppelte Konsonanten

Nach einem kurzen Vokal folgen fast immer zwei Konsonanten, z. B. *die Suppe, rennen*.

▶ S. 246–247, 293

Lange Vokale (a, e, i, o, u)

Lange Vokale werden meist nicht gekennzeichnet, z. B. *die Hose, lesen*.

Manchmal folgt auf den langen Vokal ein *h*, z. B. *das Mehl, lahm*.

▶ S. 248–250, 293

Groß- oder Kleinschreibung?

Nomen und nominalisierte Wörter schreibst du groß.

▶ S. 240–245, 292

Verben, Adjektive, Pronomen, schreibst du klein.

▶ S. 292

s, ss oder ß?

Nach einem kurzen Vokal schreibst du *ss*, z. B. *essen, Wasser*.

Nach einem langen Vokal oder Diphtong schreibst du *ß*, z. B. *der Kloß, heiß*.

▶ S. 251–252, 293

Satzglieder erkennen

Satzglieder sind Bausteine in einem Satz, z. B.:

Prädikat ▶ S. 215–218, 288

Subjekt ▶ S. 215–218, 288

Objekte ▶ S. 215–218, 289

Präpositionalobjekt ▶ S. 218, 289

Adverbiale ▶ S. 219–220, 289

Wortarten bestimmen

Einzelne Wörter kann man nach ihrer Wortart bestimmen, z. B.:

Nomen ▶ S. 190–193, 283

Pronomen (Fürwort) ▶ S. 194–196, 285

Adjektiv (Eigenschaftswort) ▶ S. 197–199, 284

Präposition (Verhältniswort) ▶ S. 200–201, 286

Verb (Tätigkeitswort) ▶ S. 203–212, 286–287

Konjunktion (Bindewort) ▶ S. 185, 223, 226, 284

Satzreihe und Satzgefüge

Satzreihe: Hauptsatz + Hauptsatz

▶ S. 223–224, 290

Satzgefüge: Hauptsatz + Nebensatz

▶ S. 225–230, 290

Zeichensetzung

Das Komma zwischen Sätzen

▶ S. 253, 255, 294

Das Komma bei Aufzählungen

▶ S. 253, 255, 294

Zeichensetzung bei der wörtlichen Rede

▶ S. 84, 254, 294

Ihr Zugang zum E-Book auf www.scook.de:

 n6qn9-audh9 Ihr Lizenzcode

Der Code beinhaltet nach Erstaktivierung eine 5-jährige Lizenz zur Nutzung des E-Books auf scook. Für die Nutzung ist die Zustimmung zu den AGB auf scook.de erforderlich.

9783060624201 Deutschb RS BY 6

Inhaltsverzeichnis

1 — Sprechen, zuhören und schreiben
Was ist Freundschaft? – Sprechen und erzählen 13

1.1 Von Freundschaftserlebnissen erzählen **14**
- Mündlich erzählen 14
- Zu einem Bild erzählen 15
- Über Freundschaften schreiben 16

Kompetenzschwerpunkt
▶ Eigene Erfahrungen und Erlebnisse anschaulich erzählen

1.2 Freundschaftsgeschichten lesen **17**
- Total verrückte Kumpel – Figuren untersuchen 17
- *Anders Jacobsson/Sören Olsson: Berts intime Katastrophen* 17
- „Na, dann hau doch ab!" – Einen Text erschließen 20
- *Jutta Richter: Im Gruselhaus* 20

▶ Altersgemäße literarische Texte lesen
▶ Kreativ mit Sprache und Texten umgehen

1.3 Freundschaftliche Mitteilungen schreiben ... **23**
- Vom Brief zur SMS 23

▶ Die Sprache von E-Mails mit der von persönlichen Briefen vergleichen

2 — Sprechen, zuhören und schreiben
Überzeugend in der Sache, höflich im Ton – Anliegen vorbringen 25

2.1 Meinungen und Anliegen formulieren **26**
- Meinungen vertreten 26
- Ein Anliegen vorbringen 28
- ⊗ Testet euer Wissen! – Ein Anliegen formulieren und vorbringen .. 31

▶ Miteinander sprechen, aktiv zuhören
▶ Die eigene Meinung darlegen und begründen

2.2 Konflikte sachbezogen lösen **32**
- *Hanna Hanisch: Die Sache mit dem Parka* 32

▶ Konflikte sprachlich austragen
▶ Ursachen für gestörte Kommunikation erkennen
▶ Altersgemäße literarische Texte lesen

2.3 Projekt: Anliegen in einem Rollenspiel diskutieren **34**

▶ Im Spiel Rollen übernehmen
▶ Die eigene Meinung darlegen und begründen

3 Mit freundlichen Grüßen – In sachlichen Briefen Anliegen vorbringen 35

Sprechen, zuhören und schreiben — Kompetenzschwerpunkt

3.1 Höflich und genau – Sachliche Briefe schreiben **36**
- Schreibanlässe und Empfänger sachlicher Briefe kennen 36
- Sachliche Briefe von persönlichen Briefen unterscheiden 37
- Den Aufbau eines sachlichen Briefes kennen 38
- Das Anliegen begründen – Den Brieftext schreiben 41
- Betreffzeilen richtig formulieren 42
- Einen sachlichen Brief überarbeiten 44
- ✗ Testet euer Wissen! – Merkmale sachlicher Briefe kennen 46
- Rechtschreibprüfung am Computer 47

▶ Anliegen darlegen: sachliche Schreiben verfassen

▶ Texte am Computer produzieren

3.2 Jacke gesucht! – Gegenstände genau beschreiben und eine Verlustanzeige verfassen **48**
- Inhalte und Aufbau einer Gegenstandsbeschreibung 49
- Die sprachliche Gestaltung einer Gegenstandsbeschreibung 51

▶ Sachliche Schreiben verfassen
▶ Wortschatzerweiterung durch Wortbildung

3.3 Fit in …? – Einen sachlichen Brief schreiben ... **53**

4 Berichte rund um Schule und Freizeit 55

Sprechen, zuhören und schreiben

4.1 Von Unfällen berichten **56**
- Kennzeichen eines Berichts untersuchen 56
- Berichte schreiben 59
- Unfallbericht 59
- Polizeibericht und Zeitungsbericht 61
- ✗ Testet euer Wissen! – Berichte schreiben 61

▶ Über Ereignisse berichten
▶ Informationen an andere weitergeben

	4.2	**Berichte sprachlich überarbeiten**	**62**	Kompetenzschwerpunkt ▶ Über Ereignisse berichten
		Was ist passiert? – Aktiv und Passiv nutzen	62	▶ Die Funktion von Aktiv und Passiv kennen
		Falsch in den Zeitzug eingestiegen – Die richtige Zeitform verwenden	63	▶ Verwendung der Tempora wiederholen
		Richtig angekoppelt? – Sätze mit Konjunktionen verknüpfen	64	▶ Konjunktionen richtig verwenden
		Sachlich und genau beschreiben – Auf Ausdruck und Wortwahl achten	65	▶ Strategien der Textüberarbeitung anwenden
	4.3	**Fit in …? – Berichten**	**66**	

5 Sprechen, zuhören und schreiben
Abwechslungsreich und fantasievoll erzählen 69

	5.1	**„Kaum zu glauben!" – Lebendig erzählen**	**70**	▶ Abwechslungsreich und fantasievoll erzählen
		Mündlich und schriftlich erzählen	70	
		Erlebnis- und Fantasieerzählung unterscheiden	71	
		Den Aufbau einer Erzählung kennen	73	
		Auf sprachliche Besonderheiten achten	74	
		Eine eigene Erzählung planen und schreiben ..	74	▶ Sprachliche Gestaltungsmittel bewusst einsetzen
		Gefühle und Gedanken in Erzählungen untersuchen	76	
		Äußere und innere Handlung unterscheiden ..	76	
		Elisabeth Zöller: Und wenn ich zurückhaue?	76	▶ Inhalt und Merkmale von Texten erschließen
		Sich mit dem Text auseinandersetzen	78	
	5.2	**Zu Redewendungen erzählen**	**79**	▶ Bedeutung und Herkunft bekannter Redewendungen kennen
		Die Bedeutung von Redewendungen kennen	79	
		Eine Erzählung zu einer Redewendung verfassen	81	▶ Abwechslungsreich und fantasievoll erzählen
		Lebendig und abwechslungsreich erzählen	84	▶ Kreativ mit Sprache und Texten umgehen
		Wörtliche Rede verwenden	84	
		Anschauliche Sprache verwenden	85	
		⊗ Testet euer Wissen! – Eine Erzählung in der Schreibkonferenz überprüfen	86	
	5.3	**Fit in …? – Eine Erzählung zu einer Redewendung überarbeiten**	**87**	▶ Strategien der Überarbeitung vertiefen

6 Mit Texten und Medien umgehen
Wenn Geschriebenes lebendig wird – Jugendbücher lesen und vorstellen 89

Kompetenzschwerpunkt

6.1 Ein Jugendbuch lesen **90**
- Vom Buchdeckel zum ersten Schmökern 90
- *Andreas Steinhöfel:*
- *Rico, Oskar und die Tieferschatten* 90
- Die Figuren genauer kennen lernen 94
- ❌ Testet euer Wissen! – Andreas Steinhöfels „Rico, Oskar und die Tieferschatten" 96

▶ Ein Jugendbuch als Klassenlektüre lesen
▶ Inhalt und Merkmale von Texten erschließen

6.2 Einen Text gekonnt vorlesen **97**
- Das Vorlesen üben 97
- *Andreas Steinhöfel:*
- *Rico, Oskar und die Tieferschatten* 97
- Einen Vorlesewettbewerb durchführen 99

▶ Ein Jugendbuch vorstellen
▶ Texte vorlesen
▶ An einem Vorlesewettbewerb teilnehmen

6.3 Projekt: Eine Autorenlesung veranstalten **100**
- *Krystyna Kuhn: „Ich lese für mein Publikum"* ... 100

▶ Den Bezug zwischen Autor und Buch reflektieren
▶ An einer Autorenlesung teilnehmen

7 Mit Texten und Medien umgehen
Bergmandl, Götter und listige Helden – Sagen von Bayern bis Griechenland 103

7.1 Heimatsagen lesen und verstehen **104**
- Eine Sage kennen lernen 104
- *Wie der Wendelstein zu seinem Namen kam* ... 104
- Sagenmerkmale kennen 106
- *Der Teufelstein bei Tittling* 106
- Inhalte einer Sage wiedergeben 108
- *Die Gründung des Juliusspitals* 108

▶ Inhalte und Merkmale von Heimatsagen erschließen, die Textsorte erkennen

7.2 Von Helden und Göttern – Sagen erschließen und umgestalten **111**
- Held Odysseus –
- Eine griechische Sage kennen lernen 111
- *Homer: Die Lotosesser* 111
- Rätselhaftes bei den Römern –
- Zu Sagen schreiben 115
- *Vergil: Alba Longa* 115
- Odysseus trifft Kirke – Eine Sage erschließen .. 117
- *Homer: Auf Kirkes Insel* 117
- ❌ Testet euer Wissen! – Sagen 120

▶ Inhalte und Merkmale von klassischen Sagen erschließen, die Textsorte erkennen
▶ Kreativ mit Sprache und Texten umgehen

7.3 Fit in …? – Eine Sage untersuchen und umgestalten **121**

8 Tiere wie Menschen – Fabeln verstehen und verändern 123

Mit Texten und Medien umgehen — Kompetenzschwerpunkt

8.1 Fabeln aus alter und neuer Zeit **124**
Alte Fabeln – bis heute aktuell 124
Äsop: Der Wolf und das Lamm 124
Helmut Arntzen (Der Wolf und das Lamm) 125
Jean de La Fontaine:
Der geschmeichelte Sänger 125
Fabelhaftes aus neueren Zeiten 126
Rudolf Kirsten: Ungleiche Boten 126
Drei wahre Worte 127
✖ Testet euer Wissen! – Fabeln 128
Die Schildkröte und der Leopard 128

▶ Inhalt und Merkmale von Fabeln erschließen, die Textsorte erkennen

8.2 Sprechende Weinfässer, tanzende Grillen ... –
Kreativ mit Fabeln umgehen **129**
Ignacy Krasicki: Der Wein und das Wasser 129
Äsop: Die Ameise und die Grille 130
Helmut Arntzen: Grille und Ameise 130
Fabeln szenisch darstellen 131
Georg Born: Sie tanzte nur einen Winter 131
James Thurber:
Der Seehund, der berühmt wurde 131
Zu Bildern Fabeln erzählen 133
Wilhelm Busch: Der fliegende Frosch 133
Sonja Krack: Kochbuch für große Dichter:
Ein fabelhaftes Menü 133

▶ Kreativ mit Sprache und Texten umgehen
▶ Nacherzählen

▶ Textabschnitte in Spielszenen umsetzen

8.3 Projekt: Tierisch gute Texte! –
Einen Fabelweg (Gallery Walk) gestalten **135**
Den Fabelweg planen 135
Die Texte auswählen und überarbeiten 136
Die Fabeln präsentieren 136

▶ Kreativ mit literarischen Texten umgehen
▶ Texte wirkungsvoll vorlesen

9 Mit Texten und Medien umgehen — Kompetenzschwerpunkt
Lyrische Landschaften — Gedichte untersuchen und gestalten 137

9.1 Naturgedichte untersuchen **138**
Ein Stein in meiner Hand … —
Sich Gedichten nähern 138
Reinhard Brunner: Ein Stein 138
Von Bäumen und Träumen —
Gereimtes untersuchen 139
Eugen Roth (Zu fällen einen schönen Baum …) .. 139
Erika Krause-Gebauer: Ich träume mir ein Land ... 139

▸ Inhalte und Merkmale von Gedichten erschließen

9.2 Jahreszeitengedichte entdecken **141**
Vergleiche erkennen und selbst erfinden 141
Christine Busta: Die Frühlingssonne 141
Mit sprachlichen Bildern umgehen 142
Heinrich Seidel: November 142
Matthias Claudius:
Ein Lied hinterm Ofen zu singen 144
Sinneseindrücke in Gedichten untersuchen ... 146
Ilse Kleberger: Sommer 146
✗ Testet euer Wissen! —
Ein Gedicht erschließen 147
Hugo von Hofmannsthal:
Regen in der Dämmerung 147

▸ Literarische Texte erschließen
▸ Vielfalt der Sprache bewusst entdecken

9.3 Projekt: Jahreszeitenposter **148**
Josef Guggenmos: Gegen den Wind 148
Franz von Pocci: Der Wind 148

▸ Kreativ mit literarischen Texten umgehen

10 Mit Texten und Medien umgehen
Vorhang auf! — Ein Theaterprojekt durchführen 149

10.1 Theatergrundlagen **150**
Training für die Bühne: Gemeinsam rappen ... 150
Klassen-Rap „Kaufrausch" 150

▸ Literarische Kurzformen kennen
▸ Deutlich artikulieren
▸ Sprachliche Gestaltungsmittel bewusst einsetzen

10.2 *Im Viertelland* —
Aus einem Text Theaterszenen entwickeln **152**
Gina Ruck-Pauquèt: Im Viertelland 152
Eine Szene erarbeiten 155

▸ Inhalte von Texten erschließen
▸ Kreativ mit literarischen Texten umgehen

10.3 *Im Viertelland* — Das Projekt umsetzen **156**
Die Szenen für das Theaterstück schreiben 156
Das Stück auf die Bühne bringen 158

▸ Textabschnitte in Spielszenen umsetzen
▸ Im Spiel Rollen übernehmen

11 Bücher, Film und Fernsehen – Untersuchen und bewerten 159

Mit Texten und Medien umgehen — Kompetenzschwerpunkt

11.1 Das fliegende Klassenzimmer –
Buch und Film vergleichen .... **160**   ▶ Ein Jugendbuch lesen
    Erich Kästner: Das fliegende Klassenzimmer 160
    Der Film zum Buch 162
    Die filmische Umsetzung einer Textstelle 163
    Einstellungsgrößen und Perspektiven 165

11.2 Empfehlenswert? – Rezensionen schreiben ... **167**   ▶ Eine Rezension zu einer Fernsehsendung verfassen
    Eine Buchkritik verfassen 167
    Über die Autorin/den Autor informieren 168
    Eine Filmkritik schreiben 168

11.3 Projekt: Die „Glotze" und wir –
Über Fernsehgewohnheiten nachdenken ...... **170**   ▶ Fernsehgewohnheiten bewusst machen, das Medium Fernsehen überlegt nutzen

12 Höher, schneller, weiter – Mit Sachtexten umgehen 171

Mit Texten und Medien umgehen

12.1 Olympia: Wie alles begann – Sachtexte
zusammenfassen und beschreiben .... **172**   ▶ Methoden der Texterschließung an Sachtexten anwenden
    Die nackten Helden von Olympia 172
    Einen Sachtext erschließen 173
    Fremdwörter aus dem Griechischen
    und dem Lateinischen verstehen 175   ▶ Formale Gestaltungsmittel bei Sachtexten beschreiben, ihre Funktion erkennen
    Fremdwörter-Fünfkampf! 176
    Das Layout beschreiben 177   ▶ Bedeutung von Fremdwörtern erarbeiten
    Die Olympischen Spiele der Neuzeit 177
    ❌ Testet euer Wissen! –
    Mit Sachtexten umgehen 179

12.2 Erfolgreich trotz Handicap –
Einen Sachtext beschreiben .... **180**   ▶ Den Inhalt zusammenfassen/wiedergeben
    Die Paralympics 180
    Einleitungen formulieren 181
    Inhalte wiedergeben und das Layout
    beschreiben 182
    Die eigene Meinung formulieren 183   ▶ Die eigene Meinung darlegen und begründen
    Zusammenhängend schreiben –
    Sätze verknüpfen! 184

12.3 Fit in …? – Über Sachtexte informieren **186**
    Gewinnen mit allen Mitteln 186

13 Über Sprache nachdenken
Grammatiktraining – Wörter und Wortarten 189

Kompetenzschwerpunkt

13.1 Von Nomen, Pronomen, Präpositionen und mehr **190**
  Nomen – Große Worte 190
  Pronomen – Kurz und vielseitig 194
  Personal- und Possessivpronomen 194
  Demonstrativ- und Relativpronomen 195
  Adjektive – Wörter für Rekorde 197
  Präpositionen – Wörtchen für alle Lagen 200
  ✖ Testet euer Wissen! – Wortarten 202

▶ Wortarten richtig verwenden

13.2 Was Verben können **203**
  Das Präsens – Die Gegenwart und mehr 203
  Die Vergangenheit – Präteritum, Perfekt und mehr 205
  Präteritum oder Perfekt – Schriftlich oder mündlich: Darauf kommt es an! 206
  Plusquamperfekt – Mehr als vergangen 208
  Die Zukunft – Das Futur I und II 210
  Aktiv und Passiv 211

▶ Bildung und Verwendung der Tempora wiederholen

13.3 Fit in ...? – Wortarten und Zeitformen der Verben **213**

14 Über Sprache nachdenken
Grammatiktraining – Satzglieder und Sätze 215

14.1 Satzglieder – Die Bausteine der Sätze **216**
  Schon bekannt: Subjekt, Prädikat, Objekte 216
  Adverbialien – Die näheren Umstände eines Geschehens 219
  ✖ Testet euer Wissen! – Satzglieder 221

▶ Satzglieder und deren Aufgabe im Satz untersuchen, bestimmen und richtig anwenden

14.2 Satz für Satz zum Text **222**
  Hauptsatz an Hauptsatz – Die Satzreihe 223
  Hauptsatz mit Nebensatz – Das Satzgefüge 225
  ✖ Testet euer Wissen! – Sätze untersuchen 230

▶ Satzarten untersuchen, bestimmen und richtig anwenden

14.3 Fit in ...? – Satzglieder und Sätze **231**

Über Sprache nachdenken Kompetenzschwerpunkt

15 Rechtschreibtraining 233

15.1 Richtig schreiben – Tipps und Techniken **234**
- Rechtschreibstrategien weiterentwickeln
- Grundregeln der Rechtschreibung und Zeichensetzung wiederholen und üben
- Den Umgang mit einem Wörterbuch beherrschen

Tipp 1: Deutlich sprechen – genau hinhören .. 234
Tipp 2: Auf Wortbausteine achten 235
Tipp 3: Verwandte Wörter suchen 236
Tipp 4: Wörter verlängern 237
Tipp 5: Silbentrennung 238
Die Rechtschreibung im Wörterbuch überprüfen 239

15.2 Rechtschreibregeln üben **240**

Groß- und Kleinschreibung 240
Nomen schreibt man groß 240
Die Wortart wechseln – Verben werden Nomen 242
Die Wortart wechseln – Adjektive werden Nomen 243
Nominalisierungen erkennen 244
❌ Testet euer Wissen! – Groß- oder Kleinschreibung? 245

- Schreibung nominalisierter Wörter kennen lernen und üben

Kurze und lange Vokale unterscheiden 246
Kurze Vokale – Doppelkonsonanten 246
Lange Vokale 248
Ungekennzeichnete lange Vokale 248
Doppelvokale 248
Lange Vokale mit *h* 249
Wörter mit langem *i* und *ie* 250
❌ Testet euer Wissen! – Kurze und lange Vokale unterscheiden 250
Die Schreibung der *s*-Laute 251
❌ Testet euer Wissen! – Schreibung der *s*-Laute 252
Rechtschreibung am Computer prüfen 252
Satzzeichen richtig setzen 253
Das Komma bei Aufzählungen 253
Das Komma bei Satzreihe und Satzgefüge 253
Zeichensetzung bei wörtlicher Rede 254
❌ Testet euer Wissen! – Satzzeichen richtig setzen 255

- Mit Hilfe des Computers Rechtschreibprüfungen vornehmen

15.3 Fit in …? – An persönlichen Fehlerschwerpunkten arbeiten **256**

- Individuelle Fehler erkennen und durch angemessene Arbeitstechniken beheben

16 Arbeitstechniken und Methoden
Das Lernen lernen 257

16.1 Lernstrategien kennen und anwenden .... **258** ▶ Das Lernen lernen
Vor dem Test: Sich gezielt vorbereiten 258
Eine Mind-Map erstellen 259
Während des Tests: Etappenweise zum Ziel! .. 260
Nach dem Test: Mit Fehlerlisten üben 261
⊗ Testet euer Wissen! –
Lernstrategien anwenden 261

16.2 Sich und andere informieren .... **262** ▶ Lesetechniken üben
Texte zielgerichtet auswerten und
Informationen präsentieren 262
Die neuen sieben Weltwunder 262
Ein Info-Plakat erstellen 264

16.3 Ein Referat halten .... **266** ▶ Informationen weitergeben
Den Vortrag vorbereiten 266
Das Referat planen 266
Das Thema erschließen 266
Das Referat gliedern 267
Anschaulich präsentieren und Feedback
einholen 268

Grundwissen 269

1 Sprechen, zuhören und schreiben 269
2 Mit Texten und Medien umgehen 278
3 Über Sprache nachdenken 283
4 Arbeitstechniken und Methoden 296

Textartenverzeichnis 297
Autoren- und Quellenverzeichnis 298
Bildquellenverzeichnis 299
Sachregister 300

1 Was ist Freundschaft? –
Sprechen und erzählen

1 Beschreibt, woran ihr erkennen könnt, dass die Schülerinnen auf dem Bild befreundet sind.

2 Sprecht darüber, was Freundschaft für euch bedeutet:
– Wie sollte ein guter Freund/eine gute Freundin sein?
– Welche Erlebnisse fallen euch zum Thema „Freundschaft" ein?

1.1 Von Freundschaftserlebnissen erzählen

Mündlich erzählen

1 Was verbindet ihr mit dem Thema „Freundschaft"?
Sammelt Ideen in Stichpunkten in einem Cluster (engl. „Ideen-Netz").
Notiert den Begriff in der Mitte eines großen Blattes und zweigt davon alle weiteren Einfälle ab.
So könnt ihr euren Cluster beginnen:

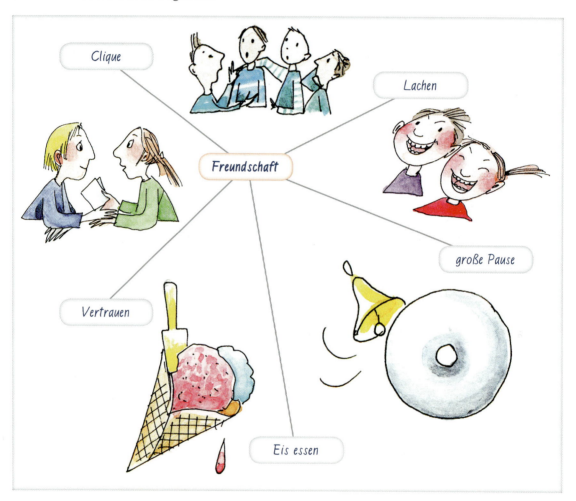

2 a Erzählt euch zu zweit von einem Freundschaftserlebnis. Es kann wahr oder erfunden sein.
Nutzt dabei die Begriffe aus dem Cluster.
b Erläutert, warum dieses Erlebnis für euch etwas über Freundschaft aussagt.
c Erzählt nun euer Erlebnis vor der Klasse.
Die anderen hören aufmerksam zu und stellen Fragen, wenn etwas unklar ist.

3 Vergleicht die Erlebnisse, von denen ihr erzählt habt:
Welche Gemeinsamkeiten und Unterschiede gibt es?

Zu einem Bild erzählen

4 a Beschreibt das Bild und erzählt, wie es möglicherweise zu dieser Situation kommen konnte.
  b Wie könnte die Geschichte weitergehen? Notiert Ideen, wie sich die Freundschaft zwischen den beiden Jungen weiterentwickeln könnte.

5 Ihr könnt zu dem Bild eine Geschichte erzählen.
  a Legt zu jedem Handlungsschritt eine Karteikarte an und notiert in Stichworten, was passiert. Legt auch für die Einleitung und den Schluss jeweils eine eigene Karteikarte an.
  b Tragt nun eure Erzählung möglichst lebendig der Klasse vor.

| Wissen und Können | Der Aufbau einer Erzählung |

Eine gute Erzählung hat folgende Bestandteile:
- eine **Einleitung,** die Antworten auf diese W-Fragen gibt: *Wer? Was? Wann? Wo?*
- einen **Hauptteil,** der einen Höhepunkt (oder mehrere) enthält
- einen **Schluss,** der die Geschichte sinnvoll abrundet

1 Was ist Freundschaft? – Sprechen und erzählen

Über Freundschaften schreiben

Die beiden Freunde auf dem Bild auf Seite 15 haben es schließlich geschafft, vom Kirschbaum herunterzukommen, und erzählen im Rückblick darüber.

1 Versetzt euch in die Lage eines der beiden Jungen und erzählt in einem Brief an eine Freundin/einen Freund das Erlebnis.
So könntet ihr beginnen:

> Liebe Carla,
>
> du glaubst gar nicht, was Aaron und mir letztes Wochenende passiert ist. Eigentlich wollten wir ja nur ein bisschen Frisbee spielen und waren deshalb zur Wiese hinter dem Waldbad gefahren ...

2
a Besprecht und überarbeitet eure Briefentwürfe in einer Schreibkonferenz.
b Schreibt den Brief anschließend sauber in eure Hefte.
c Tragt euch die Briefe gegenseitig vor.

3 Es gibt noch mehr Anlässe für Freundschaftsgeschichten.
a Wie könnte in den folgenden Situationen eine Freundschaft entstanden sein? Sammelt zu zweit Ideen.
b Wählt eine der Situationen aus und schreibt eine Geschichte dazu auf.

Geburtstagsfeier • Inliner • Sturz • Hilfe

schlechte Note • Tränen • Taschentuch

Fußballspiel • Eigentor • Niederlage • Trost

Hund ausführen • wegrennen • gemeinsame Suche

Wenn ihr Hilfe braucht, könnt ihr die folgenden Textbausteine nutzen:

> – Wie ich Sally kennen gelernt habe, werde ich nie vergessen: Es war ein verregneter Montagmorgen im Oktober ...
>
> – ... und wir wussten, dass wir heute die Mathearbeit zurückbekommen sollten. „Noten sind nicht alles, aber bemühen solltest du dich schon!", sagen meine Eltern immer. Und wie ich mich bemüht hatte! Denn mein Onkel hatte mir für eine 1 oder 2 einen Besuch im Spaßbad versprochen ...
>
> – Ganz in meinem Kummer versunken, hatte ich erst gar nicht bemerkt, dass jemand neben mir stand ...

1.2 Freundschaftsgeschichten lesen

Total verrückte Kumpel – Figuren untersuchen

Anders Jacobsson/Sören Olsson

Berts intime Katastrophen

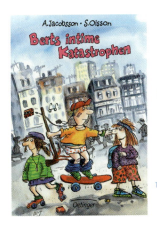

Die schwedischen Kinder- und Jugendbuchautoren **Anders Jacobsson** (*1963) und **Sören Olsson** (*1964) sind Cousins. Zusammen haben sie schon mehr als 15 Bände über Berts alltägliche Katastrophen geschrieben.

4. Januar
Hallihallo, Tagebuch!
Ich hab einen Kumpel, der heißt Arne Nordin. Arne hat mal behauptet, er stammt von einer vornehmen Familie ab. „Das sieht man dir aber nicht an", sagte ich. [...]
Gestern ist eine irre Sache passiert. Arne rief mich von den Kanarischen Inseln an. Dort macht er mit seinem Vater und seiner kleinen Schwester Urlaub. Arne rief heimlich aus dem Hotelzimmer an. Wir unterhielten uns darüber, welche Fernsehsendungen er verpasst hat und welche Typen aus unserer Klasse ich seit Weihnachten schon gesehen habe. Dann erzählte Arne, dass er zwei neue Stollen für seine Fußballschuhe kaufen muss, wenn er nach Hause kommt. Nach 48 Minuten hörte ich im Hintergrund ein fürchterliches Gebrüll. Das war Arnes Vater. Der hatte das geheime Telefongespräch entdeckt.
Arne ist Wurmspezialist. Das ist er unfreiwillig geworden. Weil Arnes Wasserfrösche Lasse und Hasse ungefähr 14 Würmer täglich brauchen, um zu wachsen und dick und fett zu werden. Arne hat vor, ein Wurmlabor zu eröffnen. Er will beweisen, dass Würmer und Menschen eigentlich ein und dasselbe sind. Wenn man einen Wurm in zwei Teile teilt, leben beide Teile weiter. Arne ist davon überzeugt, dass dasselbe für Menschen gilt. Arne ist ein Scherzkeks, aber ehrlich. Wüsste zu gern, ob man Blumen mit Haushaltspiritus gießen kann. Werd's mal ausprobieren.
Alles okeh – Kartoffelpüreh

7. Januar
Hallihallo, Tagebuch!
Heut Abend geht eine echt makrofetzige Schau ab! Wir werden Arne besuchen. Arne ist von den Kanarischen Inseln zurückgekommen, und da wollen wir eine Luxusfete feiern. Wir – das ist unsere Rockband. Unsere Rockband heißt HEMAN HUNTERS. Letztes Jahr hießen wir TOTAL BEHÄMMERT. Da haben wir keine Engagements gekriegt. Aber dieses Jahr erwartet uns eine internationale Karriere. Ich bin der Textdichter. Dieser Text ist der beste:
„I is the best, viel better als the Rest. Hello, hello, I must go. Take the nait, take the nait, baby, I is the rait."
Dieser Song kommt garantiert an die erste Stelle sämtlicher Hitlisten.
HEMAN HUNTERS besteht aus fünf Musikern; ich, Arne, Torleif, Erik und Nicke. Aber unsere Künstlernamen sind natürlich ganz anders. Ich heiße Buck Walkar, Arne heißt The Perfect Eagle, Torleif nennt sich Terry, Nicke nennt sich Jerry, und Erik heißt Fritz Klyka.

Auf der Luxusfete bei Arne ist alles luxuriös. Wir werden Luxus-Limo trinken, Luxus-Kuchen essen, Luxus-Popcorn poppen und Luxus-Diskussionen führen, unter anderem über HEMAN HUNTERS. Arne wird uns alle spanischen Wörter aufzählen, die er kann. Erik hat gefragt, ob er ein paar Briefmarken mitbringen darf. Die will er uns zeigen. Da wollte Arne seine Luxusfete lieber absagen. Erik nahm die Frage zurück.

Die Fete hat nur einen Haken – Arnes kleine Schwester Doris. Doris glaubt, sie ist auch eingeladen. Das ist sie aber nicht. Arne hat gefragt, ob jemand von uns ein paar Mausefallen mitbringen kann. Die würde er dann vor seinem Zimmer aufstellen und mit Gummibärchen und Sahnebonbons laden – um eine gewisse Person auf Abstand zu halten. Aber keiner von uns hat eine Mausefalle. Nicke sagte, er könnte das Luftgewehr von seinem Bruder mitbringen, wenn Arne das will. Arne hat eine Weile überlegt. Dann hat er dankend abgelehnt.

Jetzt kann ich nicht mehr weiterschreiben. Ich muss nämlich meine Luxusstrümpfe und mein Ausgehhemd anziehen. Ein Glück, dass es nicht „Draufgehhemd" heißt. Dann wäre es inzwischen nämlich ganz schön schmutzig.

Alles okeh – Kartoffelpüreh

11. Februar
Hallihallo, Tagebuch! Ein Moped! Ich will ein Moped haben. Natürlich weiß ich, dass man erst mit fünfzehn Moped fahren darf, und ich werd bald dreizehn. Ich hab meine Eltern verhört, ob sie möglicherweise irgendwo zwei Jahre übersehen haben. Dann könnte ich nämlich schon dieses Jahr ein Moped kriegen. Welch ein Traum! Ein Moped ist das Wichtigste, was es gibt, dann kommt Nadja, dann Bratwurst.

Man stelle sich dieses unbeschreibliche Gefühl vor, auf einer funkelnagelneuen Puck Dakota die Straßen entlangzusausen. Und hinter mir sitzt Nadja und futtert Bratwurst. Arne und ich werden heute Mopedläden besichtigen. Das Mopedfieber hat uns gepackt. Arne hat erzählt, dass er heute Nacht aufgewacht ist und nach einem Moped geschrien hat. Wir haben eine Unmenge Prospekte studiert, um uns zu informieren, welche Zylinder und Lenker die besten sind. Dann haben wir darüber diskutiert, ob wir eine Stiftung für das Recht aller Menschen auf ein Moped ins Leben rufen sollen. Wir haben vor, einen Brief an die Vereinten Nationen zu schreiben und sie zu bitten, dafür zu sorgen, dass alle bald dreizehnjährigen Jungs in Schweden Moped fahren dürfen – wegen der

Menschenrechte. Altersgrenzen sind total ungerecht.
Ich weiß, dass ich besser Moped fahren kann als unser verkalkter Rektor. Ich hab schon oft auf Mopeds gesessen. Die Mopeds standen bei Arne im Hof und fuhren sehr schnell. Das haben wir gemerkt, als die Besitzer der Mopeds uns verfolgt haben.
Alles okeh – Kartoffelpüreh

1
a Beantwortet die folgenden W-Fragen zu dem Jugendbuch-Auszug.
Nennt auch immer die Seite und die Zeile, wo die Antwort zu finden ist.

Wo lebt Bert?	Wie alt ist er?
Wo macht Arne Urlaub?	Wie heißt Berts Freundin?

Falls ihr die Antworten nicht findet, könnt ihr in diesen Absätzen nachlesen: Z. 1–15, Z. 90–117
b Formuliert selbst W-Fragen zum Text und lasst sie von der Klasse beantworten.
Ihr könnt auch Richtig-/Falsch-Aussagen über den Text aufschreiben, z. B.:
Arne hat zwei Hamster. (F)
Arnes kleine Schwester heißt Doris. (R)
c Wählt einen der Tagebucheinträge aus und erzählt ihn mit eigenen Worten nach (▶ S. 276).

2 Arne ist Berts bester Freund.
a Warum ist Bert die Freundschaft mit Arne wohl so wichtig?
Begründet eure Meinung mit Textstellen.
b Wärt ihr auch gern mit Arne befreundet?
Begründet eure Meinung.
c Erstellt einen Steckbrief für Arne wie im Beispiel rechts.
d Beschreibt Arne in einem Text, z. B.:
Gesucht wird „Arne". Er ist …

Steckbrief
– Name: Arne
– Alter: etwa …
– Geschwister: …
– Freunde: …
– Hobbys: …
– Eigenschaften: …

3 Bert bezeichnet Arne als seinen „Kumpel" (Z. 3), obwohl er eigentlich „Freund" sagen müsste.
a Umschreibt die unterschiedliche Bedeutung der beiden Begriffe.
b Gibt es ähnliche Bezeichnungen für Mädchen? Nennt Beispiele.
c Unterscheiden sich Jungen- und Mädchenfreundschaften? Tauscht euch aus.

4 Berts Tagebucheintrag enthält viele jugend- und umgangssprachliche Ausdrücke.
a Sucht sie heraus und schreibt sie mit Zeilenangabe untereinander in euer Heft.
b Versucht, die Ausdrücke in die „Hochsprache" zu übertragen, z. B.:
„Typen aus unserer Klasse" (Z. 17 f.) → *unsere Klassenkameraden*
c Vergleicht Berts Formulierungen mit eurer Jugendsprache:
Welche Ausdrücke würdet ihr selbst verwenden, welche nicht?

5 Weshalb schreibt man ein Tagebuch?
Nennt mögliche Gründe und berichtet von eigenen Erfahrungen.

„Na, dann hau doch ab!" – Einen Text erschließen

Jutta Richter

Im Gruselhaus

Die Kinder- und Jugendbuchautorin **Jutta Richter** wurde 1955 in Westfalen geboren. Ihr Roman „Der Tag, als ich lernte die Spinnen zu zähmen" erzählt von der Freundschaft eines Mädchens zu dem Außenseiter Rainer.

„... ich weiß, wo's Ratten gibt."
Mir lief ein Schauer den Rücken hinunter. Rainer hatte plötzlich so ein gefährliches Glitzern in den Augen. Ich hätte wetten können, dass ich wusste, was er vorhatte. Bevor er weitersprechen konnte, war ich aufgesprungen.
„Nein!", rief ich. „Nie! Da geh ich nie im Leben mit!"
„Feigling!", zischte Rainer. „Du bist eben auch nicht besser als die doofen Weiber. Hätte ich mir ja denken können! Mädchen bleibt Mädchen!" Ich trat von einem Bein aufs andere, ich biss mir auf die Unterlippe. Am liebsten hätte ich mich in Luft aufgelöst.
„Hab ich die Kellerkatze verjagt?", fragte Rainer. „Hab ich die Monsterspinne erledigt? Vergiss nicht, wen du vor dir hast: den Spezialisten für Lebendfallen! Den schärfsten Scharfschützen im Wilden Westen! Und du willst kneifen! Na, dann hau doch ab! Aber glaub nicht, dass ich noch ein Wort mit dir rede! Und in meiner Mannschaft bist du auch nicht mehr! Kannst ja bei den doofen Weibern mitmachen!"
Ich zögerte. Wenn Ratten so klug waren wie Menschen, waren sie bestimmt auch klüger als Rainer.
Aber wenn ich nicht mitging, würde ich meinen Freund verlieren. Vielleicht für immer.
Und das war sicher schlimmer, als einem Rattenkönig zu begegnen.
„Na gut", sagte ich leise. „Dann komm ich eben mit."
In der Altstadt fingen die Glocken an, für die Samstagvorabendmesse zu läuten. Die Mauersegler sirrten um Thiemanns Garage. Aus Fräulein Fantinis Fenster fiel die „Kleine Nachtmusik". Alles war wie immer.
Rainer ging um die Ecke, dahin, wo unten am Bahndamm das Gruselhaus stand.
Solange ich denken konnte, hatte nie jemand dort gewohnt. Die Fensterscheiben waren alle eingeworfen und an der Haustür hing ein gelbes Schild mit schwarzem Rand: Betreten verboten! Eltern haften für ihre Kinder. Der Eigentümer.
Es war uns strengstens verboten, das Gruselhaus zu betreten.
Mein Vater hatte gesagt: „Wenn ich dich nur einmal dort erwische, gibt's Dresche."
Und das war die schlimmste aller Strafen. Zehnmal schlimmer als Hausarrest.
Aber freiwillig hätte ich das Gruselhaus sowieso nicht betreten, weil Opa Thiemann doch die Geschichte vom erstickten Kind erzählt hatte: „Vor langer Zeit ... von der eigenen Mutter ... in diesem Haus ... mit einem Kopfkissen ... so lange auf den Kopf des Kindes gedrückt ... bis es sich nicht mehr bewegte."
„Bleib hier stehen", sagte Rainer, sah sich nach allen Seiten um und schlich bis zur Hausecke. Die Straße war menschenleer. Einen Augenblick lang hoffte ich, er würde ohne mich ins Gruselhaus gehen, aber dann nickte er mir zu und rief: „Komm schnell!"

Er zog mich hinter das Haus und zeigte auf ein offenes Fenster. „Da rein! Los!"

Wir kletterten über die Fensterbank und standen in einem düsteren Zimmer. Überall waren Löcher: im Holzfußboden, in der Zimmerdecke. Und von den Wänden hingen Tapetenfetzen mit einem verblichenen Blumenmuster. Es roch modrig und es war kühl. Mir war ganz schlecht vor Angst.

Aber das durfte ich ja nicht zeigen.

Rainer klatschte in die Hände und machte: „Ksch, ksch!" Dann noch mal: „Ksch, ksch!"

Irgendwo im Haus raschelte es.

„Hörst du die Ratten?", fragte Rainer.

Ich stand mit angehaltenem Atem und lauschte. Direkt über unseren Köpfen hörte ich ein Trippeln.

Kurz darauf ein leises Pfeifen.

„Komm", flüsterte Rainer. „Wir gehen nach oben. Aber sei leise!"

Er nahm meine Hand und wir schlichen vorsichtig durch das Zimmer, bis wir in einem kleinen Flur standen. Eine Treppe ohne Geländer führte ins obere Stockwerk. Die Stufen knarrten und immer, wenn das geschah, blieben wir stehen und warteten. Meine Hand in Rainers Hand war ganz schwitzig und mein Herz klopfte bis in die Fingerspitzen.

Endlich, nach einer Ewigkeit, standen wir auf dem oberen Treppenabsatz.

Meine Augen hatten sich an das Dämmerlicht gewöhnt. So kam es, dass ich sie zuerst sah.

Ich drückte Rainers Hand und nickte mit dem Kopf in ihre Richtung.

Es war eine große graue Ratte mit einem dicken unbehaarten Schwanz. Sie saß völlig reglos auf einer zerschlissenen Matratze und schaute uns mit ihren glänzenden Knopfaugen aufmerksam an.

Ihre Schnauze und die Schnurrbarthaare zitterten leicht, sie schnupperte, sie roch, dass wir da waren.

Ich hatte noch nie so nah vor einer Ratte gestanden und begriff plötzlich, was Hansi Pfeifer gemeint hatte. Die Ratte sah sehr klug aus. Sie war bestimmt klüger als ich. Und sie war bestimmt klüger als Rainer.

Wir bewegten uns nicht. Die Ratte bewegte sich nicht.

Und dann spürte ich plötzlich, dass mit Rainer etwas nicht stimmte. Er zitterte, sein Atem ging schneller. Er zog die Luft ein und machte ganz seltsame Geräusche dabei. Eine Art Pfeifen und Rasseln. Es hörte sich an, als würde er ersticken, sein Gesicht war verzerrt, er sah aus, als würde er Fratzen schneiden. Das war unheimlich.

Am liebsten hätte ich mich umgedreht und wäre weggelaufen. Und gleichzeitig wusste ich: Jetzt kam es auf mich an. Ich musste Rainer helfen.

Und während ich das begriff, wuchs in meinem Hasenherz ein Riesenmut.

Ich drückte seine Hand und zog ihn dann auf

die oberste Treppenstufe zurück. Ich bewegte mich ganz ruhig, ganz vorsichtig, ganz langsam. So wie ich es im Zirkus bei den Löwenbändigern gesehen hatte.
Ich führte Rainer rückwärts die Treppe hinunter. Ich wusste, wenn man sich umdreht, hat man verloren. Dann würde die Ratte in unseren Nacken springen und sich dort festbeißen. Es dauerte ewig, bis wir endlich unten waren und uns umdrehen konnten. Ich wollte zum Fenster rennen und hinausklettern.

Aber Rainer konnte nicht. Er rang nach Luft und hatte ganz blaue Lippen. Dann stützte er die Hände aufs Fensterbrett und ließ den Kopf hängen. Er keuchte immer noch. Sein schmaler Rücken hob und senkte sich.
Da sah ich, dass Rainer weinte, ganz leise weinte. Seine Tränen tropften einfach in den Staub.
Irgendwann fing er an, wieder ruhiger zu atmen, und dann kletterten wir vorsichtig aus dem Fenster.
Rainer sagte keinen Ton. Er nahm nur meine Hand und hielt sie fest. Wir gingen um das Gruselhaus herum und erst unter Fräulein Fantinis Fenster ließ er meine Hand wieder los.
Und dann sagte er: „Scheißasthma", und versuchte zu grinsen.
Er puffte mich in die Seite und meinte: „Aber trotzdem, mutig bist du ja, Meechen! Eigentlich wie 'n Junge …"
Und da erst bin ich weggelaufen …

1 Warum folgt die Ich-Erzählerin Rainer in das Gruselhaus? Sucht die Antwort im Text und nennt die Zeile.

2 Das Erlebnis im Spukhaus lässt sich in Einleitung, Hauptteil und Schluss unterteilen.
  a Bestimmt die drei Teile und den Höhepunkt. Notiert Zeilenangaben und fasst das Geschehen in wenigen Stichpunkten zusammen:
  Einleitung, Z. 1–XX: Gespräch über Ratten – Gang zum Gruselhaus
  Hauptteil, Z. XX–XXX: …   *Höhepunkt: Z. XXX–XXX:* …
  Schluss, Z. XXX–XXX: …
  b Erzählt das Erlebnis mit eigenen Worten nach (▶ S. 276).

3 „So kam es, dass ich **sie** zuerst sah." (Z. 101) Hier steht ein Pronomen (▶ S. 194 ff.) an Stelle eines Nomens.
  a Wer ist mit dem Pronomen „sie" gemeint? Nennt das Nomen.
  b Beschreibt, welche Wirkung durch die Verwendung des Pronomens erzielt wird.

4 „Und dann sagte er: ‚Scheißasthma' …" (Z. 161)
  Was ist der wahre Grund für Rainers unerwartetes Verhalten im Gruselhaus?

5 Am Abend erzählt das Mädchen seiner Schwester von dem Erlebnis und erklärt, warum es erst am Schluss wegläuft. Schreibt die Erzählung des Mädchens auf.
  So könnt ihr beginnen:
  Du glaubst nicht, was ich heute zusammen mit Rainer erlebt habe! Du kennst doch das Gruselhaus am Bahndamm? Das Haus, von dem Opa uns … Rainer wollte mir unbedingt zeigen, dass es dort …

1.3 Freundschaftliche Mitteilungen schreiben

Vom Brief zur SMS

> Höchberg, den 06.09.20XX
>
> Hallo Selina,
> viele Grüße aus dem Ferienlager! Hier ist es super: Die Leute sind nett, das Programm macht Spaß und wir haben Traumwetter! Das einzig Blöde ist das Handyverbot. Auf diese Weise kommst du aber immerhin mal zu einem richtigen Brief von mir, das ist doch was, oder?
> Es gibt leider eine weitere Sache, die nicht so schön ist: Isabel verhält sich ziemlich komisch und redet nicht mehr mit mir. Dabei hatten wir uns so auf das Camp gefreut! Ich weiß echt nicht, was ich falsch gemacht habe. Ob das noch was mit der Matheschulaufgabe zu tun hat? Vielleicht sollte ich sie mal darauf ansprechen ...
> Jetzt verrate ich dir noch eine Neuigkeit: Ich habe hier einen total süßen Jungen kennen gelernt! Oliver heißt er. Beim Essen saß ich zufällig schon zweimal neben ihm. Er ist voll nett und witzig ... Zu Hause zeig ich dir ein Bild von ihm. Falls ich mich traue, ein Foto von ihm zu machen. Mir zittern schon beim Gedanken daran die Hände!
> Wir müssen nächste Woche unbedingt mal wieder zum Shopping gehen, denn ich brauche eine neue Jeans. Und ich will natürlich wissen, was du so erlebt hast und wie es euren Welpen geht!
> Liebe Grüße und bis sehr bald
> deine Eva

1 Welche Neuigkeiten teilt Eva ihrer Freundin Selina im Brief mit? Gebt sie kurz wieder.

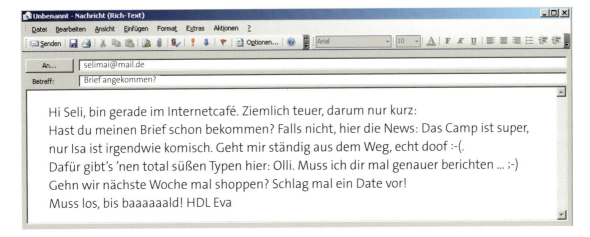

2
a Vergleicht Evas E-Mail mit ihrem Brief:
Welche zusätzlichen Gestaltungsmerkmale gibt es in der E-Mail, welche fehlen?
b Die E-Mail enthält viele umgangssprachliche Ausdrücke und unvollständige Sätze.
Schreibt den Text vollständig in Standardsprache auf.
c Auch Evas Brief enthält umgangssprachliche Ausdrücke. Schreibt sie verbessert auf.

1 Was ist Freundschaft? – Sprechen und erzählen

3 Eva hat Selina diese SMS geschrieben. Gebt wieder, welche Informationen darin enthalten sind.

4 Sprecht über eure Erfahrungen mit dem SMS-Schreiben:
- Wer von euch hat ein eigenes Handy?
- Wie viele SMS schreibt ihr pro Woche?
- Gab es beim SMS-Schreiben schon einmal Missverständnisse?

5 a Wie unterscheiden sich Evas Brief, E-Mail und SMS? Ergänzt die folgende Tabelle in eurem Heft:

	Persönlicher Brief	E-Mail	SMS
Länge	…	mittlere Länge	…
Inhalt	Schilderung von Erlebnissen, Eindrücken	…	…
Sprache	…	Standardsprache und Umgangssprache	…
Gestaltungsmerkmale/ Besonderheiten	…	– Emoticons, z. B.: ☺ – …	…
Geschwindigkeit der Übermittlung	…	…	…

●○○ Als Hilfe könnt ihr die folgenden Begriffe in die Tabelle eintragen:

> schnell • Angabe von Ort und Datum • Absätze • lang • mehrere Tage • unvollständige Sätze • fehlende Satzzeichen • zum Teil unvollständige Sätze • keine Absätze • Abkürzungssprache, z. B.: LG • kurze Informationen • Unterschrift • Gliederung in Einleitung – Hauptteil – Schluss • vollständige Sätze • Mitteilung von Erlebnissen/Eindrücken/Informationen

b Diskutiert darüber, welche Vor- und Nachteile Brief, E-Mail und SMS haben.

6 Auch über Netzwerkseiten im Internet kann man mit Freunden Kontakt aufnehmen. Tauscht euch über eure Erfahrungen damit aus:
- Für welche Art von Mitteilungen nutzt ihr die Netzwerkseiten?
- Wodurch unterscheiden sich eure Mitteilungen dort von E-Mails und SMS?
- Wie viele eurer „Freunde" dort sind wirkliche Freunde?
- Habt ihr schon einmal einen „Freund" gelöscht? Wenn ja, warum?

2 Überzeugend in der Sache, höflich im Ton – Anliegen vorbringen

1   a Beschreibt das Foto:
       Was läuft auf diesem Pausenhof schief – was läuft gut?
    b Formuliert Regeln, die auf dem Pausenhof gelten.

2   Berichtet über die Pausen-Regeln an eurer Schule:
    Woran sollt ihr euch halten und warum?

2.1 Meinungen und Anliegen formulieren

Meinungen vertreten

In der Klassenleiterstunde der 6d wird das Thema „Pausenhofregeln" besprochen:

FRAU KRAUS: Gut, kommen wir jetzt noch zu den Pausenhofregeln ...
FLORIAN *(ruft laut, ohne sich gemeldet zu haben)* ①: Die sind total ungerecht!
MARION: Also, ich finde, da hast du nur zum Teil Recht, Florian. ② Die meisten Regeln sind in Ordnung. Nur ein paar sollten wirklich geändert werden.
(zustimmendes Gemurmel)
FRAU KRAUS: Welche Regeln meint ihr denn nun genau?
LISA *(meldet sich)*: Dass Fußballspielen verboten ist, zum Beispiel.
SEMIRE *(kichert)*: Wer will denn schon Fußball spielen? Du willst dich doch nur bei den Jungs beliebt machen! ③
NICO *(fällt Semire ins Wort)* ④: Ach, Lisa hat doch vollkommen recht.
FRAU KRAUS: So geht das nicht! Es kann immer nur einer oder eine sprechen. Also, wer ist noch der Meinung, dass das Fußballspielverbot aufgehoben werden sollte?
(20 von 25 Schülern heben die Hand.)
ALEX *(der sich die ganze Zeit über leise mit Peter unterhalten hat, fragt nach)* ⑤: Was ist los?
Frau Kraus erteilt Nora das Wort:
NORA: Man sollte uns erlauben, auf dem Pausenhof Fußball zu spielen. So können wir uns in der Pause austoben und haben einen Ausgleich zu den Unterrichtsstunden. ⑥
ANTONIA *(fährt Nora entnervt an)*: Rumtoben! Das ist doch was für Babys. ⑦
LUKAS: Nora sieht das schon richtig! ⑧ Wenn man sich in der Pause austoben darf, kann man sich im Unterricht besser konzentrieren. ⑨

ALESSIA: Wir bräuchten eine zweite Pause. ⑩
FRAU KRAUS: Das hat aber mit unserem Thema nichts zu tun! Zurück zum Fußballspielen.
(Jan schnipst laut mit den Fingern.) ⑪ Jan, bitte nicht schnipsen, ich sehe dich doch.
JAN: Der Pausenhof ist doch viel zu klein! Da kann man nicht vernünftig Fußball spielen! Außerdem stören einen da die anderen.
FRAU KRAUS: Akin, hast du einen Einfall?
AKIN: Ja, wie wär's denn mit dem Hartplatz neben dem Pausenhof? Der ist doch umzäunt. Dort würden wir niemanden stören oder mit dem Ball verletzen und könnten auch gut von der Pausenaufsicht beobachtet werden. ⑫

1 a Welche Frage wird in der Klasse diskutiert?
b Welche Ansichten vertreten die Schülerinnen und Schüler zu dieser Frage?
c Warum überzeugen die Beiträge von Nora (Z. 27–30) und Lukas (Z. 33–35)?

2 Spielt die Klassensituation mit verteilten Rollen nach. Sprecht dabei möglichst frei.

3 a Lest die folgenden Bewertungen und entscheidet, ob das beschriebene Diskussionsverhalten **hilfreich** oder **hinderlich** ist.

A   Es ist ? , einfach laut durcheinanderzurufen.
So wird niemand gehört und man erreicht keine Einigung.

B   Es ist ? , sachlich zu bleiben, auch wenn man anderer Meinung ist.
Das verhindert Streit und hilft, eine gemeinsame Lösung zu finden.

C   Es ist ? , sich mit anderen Dingen zu beschäftigen oder Nebengespräche zu führen.
Wenn man sich nicht auf die Diskussion konzentriert, verpasst man Wichtiges und erweckt den Anschein, man sei nicht am Thema interessiert.

D   Es ist ? , seine Meinung zu begründen. So zeigt man, warum man etwas befürwortet oder ablehnt, und kann andere überzeugen.

b Ordnet die vier Bewertungen den grün markierten Stellen in der Diskussion auf Seite 26 zu.
c Bewertet auch die blau markierten Gesprächsbeiträge nach dem Muster in Aufgabe a.

4 Gestaltet ein Plakat mit Diskussionsregeln für euer Klassenzimmer.
Wählt positive Formulierungen, z. B.:
– *Ich bleibe sachlich, auch wenn ich anderer Meinung bin.*
– *Ich melde mich, wenn ich etwas sagen möchte.*

Wissen und Können **In Diskussionen Meinungen vertreten**

- In einer Diskussion tauschen sich mehrere Personen zu einer **Frage** aus, z. B.:
  „Soll das Fußballspielen auf dem Pausenhof verboten werden?"
- Die Diskussionsteilnehmer/innen können **unterschiedliche Ansichten** vertreten, z. B.:
  einem Vorschlag zustimmen, ihn ablehnen oder mit Einschränkung zustimmen
- Die Diskussionsteilnehmer/innen
  – erklären und begründen ihre Meinung, damit die anderen sie nachvollziehen können.
  – äußern ihre Meinung in der Ich-Form.
  – hören einander zu und unterbrechen oder stören den Redner nicht.
  – melden sich und sprechen erst nach Aufforderung.
  – bleiben immer sachlich.
- Ziele einer Diskussion können sein: verschiedene **Positionen darzustellen** und **Argumente auszutauschen,** andere von der eigenen Meinung zu **überzeugen** oder zu einer **Einigung** zu kommen, also eine **gemeinsame Lösung** zu finden.

Ein Anliegen vorbringen

Simon soll den Schulleiter im Namen der Klasse darum bitten, das Fußballspielen auf dem Pausenhof zu erlauben.

SIMON *(betritt das Sekretariat):* Frau Lang, ich muss schnell mal mit Herrn Kuhn sprechen. *(Ohne eine Antwort abzuwarten, öffnet Simon die Tür zum Büro des Rektors und redet los.)*
5 **SIMON:** Also, wir aus der 6 d finden die Pausenhofregeln ziemlich ungerecht.
HERR KUHN: Wie bitte!? *(Er runzelt die Stirn.)*
SIMON: Na ja, ich meine, vor allem wollen wir in der Pause Fußball spielen.
10 **HERR KUHN:** So, so, und das soll ich euch jetzt erlauben. Und aus welchen Gründen?
SIMON: Also, das wäre total cool!
HERR KUHN: Ich rate dir Folgendes: Mach dir erst einmal Gedanken, wie du euer Anliegen klar und überzeugend vorbringen kannst. 15 Dann kannst du gerne wiederkommen.
(Simon verlässt enttäuscht den Raum, Herr Kuhn wendet sich kopfschüttelnd seiner Arbeit zu.)

1 Lest das Gespräch mit verteilten Rollen.

2 Warum hat Simon mit seinem Anliegen keinen Erfolg?
Untersucht Inhalt und Sprache des Gesprächs und macht euch Notizen zu folgenden Fragen:
– Welche Informationen fehlen?
– Was muss Simon beachten, um höflich aufzutreten?
– Wie sollte er seine Äußerungen formulieren, damit sie höflich wirken?

3 Ein wichtiges Gespräch verläuft besser, wenn man es vorher plant.
Ordnet die Schritte aus dem Wortspeicher in einer Liste wie im Muster unten.
a Was sollte man vor dem Gespräch beachten?
Notiert zwei Punkte aus dem Wortspeicher.
b Plant den Aufbau des Gesprächs: Schreibt zu den Phasen A–C passende Schritte in einer sinnvollen Reihenfolge auf.

Vor dem Gespräch beachten
– ...
– ...

Ein Anliegen vorbringen

A   Gespräch eröffnen
   1. ...
   2. ...
   3. ...
B   Anliegen vorbringen
   4. ...
   5. ...
   6. ...
C   Gespräch beenden
   7. ...
   8. ...

sich bedanken • (anklopfen, fragen ob man stören darf) • sich vorstellen • grüßen • sich verabschieden • Anliegen begründen • sich überlegen, was man möchte • sich überlegen, welche Gründe man hat (und – falls passend – welche Gegenleistung man anbieten kann) • falls passend: Gegenleistung anbieten • Anliegen klar und deutlich äußern • wenn nötig: erklären, wer einen geschickt hat

Die gesamte Klasse hat das Gespräch mit dem Schulleiter noch einmal gründlich vorbereitet. Simon wird erneut zu Herrn Kuhn geschickt, um das Anliegen der 6d vorzubringen.

(Simon betritt das Sekretariat.)
SIMON: ?
FRAU LANG: Guten Morgen. Herr Kuhn ist in seinem Büro. Du darfst ihn ruhig stören.
(Simon klopft an und wird vom Rektor hereingebeten.)
SIMON: ?
HERR KUHN: Guten Morgen, Simon. Die Klasse 6d schickt dich also als ihren Vertreter. Was kann ich für dich tun?
SIMON: ?
HERR KUHN: Ich verstehe! Ihr möchtet, dass ich die Pausenhofregeln ändere, sodass künftig das Fußballspielen in der Pause erlaubt ist. Habt ihr denn Gründe dafür vorzubringen?
SIMON: ?
HERR KUHN: Aha, eure Gründe sind durchaus überzeugend.
SIMON: ?
HERR KUHN: Ein guter Vorschlag! Ihr habt euch gründlich Gedanken gemacht! Der Hartplatz eignet sich durchaus. Lasst uns Folgendes vereinbaren: Ich erlaube allen Schülern für eine Probezeit von drei Wochen, in der Pause auf dem Hartplatz Fußball zu spielen. Wenn es dadurch nicht zu Störungen kommt, können wir das Verbot für immer aufheben.
SIMON: ?
HERR KUHN: Auf Wiedersehen, Simon!

4 Was sollte Simon sagen, damit das Gespräch erfolgreich verläuft? Macht euch Notizen zur Vervollständigung des Gesprächs. Haltet euch dabei an die zuvor erarbeiteten Schritte (Aufgabe 3 auf Seite 28).

5 a Vergleicht eure Gesprächsentwürfe. Ergänzt und verbessert die Aussagen, falls nötig.
b Übt euren Gesprächsentwurf mit verteilten Rollen und tragt ihn der Klasse vor.
c Die Klassenmitglieder beobachten das Gespräch mit Hilfe der Liste von Seite 28 und bewerten die einzelnen Punkte mit folgenden Zeichen:
☺ *gelungen/überzeugend*   V *fehlt oder unvollständig*   ☹ *unsachlich/nicht überzeugend*

6 Stellt euch vor, Simon würde seine Bitte nicht persönlich, sondern in einem Telefonat vorbringen. Besprecht, was er dabei beachten müsste (▶ S. 269), und spielt das Gespräch durch.

7 a Plant zu zweit ein Gespräch zum folgenden Anliegen und notiert euch Stichpunkte.
b Spielt das Gespräch mit verteilten Rollen vor und lasst euch eine Rückmeldung geben.

> Die Mitglieder des Chors bitten um eine Befreiung vom Unterricht in der 5. und 6. Stunde des nächsten Tages, damit sie noch einmal geschlossen für den Auftritt auf dem Schulfest in der kommenden Woche proben können.

2 Überzeugend in der Sache, höflich im Ton – Anliegen vorbringen

8 Auch kleinere Anliegen wie die folgenden solltet ihr höflich und sachlich vorbringen.

> 1 Dein Deutschlehrer Herr Groß schickt dich zur Sekretärin Frau Meisl, um Kreide zu holen.
> 2 Die Englischlehrerin Frau Lutz beauftragt dich, die Videokamera bei Frau Pohl auszuleihen.

a Schreibt auf, wie man diese Anliegen vorbringt, indem ihr die folgenden Äußerungen in der richtigen Reihenfolge dem jeweiligen Anliegen zuordnet.

> A Guten Morgen, Frau Pohl. Frau Lutz schickt mich.
> B Wir haben keine weiße Kreide mehr.
> C Herr Groß schickt mich.
> D Ich soll Sie fragen, ob Sie uns die Videokamera ausleihen können.
> E Danke, Frau Pohl. Auf Wiedersehen!
> F Guten Morgen, Frau Meisl.
> G Wir bringen die Kamera in der nächsten Pause wieder zurück.
> H Vielen Dank, Frau Meisl. Auf Wiedersehen!
> I Könnten Sie uns bitte ausnahmsweise jetzt ein neues Päckchen für die Klasse 6 d geben?
> J In Zukunft wird der Tafeldienst gleich morgens prüfen, ob genügend Kreide da ist.
> K Unsere funktioniert leider momentan nicht.

b Schreibt zu der folgenden Situation ein Gespräch auf: Du bittest deine Lehrerin Frau Ott um den Schlüssel für den Musiksaal, weil du dort dein Mäppchen vergessen hast.
Hier findet ihr Hilfen:

> Ich bringe Ihnen den Schlüssel ... zurück. • Grüß Gott, Frau ... Könnten Sie ...? •
> Vielen Dank, Frau ...! Ich beeile mich. • Ich habe nämlich leider ... und jetzt ist der Saal ...

c Übt eines der Gespräche zu zweit und tragt es anschließend frei der Klasse vor.

Wissen und Können | **Ein Anliegen vorbringen**

Das Gespräch vorbereiten
Mache dir Notizen zu folgenden Fragen:
- Anliegen: Was will ich?
- Begründung: Warum will ich das? (Welchen Nutzen ziehe ich daraus?)
- Gegenleistung: Was kann/werde ich selbst tun, damit die Bitte erfüllt wird?

Tritt höflich auf:
- Klopfe an und warte, bis du hereingerufen wirst.

Halte diesen Gesprächsablauf ein:
- Frage, ob du kurz stören kannst.
- Eröffne das Gespräch (grüßen; dich vorstellen; erklären, wer dich beauftragt hat).
- Bringe das Anliegen vor (sachlich; höflich; kein Betteln, Fordern, Überreden).
- Beende das Gespräch (dich bedanken; dich verabschieden).

Testet euer Wissen!

Ein Anliegen formulieren und vorbringen

1 Wie sollte man sich in Diskussionen verhalten – und warum?
Ordnet den Aussagen 1–5 links die richtigen Begründungen aus der rechten Spalte zu.
Schreibt die Aussagen mit der passenden Begründung auf.

Aussage

1 In einer Diskussion begründe ich meine Meinung, ...

2 Während einer Diskussion höre ich den anderen aufmerksam zu und falle niemandem ins Wort, ...

3 Mein Beitrag muss zum Thema und zu dem, was zuvor gesagt wurde, passen, ...

4 In Diskussionen äußere ich meine Meinung in der Ich-Form, ...

5 In Diskussionen bleibe ich sachlich, ...

Begründung

A denn die Diskussion soll aufrechterhalten werden und zu einem Ergebnis kommen.

B da jeder Sprecher das Recht hat, seine Aussage ohne Störungen vorzubringen.

C denn dabei handelt es sich um eine persönliche Einstellung, die nicht allgemein gültig ist.

D da Beschimpfungen, Beleidigungen oder Übertreibungen die Gefühle anderer verletzen und somit die Diskussion blockieren.

E weil sie für andere nachvollziehbar und überzeugend sein soll.

2 Was muss man beachten, wenn man ein Anliegen vorbringt?
Auf der folgenden Liste ist nur die erste Regel korrekt.
Findet die Fehler in den übrigen Sätzen und schreibt alle Regeln verbessert ab.

Ein Anliegen vorbringen – wichtige Regeln

- Zur Vorbereitung eines wichtigen Gespräches sollte man sich Notizen machen.
- Folgende Fragen sollte man sich vorher stellen: Warum? Welche ~~Bezahlung~~ *Gegenleistung* biete ich an?
- Wenn es dann so weit ist, öffnet man die Tür forsch, ohne anzuklopfen.
- Man grüßt, fragt, wie es geht, und stellt sich vor.
- Danach formuliert man sein Anliegen.
- Man sollte im Gespräch meist sachlich bleiben.
- Betteln oder Überreden nützt aber auch manchmal.
- Am Ende des Gespräches bedankt man sich nur, wenn die Bitte erfüllt wurde.
- Danach kann man gehen.

2.2 Konflikte sachbezogen lösen

Hanna Hanisch

Die Sache mit dem Parka

Er stört mich beim Radfahren, das Futter ist mir zu warm, die Kapuze ist mir lästig. Wenn er wenigstens grün wäre! Und jeden Morgen dasselbe Thema! „Zieh deinen Parka an! Er liegt auf dem Küchenstuhl, vorgewärmt. Knöpf ihn richtig zu! Zieh die Kapuze über! Verstanden?"
Meistens schaffe ich es, so durchzukommen. Ich habe da meine Tricks: Ich gehe noch mal in mein Zimmer, lasse den Parka auf dem Bett liegen, lenke meine Mutter ab und verschwinde. Gestern stellt sich meine Mutter so lange neben mich, bis ich den Parka endlich über die Schultern hänge. Vor der Haustür klemme ich ihn in den Gepäckträger. Plötzlich packt mich jemand am Hals: Mein Vater! Er schüttelt mich am Kragen. „So betrügst du uns?", schreit er mich an, und einen Moment hab ich das Gefühl, als müsste ich um mich schlagen. „Lass mich los!", schreie ich zurück. „Ich komme zu spät!" „Mir egal!", brüllt mein Vater. „Wir reden jetzt oben ein Wort zusammen." Er zieht mich in den Hausflur und treibt mich die Treppe hoch. Meine Mutter steht oben an der Flurtür und heult. In der Küche muss ich mich setzen.

Mein Vater steht vor mir; wie ein Riese steht er da. Meine Güte! Was für ein Theater wegen diesem blöden Parka! „Du warst krank, mein Freund!", sagt mein Vater und seine Stimme ist immer noch viel zu laut. Ja doch, weiß ich! Ist schon eine Weile her. Jetzt bin ich eben wieder gesund. „Du hattest eine Lungenentzündung, vierzig Fieber. Wir haben eine Menge Angst ausgestanden. Jeden Tag ist der Doktor gekommen. Doch wohl nicht zum Spaß, oder?" „Dein Leben hat am seidenen Faden gehangen", schluchzt meine Mutter. „Wir wollen deutlich mit ihm reden", sagt mein Vater. „Er versteht das sonst vielleicht nicht. Du warst am Abnippeln! Habe ich mich klar genug ausgedrückt?"
Mein Vater redet jetzt auch so mit Zitterstimme. Mir wird komisch. Ich sehe die Küchenuhr wie etwas Fremdes. „Zehn vor acht?", denke ich. „Wieso bin ich da noch zu Hause?" Überhaupt kommt mir das alles vor wie ein Film, in dem ich gar nicht mitspielen will. Abnippeln hat mein Vater gesagt? Was soll das heißen? Ich müsste jetzt eigentlich gar nicht mehr leben? Tot sein? Das gibt es doch gar nicht! Man

kann doch nicht einfach sterben. Oder doch? Ich mache mich steif und schließe die Augen. Ich stelle mir vor, tot zu sein. „Warum habt ihr mir das nicht gesagt?", stoße ich mühsam aus meinem steifen Körper. Mein Vater hat sich an den Küchentisch gesetzt. Endlich ist er mir vom Leibe gerückt! [...] Er redet vor sich hin, als wäre ich gar nicht da. „Wenn einer gefährlich krank ist, sagt man ihm das nicht auf den Kopf zu. Was hilft ihm das? – Man setzt sich für ihn ein mit allen Kräften. Man legt sich ins Zeug, bis man selber nicht mehr auf den Beinen stehen kann. Man bringt ihn durch, wie ein Wunder ist das. Und dann rennt so ein verbockter Dummkopf in die Schule ohne Mantel! Und verspielt vielleicht alles wieder. Kriegt einen Rückfall. Ich begreife das nicht." Mein Vater lässt den Kopf hängen. Er tut mir leid. Er hat Angst, ich erkälte mich. Kann ich ja verstehen! Also gut, dann ziehe ich den Parka eben an. Es macht mir nichts aus. Hauptsache, ich habe keinen Ärger mehr. „Du musst mir eine Entschuldigung schreiben", sage ich plötzlich. „Für die erste Stunde. Sonst kriege ich einen Eintrag." Mein Vater zieht seinen Kugelschreiber und schreibt mir etwas auf seinen Notizblock. Ich stecke den Zettel in die Hosentasche. Dann hänge ich mir den Parka um und laufe aus der Küche, die Treppe hinunter, aus der Haustür auf die Straße. Mein Körper ist nicht mehr steif. Er ist leicht wie Luft. Unten schwinge ich mich aufs Fahrrad, trete bergab in die Pedale. Der Wind zischt mir um die Ohren. [...] In der Kurve schreie ich Jippijäh! Die Bremse fasst gut. Ich fühle mich großartig heute Morgen.

1 In Diskussionen überzeugt man, wenn man seine Meinung begründen kann.
  a Stellt in einer Tabelle die Begründungen des Jungen und die der Eltern gegenüber.
  b Eltern oder Junge – wer hat eurer Meinung nach die überzeugenderen Begründungen?

2 Vervollständigt die folgenden Aussagen des Jungen und seiner Eltern mit verschiedenen Begründungen. Wählt passende Konjunktionen und probiert verschiedene Satzstellungen aus.
Ich habe mich über euch geärgert, ...   *Wir waren besorgt um dich, ...*   *Weil ihr ..., ...*

> Mit den **Konjunktionen** *weil, da, denn* kann man Begründungen einleiten (▶ S. 284), z. B.: *Ich hatte den Parka nicht an, weil ...*

3 Eine Diskussion kommt besser voran, wenn man geeignete Formulierungen wählt.
  a Erklärt, warum man die Sätze im roten Kasten als „Killerphrasen" bezeichnet.
  b Ersetzt jede Killerphrase durch eine geeignetere Formulierung aus dem grünen Kasten.

Killerphrasen
Das haben wir doch schon mal erfolglos probiert. • Das dürfen wir eh nicht! • Die anderen sollen das mal machen. • Das ist viel zu viel Arbeit!

Diskussionen voranbringen
Wie können wir die anderen dazu bringen, uns zu helfen? • Woran lag es, dass es nicht geklappt hat, und was könnten wir diesmal besser machen? • Wie können wir es schaffen? • Was können wir tun, damit man uns das erlaubt?

4 Spielt eine Situation nach, in der ihr mit euren Eltern diskutiert, z. B. zum Thema Computerspiele oder Taschengeld. Achtet darauf, eure Meinung zu begründen, und vermeidet Killerphrasen!

2.3 Projekt: Anliegen in einem Rollenspiel diskutieren

Sollen wir eine Klassenbücherei einrichten?
Die Klasse 6e hat Meinungen dazu gesammelt.

1 a Ordnet die Aussagen von der Tafel den folgenden Standpunkten zu:
Eine Klassenbücherei ist sinnvoll.
Eine Klassenbücherei ist nicht sinnvoll.
b Findet weitere Begründungen.

2 Bildet zwei Gruppen, die jeweils einen der beiden Standpunkte in der Diskussion übernehmen.
– Listet Begründungen für euren Standpunkt auf.
– Schreibt sie in Stichpunkten auf Kärtchen und übt damit euren Diskussionsbeitrag.

Tafelbild:
- bessere Ausleihmöglichkeiten (Schülerbücherei nur in der Pause geöffnet)
- weniger Auswahl als in Schülerbücherei
- Vertretungsstunden zum Lesen nutzen
- Schüler, die nicht so gerne lesen, zum Lesen anregen
- Ruhe bei der Auswahl (Lärm in Schülerbücherei)
- Klassenbücherei stärkt Klassengemeinschaft
- kein Platz im Klassenraum …
- aufwendige Organisation (Listen, Verleihkarten …)
- Unsere Schülerbücherei wäre dann überflüssig ☹

3 a Ruft euch die Diskussionsregeln eurer Klasse in Erinnerung und nummeriert sie.
b Legt in der Gruppe die folgenden Aufgaben fest:
– **Sprecher:** Sie vertreten in der Diskussion die Ansicht der Gruppe und begründen sie.
– **Beobachter:** Sie überprüfen, ob die in der Klasse festgelegten Diskussionsregeln eingehalten werden. Je ein Beobachter ist für eine Diskussionsregel (▶ S. 27) zuständig und macht sich Notizen, z. B.:
Regel 3: nicht dazwischensprechen

Selina	Kaan
+ lässt andere ausreden, fragt anschließend nach	– spricht mehrmals dazwischen + lässt Pia am Ende ausreden

– **Inhaltswächter:** Sie konzentrieren sich auf den Inhalt der Aussagen und haken in der Liste (aus Aufgabe 2) Begründungen ab, die in der Diskussion genannt wurden, z. B.:
Begründungen der Gruppe „Bücherschrank-Gegner"
– *Verleih muss gründlich organisiert werden* ✓
– *benötigt werden Verleihkarten für jedes Buch*
– *Ordnen der Bücher ist aufwendig* ✓
– *…*

c Die „Sprecher" aus beiden Gruppen führen die Diskussion.
Die „Beobachter" und „Inhaltswächter" geben ihnen anschließend mit Hilfe ihrer Notizen eine Rückmeldung dazu, was gelungen ist und was verbessert werden kann.

4 Die 6e hat sich für eine Klassenbücherei entschieden. Die Klassensprecherin/Der Klassensprecher soll nun Schulleiter Kuhn bitten, der Klasse dafür eines der unbenutzten Regale aus dem Keller zu überlassen. Übt das Gespräch zu zweit ein und spielt es der Klasse vor.

3 Mit freundlichen Grüßen –
In sachlichen Briefen Anliegen vorbringen

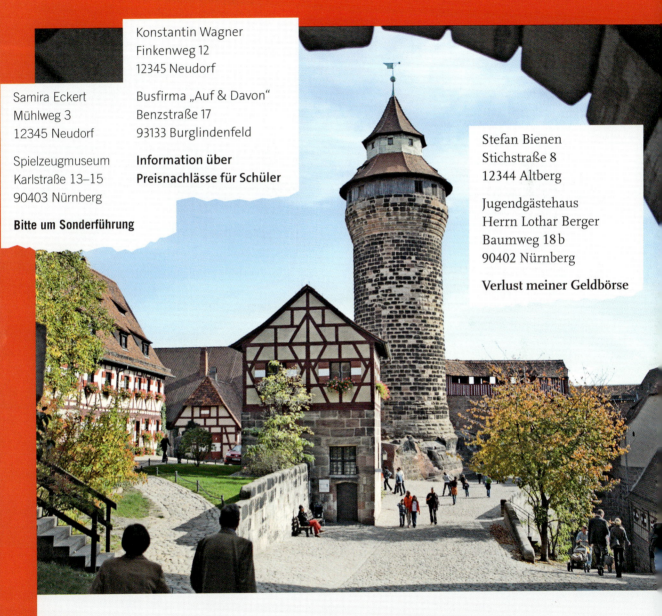

Konstantin Wagner
Finkenweg 12
12345 Neudorf

Busfirma „Auf & Davon"
Benzstraße 17
93133 Burglindenfeld

**Information über
Preisnachlässe für Schüler**

Samira Eckert
Mühlweg 3
12345 Neudorf

Spielzeugmuseum
Karlstraße 13–15
90403 Nürnberg

Bitte um Sonderführung

Stefan Bienen
Stichstraße 8
12344 Altberg

Jugendgästehaus
Herrn Lothar Berger
Baumweg 18 b
90402 Nürnberg

Verlust meiner Geldbörse

1 Im Zusammenhang mit einer Klassenfahrt wurden sachliche Briefe geschrieben. Lest die Briefköpfe und stellt fest, an wen und aus welchem Grund die einzelnen Briefe geschrieben wurden.

2 Habt ihr schon einmal einen solchen Brief gesehen oder selbst geschrieben? Tauscht euch aus.

3.1 Höflich und genau – Sachliche Briefe schreiben

Schreibanlässe und Empfänger sachlicher Briefe kennen

Zur Planung einer Klassenfahrt hat die Klasse 6 b eine Mind-Map angelegt (▶ S. 259):

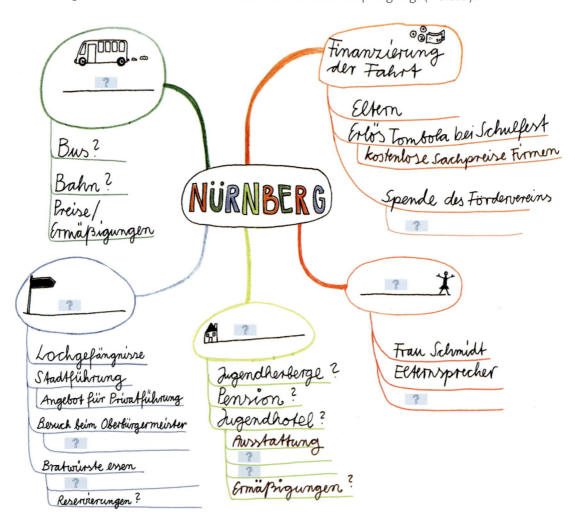

1 a Diese Mind-Map ist unvollständig. Welche Begriffe passen in die Lücken?
b Übertragt die Mind-Map in euer Heft und ergänzt die fehlenden Punkte:
– Ergänzt passende Bezeichnungen (Oberbegriffe) für die Hauptlinien der Mind-Map.
– Vervollständigt die Notizen auf den dünnen Linien darunter (Unterbegriffe).

2 Die Mind-Map enthält unterschiedliche Anlässe für sachliche Briefe. Schreibt sie auf, z. B.:
Informationen zu Preisen und Ermäßigungen einholen

3 Besprecht in der Klasse, an wen die 6 b sachliche Briefe zur Organisation ihrer Fahrt schreiben könnte. Inwiefern unterscheiden sich diese Personen von den Empfängern persönlicher Briefe?

Sachliche Briefe von persönlichen Briefen unterscheiden

In einem Brief erzählt Tim seinem Freund Oliver aus Berlin von der geplanten Klassenfahrt.

① Burglindenfeld, den 7. Oktober 20XX

② Lieber Oliver,

③ vielen Dank für deinen Brief. Super, dass das neue Schuljahr für dich so gut anfing und du wieder mit deinen alten Freunden in eine Klasse gekommen bist!

④ Auch unser Schuljahr lief gut an. Weil im letzten Jahr doch unser Schullandheimaufenthalt in letzter Minute abgesagt werden musste, beschlossen wir in unserer ersten Klassenleiterstunde, unseren Schulleiter zu fragen, ob er den 6. Klassen eine dreitägige Klassenfahrt genehmigt. Unsere Klassenleiterin schlug vor, wir sollten unser Vorhaben ganz korrekt angehen und einen sachlichen Brief mit einer entsprechenden Anfrage an den Direktor schreiben. Und stell dir vor, es hat geklappt! Herr Kluge, unser Schulleiter, ließ sich überzeugen. Nun fahren wir nach Nürnberg!
Wir sind schon sehr gespannt, wie alles werden wird. Aber davor haben wir noch ziemlich viel Arbeit, denn wir haben dem Direktor und unserer Klassenleiterin versprochen, dass wir uns an der Planung der Exkursion beteiligen und beim Programm auch etwas für unsere Bildung tun werden. Jetzt müssen wir Informationen einholen, Anfragen formulieren, Preise vergleichen usw.

⑤ Wie ist das eigentlich bei euch? Soweit ich mich erinnern kann, wart ihr im letzten Schuljahr auch nicht im Schullandheim. Oder hast du mir bloß nichts davon erzählt? So, jetzt muss ich aber Schluss machen, es gibt Abendessen.

⑥ Viele liebe Grüße

⑦ dein Tim

4 Lest den Brief genau und gebt wieder, was ihr über die geplante Klassenfahrt erfahrt.

5 Ordnet die folgenden Bestandteile persönlicher Briefe den Nummern ①–⑦ zu.

Schlussteil • Unterschrift • Anrede • Briefkopf • Grußformel • Hauptteil • Einleitungsteil

Den Aufbau eines sachlichen Briefes kennen

Die Klassensprecherin der 6 b hat im Namen ihrer Klasse den folgenden Brief geschrieben:

① Elif Demirtas
Klassensprecherin der 6 b
Bergacker 1–4
93133 Burglindenfeld

② Herrn Realschuldirektor
Johann Kluge
Realschule Burglindenfeld
Bergacker 1–4
93133 Burglindenfeld

③ Burglindenfeld, 24. 09. 20XX

④ **Anregung einer dreitägigen Klassenfahrt für die 6. Klassen**

⑤ Sehr geehrter Herr Realschuldirektor Kluge,

⑥ als Klassensprecherin der Klasse 6 b möchte ich eine dreitägige Klassenfahrt für die 6. Klassen anregen und Sie bitten, Ihr Einverständnis dazu zu geben. Diese Fahrt sollte allen Schülerinnen und Schülern der 6. Jahrgangsstufe möglich sein.

⑦ Bei der ersten Klassenleiterstunde dieses Schuljahrs äußerten einige Mitschüler den Wunsch nach einem mehrtägigen Ausflug als Ersatz für den Schullandheimaufenthalt, der für das letzte Schuljahr geplant war und kurzfristig abgesagt wurde.
Das haben wir sehr bedauert, da man durch einen Schullandheimaufenthalt seine Klasse besser kennen lernen und mehr über ihre Interessen erfahren kann. Durch das Erlebnis in der Gruppe entsteht ein Zusammengehörigkeitsgefühl und die Klassengemeinschaft wird gestärkt. Damit wir das nachholen können, bitten wir Sie um die Erlaubnis zu einer dreitägigen Klassenfahrt. Außerdem würde sich durch eine Exkursion auch die Gelegenheit ergeben, Unterrichtsstoff zu bearbeiten. So könnte man z. B. im Rahmen dieser Fahrt Themen aus dem Erdkunde-, Geschichts- oder Biologie-Lehrplan vor Ort behandeln und abschließend einen Bericht für die Schülerzeitung verfassen.

⑧ Alle Schülerinnen und Schüler der 6. Klassen würden sich sehr freuen, wenn Sie Ihre Erlaubnis zu dieser Klassenfahrt erteilen würden. Außerdem erklären wir uns bereit, unsere Klassenlehrerin bei der Planung der Fahrt zu unterstützen.
Vielen Dank im Voraus.

⑨ Mit freundlichen Grüßen

⑩ *Elif Demirtas*

6 a Wie formuliert Elif das Anliegen an den Schulleiter? Lest die Stelle im Brief vor.
  b Elif nennt mehrere Begründungen für das Anliegen. Gebt diese in eigenen Worten wieder.

7 Untersucht den Aufbau des sachlichen Briefes auf Seite 38. Ordnet den Abschnitten ① – ⑩ des Briefes die folgenden Bezeichnungen zu:

> Betreffzeile • Anschrift des Empfängers • Anrede • Absender • Einleitung • Grußformel • Hauptteil • Schluss • Ort, Datum • Unterschrift

8 Welche Funktion haben Einleitung, Hauptteil und Schluss in einem sachlichen Brief? Lest den Brief auf Seite 38 noch einmal genau, erstellt eine Übersicht in eurem Heft und ergänzt sie mit Hilfe des Wortspeichers unten.

Bestandteil	Funktion
Einleitung	Anliegen benennen
Hauptteil	...
Schluss	...

> Anliegen benennen • Vorschläge machen • Beispiele nennen • Anliegen begründen • Kritik begründen • Vorzüge erläutern • Bitte formulieren • eine Beschwerde formulieren • Entgegenkommen vorschlagen • Anliegen zusammenfassen

9 Vergleicht den persönlichen Brief auf Seite 37 mit dem sachlichen Brief auf Seite 38. Übertragt dazu die folgende Tabelle in euer Heft und ergänzt sie in Stichpunkten:

	Persönlicher Brief	Sachlicher Brief
Form	handgeschrieben, ...	mit PC geschrieben, ...
Inhalt	Erlebnis, ...	Anliegen, ...
Sprache	erzählende Elemente, z.B.: Ausrufe ...	sachliche, förmliche Sprache, z.B.: ...
Aufbau	...	...

●○○ Diese Punkte könnt ihr berücksichtigen: *Absender, Betreffzeile, Anrede, Grußformel, Empfänger*

10 Für sachliche Briefe gibt es strengere Vorgaben als für einen persönlichen Brief. Diskutiert:
– Warum gibt es diese Festlegungen?
– Wie wirkt es, wenn sich der Absender eines sachlichen Briefes nicht an die Vorgaben hält?

Wissen und Können — Sachliche Briefe

- Um **Bitten, Anfragen, Anregungen, Beschwerden, Entschuldigungen** vorzubringen oder **Informationen** einzuholen, schreibt man sachliche Briefe.

- Sie richten sich an **Amtspersonen** (z. B. Schuldirektor/in, Bürgermeister/in) oder an **Leute, die man nicht kennt** (z. B. Museumsleiter/in). Deshalb hält man sich strenger als im persönlichen Brief an bestimmte Regeln.

- Sachliche Briefe sollten immer nach dem folgenden Muster **aufgebaut** sein:

Name des Absenders
Straße und Hausnummer
Postleitzahl und Ort

Name des Empfängers
Straße und Hausnummer
Postleitzahl und Ort

Ort, Datum

Betreffzeile: Briefanlass in möglichst wenigen Stichworten

Sehr geehrte Frau …,/Sehr geehrter Herr …,/
Sehr geehrte Damen und Herren,

Text

Mit freundlichen Grüßen
Unterschrift

- Das Anliegen sollte **genau,** aber **knapp** und **sachlich** vorgebracht werden.

- So könnt ihr euren sachlichen Brief **inhaltlich** aufbauen:
  Einleitung: Benennt das Anliegen und formuliert die Bitte.
  Hauptteil: Begründet das Anliegen. Ihr könnt
  – erklären, weshalb ihr um etwas bittet,
  – erläutern, welche Informationen ihr weshalb benötigt,
  – einen verlorenen Gegenstand beschreiben,
  – darlegen, warum ihr etwas kritisiert oder euch über etwas beschwert.
  Schluss: Fasst das Anliegen zusammen und sprecht den Empfänger direkt an.

- Wenn man nicht genau weiß, wer den Brief bearbeitet, verwendet man die Anrede *Sehr geehrte Damen und Herren.*

- Man gebraucht die **Anredepronomen der Höflichkeitsform** (*Sie, Ihnen* usw.). Sie werden großgeschrieben.

- Sachliche Briefe werden meist **mit dem Computer geschrieben** und **handschriftlich unterschrieben.**

3.1 Höflich und genau – Sachliche Briefe schreiben

Das Anliegen begründen – Den Brieftext schreiben

Hier findet ihr Auszüge aus zwei sachlichen Briefen zu den folgenden beiden Anlässen:

Buchung einer Privatführung • Bitte um Informationen über Preise und Ermäßigungen

A Unsere Klassenfahrt nach Nürnberg, an der 28 Schüler und zwei erwachsene Begleitpersonen teilnehmen, soll vom 09.05. bis 11.05. 20XX stattfinden.

B Ihrer Homepage haben wir entnommen, dass Sie auch spezielle Stadtführungen für Gruppen anbieten und bei den Themen die Wünsche Ihrer Kunden berücksichtigen.

C Zu diesem Zweck vergleichen wir die Fahrpreise verschiedener Busunternehmen sowie der Deutschen Bahn, damit wir uns schließlich für das günstigste Angebot entscheiden können.

D Im Deutschunterricht haben wir uns mit dem Thema „Sagen" beschäftigt. Dabei lernten wir auch einige regionale Sagen aus dem Nürnberger Raum kennen. Eine Sagenführung durch Nürnberg würde uns deshalb sehr interessieren.

E Deshalb bitten wir Sie, uns einen Kostenvoranschlag zu senden, aus dem hervorgeht, wie viel jede/r Einzelne für die Fahrt von Burglindenfeld nach Nürnberg und zurück bezahlen müsste. Bitte teilen Sie uns auch mit, ob Sie bereit wären, unserer Klasse eine Ermäßigung zu gewähren, und wie hoch diese wäre.

F Im Internet haben wir uns über verschiedene Führungen und Besichtigungen informiert und sind dabei auf Ihr Angebot „Sagenhaftes Nürnberg" aufmerksam geworden.

G Wir planen diese Fahrt zum größten Teil selbst und versuchen dabei, die Ausgaben für unsere Eltern so gering wie möglich zu halten.

H Wir besuchen derzeit die 6. Klasse einer Realschule und planen vom 09.05. bis 11.05. 20XX eine Klassenfahrt nach Nürnberg.

I Wir würden uns sehr freuen, wenn Sie uns …

J Für uns würde am ehesten eine dreistündige Führung am Nachmittag in Frage kommen. Zusammen mit den beiden Begleitpersonen wären wir 30 Teilnehmerinnen und Teilnehmer.

1 Die Brieftexte zu den beiden Anlässen sind durcheinandergeraten.
  a Bringt die Abschnitte in die richtige Reihenfolge, so dass sich zwei zusammenhängende Briefe ergeben, und lest beide Briefauszüge vollständig vor. Als Hilfe sind zwei zusammengehörige Abschnitte grün markiert. Tipp: Bei einem der beiden Briefe muss noch der Schlussteil ergänzt werden.
  b Ordnet jedem Brief einen passenden Betreff zu.

2 Wählt einen der beiden Briefanlässe von Seite 41 aus. Verfasst dazu einen formal richtigen Briefkopf und eine geeignete Einleitung.
Tipp: Bei einem der beiden Briefe müsst ihr noch einen passenden Schluss ergänzen.

●○○ Hier findet ihr Hilfen:

- als Vertreter/in der Klasse 6 b • im Namen der Klasse 6 b
- organisiere ich eine Klassenfahrt nach Nürnberg
- habe ich den Auftrag, … • wurde ich beauftragt, …
- wende ich mich an Sie, um …
- möchte ich Sie darum bitten, uns … • bitte ich Sie, dass …

Reisebüro Flitzweg
Brümmertsweg 3
11111 Xhausen

Städtetours
Jürgen Buhr
Rheinstr. 22 c
44444 Xstadt

Betreffzeilen richtig formulieren

Die Betreffzeile soll so formuliert sein, dass der Empfänger auf den ersten Blick weiß, worum es geht. In einer Schreibkonferenz der 6 b wurden die folgenden Betreffzeilen korrigiert:

(Wir möchten Sie) um Begleitung bei unserer Klassenfahrt <u>bitten</u>.	*Kürzen!* *Nomen bilden!*
Information über Privatführungen<u>.</u>	*Sz*
Anfrage ~~um einen~~ Besichtigungstermin	*G (falsche Präposition)*

3 a Stellt mit Hilfe der Korrekturzeichen am Rand fest, was jeweils falsch gemacht wurde.
  b Formuliert mit Hilfe der Korrekturen Regeln für die sprachliche Gestaltung der Betreffzeile.
  c Verbessert die Betreffzeilen und schreibt sie richtig auf.

Wissen und Können — Betreffzeilen richtig formulieren

- Die Betreffzeile soll den Empfänger schnell über das Anliegen informieren:
  Sie fasst **knapp und sachlich**, aber **möglichst genau** zusammen, worum es im Brief geht.
- Meist werden dazu **Verben in Nomen umgewandelt**, z. B.:
  Ich möchte mich über verspätete Busse beschweren.
  → *Beschwerde wegen Busverspätungen*
- Häufig werden in der Betreffzeile **Präpositionen** gebraucht, z. B.:
  Beschwerde/Anfrage wegen …, Bitte/Gesuch um …, Information/Beschwerde über …
  Auch **Wortgruppen im Genitiv** kommen oft vor, z. B.: *Beantragung eines Zuschusses*
- Da eine Betreffzeile kein vollständiger Satz ist, setzt man am Ende **keinen Punkt**.

3.1 Höflich und genau – Sachliche Briefe schreiben

4 Betreffzeilen werden kürzer und klingen sachlicher, wenn ihr Verben in Nomen umformt.
   a Wandelt die Verben im Wortspeicher in Nomen um, z. B.: *bitten → die Bitte*
     Ihr könnt das Wörterbuch zu Hilfe nehmen. Beachtet dazu den Tippkasten unten.

   > bitten • anmelden • beschweren • beantragen • bestellen • buchen • teilnehmen

   b Formuliert mit den Nomen vollständige Betreffzeilen.
     Erfindet dazu einen passenden Inhalt, z. B.: *Bitte um einen Zuschuss zur Klassenfahrt*

   ●○○ Hier findet ihr mögliche Inhalte als Hilfe:

   > Grillfest • MP3-Player • Jahresticket • verschmutzte Tische • Zugfahrt nach ... • Skifreizeit

   ●●● Wenn ihr schon fertig seid, formuliert auch diese Verben um und erfindet Betreffzeilen:

   > entschuldigen • absagen • bezuschussen • begleiten • anfragen • reklamieren

5 Notiert für die folgenden Anlässe knappe, aber genaue Betreffzeilen.
   A Die Schülerinnen und Schüler der 6 b bitten Firmen aus dem Ort, ihnen kostenlos Sachpreise zu überlassen, die sie am Tag der offenen Tür bei einer Tombola verlosen wollen.
   B Eine bereits gebuchte Besichtigung des Kindermuseums in Nürnberg ist aus zeitlichen Gründen doch nicht möglich. Deshalb muss sie abgesagt werden.
   C Die Klasse 6 b möchte auf ihrer Klassenfahrt nach Nürnberg den Oberbürgermeister der Stadt interviewen. Deshalb fragt der Klassensprecher in der Stadtverwaltung nach einem Termin.

6 Verfasst einen sachlichen Brief zu einem der Anlässe aus Aufgabe 5. Wählt aus den Kästen einen passenden Empfänger und geeignete Formulierungen aus.

> Unsere Klasse plant eine dreitägige ... vom ... bis ... • Im Zeitraum vom ... bis ... planen wir eine .../wird unsere ... stattfinden. •
> Am ... möchten wir eine ... veranstalten.
> Am ... haben wir bei Ihnen eine ... gebucht.
> Damit wir ... finanzieren können, würden wir gern ...
> Im Rahmen unserer Klassenfahrt würden ... • möchten wir ...
> Wir wären Ihnen sehr dankbar, wenn ...
> Bitte lassen Sie uns wissen, ... • Es wäre nett, wenn Sie uns eine Rückmeldung geben könnten, ob ...

> Kinder- & Jugendmuseum
> Nürnberg
> Michael-Ende-Straße 17
> 90439 Nürnberg

> Oberbürgermeister
> der Stadt Nürnberg
> Rathausplatz 2
> 90403 Nürnberg

> Firma Hanson
> Kleinelektronik

> Spielwaren Jäger

Aus Verben Nomen bilden: Mit dem Wörterbuch arbeiten
Das Wörterbuch kann bei der Suche nach passenden Nomen helfen. Schlagt das betreffende **Verb** nach. Prüft dann die **Einträge vor und nach dem Verb,** bis ihr das geeignete **Nomen** gefunden habt. Bei den Verben findet ihr oft auch die benötigten Präpositionen, z. B.:
ent|schul|di|gen; sich wegen od. für etwas entschuldigen → die Ent|schul|di|gung

Einen sachlichen Brief überarbeiten

Eine Arbeitsgruppe der 6 b sollte die Elternsprecherin Frau Roth darum bitten, die Klasse auf ihrer Klassenfahrt zu begleiten. In der Schreibkonferenz wurden einige Stellen angestrichen.

~~Hallo~~ Frau Roth,

wie sie dem letzten Elternbrief entnehmen konnten, wurde allen 6. Klassen genehmigt, dass sie eine dreitägige Klassenfahrt unternehmen dürfen. Wir, also die Arbeitsgruppe „Bitte um Begleitung" der Klasse 6 b, wenden uns mit der Bitte an sie, uns auf unserer Fahrt nach Nürnberg zu begleiten.

Als Termin für die Exkursion der 6. Klassen wurde der Zeitraum vom 09.05. bis 11.05.20XX festgesetzt. Jede Klasse soll von ihrem Klassenleiter und einer weiteren Person begleitet werden. Wenn dies, wie normalerweise üblich, eine Lehrkraft ist, würden im genannten Zeitraum bei vier 6. Klassen insgesamt acht Lehrer ausfallen. In diesem Fall müssten die anderen ziemlich viele Vertretungen schieben. Das finden wir blöd! So haben wir ziemlich lange geredet und hatten schließlich die geniale Idee, sie darum zu bitten, zusammen mit unserer Klassenleiterin die Exkursionen zu beaufsichtigen. Wenn sie sie und uns begleiten, werden die anderen Lehrkräfte durch unsere Fahrt nicht unnötig belastet und die Eltern erfahren über sie, was wir im Unterricht machen und wie wir uns verstehen.

Wir würden uns riesig freuen, wenn sie unser Anliegen überdenken und sich sagen: „Gut, dann erfülle ich den Schülern eben ihren Wunsch!" Auch unsere Klassenleiterin würde es total super finden, wenn sie sie als Aufsichtsperson bei unserer Klassenfahrt unterstützen. Wir bedanken uns bereits jetzt tausendmal.

Liebe Grüße
Ulli Sandner

1 a Lest den Brief und untersucht die unterstrichenen Textstellen:
Welches der folgenden „vier bösen U"
ist jeweils zu kritisieren?
Überlegt euch Verbesserungsvorschläge.

> **u**nklar (Anredepronomen falsch geschrieben!)
> **u**mständlich
> **u**npassend
> **u**nsachlich

b Sammelt nützliche Formulierungen für sachliche Briefe.
Legt dazu folgende Tabelle an und ordnet die Formulierungen aus dem Wortspeicher richtig zu:

Formulierungen für die **Einleitung**	Formulierungen für den **Hauptteil**	Formulierungen für den **Schluss**
mit diesem Schreiben möchten wir Sie um ... bitten	*Nach langer Diskussion ...*	*Vielen Dank im Voraus für ...*
...	...	...

> **Nützliche Formulierungen für einen sachlichen Brief:**
> Vielen Dank im Voraus für ... • Wir würden uns freuen, wenn ... •
> Wir würden es begrüßen, wenn ... • im Namen der ... • als Vertreter/in der ... •
> als Sprecher/in der Klasse ... • unserer Bitte nachkommen/unsere Bitte gewähren •
> würden zahlreiche Vertretungen anfallen •
> ..., wenn Sie Verständnis für unser Anliegen aufbringen •
> mit diesem Brief wenden wir uns an Sie, um Sie ... eine dreitägige Klassenfahrt •
> mit diesem Schreiben möchten wir Sie um ... bitten • Dies finden wir wenig sinnvoll. •
> Nach eingehender/langer/ausführlicher Diskussion sind wir zu dem Ergebnis gekommen/
> haben wir den Entschluss gefasst/haben wir beschlossen, ... •
> Das finden wir störend/unangenehm/unpassend. •
> Wir bedanken uns für Ihre Bemühungen.

c Überarbeitet den Brief auf Seite 44 mit Hilfe der Regeln im Merkkasten unten und der Formulierungen aus eurer Tabelle. Schreibt ihn verbessert auf.

Wissen und Können | **Auf passende Formulierungen achten**

Die Sprache im sachlichen Brief ist **angemessen, knapp, sachlich und präzise.**
Meidet die vier „U" (unpassende, umständliche, unsachliche oder unklare Formulierungen).

- ~~un~~**passend:** Wählt angemessene Anrede- und Grußformeln:
  - Anrede: *Sehr geehrte Damen und Herren,/Sehr geehrter Herr Grün,/Sehr geehrte Frau Reichelt,* (mit Komma!)
  - Grußformel: *Mit freundlichen Grüßen* (ohne Komma!)

- ~~umständlich~~ **verständlich:** Bringt euer Anliegen „auf den Punkt", z. B.:
  ~~Es wurde genehmigt, dass wir die dreitägige Klassenfahrt unternehmen dürfen~~.
  → *Die dreitägige Klassenfahrt wurde genehmigt.*

- ~~un~~**sachlich:** Bleibt immer sachlich. Vermeidet wörtliche Rede, Ausrufe, Aussagen über Gefühle, Bewertungen oder gar Beleidigungen.

- ~~un~~**klar:** Macht genau deutlich, wen oder was ihr meint. Schreibt die Anredepronomen der Höflichkeitsform groß (z. B. *Sie, Ihnen*). So vermeidet ihr Verwechslungen mit anderen Pronomen (z. B. *sie, ihnen*) und Missverständnisse beim Empfänger.

Testet euer Wissen!

Merkmale sachlicher Briefe kennen

1 Schreibt die gesuchten Begriffe ins Heft und kreist jeweils den in Klammern angegebenen Buchstaben ein. Als Lösung erhaltet ihr den Namen eines berühmten Nürnbergers.

1. Zu Beginn des Briefes steht die Adresse des ??????????. (1)
2. In der ?????????? beschreibt man den Anlass des Briefes und formuliert die Bitte. (4)
3. Die ???????????? fasst den Anlass knapp und genau zusammen. (1)
4. Um den Empfänger zu überzeugen, wird das Anliegen im Hauptteil ?????????. (4)
5. Man beendet den Brief mit der ?????????? „Mit freundlichen Grüßen". (9)
6. Der sachliche Brief wird handschriftlich ???????????????. (7)
7. Der Betreff wird nicht in ganzen Sätzen, sondern in ??????????? formuliert. (5)
8. Nach der Ortsangabe folgt das ?????. (3)
9. Die ?????? lautet „Sehr geehrter Herr …," oder „Sehr geehrte Frau …," (5)
10. Nach dem Nomen „Information" gebraucht man in der Betreffzeile die Präposition „????". (1)
11. Anredepronomen der Höflichkeitsform schreibt man ????. (2)
12. Nach dem Nomen „Anfrage" verwendet man oft die Präposition „?????". (2)
13. Ist der Name der Adressaten nicht genau bekannt, lautet die Anrede „Sehr geehrte ???????????". (11)

Hilfen: Anrede • Absenders • Betreffzeile • begründet • wegen • Damen und Herren • Datum • Einleitung • groß • Grußformel • Stichpunkten • über • unterschrieben

2 Bringt die Bestandteile dieses sachlichen Briefes in die richtige Reihenfolge: Schreibt die blauen Buchstaben und die Zahl nebeneinander auf, dann ergibt sich ein Lösungswort.

An die Vorsitzende des Elternbeirates Frau Doris Steininger Ottergasse 15 94034 Passau **X**	Unsere Band ist in der letzten Zeit wiederholt bei schulischen Veranstaltungen aufgetreten. Leider wurde beim letzten Auftritt die Mikrofonanlage beschädigt und kann nicht mehr repariert werden. **S**	Mit freundlichen Grüßen **6**
		Passau, 30.05.XX **K**
Wir hoffen, dass der Elternbeirat Verständnis für unser Anliegen hat und uns bei der Anschaffung der Mikrofonanlage unterstützt. **O**		*Lisa Osterhagen* **b**
		Lisa Osterhagen Abteistraße 12 94034 Passau **E**
Eine neue Anlage kostet 800 Euro. Ein Teil der Kosten wird von den Eltern der Bandmitglieder übernommen. Um diese zu entlasten, bitten wir um finanzielle Unterstützung durch den Elternbeirat. Ein Zuschuss von 200 Euro würde uns schon sehr helfen. **I**		Vielen Dank im Voraus für Ihre Bemühungen. **N**
Sehr geehrte Frau Steininger, im Namen unserer Schulband „Roaring Kids" möchte ich Sie darum bitten, dass uns der Elternbeirat bei der Anschaffung einer neuen Mikrofonanlage unterstützt. **R**		**Bitte um Zuschuss für eine Mikrofonanlage** **U**

Rechtschreibprüfung am Computer

Sachliche Briefe schreibt man in der Regel am Computer. So kann man den Text problemlos überarbeiten und mit dem automatischen Rechtschreibprogramm überprüfen lassen.
Dazu klickt ihr auf Extras, dann auf Rechtschreibung und Grammatik.
Timo hat am Computer seinen Brief an einen Nürnberger Stadtführer überprüft.

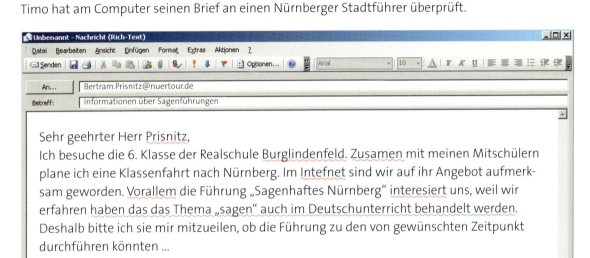

1   a Stellt fest, welche Arten von Fehlern vom Rechtschreibprogramm gekennzeichnet wurden.
       b Manche Wörter wurden markiert, obwohl sie richtig geschrieben sind.
          Überlegt euch Gründe dafür.
       c **Achtung:** Manche Fehler erkennt das Rechtschreibprogramm überhaupt nicht!
          Findet diese und erklärt, um welche Art von Fehlern es sich jeweils handelt.

2   Schreibt den Text verbessert ab.

Wissen und Können	**Rechtschreibprogramme am Computer sinnvoll nutzen**

- Die Rechtschreibprüfung am Computer erkennt **Tippfehler** und **Rechtschreibfehler**.
- Auf die Rechtschreibprüfung ist aber nicht immer Verlass:
  - Sie markiert unbekannte Eigennamen und Ortsnamen.
  - Sie „übersieht" fehlende Wörter und Grammatikfehler (z. B. „das"/„dass"-Fehler, falsche Groß- oder Kleinschreibung).
  - Sie korrigiert keine Zeichensetzungsfehler.
- So könnt ihr euren Text am Bildschirm überprüfen:
  - Lest jeden Satz halblaut vor und prüft, ob Wörter fehlen.
  - Prüft jedes markierte Wort genau. Schlagt im Wörterbuch nach, wenn ihr unsicher seid.
  - Überprüft, ob ihr „das" bzw. „dass" richtig verwendet habt (Ersatzprobe),
    ob die Wortendungen im richtigen Fall sind (Frageprobe) und
    ob ihr die Regeln der Groß- und Kleinschreibung beachtet habt.
  - Überprüft die Zeichensetzung. Schlagt im Zweifelsfall die Regeln nach (▶ S. 292–294).

3.2 Jacke gesucht! – Gegenstände genau beschreiben und eine Verlustanzeige verfassen

Die 6 b ist aus Nürnberg zurückgekehrt. Beim Auspacken bemerkt Nicole, dass ihre Regenjacke fehlt! Die muss noch in der Jugendherberge liegen … Sie ruft dort an:

Herr Wenz: Jugendherberge Nürnberg, Wenz?
Nicole: Guten Tag, hier spricht Nicole Schmidt. Ich war bis gestern mit der 6 b auf Klassenfahrt bei Ihnen und möchte nachfragen, ob Sie vielleicht meine Regenjacke gefunden haben.
Herr Wenz: So, so … Hast also deine Regenjacke verbummelt … Da bist du nicht die Einzige! Welche Farbe hat denn das gute Stück?
Nicole: Blau.
Herr Wenz: Geht's etwas genauer? Hellblau, dunkelblau, türkis …?
Nicole: Dunkelblau ist sie.
Herr Wenz: Na, das macht die Sache doch schon einfacher. Momentchen bitte, ich geh' nachsehen … Hörst du – wir haben hier 'nen ganzen Haufen dunkelblauer Regenjacken, verschiedenste Größen und Modelle! Das kann ich auf die Schnelle nicht raussuchen. Da bräuchte ich eine schriftliche Beschreibung. Schick mir am besten eine Verlustanzeige, dann kümmert sich einer meiner Mitarbeiter in Ruhe darum.
Nicole: In Ordnung, Herr Wenz, das mache ich. Dankeschön! Ach, noch eine Frage: Welche Details soll ich denn in dem Schreiben angeben?
Herr Wenz: Na, möglichst alle! Damit wir deine Jacke auch erkennen können! Neben der Farbe nennst du die Größe, die Marke oder den Hersteller. Danach weitere äußere Merkmale, also alles, was man sieht, wenn man die Jacke in der Hand hält.
Nicole: Aha, ich verstehe …
Herr Wenz: Dazu kommen Informationen, die zeigen, dass du auch wirklich die rechtmäßige Besitzerin bist: Du beschreibst besondere Merkmale, die man erst bei näherer Untersuchung bemerkt, z. B. ein kleines Loch oder einen fehlenden Knopf.
Nicole: Alles klar! Vielen Dank für die Hilfe, Herr Wenz, jetzt weiß ich Bescheid … Ich schreibe Ihnen bald. Auf Wiederhören.
Herr Wenz: Gern geschehen. Auf Wiederhören.

1   **a** Lest das Gespräch mit verteilten Rollen.
       b Besprecht und notiert in Stichpunkten, was Nicole in ihrer Beschreibung beachten muss.

2   Beschreibt eine der Fundsachen auf dem Bild oben und lasst die Klasse raten, welche ihr meint.

3   **a** Schreibt nützliche Formulierungen aus dem Text oben heraus, die ihr in einem Telefonat verwenden könnt, z. B.: *Guten Tag, hier spricht …*
       b Übt zu zweit ein ähnliches Telefonat, in dem ihr einen verlorenen Gegenstand beschreibt. Haltet diese Reihenfolge ein: *Begrüßung – Vorstellung – Anliegen – Dank und Verabschiedung* (▶ S. 269)

Inhalte und Aufbau einer Gegenstandsbeschreibung kennen

Nicoles Regenjacke wurde aus einem Katalog bestellt. Um die Beschreibung vorzubereiten, hat sie die Produktinformation mit Unterstreichungen und Notizen versehen.

Regenjacke „Nordwind"   *Unser durchdachter Profi gegen Regen, Wind und Matsch!*

Die praktische Regenjacke lässt sich mit wenigen Griffen auf <u>Hüfttaschenformat</u> verkleinern. So ist sie leicht zu verstauen und zu transportieren.

war zusammengelegt, weil ich sie nicht gebraucht habe

- **Mehr zum Produkt:**   *war eingerollt*
<u>Gummizüge an den Ärmeln</u> – <u>Kapuze mit seitlichem Gummizug</u> – <u>Reißverschluss mit Kinnschutz aus schwarzer Baumwolle</u>
<u>Seitenteile</u>: hellgrün (A) – <u>marineblau</u> (B) – hellblau (C)
<u>Schieber</u>: tannengrün (A) – <u>marineblau</u> (B) – tomatenrot (C)
<u>wasserdichte Seitentaschen</u>, mit <u>Klettverschluss</u> verschließbar

- **Extras (extra bestellen!)**   *leider nicht ausgefüllt!*
<u>Steckfach für Namensschild innen links</u>
<u>Steppnaht auf Brusthöhe rund um die Jacke</u>
graues Netzfutter innen

ca. 3cm langer Riss hinten rechts auf Schulterblatthöhe

- **Farben:** tannengrün (A) – <u>marineblau</u> (B) – tomatenrot (C)
- **Größen:** 116/122, 128/134, 140/146, <u>152/158</u>, 164/170

4 Lest die Produktbeschreibung mit Nicoles Notizen und Unterstreichungen.
Legt dann folgende Tabelle im Heft an und ordnet die Merkmale richtig zu:

Gegenstand	Allgemeine Merkmale	Besondere Merkmale
...	*Farbe: marineblau*	*Kapuze mit ...*

Wissen und Können — Gegenstände in Verlustanzeigen beschreiben

- In einer **Verlustanzeige** beschreibt man einen verlorenen oder vergessenen Gegenstand **sachlich** und **möglichst genau,** sodass sich die Leserin oder der Leser den Gegenstand vorstellen und ihn wiedererkennen kann.
- So könnt ihr die Beschreibung aufbauen:
  - Benennt die **Art des Gegenstandes** (z. B. *Regenjacke*) und beschreibt den **Gesamteindruck** (allgemeine Merkmale wie Farbe, Größe, Form, Marke).
  - Beschreibt dann **Einzelheiten** (Details, z. B. *Reißverschluss*) und **besondere Merkmale** (z. B. *kleiner Riss am rechten Ärmel*).
- Bei der Beschreibung hält man eine **sinnvolle Reihenfolge** ein (z. B. *von rechts nach links, von oben nach unten* oder *von außen nach innen*).
- Die Zeitform einer Beschreibung ist das **Präsens.**

3 Mit freundlichen Grüßen – In sachlichen Briefen Anliegen vorbringen

Eine Verlustanzeige schreibt man in Form eines sachlichen Briefes. Nicole hat notiert, welche Punkte in ihrem Brief an die Jugendherberge unbedingt enthalten sein müssen:

- Ort, Datum
- Unterschrift
- Anrede
- Betreff (vergessene Regenjacke)
- Anlass der Gegenstandsbeschreibung (Regenjacke bei Aufenthalt in der Jugendherberge vergessen)
- Empfänger
- Grußformel
- Absender
- Weitere Informationen (bei Auffinden der Regenjacke bitte an obige Adresse zurückschicken)
- Dank
- genaue Beschreibung des Gegenstands in sinnvoller Reihenfolge

5 a Wiederholt die Regeln für den Aufbau eines sachlichen Briefes (▶ S. 40).
b Erstellt aus Nicoles Notizen einen Schreibplan für eine Verlustanzeige. Notiert darin alle Angaben über Nicoles Regenjacke aus dem Gespräch von Seite 48 und der Produktinformation von Seite 49. Ergänzt fehlende Hinweise sinnvoll.

6 a Schreibt Nicoles Verlustanzeige.
Den Brieftext könnt ihr so beginnen:

> Sehr geehrter Herr Wenz,
>
> vom 09.05. bis 11.05. 20XX war ich mit der Klasse 6b der Realschule Burglindenfeld zu Gast in Ihrer Jugendherberge. Nach der Rückkehr konnte ich meine Regenjacke nicht mehr auffinden. Ich vermute, dass ich sie in der Jugendherberge vergessen habe. Es wäre sehr nett, wenn Sie prüfen könnten, ob sich meine Jacke unter Ihren Fundsachen befindet. Es handelt sich dabei um eine marineblaue Regenjacke der Marke „Nordwind" in Größe 152/158. Sie finden sie wahrscheinlich auf Hüfttaschenformat zusammengelegt vor …

b Im Schlussteil des Briefes solltet ihr darauf hinweisen, was mit der Fundsache gemacht werden soll. Übernehmt einen der folgenden Vorschläge und ergänzt ihn:

> A Falls sich die Jacke findet, könnte ich sie nächstes Wochenende …
> B Ende des Monats ist mein/e … beruflich in Nürnberg. Er/Sie könnte …
> C Auf Grund der großen Entfernung ist es für mich schwierig, … Wäre es möglich, dass Sie mir die Jacke …? Die Portokosten würde ich selbstverständlich übernehmen.
>
> Bitte teilen Sie mir mit, ob Sie damit einverstanden sind. Sie erreichen mich unter Tel. … oder per E-Mail …

Die sprachliche Gestaltung einer Gegenstandsbeschreibung

Die folgende Produktinformation eines Internetversandhändlers enthält viele genaue Angaben:

„Sternenzauber" von   *Krimskrams 4 U*   – ein strapazierfähiger Ort für Scheine und Münzen

* rechteckige Geldbörse aus Nylon
* geschlossen: 10 x 13 cm
* schnell und sicher zu verschließen durch Klettverschluss
* „himmlische" Außenansicht: himmelblaue Sterne überziehen die rosa Geldbörse wie Sternschnuppen
* durchdachtes Innenleben: Innenseite hellblau 1 großes Reißverschlussfach (Seitenteile hellblau), von rosa Paspeln umsäumt – 3 Einsteckfächer

1 Vervollständigt die nebenstehende Übersicht im Heft mit den Angaben aus der Produktinformation.

2 a Erstellt eine weitere Übersicht wie in Aufgabe 1 und ordnet die folgenden Beschreibungen ein.
b Schreibt auf, zu welchen Gegenständen die Beschreibungen jeweils passen könnten.

Format/Form:	rechteckig
Größe:	...
Farben:	...
Material:	...
Marke:	...
Fachausdrücke:	...
Vergleiche:	...

die Baumwolle • rund • DIN A4 • quadratisch • das Leichtmetall • 140/146 • der Reflexstreifen • „Happy Trek" • das Leder • tannengrün • oval • der Karton • 35 • wie das Original aus der WM • Dreigang-Nabenschaltung • M • weich wie Samt

3 Die folgende Gegenstandsbeschreibung wirkt eintönig, da sie viele Wortwiederholungen enthält.
a Verknüpft die Sätze miteinander und ersetzt „ist" und „hat" durch aussagekräftigere Verben. Notiert verschiedene Möglichkeiten, z. B.:
Die Geldbörse wird von der Firma „Krimskrams 4U" hergestellt und heißt „Sternenzauber".
Die Geldbörse „Sternenzauber" von der Firma „Krimskrams 4U" besteht aus ...

VORSICHT FEHLER!

Die Geldbörse ist von der Firma „Krimskrams 4 U". Die Geldbörse heißt „Sternenzauber". Die Geldbörse ist aus Nylon. Der Geldbeutel ist rechteckig. In geschlossenem Zustand hat der Geldbeutel die Größe 10 x 13 cm. Außen sind blaue Sterne auf rosa Hintergrund. Innen sind drei Einsteckfächer. Die Geldbörse hat ein großes Reißverschlussfach. Es ist von rosa Paspeln umsäumt. Es hat hellblaue Seitenteile und einen Klettverschluss.

Als Hilfe könnt ihr diese Verben verwenden:

besteht aus • besitzt • umfasst • fallen ... auf • befinden sich • lässt sich ...

b Verfasst eine vollständige Beschreibung der Geldbörse.

4 a Mit Hilfe von Wortzusammensetzungen kann man Gegenstände genau und anschaulich beschreiben. Lest dazu die Informationen im Kasten:

> **Wortzusammensetzungen**
> Durch das Zusammensetzen von Wörtern entstehen neue Wörter. Man unterscheidet **Bestimmungswort** und **Grundwort**: Das Bestimmungswort erklärt das Grundwort genauer, die Wortzusammensetzung zählt zur selben Wortart wie das Grundwort, z. B.:
>
> | Bestimmungswort | | + Grundwort | | → Wortzusammensetzung |
> |---|---|---|---|---|
> | der Himmel | (Nomen) | + blau | (Adjektiv) | → himmelblau (Adjektiv) |
> | leicht | (Adjektiv) | + das Metall | (Nomen) | → das Leichtmetall (Nomen) |

b Übertragt die folgende Tabelle in euer Heft und ordnet die Zusammensetzungen aus dem Wortspeicher ein:

Nomen aus Nomen + Nomen	Nomen aus Adjektiv + Nomen	Adjektiv aus Nomen + Adjektiv	Adjektiv aus Adjektiv + Adjektiv
der Geldbeutel	...	...	hellblau

> hellblau • dunkelbraun • der Geldbeutel • feuerrot • das Kleingeld • die Seitentasche • zitronengelb • smaragdgrün • das Leichtmetall • kreisrund • blaugrau • der Buntstift • der Ledersattel • die Jackentasche • der Holzknopf • die Gummisohle • herzförmig • das Hartplastik • der Lautsprecher • kleinteilig

c Sammelt ähnliche Zusammensetzungen für die Wörter *grün, die Jacke, die Flasche*.

5 Überprüft die Wortwahl in eurer Verlustanzeige (Aufgabe 6 auf Seite 50) und verbessert sie, wenn nötig.

6 Wählt einen Gegenstand aus dem Klassenzimmer. Verratet aber nicht, welchen! Beschreibt ihn nun so genau, dass die anderen den Gegenstand erkennen können.

> **Wissen und Können — Die sprachliche Gestaltung von Gegenstandsbeschreibungen**
>
> Gegenstandsbeschreibungen informieren **sachlich** und **genau** über einen Gegenstand.
> - Genauigkeit und Anschaulichkeit erreicht man durch:
>   – **detaillierte Angaben** zu Marke, Größe, Format bzw. Form, Material
>   – **Fachausdrücke** (z. B. *die Paspel, der Schieber*)
>   – **anschauliche Adjektive** (z. B. *strapazierfähig*)
>   – **Vergleiche** (z. B. *wie Sternschnuppen*)
>   – **Wortzusammensetzungen** (z. B. *himmelblau, der Ledersattel*)
>   – **treffende Verben** (z. B. *befinden, erkennen, sehen, stecken, abbilden, anbringen, besitzen, aufweisen, enthalten, tragen, umsäumen*)
> - Die Zeitform der Gegenstandsbeschreibung ist das **Präsens**.

3.3 Fit in ...? – Einen sachlichen Brief schreiben

In einer Schulaufgabe wurde der folgende Arbeitsauftrag gestellt:

> Herr Zeiß aus 99999 Iglhütte betreibt die Busfirma Zeiß mit Sitz im Johann-Baptist-Weg 1.
> Für das Unternehmen fahren sowohl Schul- als auch Reisebusse.
> Der Schulbus, der die Schülerinnen und Schüler von Iglhütte zur Realschule nach Burglindenfeld bringt, kommt immer wieder zu spät.
>
> – Notiere alle Angaben aus der Aufgabenstellung und ergänze fehlende Informationen.
> – Verfasse dann einen sachlichen Beschwerdebrief an die Firma Zeiß.

1 Einige Informationen sind in der Aufgabe vorgegeben, andere müsst ihr noch ergänzen.
Legt zur Planung eures Briefes eine Tabelle an:

Vorgegebene Informationen	Angaben, die ergänzt werden müssen
...	...

2 Überprüft noch einmal die Regeln zum Aufbau eines sachlichen Briefes auf S. 40 und entwerft einen korrekt aufgebauten Briefkopf. Als Absender könnt ihr eure eigene Adresse angeben.

3 **a** Vervollständigt den folgenden Betreff mit den passenden Angaben:
Beschwerde wegen ? *des* ? *von* ? *nach* ?
b Notiert eine angemessene Anrede und Grußformel für das Schreiben.

4 Im folgenden Auszug aus einem Beschwerdebrief an die Firma Zeiß wurden diese beiden Punkte nicht beachtet:
– Man sollte den Anlass für die Beschwerde genau beschreiben und sachliche Belege für die Anschuldigungen nennen *(Was? Wann? Wo? Wer? Wie?)*.
– Es ist wichtig, auch auf die Folgen für den Betroffenen einzugehen.

Schreibt den Auszug mit Hilfe der Korrekturen am Rand verbessert in euer Heft.

... *Ihr Bus* holt uns nämlich *am Morgen vor der Schule* *häufig* viel zu spät *von der Haltestelle* ab.	Welcher? Wann genau? (Uhrzeit, Datum!) Wie oft? (Beweise!) Welche Haltestelle?
Wir sind immer rechtzeitig da, aber der Busfahrer *hält den Fahrplan nicht ein*.	Wer? (Namen!) Belege!
Oft kommen wir erst *nach Unterrichtsbeginn* in die Schule. ~~Das geht doch einfach nicht!~~	Wann? (genaue Uhrzeit!) Folgen?

5 Auch in einem Beschwerdebrief sollte man immer höflich und sachlich bleiben.
Ersetzt die unangemessenen Ausdrucksweisen im folgenden Briefauszug durch sachliche Formulierungen und schreibt den Auszug verbessert ab.

> Ich bin fürchterlich wütend auf Sie! Es ist eine Unverschämtheit von Ihnen, dass Sie nicht dafür sorgen, dass Ihre Busse pünktlich fahren! Außerdem ist der Busfahrer immer sehr unfreundlich zu uns. Ein richtiges Ekelpaket, sage ich Ihnen. Letztes Mal musste der Schüler Bastian Ness noch kurz aussteigen, weil er im Bushäuschen etwas vergessen hatte. Da ist ihm der Bus einfach davongefahren. Ist das nicht eine Frechheit? Tun Sie mal was dagegen!

6 Je nach Art der Beschwerde formuliert man am Ende des Briefes eine Bitte.
Man kann den Adressaten auffordern,
– die kritisierte Situation zu verbessern,
– das kritisierte Verhalten zu ändern,
– einen entstandenen Schaden auszugleichen,
– mangelhafte Ware (z. B. ein kaputtes Gerät) zurückzunehmen oder durch ein neues Gerät oder Geld zu ersetzen.

a Überlegt euch eine Bitte für den Brief an die Firma Zeiß und verfasst dann das Briefende.
Ich bitte Sie, dafür zu sorgen, dass künftig …
b Schließt euren Brief mit einer geeigneten Grußformel und eurer Unterschrift.

Einen sachlichen Brief schreiben
- Ist der Brief **richtig aufgebaut**?
  Absender – Ort, Datum – Empfänger – Betreffzeile – Anrede – Einleitung – Hauptteil – Schluss – Grußformel – handschriftliche Unterschrift
- Habe ich **zwischen Ort und Datum ein Komma** gesetzt?
- Fasst die **Betreffzeile** das Anliegen genau und stichpunktartig zusammen?
- Habe ich eine geeignete **Anrede** und eine passende **Schlussformel** gewählt?
- Habe ich **nach der Anrede ein Komma** gesetzt und in der nächsten Zeile **klein** weitergeschrieben?
- Habe ich in der **Einleitung** den Anlass für meinen Brief (z. B. *Bitte um Information, Verlustanzeige, Beschwerde*) benannt?
- Wird im **Hauptteil** mein Anliegen überzeugend begründet und erklärt bzw. in einer Verlustanzeige der Gegenstand genau beschrieben?
- Habe ich zum **Schluss** das Anliegen zusammengefasst und den Empfänger noch einmal direkt angesprochen,
  – um mich im Voraus zu bedanken (z. B. bei Anfragen, Bitten)?
  – um ihm mitzuteilen, wie er vorgehen soll, wenn er den gesuchten Gegenstand findet (bei Verlustanzeigen)?
  – um eine Veränderung/Entschuldigung/Wiedergutmachung zu fordern (bei Beschwerden)?
- Habe ich die **Anredepronomen der Höflichkeitsform** (*Sie, Ihr* usw.) großgeschrieben?
- Habe ich **unsachliche oder umständliche Formulierungen vermieden**?
- Habe ich den Brief handschriftlich mit Vor- und Zunamen **unterschrieben**?

4 Berichte rund um Schule und Freizeit

1. Welche gefährlichen Situationen können im Sportunterricht entstehen? Tauscht euch aus.
2. Wart ihr schon einmal Zeuge eines Unfalls in der Schule oder anderswo? Berichtet darüber.
3. Welche Arten von Berichten kennt ihr? Worüber informieren sie und an wen richten sie sich? Nennt Beispiele.

4.1 Von Unfällen berichten

Kennzeichen eines Berichts untersuchen

1 Was passiert hier? Beschreibt das Geschehen möglichst vollständig, kurz und klar. Die folgenden W-Fragen helfen euch dabei: *Wer? Was? Wo? Wann? Wie? Welche Folgen?*

Sascha war am Unfall beteiligt und erzählt einem Polizisten, was passiert ist:

> „Nach der Schule wollte ich schnellstens heim, mittwochs gibt's bei uns nämlich immer Spaghetti! Kurz vor der Kreuzung habe ich plötzlich ein Klingeln hinter mir gehört. „Wer will mich denn in so 'nem Affenzahn überholen?", habe ich mich gefragt und mich umgedreht. In dem Moment erkenne ich, dass es die Ela aus meiner Klasse ist, die gerade zum Überholen angesetzt hat. Plötzlich haben sich irgendwie unsere Lenker verhakt, sodass wir voll ins Schlingern geraten sind. Ich hab automatisch abgebremst, aber die Ela ist auf die Gegenfahrbahn geraten und gestürzt – zack, das ging so schnell! Und dann kommt auf einmal dieses Auto … Ich hab echt 'nen riesigen Schrecken bekommen! Puh, ein Glück, dass der Fahrer gerade noch bremsen konnte! Er hat sofort gesagt „Ich hole Hilfe", und dann sind Sie und auch der Krankenwagen ja schon gekommen. Ela hat sich den Ellenbogen ganz schön aufgeschürft – und gezittert hat sie! Der Notarzt hat sie dann ja versorgt …"

2 Was muss der Polizist für seinen Bericht alles wissen?
  a Klärt mit Hilfe dieser W-Fragen die wesentlichen Inhalte von Saschas Aussage:
  Wer? Was? Wo? Wann? Wie? Welche Folgen?
  b Welche Informationen muss der Polizist noch erfahren? Schreibt dazu passende Fragen auf.

Polizeibericht
Am Mittwoch, dem 21. Juli 20XX, ereignete sich um 13:08 Uhr auf der Fuggerstraße kurz vor der Kreuzung mit der Hallstraße ein Fahrradunfall, an dem Sascha Kern (12), Ela Ören (12) und Fritz Feuer (32) beteiligt waren.
Das Mädchen fuhr mit dem Fahrrad hinter seinem Klassenkameraden die Fuggerstraße entlang und setzte zum Überholen an. Nachdem der Junge sich kurz nach hinten gedreht hatte, bewegte er sich etwas zur Fahrbahnmitte hin. Daraufhin verhakten sich die Lenker beider Fahrräder und die beiden Schüler gerieten ins Schlingern. Während es Sascha Kern gelang, vollständig abzubremsen, kam Ela Ören zu Fall. Dabei rutschte sie auf die Gegenfahrbahn. Der dort entgegenkommende Pkw-Fahrer Fritz Feuer brachte aber sein Auto rechtzeitig zum Stehen.
Mit Schürfwunden und leichtem Schock wurde die Schülerin vom herbeigerufenen Rettungswagen in das städtische Krankenhaus transportiert, wo sie zur Beobachtung verblieb.

3 Vergleicht Saschas Aussage mit dem Polizeibericht und notiert Stichpunkte in einer Tabelle:

	Saschas Aussage	Polizeibericht
Umfang	*ausführlich*	…

● ○ ○ Die folgenden Begriffe könnt ihr zuordnen und anschließend eigene Ideen ergänzen:

Aufbau • Inhalt • Sprache • Zeit- und Ortsangaben • Perspektive • ausführlich • viele Einzelheiten, Gefühle, Gedanken • Zeitform: Perfekt • genaue Angaben • neutral, 3. Person Sgl. • keine wörtliche Rede • nur das Wichtigste

In der Zeitung erscheint am nächsten Tag eine Kurznachricht über den Unfall:

Schülerin bei Fahrradunfall verletzt
Augsburg – Ein 12-jähriges Mädchen wurde gestern Mittag gegen 13 Uhr bei einem Fahrradunfall leicht verletzt. Auf dem Heimweg von der Gutenberg-Schule wollte die Schülerin
5 in Höhe der Kreuzung Fuggerstraße/Hallstraße an einem mit seinem Fahrrad vorausfahrenden Klassenkameraden vorbeifahren. Bei diesem Überholmanöver verhakten sich die Lenker der beiden Fahrräder, das Mädchen
10 kam zu Fall und rutschte auf die Gegenfahrbahn. Ein entgegenkommender PKW konnte rechtzeitig abbremsen. Die Verletzte wurde mit Schürfwunden in ein Krankenhaus eingeliefert, wo sie zur Beobachtung verblieb.

4 a Überprüft, ob der Bericht alle nötigen Informationen enthält: Stellt dazu W-Fragen.
b Vergleicht den Zeitungsbericht mit dem Polizeibericht auf Seite 57.
Welche Unterschiede stellt ihr fest?
c Nennt Gründe für die Unterschiede. Überlegt dazu, an wen sich die Berichte jeweils wenden.

5 In einem schriftlichen Bericht muss man auch spannende Erlebnisse sachlich formulieren – Gefühle werden nicht wiedergegeben. Besprecht gemeinsam, welche Gründe es dafür gibt.

Wissen und Können **Berichte**

- Ein Bericht stellt den Ablauf eines Geschehens **möglichst vollständig** dar.
  Er besteht aus drei Teilen, in denen bestimmte W-Fragen beantwortet werden:
  – Die **Einleitung** sagt, worum es geht:
  Was geschah? – *Wer* war beteiligt? – *Wann* geschah es? – *Wo* geschah es?
  – Der **Hauptteil** nennt in zeitlicher Reihenfolge die wichtigsten Ereignisse:
  Wie geschah es? – *Warum* geschah es?
  – Der **Schluss** nennt Ergebnisse oder Auswirkungen:
  Welche Folgen hat das Geschehen?
- Der Bericht steht gewöhnlich im **Präteritum**.
- Das Geschehene wird möglichst **genau, knapp und sachlich** wiedergegeben.
  Gefühle, Meinungen oder Aussagen in wörtlicher Rede gehören nicht in einen Bericht.
- In einem **Zeitungsbericht** werden gewöhnlich Namen und Details ausgelassen,
  ein **Polizeibericht** enthält dagegen vollständige Daten mit allen Einzelheiten.

Berichte schreiben

Unfallbericht

Wir üben das Geräteturnen ja jetzt schon länger ...

Der weiß doch ganz genau, dass er ohne Hilfestellung nicht turnen darf ...

Dem Jan bleibt bestimmt eine Narbe von der Platzwunde zurück, schließlich wurde sie ja genäht ...

Jan ist wohl ausgerutscht und mit dem Kopf auf der Reckstange aufgeschlagen ...

Also, der Jan hat ganz schön am Kopf geblutet, ...

Freitags in der sechsten Stunde sind wir aber alle auch immer etwas unkonzentriert ...

Typisch Jan, immer macht er was anderes, wenn Herr Wiesel uns in der Turnhalle etwas erklären will ...

Er wurde mit dem Rettungswagen ins Krankenhaus gebracht ...

1
a Lest die Schüleraussagen zu einem Vorfall im Sportunterricht der Klasse 6c und fasst kurz zusammen, was geschehen sein könnte.
b Schreibt alle für einen Bericht wichtigen Aussagen in Stichpunkten in einem Berichtplan auf wie im Beispiel rechts.
c Welche Informationen fehlen? Ergänzt sie.

> *Berichtplan*
> *Was passierte? → Unfall*
> *Wer war beteiligt? ...*
> *Wann geschah es? ...*
> *Wo geschah es? ...*
> *Warum geschah es? ...*
> *Wie ging es vor sich? ...*
> *→ 1. ...; 2. ...; 3. ...*
> *Welche Folgen hat es? ...*

2 Bei Unfällen muss man für die Krankenversicherung meist ein Formular ausfüllen.
a Seht euch das abgebildete Formular an und erklärt, welche Angaben eingetragen werden sollen.
b Arbeitet mit Kopien einer Unfallanzeige und ergänzt die geforderten Daten.

3 Jans Versicherung fordert eine ausführliche Darstellung des Unfallhergangs.
  a Wählt aus den Vorgaben A–D jeweils die für einen Bericht passende Formulierung aus und begründet, warum der andere Teil nicht passt.
  b Bringt die Abschnitte für den Anfang des Berichts in die richtige Reihenfolge.
  c Schreibt die passenden Abschnitte in der richtigen Reihenfolge auf.

> **A** – Der Schüler versuchte sich an einer Turnübung am Reck.
> – Der Schüler hampelte am Reck herum.
>
> **B** – Herr Wiesel, der Sportlehrer, erzählte währenddessen was von einer Turnübung, was Jan scheinbar null interessierte.
> – Herr Wiesel, der Sportlehrer, erklärte der Klasse die bevorstehende Turnübung. Dabei sollte auch Jan zuhören.
>
> **C** – Er achtete nicht darauf, dass ihn niemand sicherte.
> – Dass ihn niemand sicherte, war ihm total egal.
>
> **D** – Jan knallte mit dem Kopf an die Reckstange. Er hatte eine Platzwunde.
> – Nachdem Jan während eines Felgaufschwunges abgerutscht war, prallte er mit dem Kopf an die Reckstange und zog sich eine Platzwunde zu.

4 Vervollständigt den Unfallbericht. Formuliert dazu die folgenden Textauszüge in sachliche, knappe Sprache um.
  – Plötzlich hörten wir alle einen Schrei, der durch Mark und Bein ging. Der Wiesel rannte zu Jan, sah sich die blutende Wunde an und redete beruhigend auf ihn ein und rief dabei Fritz zu: „Schnell, lauf ins Sekretariat. Die sollen den Rettungswagen rufen!"
  – Mit Tatütata kam der Krankenwagen angebraust, die Sanitäter packten Jan ein und fuhren mit ihm weg. Das Nähen der gruseligen Wunde war bestimmt unangenehm. Die Mama von Jan wusste gleich ein paar Minuten später über die Verletzung Bescheid, weil die Ina sie angerufen hatte.

●○○ Hier findet ihr Formulierungshilfen:

> sich um den Verletzten kümmern • ins Krankenhaus eingeliefert/transportiert werden • den Rettungsdienst rufen/benachrichtigen • jemanden telefonisch verständigen/informieren

5 Die Klassensprecherin Ina soll Jans Eltern telefonisch über den Unfall informieren.
„Ich bin's. Es ist etwas Schlimmes passiert – Jan liegt im Krankenhaus! Er ist aber auch selbst schuld, dass er abgerutscht ist. Ich soll Ihnen die Nummer vom Wiesel sagen, da können Sie später anrufen."
  a Was hätte Ina bei ihrem Anruf besser machen sollen? Notiert Tipps in Stichpunkten.
  b Übt ein angemessenes Telefongespräch. Nutzt euren Berichtplan (▶ S. 59), haltet die Gesprächsregeln ein (▶ S. 269) und achtet auf angemessene Formulierungen, z. B.:
    Guten Tag, hier ... Ich bin ... und rufe im Auftrag von ... an. ... hatte leider einen kleinen Unfall im ...

Polizeibericht und Zeitungsbericht

Hund verursacht Verkehrschaos

Weil ein treuer Windhund dem Wagen seiner 18-jährigen Besitzerin bis auf die Autobahn folgte, kam es gestern Nachmittag auf der A3 bei Regensburg nach mehreren Bremsmanövern zu einem längeren Stau. Das Tier wurde eingefangen und seiner Besitzerin übergeben.

6 a Ordnet die Inhalte der Zeitungsnachricht den W-Fragen zu:
   Wer? Was? Wo? Wann? Wie? Warum? Welche Folgen?
   b Ergänzt genauere Informationen, die für einen vollständigen Polizeibericht notwendig sind.
   c Schreibt einen vollständigen Polizeibericht zu dem Vorfall.

7 Ulf Raven, Favorit beim Passauer Domlauf, berichtet einem Reporter:

> „Ich hatte mich so auf den Lauf gefreut und war super in Form! Aber dann war alles so voll, ein riesiges Gedränge direkt nach dem Startschuss! Na, und plötzlich lieg' ich auf der Nase, bin irgendwie gestolpert. So ein Pech, ich bin total enttäuscht ... Die Schürfwunden heilen sicher bald ab, es ärgert mich nur tierisch, dass ich wegen dieses dämlichen Sturzes das Rennen am Samstag abbrechen musste!"

Erstellt einen Berichtplan und verfasst einen Zeitungsbericht zu dem Geschehen.

Testet euer Wissen!

Berichte schreiben

1 a Schreibt alle Informationen auf, die in die **Einleitung** eines Berichts gehören.
   Handlungsablauf, Datum, Ort, Auswirkungen, Uhrzeit, beteiligte Personen, Was passierte?
   b Notiert alle W-Fragen, die für den **Hauptteil** besonders wichtig sind.
   Was? Warum? Wann? Welche Folgen? Wie? Wo? Wer?

2 Richtig oder falsch? Prüft die folgenden Aussagen und schreibt die falschen Sätze korrigiert auf.
   – In einem Bericht wird ein Geschehen möglichst spannend wiedergegeben.
   – Ein Berichtplan enthält alles Wesentliche in Stichpunkten.
   – Sachlichkeit im Bericht erreicht man durch die Verwendung der wörtlichen Rede.
   – Der Bericht stellt Vergangenes dar, deshalb wird meist im Präteritum formuliert.
   – Ein Bericht enthält nur wesentliche Informationen.
   – Ein Bericht für die Zeitung enthält dieselben Angaben wie ein Bericht für die Versicherung.
   – Im Schlussteil sollte die eigene Meinung zum Geschehen stehen.

4.2 Berichte sprachlich überarbeiten

Was ist passiert? – Aktiv und Passiv nutzen

Polizeieinsatz wegen Schülerstreich

Am gestrigen Vormittag führte ein Schülerstreich zu einem Polizeieinsatz auf dem Franz-Josef-Strauß-Flughafen in München.
Eine 6. Klasse aus dem Münchner Landkreis besichtigte am Wandertag den Flughafen. Der Rucksack eines Jungen wurde, nachdem dieser während einer kurzen Pause auf die Toilette gegangen war, von einem Mitschüler in der Abflughalle versteckt. Der Schüler begab sich wenig später mit der Gruppe ins andere Terminal, ohne den Verlust seines Rucksacks zu bemerken. <u>Das herrenlose Gepäckstück wurde kurz darauf vom Sicherheitspersonal des Flughafens entdeckt</u>. Da der Rucksack nicht von dem Besitzer abgeholt wurde, sperrte die Bundespolizei die Abflughalle und nahm sich des Rucksacks an. In der Zwischenzeit hatte der Schüler seinem Lehrer den Verlust gemeldet. <u>Sogleich klärte der Lehrer das Missverständnis auf.</u>

1 Dieser Zeitungsbericht informiert über einen ungewöhnlichen Vorfall auf einem Wandertag.
  a Wie kam es zu dem Polizeieinsatz? Klärt den Handlungsablauf mit Hilfe von W-Fragen.
  b Schreibt die beiden unterstrichenen Sätze ab und bestimmt, ob sie im Passiv oder im Aktiv (▶ S. 211, S. 287) stehen.
  c Formt den Passivsatz in einen Aktivsatz, den Aktivsatz in einen Passivsatz um.
  d Bestimmt den „Täter" in den beiden Passivsätzen im Heft und streicht ihn durch. Wie verändert sich die Satzaussage?

2 **a** Findet zwei weitere Passivsätze im Text, schreibt sie ab und markiert den „Täter".
  b Formt die Sätze dann in Aktivsätze um.

3 Mit Hilfe von Passivsätzen kann man Sachverhalte knapp und sachlich formulieren.
Bildet aus den folgenden Aussagen Sätze im Passiv. Lasst dabei den „Täter" aus. Als Hilfe sind die „Täter" und die zu verändernden Verben in den ersten Sätzen farbig markiert.
Weil die Schalterhalle gesperrt worden ist, habe ich meinen Anschlussflug verpasst. Mein Ticket ...

> Einige Beteiligte wurden zu dem Vorfall befragt:
> **Tourist:** Weil das Wachpersonal die Schalterhalle gesperrt hat, habe ich meinen Anschlussflug verpasst! Die Angestellten der Fluggesellschaft buchen gerade mein Ticket um.
> **Mirko:** Eine unbekannte Person hat schon einmal meinen Rucksack in der Schule versteckt.
> **Flughafenangestellter:** Zum Glück haben die Beteiligten den Vorfall zügig aufgeklärt.
> **Polizist:** Meine Kollegen und ich prüfen derzeit, welche Konsequenzen der Vorfall haben wird.

Falsch in den Zeitzug eingestiegen – Die richtige Zeitform verwenden

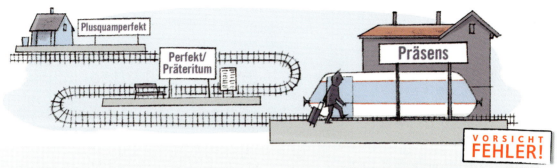

Aktuelles aus dem Schulsport

Bei den Sportturnieren der Realschule Lanke am 21. März **sind** die Klassen 6d und 10b als Sieger **hervorgegangen**.
Bei den Fußballspielen des 5. und 6. Jahrgangs **stellen** sich die 5a und die 6d als Finalisten heraus. Die Klasse 6d **konnte** bereits nach 20 Minuten Spielzeit so weit in Führung gehen, dass der Vorsprung in den verbleibenden 10 Minuten für die 5a nicht mehr einholbar war. Nachdem das 4:1 **gefallen war**, wird das Spiel abgepfiffen und die 6d feierte ausgiebig.
Während der Handballspiele der 9. und 10. Klassen hatte sich schnell die 10b als eindeutiger Favorit herausgestellt, die bereits die Vorrunden mit hoher Tordifferenz für sich entschieden hat. Schließlich stand das Ergebnis fest: Die 10b gewinnt gegen die 9c mit 12:8.

4 a Überlegt, wo dieser Artikel veröffentlicht worden sein könnte.
b Bestimmt die Zeitform der im Text markierten Verbformen.
c Einige Verben in dem Bericht stehen in der falschen Zeitform. Klärt den zeitlichen Ablauf der Geschehnisse, setzt die Verben in die richtige Zeitform und schreibt den Text verbessert auf.

Nach dem Tanken ? *(vergessen)* eine Frau, nach ihrem Hund zu sehen, nachdem sie wieder ins Auto ? *(steigen)*. Das Tier ? *(springen)* aus dem geöffneten Seitenfenster, als die Frau an der Kasse ? *(anstehen)*. Nach kurzer Fahrt ? *(bemerken)* die Hundebesitzerin, dass ihr Haustier nicht mehr im Wagen ? *(sitzen)*, und ? *(fahren)* zurück. Der Hund ... *(geduldig warten, zurückkehren)*.

5 a Schreibt den Zeitungsbericht ab und ergänzt die Verben im Präteritum oder Plusquamperfekt.
b Schreibt mit Hilfe der Vorgaben einen Schluss für den Text auf. Achtet auf die passende Zeitform.

| Wissen und Können | Die Zeitform in Berichten: Präteritum und Plusquamperfekt |

- Ein Bericht fasst ein vergangenes Ereignis zusammen. Er steht deshalb im **Präteritum**, z. B.:
  Gestern ereignete sich ein Unfall. Zwei Autos stießen zusammen.
- Wenn man in einem Bericht ausdrücken will, dass ein Ereignis noch weiter in der Vergangenheit liegt (Vorzeitigkeit), gebraucht man das **Plusquamperfekt**, z. B.:
  Nachdem er ins Haus eingedrungen war und den Schmuck gestohlen hatte, floh er.

Richtig angekoppelt? – Sätze mit Konjunktionen verknüpfen

6 Die folgenden Sätze aus Zeitungsberichten müssen noch gedanklich verknüpft werden. Wählt geeignete Konjunktionen aus und schreibt sinnvolle Satzgefüge auf. Achtet auf die Kommasetzung.
Achtung: In den Nebensätzen ändert sich die Satzstellung!

(weil/als/indem)

Unfall auf dem Schulhof
Fünf Schüler der 6a schlitterten noch auf der Eisfläche im Pausenhof.
Sie hörten die Pausenglocke nicht.

Unfall auf dem Zebrastreifen
Die Schülerinnen überquerten die Straße.
Die Fußgängerampel schaltete auf Rot um.

(weil/als/damit)

(obwohl/wo/wenn)

Unfall beim Abbiegen
Die in der Bergstraße stadteinwärts fahrende Studentin wollte nach links abbiegen.
Dies ist verboten.

Taschendieb festgenommen
Am Donnerstag nahmen Kriminalbeamte einen 17-jährigen Taschendieb fest.
Dieser konnte weitere geplante Taten nicht mehr ausführen.

(bevor/da/sodass)

4.2 Berichte sprachlich überarbeiten

7 Prüft, welche der folgenden Sätze mit der angegebenen Konjunktion Sinn ergeben. Ersetzt die falschen Konjunktionen und schreibt die falschen Sätze verbessert auf.
– <u>Weil</u> es stark zu regnen begann, verringerte der Autofahrer sein Tempo nicht.
– Die Eisschicht knackte bedenklich, <u>wenn</u> das Mädchen auf die Eisfläche gesprungen war.
– Die Freude der Fußballfans war groß, <u>als</u> das erste Tor fiel.
– <u>Bevor</u> der Dieb verschwinden konnte, hatte die Polizei ihn gestellt.
– Der Schaden wurde von der Versicherung bezahlt, <u>obwohl</u> Versicherungsschutz bestand.

Zum Überprüfen eurer Ergebnisse oder als Hilfe könnt ihr die nebenstehende Liste verwenden. Findet selbst die richtige Reihenfolge heraus.

weil/da	nachdem	bevor	obwohl	als

Sachlich und genau beschreiben – Auf Ausdruck und Wortwahl achten

8 In den folgenden Sätzen aus Berichten ist immer nur eines der angegebenen Wörter geeignet. Schreibt die Sätze ab und ergänzt jeweils das passende Wort. Achtet auf die richtigen Endungen und Zeitformen. Begründet eure Ergebnisse in der Klasse.

– Der Sportwagen fuhr mit überhöhter ❓ die Straße hinunter.
  (Raserei/Geschwindigkeit/Schnelligkeit)
– Aus Unachtsamkeit übersah sie, dass der Fahrer des Wagens vor ihr ❓ .
  (abrupt bremsen/in die Eisen steigen/urplötzlich anhalten).
– Der Polizist führte mit dem jugendlichen Ladendieb ein ❓ Gespräch.
  (ernst/langwierig/langatmig)
– Eine Passantin ❓ den Notarzt. (telefonieren/verständigen/organisieren)
– Die beiden Täter konnten bisher noch nicht ❓ werden.
  (schnappen/fassen/einbuchten)

Wissen und Können — Sprachliche Besonderheiten eines Berichts

- In Berichten verwendet man Sätze im **Passiv**, wenn die handelnde Person (der „Täter") nicht genau bekannt ist oder nicht unbedingt genannt werden muss, z. B.:
  In das Haus wurde (von?) eingebrochen./Das Gelände wurde (von?) gesperrt.

- Mit Hilfe passender **Zeitformen** kann man den zeitlichen Ablauf von Geschehnissen verständlich wiedergeben. Im Bericht verwendet man das **Präteritum** oder das **Plusquamperfekt**, z. B.: *Er <u>verlor</u> das Geld, das er kurz vorher <u>erbeutet hatte</u>.*

- Ein Berichttext klingt flüssiger und wird verständlicher, wenn man die Sätze logisch mit **Konjunktionen** verknüpft, z. B.: *wenn, weil/da, als, während, obwohl, bevor, nachdem*

- Ein Bericht soll **sachlich und genau** formuliert sein. Man muss deshalb auf die **richtige Wortwahl** und den **passenden Ausdruck** achten.

4.3 Fit in ...? – Berichten

Dieser Arbeitsauftrag wurde in einer Schulaufgabe gestellt:

> Forme die folgende Erlebniserzählung in einen ausführlichen Zeitungsbericht um.
>
> **Eiskalt erwischt!**
> Am letzten Ferientag beschlossen mein Freund Max und ich, am Brombachsee ein bisschen Fußball spielen zu gehen. Dort war an diesem Septembernachmittag nicht mehr viel los, da es schon zu kalt zum Baden war. So freuten wir uns darüber, dass wir die Wiese am Südufer ganz für uns alleine hatten. Wir konnten ja nicht ahnen, dass
> 5 dieser Tag im Gunzenhausener Krankenhaus enden würde!
> Wir kickten also den Ball eine ganze Weile hin und her, bis er irgendwie im Wasser landete. „Puh, ich gehe ihn nicht holen, das ist mir zu kalt!", rief ich. Max dagegen lachte nur und erklärte großspurig, dass ihm kaltes Wasser gar nichts ausmache. „Wetten, doch!", erwiderte ich. Max grinste, zog sich bis auf die Unterhose aus und meinte: „Du
> 10 wirst schon sehen, Jonas ..." Dann nahm er Anlauf und war kurz darauf im Wasser! Er fing gleich an zu schwimmen, damit ihm warm wurde. Es hatte tags zuvor heftig geregnet, sodass das Wasser bitterkalt gewesen sein muss. Auf einmal stockte Max, tauchte kurz ab und kreischte: „So ein Mist, jetzt hab ich einen Krampf in der Wade. Ahhh, tut das weh." Und schon tauchte er wieder ab. Ich war ziemlich erschrocken
> 15 und schrie um Hilfe, so laut es ging. Da sah ich plötzlich einen Spaziergänger, der ins Wasser hechtete und zu Max schwamm. Er packte ihn und schleppte ihn aus dem Wasser. Max' Lippen waren blau angelaufen und er zitterte am ganzen Körper! Ich legte ihm meine Jacke über und versuchte, ihn zu beruhigen, obwohl mir selbst das Herz bis zum Hals schlug vor Angst. Der Mann verständigte mit seinem Handy sofort
> 20 einen Rettungswagen, dieser traf nur wenige Minuten später mit Blaulicht und Sirene ein. Weil Max immer noch stark zitterte und völlig unter Schock stand, nahmen die Sanitäter ihn gleich mit ins Krankenhaus. Ich bedankte mich bei Max' mutigem Retter, der sich freundlich von mir verabschiedete und mir für alle Fälle noch schnell seine Adresse aufschrieb.
> 25 Meine Mutter fuhr mich gegen Abend zu Max ins Krankenhaus. Erleichtert stellte ich fest, dass er schon wieder viel besser aussah. „In zwei Tagen bin ich wieder fit, dann können wir wieder kicken gehen", sagte er und grinste. Was für ein Glück, dass sein Sprung ins Wasser nur eine Unterkühlung zur Folge hatte!

1 Bereitet einen Unfallbericht vor.
   a Prüft, welche Informationen ihr übernehmen könnt und welche ergänzt werden müssen.
   b Verfasst zu Jonas' Erzählung einen Berichtplan wie im Beispiel rechts.

> *Berichtplan*
> *Einleitung*
> *Was passierte? – Ertrinken eines Jungen durch Spaziergänger verhindert*
> *Wer war beteiligt? – Max, Jonas, Spaziergänger ...*

4.3 Fit in …? – Berichten

Maria verfasste mit Hilfe der Informationen aus der Erzählung den folgenden Bericht:

Gestern, am 15. September, ertrank am Brombachsee beinahe der 13-jährige Schüler Max M. Er wurde aber von einem Spaziergänger gerettet.	Uhrzeit? Wo genau?
Am Südufer des Sees, an dem sich auf Grund des kühlen Wetters nur wenige Badegäste befanden, spielten sie zunächst Fußball. Als der Ball einmal ins Wasser fiel, kamen die Kinder auf eine Wette.	unwesentlich Bezug (Wer?) unwesentlich
Auf Grund einer Wette ist der Junge ins kalte Wasser gestiegen und schwamm wenige Meter. Mehrere Male tauchte er unter. Plötzlich bekam er einen Krampf in der Wade.	W, falsche Zeitform falsche Reihenfolge
Sein Freund am Ufer bemerkte die Gefahr. Obwohl er um Hilfe rief, wurde der Spaziergänger Jörg H. auf die beiden aufmerksam.	falsche Konjunktion
Nachdem sich der Mann seiner Kleidung entledigte, sprang er ins Wasser und rettete den Jungen vor dem Ertrinken. Wieder am Ufer angelangt, wurde der Notarzt per Mobiltelefon verständigt. …	falsche Zeitform (Vorzeitigkeit) Bezug (Von wem?)

2 Überarbeitet Marias Aufsatz mit Hilfe der Anmerkungen am Rand und eures Berichtplans.

3 Wählt einen der drei vorgegebenen Teile als Schluss aus.
Begründet, warum die anderen beiden ungeeignet sind.

A Nach der Abfahrt des Rettungswagens verabschiedete sich der Retter von dem anderen Jungen. Der Verletzte wurde ins Kreiskrankenhaus Gunzenhausen gebracht. „In zwei Tagen bin ich wieder fit", sagte der beinah Ertrunkene.

B Der Retter verabschiedete sich von dem anderen Jungen. Der Verletzte wurde ins Kreiskrankenhaus Gunzenhausen gebracht und erholte sich innerhalb der nächsten Tage dort.

C Der Junge erholt sich derzeit im Kreiskrankenhaus in Gunzenhausen von seiner Unterkühlung.

4 Berichte rund um Schule und Freizeit

Der Arbeitsauftrag in einer anderen Schulaufgabe lautete folgendermaßen:

> Schreibe einen **ausführlichen Polizeibericht** über den Vorfall aus der Kurznachricht. Ergänze fehlende Informationen.
>
> ### Ein fast perfekter Bankraub
> In Suhrlingen schob ein Bankräuber einen Zettel mit der Aufschrift „Das ist ein Überfall" über den Bankschalter. Als der Bankbeamte den Zettel später umdrehte, entpuppte dieser sich als ein Briefbogen mit Name, Adresse und Telefonnummer des Bankräubers. Die Polizei konnte den Täter noch am gleichen Nachmittag in seiner Wohnung festnehmen und die Beute sicherstellen.

4 **a** Erstellt einen Berichtplan mit passenden W-Fragen, z. B.:

Einleitung	Hauptteil	Schluss
Wer? Wo? Wann? Was?	*Wie genau? Warum?*	*Welche Folgen?*

b Tragt Informationen aus der Kurznachricht ein und ergänzt fehlende Angaben.
c Schreibt den vollständigen Polizeibericht.
Am ... um ... ereignete sich in der Bankfiliale der ... in ... der folgende Überfall: ...

Einen Bericht schreiben

Vorarbeit
- **Für wen** oder **was** soll der Bericht formuliert werden?
  (Polizeibericht, Bericht für Versicherung oder Zeitungsmeldung?)
- Kann ich mir den **Handlungsablauf** vorstellen? Falls im vorgegebenen Material keine Zeichnung vorhanden ist, skizziere ich das Geschehene kurz.
- Habe ich **alle wichtigen Informationen** markiert oder in Stichpunkten notiert?
- Ist mein **Berichtplan** vollständig? Enthält er genaue Antworten auf die **W-Fragen** in Stichpunkten? Welche **fehlenden Informationen** muss ich ergänzen?

Inhalt und Aufbau
- Enthält meine **Einleitung** Antworten auf diese **W-Fragen:** *Wer? Was? Wann? Wo?*
- Habe ich im **Hauptteil** den Handlungsablauf in der richtigen zeitlichen Reihenfolge dargestellt? Sind die W-Fragen *Wie?* und *Warum?* ausführlich beantwortet?
- Werden im **Schluss** die Folgen des Geschehens deutlich? *(Welche Folgen?)*

Sprache
- Habe ich durchweg im **Präteritum** geschrieben, bei Vorzeitigkeit im **Plusquamperfekt?** Habe ich im Schluss das **Präsens** verwendet, falls die Folgen des Geschehens noch andauern?
- Werden Zusammenhänge durch verwendete **Konjunktionen** verdeutlicht?
  – Wurden **Aktivsätze und Passivsätze** sinnvoll und abwechslungsreich eingesetzt?
  – Sind Ausdruck und Wortwahl meines Berichts **sachlich?**
  – Ist mein Bericht **frei von wörtlicher Rede?**

5 Abwechslungsreich und fantasievoll erzählen

1. Betrachtet das Bild genau und überlegt euch, welche Aussage es haben kann.
   – Was passiert gerade mit dem Elfmeterschützen?
   – Was könnte die Ursache für dieses Ereignis sein?
   Tauscht eure Ideen aus und erzählt.

2. Welche der drei folgenden Redensarten passt am besten zu diesem Geschehen? Begründet eure Meinung.

   die Nase voll haben • im Boden versinken wollen • klein beigeben

5.1 „Kaum zu glauben!" – Lebendig erzählen

Mündlich und schriftlich erzählen

In manchen Situationen möchte man sich am liebsten unsichtbar machen.
Vielleicht wird dies in der Zukunft sogar wirklich möglich sein ... Paul erzählt Lisa:

> Stell dir mal vor, was ich gestern Interessantes gelesen habe: Einige Forscher haben doch tatsächlich so etwas wie eine Tarnkappe erfunden! Haben Dinge einfach unsichtbar gemacht! Soll ich dir sagen, wie das funktioniert hat? Die Tarnkappe hat ganz genial das Licht, das auf sie gefallen ist, einfach – wutsch! – um sich herum abgelenkt. Super, was? Na ja, man hat die Tarnkappe schrecklich winzig konstruiert, aber sie haben schon vom Bau größerer Modelle gesprochen. Wahnsinn, oder? Vielleicht steht in ein paar Jahren in der Zeitung: „Zaubermantel hat Menschen unsichtbar gemacht." – Irre, oder?

1 a Welche Ausdrücke oder Satzkonstruktionen würdet ihr in einer schriftlichen Erzählung nicht verwenden? Notiert sie in Partnerarbeit, z. B.:
   „Stell dir mal vor ...", „Haben Dinge einfach unsichtbar gemacht!"
   b Beim mündlichen Erzählen verwendet man meist die Zeitform **Perfekt,** beim schriftlichen Erzählen dagegen das **Präteritum.** Ergänzt die folgende Tabelle in eurem Heft:

Mündliches Erzählen – Perfekt	Schriftliches Erzählen – Präteritum
ich habe ... gelesen	*ich las*
Forscher haben ... erfunden	...
...	

2 Stellt euch vor, ihr wärt als Testperson für die erste größere Tarnkappe ausgewählt worden. Erzählt einer Freundin/einem Freund davon in einem Brief. Verwendet Verben im Präteritum.

> *Liebe/Lieber ...,*
> *heute muss ich dir unbedingt von einem spannenden Erlebnis erzählen: Ich durfte dabei sein, als die erste größere Tarnkappe getestet wurde! Der Professor setzte mir die Kappe auf den Kopf und gab mir eine Stunde Zeit ... Natürlich hatte ich sofort eine Idee, wohin ich gehen wollte ...*

Wissen und Können — Schriftliches Erzählen

- Beim schriftlichen Erzählen verwendet man die **Zeitform Präteritum.**
- Man **vermeidet Audrucksformen der mündlichen Sprache,** z.B. Umgangssprache, Wiederholungen, Häufungen von Frage- und Ausrufesätzen oder unvollständige Sätze.

Erlebnis- und Fantasieerzählung unterscheiden

1 Das Aufsatzthema in der Deutsch-Schulaufgabe lautet ausgerechnet „Unsichtbar!"
Lisa hat eine originelle Idee ... Lest ihren Aufsatz sorgfältig durch.

Das seltsame Duschgel

Am letzten Wochenende unternahmen meine Eltern und ich eine Bergtour in die Alpen. Auf dem steilen Fußweg zu unserer Hütte hinauf wurde uns richtig heiß. Ich konnte ja nicht ahnen, dass ich später noch viel mehr ins Schwitzen geraten würde ...

Ich warf meinen Rucksack auf das Sofa und rief: „Ich nehme erst einmal eine Dusche!" Sekunden später stand ich in der Duschkabine. Dort entdeckte ich zwei seltsame Tuben: Auf der blauen Tube stand „Sparsam verwenden, sehr wirkungsvoll!", auf der roten „Zur Nachbehandlung". Ich entschied mich für die blaue Tube und nahm einen ordentlichen Klecks von dem leicht süßlich riechenden Duschgel. Ich genoss das eiskalte, prickelnde Wasser auf meiner Haut. In meinem gemütlichen Jogginganzug kam ich in die Wohnstube zurück.

Hier saßen mein Vater und meine Mutter schon am Tisch und schmierten sich gerade Butterbrote. „Gut, dass ihr mir noch etwas übrig gelassen habt", lachte ich und setzte mich dazu. Komisch, meine Eltern taten so, als ob sie mich gar nicht bemerken würden. Waren sie sauer, weil ich ihnen nicht geholfen hatte? Ich wurde etwas unsicher. „Kann ich bitte das Gurkenglas haben?", fragte ich. Keine Reaktion. „Wo Lisa nur so lange bleibt?", schüttelte meine Mutter den Kopf. „Dann fangen wir eben ohne sie an!", erklärte mein Vater und zog die Augenbrauen zusammen. „Aber ich bin doch da, weshalb sagt ihr so etwas?", stammelte ich.

Jetzt wollte ich es wissen: Ich stieg auf den Stuhl und rief, so laut ich konnte: „Hey, hier bin ich!" Meine Eltern zuckten nicht einmal mit der Wimper. Was war mit mir los? Mein Herz begann, wie rasend zu klopfen, mir brach wieder der Schweiß aus, aber diesmal vor Entsetzen!

Bestürzt rannte ich zurück ins Bad. Dort wollte ich in den Spiegel schauen, er war jedoch noch zu beschlagen von der Feuchtigkeit vom Duschen, die sich wie Nebel ausbreitete. Ich wischte das Glas ab und schaute einmal, zweimal – doch ich war nicht zu sehen! Um Himmels willen! Ich war unsichtbar! Deshalb hatten mich meine Eltern eben nicht beachtet!

Da kam mir eine Idee: Sollte das vielleicht mit dem Duschgel zusammenhängen? Was hatte doch gleich auf der roten Tube gestanden? „Zur Nachbehandlung"! – Ich riss mir meine Kleider vom Leib und stellte mich ein zweites Mal unter die Dusche. Diesmal benutzte ich das rote Duschgel, das leicht auf der Haut brannte. Erwartungsvoll lief ich in die Wohnstube zurück. Meine Eltern hoben die Köpfe, als ich hineinkam, und mein Vater murmelte: „Na, da bist du ja, das hat aber lange gedauert!" Ich sagte nichts. Nach dem Abendessen wollte ich mich noch einmal ins Bad schleichen …

Da hörte ich eine laute Stimme: „Lisa! Lisa, das Abendessen ist fertig!" Als ich langsam die Augen aufschlug, bemerkte ich, dass ich auf dem Sofa lag und noch immer meine verschwitzte Wanderkleidung trug! Ich war nach der anstrengenden Wanderung wohl eingeschlafen. „Zaubertuben gibt es wohl doch nur im Traum – wie schade", dachte ich und musste lachen.

2 Lisa schreibt so, als hätte sie die Geschichte wirklich erlebt – warum handelt es sich hier jedoch um eine Fantasieerzählung? Begründet anhand von Textstellen.

3 Um diesen Text in eine Erlebniserzählung zu verwandeln, müsste man ihn inhaltlich verändern.
a Lest die Informationen im Merkkasten und erklärt den wichtigsten Unterschied zwischen einer Erlebnis- und einer Fantasieerzählung.
b Welche Erlebnis- und Fantasieerzählungen kennt ihr aus Büchern oder Filmen? Nennt Beispiele.
c Sammelt in Partnerarbeit Vorschläge, wie man Lisas Aufsatz in eine Erlebniserzählung umwandeln könnte. Stellt eure Ideen mündlich vor.

Wissen und Können — Erlebnis- und Fantasieerzählungen unterscheiden

- **Erlebniserzählung:** Erzähle nur, was du **wirklich erlebt** hast oder erlebt haben könntest. Achte auf das Thema: Das Erlebnis muss darauf abgestimmt sein!
- **Fantasieerzählung:** Sie fängt oft in der Wirklichkeit an und endet auch dort. Aber: Hier passieren **ungewöhnliche Dinge, die es nur in der Fantasie gibt.** Personen, Gegenstände und Ereignisse müssen aber zueinander passen, damit die Geschichte logisch bleibt! Ein geflügeltes Pferd wäre zum Beispiel in der Zaubertubengeschichte fehl am Platz. Im **Schlussteil** soll die **Rückkehr in die Realität** erfolgen.

Den Aufbau einer Erzählung kennen

Erlebnis- und Fantasieerzählungen gliedert man in Einleitung, Hauptteil und Schluss.

4 a Lest die Informationen zur Einleitung im Merkkasten unten.
   b Überprüft die Einleitung in Lisas Aufsatz auf Vollständigkeit und macht euch Notizen wie im Beispiel rechts.

- Hauptpersonen: „Ich"-Erzählerin, Vater, Mutter
- Zeit: …
- Ort: …
- Köder: …

5 Im Hauptteil einer Erzählung wird Spannung aufgebaut, die zu einem Höhepunkt führt.
   a Übertragt die unten abgebildete Handlungstreppe in euer Heft.

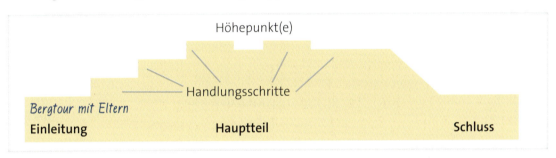

   b Ordnet die folgenden Handlungsschritte zur Fantasieerzählung „Das seltsame Duschgel" und legt die Höhepunkte fest. Tragt die Stichpunkte in die Handlungstreppe ein.

seltsames Verhalten der Eltern beim Essen • Duschen mit Gel aus blauer Tube • Aufwachen • Familienausflug in die Berge • Test: lautes Rufen auf dem Stuhl • kein Spiegelbild vorhanden • erneutes Duschen mit Gel aus roter Tube

6 Wie hätte Lisas Aufsatz noch enden können?
Schreibt einen neuen Schluss für die Fantasiegeschichte ab Zeile 37 auf.

●○○ Ihr könnt die folgenden Ideen nutzen:
- ging zurück ins Badezimmer und blickte in den Spiegel
- suchte erfolglos die Tuben im Bad

Wissen und Können — Der Aufbau einer Erzählung

- Die **Einleitung** führt kurz zum Thema hin und beantwortet folgende Fragen:
  - **Wer** waren die Hauptpersonen?
  - **Wann** und **wo** ereignete sich das Erlebnis?

  Ein ausgelegter **Köder** macht neugierig auf den Hauptteil.
- Im **Hauptteil** wird in mehreren **Handlungsschritten** Spannung aufgebaut, die logisch aufeinander aufbauen (Handlungstreppe) und in einen **Höhepunkt** münden. Manche Erzählungen haben auch mehrere Höhepunkte.
- Der **Schluss** rundet die Erzählung ab. Er lässt die Spannung abklingen, kann aber auch zum Nachdenken anregen oder Fragen offenlassen. In einer Fantasieerzählung führt der Schluss wieder in die Realität zurück.

Auf sprachliche Besonderheiten achten

7 Damit eure Erlebnis- oder Fantasieerzählung lebendig und anschaulich wird, solltet ihr die spannendsten Stellen besonders ausführlich ausgestalten. Überprüft, welche der nebenstehenden Tipps im Aufsatz auf den Seiten 71–72 berücksichtigt wurden.

> **Anschaulich erzählen**
> - Schildert, was die Personen sagen, denken, hören und fühlen.
> - Verwendet anschauliche Verben und Adjektive *(murmeln, eiskalt)*.
> - Sucht treffende Vergleiche *(wie ein Reh)*.

8 Im folgenden Textausschnitt wurde die Zeitform Präteritum nicht durchgängig eingehalten.
  a Sucht die fehlerhaften Verbformen heraus und schreibt sie verbessert auf.

> Mit meinen Eltern wanderte ich zur Berghütte hinauf. Gleichmäßig setze ich einen Schritt vor den anderen, aber mein Rucksack drückt immer mehr und meine Beine werden langsam müde. Der schmale, steinige Weg zieht sich steil nach oben. Ich bleibe kurz stehen und betrachte einen kleinen Wasserfall, der über eine Felsenkante plätschert. Ein Meer von Butterblumen breitet sich auf der Wiese aus, wo ich zwei bunte Schmetterlinge beobachtete.

  b Erzählungen können in der Ich-Form oder der Er-/Sie-Form geschrieben sein.
  Wandelt den Text in die Sie-Form um und schreibt ihn ab. Achtet auf die richtige Zeitform!
  Mit ihren Eltern wanderte sie zur Berghütte hinauf …

● ○ ○ Hier findet ihr Hilfen für die Umformung der Verben:

> blieb • beobachtete • betrachtete • breitete • drückte • plätscherte • setzte • wurden • zog

Eine eigene Erzählung planen und schreiben

1 Plant eine eigene Fantasieerzählung zum Thema „Plötzlich konnte ich fliegen!".
  a Überlegt euch einen passenden Anlass oder einen Gegenstand, der zu dem Thema passt.
  b Tragt eure Ideen in Stichpunkten in einen Cluster ein wie im folgenden Beispiel:

5.1 „Kaum zu glauben!" – Lebendig erzählen

2 **a** Erstellt in eurem Heft einen Schreibplan mit den wichtigsten Erzählschritten. W-Fragen können euch dabei helfen. Hier ein Beispiel:

> Wer spielte eine Rolle?   ich, Freunde ...
> Wo spielte die Erzählung?   im Garten, über den Häusern ...
> Wann spielte sie?   mein Geburtstag, nachmittags
> Einleitung: Spiel mit Riesenseifenblasen,
>   Hineinschlüpfen in Seifenblase,
>   Davonschweben ...
> Hauptteil: ...
> Schluss: ...

> Beschränkt euch im Hauptteil auf **ein** spannendes Erlebnis, damit eure Erzählung nicht zu lang wird.

b Tragt die Stichpunkte in eine Handlungstreppe wie auf Seite 73 ein. Denkt euch einen oder mehrere Höhepunkte aus und vergesst nicht, die Fantasieerzählung am Schluss wieder in der Realität enden zu lassen.

3 Anschauliche Verben machen eine Erzählung lebendiger! Ergänzt im folgenden Textauszug passende Verben aus dem Wortspeicher in der richtigen Personal- und Zeitform.

> Die Sonne ? warm, deshalb ? ich meinen Geburtstag in unserem Garten. Meine Mutter ? mich mit etwas ganz Besonderem: Mit Hilfe von Drähten, die wir zu Ringen ? , und einer besonderen Seifenlösung ? wir Riesenseifenblasen! Selina ? die größten Exemplare ? .
> Diese ? lange in der Luft, ? in allen Regenbogenfarben und ? hoch über den Gartenzaun.

> gelingen • scheinen • biegen • fliegen • bleiben • feiern • herstellen • überraschen •
> sich halten • schimmern • schweben • glänzen • formen

4 **a** Der Höhepunkt eurer Erzählung sollte spannend und anschaulich formuliert sein. Überarbeitet den folgenden Auszug aus einem Aufsatz. Achtet auf abwechslungsreiche Satzanfänge!

> Ich flog in meiner Seifenblase los. Plötzlich sah ich alles von oben. Ich freute mich.
> Doch ich schwebte auf die spitze Kante der Dachrinne unseres Nachbarhauses zu.
> Ich hatte große Angst und rief um Hilfe.

●○○ Ihr könnt die folgenden Formulierungen zu Hilfe nehmen:

> schwebte hoch in die Lüfte • Bäume und Menschen immer kleiner • „Oh Gott!" • jubelnd •
> sahen aus wie Spielzeug • „Hurra!", rief ich. „Ich kann fliegen!" • schrie aus Leibeskräften •
> immer schneller und unaufhaltsam • hatte nur noch einen Gedanken: ... •
> „Wenn ich da dranstoße, ist es aus!", schoss es mir durch den Kopf • Was sollte ich jetzt bloß tun?

●●● **b** Wie könnte die Erzählung enden? Schreibt einen passenden Schluss.

5 Verfasst nun selbst eine Fantasieerzählung zum Thema „Plötzlich konnte ich fliegen!".
Nutzt eure Ergebnisse aus den Aufgaben 2 bis 4.

Gefühle und Gedanken in Erzählungen untersuchen

Äußere und innere Handlung unterscheiden

Es gibt Gelegenheiten, in denen man sich einfach eine Tarnkappe wünscht.
So geht es auch Krissi in dem folgenden Auszug aus einem Jugendbuch.

Elisabeth Zöller

Und wenn ich zurückhaue?

Elisabeth Zöller wurde 1945 in Brilon geboren. Sie schreibt Bücher für Kinder und Jugendliche, oft zu Themen wie Wut, Angst und Gewalt.

Der Krissi heißt eigentlich Christian, aber alle nennen ihn Krissi ... Auch der Paule. Aber der ist gerade weggezogen ... Nur Bossy und Henny aus der siebten Klasse, die sagen „Schnuller", „Babyflasche", „Hosenschisser" und „Pfeifschwein" zu ihm. Das ist gemein, findet Krissi ... Gestern haben sie ihn eingekreist auf dem Schulhof. Und ihn „Babyflasche" und „Schnuller" genannt. Und ihn getreten. Und dann „Krissi, das Pfeifschwein!" gerufen. Das sagen sie, weil er manchmal die Backen aufbläst gegen die Angst. Da hat es gepfiffen mitten auf dem Schulhof. „Pfpfpf", aus seinen dicken Angstbacken heraus. „Pfeif mal, Schweinchen!", haben sie gesagt und ihn hingeschmissen, nur so aus Spaß. Und er hat seinen Turnbeutel liegen lassen mit den neuen Turnschuhen. Und Mama hat geschimpft. Und er hatte doch Angst. Darum hat er alles liegen lassen. Angst macht einen fast blind. Das weiß er. Und stumm. Das weiß er auch. Angst frisst die Wörter und die Gedanken im Kopf auf ... Er hat Mama nichts mehr erzählt, weil sie so geschimpft hat. Er hat geweint in seinem Zimmer. Und gedacht: Die Welt ist gemein. Die Welt ist sooo gemein ...

Krissi geht ins Bad und schließt die Tür ab. Er putzt sich die Zähne auf einem Bein, einmal

ritsch, einmal ratsch. Das reicht. Vor allem, wenn man andere Gedanken im Kopf hat!

Heute Mittag ist mehr Zeit, denkt Krissi. Da werd ich es Mama erzählen, das mit Bossy ... Aber erst muss er den Morgen überstehen, den Schulweg, die Pause. Hoffentlich ist Regenpause. Er fletscht mit den Zähnen. Ein Raubtiergebiss müsste man haben. Hum und wutsch, würde er sie beißen. Er hüpft auf einem Bein in sein Zimmer und wühlt in seinem Schrank. Sein schwarzes Lieblings-T-Shirt ist nicht da. Wie viele Wochen wäscht Mama das denn noch? Oder wenigstens das braune mit den Indianern vorne. Auch nicht da. Also hat er nur das mickrige Baby-T-Shirt, wo vorn „Children's Wear" draufsteht ... „Babykleidung", schreien sie. Mist, denkt er. Mist ...

Krissi sitzt am Frühstückstisch, aber mit den Gedanken ist er ... auf dem Schulweg. Und wenn ich zurückhaue?, denkt er. Aber gegen mehrere komme ich nicht an.

Er muss bald gehen. Er muss auf jeden Fall vor den anderen in der Schule sein ... damit sie ihn nicht wieder kriegen ... „Tschüss, Mama!", sagt Krissi und rennt los ...

Wenn man sich doch unsichtbar machen könnte, das wäre was, unsichtbar auf dem Schulweg und unsichtbar in den Pausen. Plopp, eine große Tarnkappe drüber. Weg wäre er ...

Er ist fast an der Schule. Nur noch an den Gärten vorbei. Plötzlich sieht er sie von Weitem kommen, Bossy, Henny und Peer. Er erschrickt, er hat Angst ...

1 a Gebt in wenigen Sätzen wieder, worum es in diesem Text geht.
b Tauscht euch über die folgenden Fragen aus:
– Warum verrät Krissi seiner Mutter nicht den wahren Grund für den liegen gelassenen Turnbeutel?
– Weshalb wünscht er sich eine Tarnkappe?

2 Unterscheidet die **äußere** und die **innere Handlung** des Jugendbuchauszugs:
Was geht in den einzelnen Situationen wohl in Krissi vor? Übertragt die Stichpunkte in euer Heft und ergänzt daneben Krissis mögliche Gedanken und Gefühle in wörtlicher Rede.

Äußere Handlung	Innere Handlung (Gedanken/Gefühle)
– Krissi wird eingekreist und getreten.	„Was hab ich euch denn getan?"
– bläst seine Backen auf	„Bloß nichts anmerken lassen ..."
– lässt seinen Turnbeutel liegen	...
– Krissi im Bad	...
– vor dem Schrank	...
– am Frühstückstisch	...
– auf dem Schulweg	...

Wissen und Können — Äußere und innere Handlung

Um einen Text und seine Figuren zu verstehen, untersucht man die Handlung genau:
- Die **äußere Handlung** beschreibt das, was gerade passiert.
- Die **innere Handlung** bezeichnet die Gefühle und Gedanken der Figuren, die nicht äußerlich sichtbar sind. Manchmal werden sie vom Erzähler beschrieben, aber oft muss die Leserin/der Leser sie sich selbst dazudenken.

3 Krissis Geschichte kann auch als Fantasieerzählung fortgesetzt werden: Stellt euch vor, Krissis Wunsch würde Wirklichkeit und er könnte sich tatsächlich unsichtbar machen!
  a Sammelt Ideen zu den folgenden Fragen:
   – Wie könnte die Tarnkappe Krissi helfen, um sich gegen Bossy, Henny und Peer zu wehren?
   – Wie kann die Erzählung am Ende wieder in die Wirklichkeit zurückgeführt werden?
  b Übertragt den folgenden Schreibplan mit den Angaben zur äußeren Handlung in euer Heft und ergänzt ihn mit euren Ideen:

Äußere Handlung	Innere Handlung
Er läuft weiter auf Bossy, Henny und Peer zu.	„Jetzt bloß tapfer bleiben …!"
Er legt sich seinen Schal über den Aufdruck „Children's Wear" auf seinem T-Shirt.	„Diese blöde Babykleidung, keiner soll das mehr lesen …"
Bossy, Henny und Peer gehen an ihm vorbei, ohne ihn zu bemerken.	„He, was war das? Wieso haben sie mich nicht …?"
Krissi schleicht unsichtbar hinter ihnen her.	…
Er belauscht ihren gemeinen Plan, …	…

  c Schreibt eine eigene Fortsetzung von Krissis Geschichte auf. Übernehmt die Zeitform des Textes: das Präsens.

Sich mit dem Text auseinandersetzen

4 Jeder kann zum Mobbing-Opfer werden! Mobbing findet dann statt, wenn ein Einzelner von einer Gruppe von Personen wiederholt mit Worten verletzt oder eingeschüchtert wird.
  a Beurteilt das Verhalten von Bossy, Henny und Peer:
    Wie fühlen sie sich, wenn sie in der Gruppe auftreten?
  b Wie könnte Krissi das Problem lösen? Notiert Ratschläge.
  c Besprecht in der Klasse, wie ihr Mobbing in eurem Alltag verhindern könnt.

5 Wählt eine der beiden schriftlichen Aufgaben:
  – Schreibt einen Tagebucheintrag aus Krissis Sicht, in dem er sich seine Sorgen von der Seele schreibt und Lösungen sucht.
  – Schreibt einen Brief an Krissi, in dem ihr ihm Vorschläge macht, wie er das Mobbing-Problem in den Griff bekommen könnte.

6 Stellt euch vor, ihr wärt Krissis Klassenkamerad/in und könntet mit Krissi oder Bossy ein Telefongespräch führen.
  a Wählt eine der Figuren, überlegt euch zu zweit Ratschläge und ein mögliches Ende des Telefonats.
  b Spielt das Telefonat durch. Haltet die Telefonregeln ein (▶ S. 269) und achtet auf einen freundlichen Ton, z. B.: *Hallo Bossy, hier ist … Hast du kurz Zeit für ein Gespräch?... Ich habe gestern zufällig mitbekommen, wie du …, und habe den Eindruck, dass du … Wie wäre es, wenn …?*

5.2 Zu Redewendungen erzählen

Die Bedeutung von Redewendungen kennen

1 In dem Bild „Die niederländischen Sprichwörter" aus dem Jahr 1559 hat der Maler Pieter Bruegel der Ältere über hundert Sprichwörter und Redewendungen versteckt. Einige davon kennt ihr sicher.
  a Seht euch die eingekreisten Szenen genau an und vervollständigt die nebenstehenden Redewendungen.
  b In Redewendungen wird bildhafte Sprache verwendet. Nehmt die vier Redewendungen wörtlich und beschreibt die jeweiligen Situationen sowie mögliche Folgen.
  Wenn man auf glühenden Kohlen sitzt, dann ...

A auf ? Kohlen sitzen
B ? zum Fenster hinauswerfen
C zwischen zwei ? sitzen
D mit dem Kopf durch ? wollen

2 Hier findet ihr Erklärungen zu den Redewendungen auf Seite 79.
   a Ordnet sie richtig zu und schreibt sie dann vollständig in euer Heft:
   auf glühenden Kohlen sitzen = unter Zeitdruck ...

   > voreilig oder ungeduldig sein/sich um jeden Preis durchsetzen wollen •
   > sich zwischen zwei gleichwertigen Möglichkeiten/Interessen entscheiden müssen •
   > sein Geld verschwenden • unter Zeitdruck auf etwas Wichtiges warten

   b Schreibt zu jeder Redewendung ein passendes Beispiel auf und tauscht anschließend eure Ergebnisse in der Klasse aus, z. B.:
   Der Bus kam und kam nicht – und ich musste doch pünktlich beim Handballspiel sein!
   Ich saß da wie auf glühenden Kohlen.

3 Redewendungen verwendet man häufig im Alltag. Sie lassen sich oft gut als Bild darstellen.
   a Erklärt, welche Redewendungen sich hinter den vier Abbildungen verbergen.

Ihr könnt aus den folgenden Vorgaben die passenden Redewendungen auswählen:

> für jemanden durchs Feuer gehen • mir raucht der Kopf • jemandem den Kopf abreißen •
> jemandem auf den Zahn fühlen • einen Ohrwurm haben • in ein Fettnäpfchen treten •
> jemanden an der Nase herumführen • den Kopf in den Sand stecken • kalte Füße bekommen

   b Klärt gemeinsam die Bedeutung der Redewendungen.

Wissen und Können — **Sprichwörter und Redewendungen**

- Eine **Redewendung** ist eine **feste Verbindung mehrerer Wörter,** die zusammen eine neue Bedeutung haben, z. B.: *jemanden auf die Palme bringen* = jemanden wütend machen
  Die einzelnen Bestandteile sind nicht austauschbar, z. B.: ~~jemanden auf die Eiche bringen~~
- **Sprichwörter** bestehen dagegen aus einem **vollständigen Satz,** den man nicht verändern kann, z. B.: *Stille Wasser sind tief.* Sie enthalten oft Lebensweisheiten.
- Ursprünglich waren Redewendungen und Sprichwörter wörtlich gemeint, heute gebraucht man sie im **übertragenen Sinn.** Sie enthalten starke sprachliche Bilder und ersparen umständliche Umschreibungen: Jeder weiß sofort, was gemeint ist.

Klassensprecher Ivo hat für seine Klasse ein Fest organisiert. Es wurde jedoch teurer als vorher vereinbart. Nun sind seine Freunde verärgert. Ivo spricht mit seinem Cousin Alex.

ALEX: Mensch, Ivo, lass dir von deinen Freunden doch nicht das Fell über die Ohren ziehen!
IVO: Hast du eine Ahnung, ich habe ja auch gedacht, dass ich mit ihnen Pferde stehlen könnte, aber nachdem ich einen solchen Bock geschossen habe, muss ich wohl die Flinte ins Korn werfen!

ALEX: Langsam, damit ich den Faden nicht verliere: Was führst du jetzt im Schilde?
IVO: Ich gebe die Zügel aus der Hand und trete vom Amt des Klassensprechers zurück.
ALEX: Nun mach mal halblang, Ivo, ich helfe dir schon, den Karren aus dem Dreck zu ziehen!

4
a In diesem Gespräch sind neun Redewendungen versteckt. Schreibt sie heraus.
b Klärt gemeinsam die Bedeutung der Redewendungen und schreibt die Erklärungen auf.
c Schreibt den Text so um, dass keine Redensarten mehr enthalten sind.
  Vergleicht: Wie klingt der Text mit Redewendungen, wie ohne sie?

5 Zu Redensarten könnt ihr Ratespiele in der Klasse durchführen.
a Wählt einige Redewendungen aus und stellt sie als Zeichnung oder pantomimisch dar.
b Lasst die anderen die Redensarten erraten und klärt gemeinsam ihre Bedeutung.

Im Kasten findet ihr einige Anregungen. Ihr könnt auch auf Seite 80/Aufgabe 3 nachlesen.

> jemandem auf den Zahn fühlen • ein Auge auf jemanden werfen • neben sich stehen •
> den Faden verlieren • mit dem Rücken zur Wand stehen • den Kopf hängen lassen •
> ein Brett vor dem Kopf haben • Jacke wie Hose sein • Tomaten auf den Augen haben •
> etwas auf die lange Bank schieben • in den sauren Apfel beißen • etwas auf die hohe Kante legen

Eine Erzählung zu einer Redewendung verfassen

1 Redewendungen lassen sich gut als Anlass für eine Erzählung nutzen.
Max soll sich eine Erlebniserzählung zur Redewendung „Glück im Unglück haben" ausdenken.
a Er überlegt sich zuerst, welche Bedeutung die Redewendung hat.
  Nur eine der folgenden Erklärungen ist zutreffend. Schreibt sie auf.

> auch in einer Notlage zufrieden sein • Glück haben, obwohl man es nicht verdient hat •
> Glück in einer schlechten Situation haben, in der es noch schlimmer hätte kommen können •
> regelmäßig in Schwierigkeiten geraten, ohne es zu merken

b Als nächsten Schritt notiert Max verschiedene Schreibideen, die zu dem Sprichwort passen.
  Lest seine Notizen und überlegt euch weitere Situationen zum Thema „Glück im Unglück".
  – *Sturz bei Radtour → keine Verletzung*
  – *Bus verpasst → Frau Mai nahm mich im Auto mit*
  – *Hausaufgaben vergessen → Unterricht fiel aus*
  – *Saft lief in Schultasche aus → ...*

c Max hat sich für ein Thema entschieden und plant die wichtigsten Schritte seiner Erzählung. Lest die Stichpunkte in seiner Mind-Map.

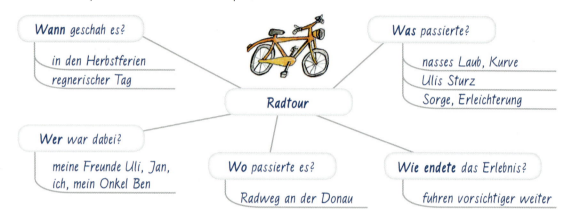

- **Wann** geschah es?
  - in den Herbstferien
  - regnerischer Tag
- **Was** passierte?
  - nasses Laub, Kurve
  - Ulis Sturz
  - Sorge, Erleichterung
- **Wer** war dabei?
  - meine Freunde Uli, Jan, ich, mein Onkel Ben
- **Wo** passierte es?
  - Radweg an der Donau
- **Wie endete** das Erlebnis?
  - fuhren vorsichtiger weiter

Zentrum: **Radtour**

2 Max hat zwei verschiedene Einleitungen verfasst. Lest die Tipps für eine gelungene Einleitung im Kasten auf Seite 73 und besprecht, welche Einleitung geeigneter ist.

> **A** Schon lange hatten meine Freunde und ich eine Radtour geplant. Eigentlich wollten wir sie schon in den Sommerferien unternehmen, aber dann hatte immer mal der eine oder dann der andere keine Zeit, deshalb verschoben wir die Tour in die Herbstferien. Da hatten wir ja auch lange genug Zeit für die Planung! Obwohl es an diesem Montag leicht nieselte, verabschiedeten wir uns von meiner Mutter und fuhren ein bisschen aufgeregt los.

> **B** An einem etwas regnerischen Montag in den letzten Herbstferien war es endlich so weit: Nach langer Planung wollten meine Freunde Uli, Jan und ich endlich mit meinem Onkel Ben zu einer Fahrradtour entlang der Donau starten! Mit vollgepackten Rädern und schon ganz zappelig vor Erwartung verabschiedeten wir uns von meiner Mutter. Sie winkte uns zu und mahnte: „Viel Spaß – fahrt schön vorsichtig und macht Ben keinen Ärger!" Ob sie etwas geahnt hat?

3 Max hat nun den Hauptteil und den Schluss seiner Erzählung geschrieben.
a Ordnet die fünf Absätze in die richtige Reihenfolge und notiert die Nummern.
b Lest den Aufsatz vollständig vor und schreibt ihn in euer Heft.
c Ergänzt eine passende Überschrift, die neugierig macht, aber noch nicht zu viel verrät.

> **1** Links und rechts neben der Straße standen Bäume, die jetzt im Herbst schon viele Blätter verloren hatten. Vom Regen nass wie Schmierseife lagen sie auf der Fahrbahn. Ich beobachtete aus einigem Abstand, wie Uli in die Kurve sauste und die Gefahr zu spät bemerkte. „Na, ob das wohl gut geht?", fragte ich mich. Jetzt krampfte er seine Hände um den Lenker und zog hektisch an den Bremshebeln. Aber er bemühte sich umsonst: Das Vorderrad rutschte weg, das Fahrrad kam leicht ins Schleudern und Uli landete im Straßengraben! „Oje", schoss es mir durch den Kopf, „wenn ihm bloß nichts passiert ist …!"

2 So kamen wir ein gutes Stück voran. Gerade fuhr Uli vorne, als eine kurze Strecke bergab vor uns lag. Uli hob die Füße von den Pedalen und schrie übermütig: „Juhu! Jetzt geht's von allein!" Mein Onkel Ben, der hinter ihm fuhr, warnte ihn noch: „Pass auf, dass du nicht zu schnell wirst!" Aber Uli ließ sein Fahrrad weiter und immer schneller rollen und sauste auf eine scharfe Rechtskurve zu.

3 Doch bevor mein Onkel mit seiner Moralpredigt fortfahren konnte, rief ich schnell: „Wie schön, dass noch einmal alles gut gegangen ist! Ich meine, das war wirklich Glück im Unglück! Und jetzt lasst uns weiterfahren!" Wir setzten die Radtour fort und hatten noch eine Menge Spaß – nur fuhren wir nun alle ein bisschen vorsichtiger als zuvor …

4 Wir hielten vor Schreck den Atem an – doch nach ein paar Sekunden stand Uli auf und grinste uns an: „Guckt nicht so erschrocken, ist doch gar nichts passiert!" Er war auf dem Laubboden ziemlich weich gefallen und hatte bis auf eine Schürfwunde am Handgelenk keinerlei Verletzungen. Wir atmeten erleichtert auf, und ich half Uli, das leicht verbeulte Schutzblech seines Fahrrads wieder gerade zu biegen. „Mein lieber Uli", begann Onkel Ben kopfschüttelnd in strengem Ton. „Das war wirklich sehr leichtsinnig von dir …"

5 Wir traten kräftig in die Pedale und kümmerten uns nicht um den scharfen Wind, der uns auf der Landstraße entgegenkam. Unsere Regenumhänge schützten uns vor dem leichten Nieselregen, und schon bald hatte ich das Gefühl, als würde ich vor Anstrengung richtig dampfen, so schwitzte ich unter der Plastikjacke. „Eigentlich gut, dass die Sonne nicht scheint", meinte Uli, „und der Regen bringt uns Abkühlung!"

4 Übertragt die Handlungstreppe in euer Heft. Findet dann für jeden Absatz eine Überschrift und beschriftet damit die einzelnen Treppenstufen:

5 Versetzt euch in Uli und schreibt den Hauptteil der Erlebniserzählung aus seiner Sicht (Ich-Form). Achtet dabei auf die äußere und innere Handlung.

Lebendig und abwechslungsreich erzählen

Wörtliche Rede verwenden

1 Durch die Verwendung von wörtlicher Rede wird deine Erzählung lebendiger.

a Seht euch die drei Satzmuster an, die verschiedene Möglichkeiten der Satzstellung zeigen.

1 ▭ : „▭?"
2 „▭", ▭.
3 „▭", ▭, „▭."

= Redebegleitsatz *(Er sagte/Sie fragte)*
= wörtliche Rede („...")

b Schreibt den folgenden Text ab und markiert alle Satzzeichen farbig.

> „Was hast du dir bei deiner Raserei nur gedacht?", erkundigte sich Jan. „Weißt du", erklärte Uli, „es hat einfach Spaß gemacht, die steile Strecke hinunterzusausen, ohne zu treten." „Ganz schön leichtsinnig", urteilte Jan, „ich wollte fast schon einen Krankenwagen rufen!" Uli stöhnte: „Jetzt übertreibst du aber!" „Na, zum Glück ist ja am Ende alles gut gegangen", erwiderte Jan.

c Überprüft, zu welchem Satzmuster die Sätze jeweils passen. Unterstreicht die Redebegleitsätze und notiert die Nummer des passenden Mustersatzes, z. B.:
„Was hast du dir bei deiner Raserei nur gedacht?", erkundigte sich Jan. (2)

2 Im folgenden Gespräch fehlen alle Satzzeichen für die wörtliche Rede. Schreibt den Text ab und setzt diese richtig ein.

> Wie war die Radtour? erkundigte sich meine Mutter nach der Rückkehr. Alles lief bestens antwortete ich und Jan fügte hinzu Die Stimmung war fantastisch und nicht einmal der Regen konnte uns etwas anhaben. Na ja schaltete sich Onkel Ben ein es gab da schon eine brenzlige Situation. Uli wollte sich unbedingt den Straßengraben aus nächster Nähe ansehen. Oje rief meine Mutter hat er sich verletzt? Mach dir keine Sorgen antworteten Jan und ich wie aus einem Munde er hatte noch einmal Glück im Unglück.

VORSICHT FEHLER!

Zeichensetzung bei der wörtlichen Rede:

| Wissen und Können | Wörtliche Rede verwenden |

Die Verwendung **wörtlicher Rede** macht Erzählungen lebendiger.
Der **Redebegleitsatz** kann **voranstehen,** nach der wörtlichen Rede **folgen** oder in die wörtliche Rede **eingeschoben** werden:

1 ▭ : „▭?" Sie fragte: „Wie war das Wetter?"
2 „▭", ▭. „Insgesamt in Ordnung", antwortete er.
3 „▭", ▭, „▭." „Nur einmal", ergänzte er, „hat es genieselt."

5.2 Zu Redewendungen erzählen

3 Verändert die Stellung der Redebegleitsätze im Text aus Aufgabe 2 so, dass sie abwechselnd vorn, in der Mitte oder am Ende der wörtlichen Rede stehen, z. B.:
Meine Mutter erkundigte sich nach der Rückkehr: „Hat alles geklappt?" „Ja", antwortete ich, „alles lief ..."

Anschauliche Sprache verwenden

4 Eine Erzählung sollte abwechslungsreich und anschaulich geschrieben sein.
  a Erstellt vier Wortfelder zu Wörtern aus Max' Aufsatz. Übertragt dazu die folgende Tabelle ins Heft und schreibt zu jedem Wort Begriffe mit ähnlicher Bedeutung in die Spalten.

wie Schmierseife	den Kopf schütteln	übermütig	hektisch
aalglatt	...	...	...
...			

Ihr könnt die Wörter aus dem Wortspeicher verwenden, aber auch eigene Ideen ergänzen.

> aalglatt • aufgedreht • anderer Meinung sein • in bester Laune • fröhlich • hastig • sich beschweren • unüberlegt • rutschig • nörgeln • glitschig • ungeduldig • sich widersetzen • ärgerlich sein • nervös • gut gelaunt • ohne genau zu überlegen • völlig aufgeregt • meckern • sich beschweren • missbilligen • panikartig • quietschvergnügt • übereilt • ausgelassen • in aller Eile

  b Erstellt weitere Wortfelder zu den Begriffen „schnell fahren" und „sich freuen".

5 Die Prädikate der Redebegleitsätze in den Texten auf Seite 84 stehen alle für das Verb „sagen". Übertragt den folgenden Cluster in euer Heft und ergänzt darin die Verben aus den Texten. Ihr könnt auch eigene Beispiele hinzufügen.

Wissen und Können — Wortfelder nutzen

- In einer Erzählung sollte man einen **abwechslungsreichen Wortschatz** verwenden.
- In einem Cluster oder einer Tabelle kann man **Wortfelder** zusammenstellen.
  Dies sind Wörter mit ähnlicher Wortbedeutung, z. B.: *betrachten, ansehen, beobachten*
- Die Wörter aus einem Wortfeld unterscheiden sich oft in ihrer Bedeutung, z. B.:
  ein Bild betrachten, eine Person ansehen, ein Tier beobachten

Testet euer Wissen!

Eine Erzählung in der Schreibkonferenz überprüfen

Bruderherz

„So ein Mist!", rief ich auf dem Rückweg von der Schule und stieg von meinem Fahrrad. Der Vorderreifen war völlig platt! Ich musste also mein Fahrrad nach Hause schieben. Ich stellte es im Hof ab. Dort begegnete ich meinem großen Bruder, der mir zurief: „Hey, Dani, kann ich mir heute bitte deinen MP3-Player ausleihen?" „Auf keinen Fall! Lass mich bloß in Ruhe, ich hab schlechte Laune!", sagte ich. Das sollte ich später noch bereuen ...

Nach dem Mittagessen machte ich mich gleich an die Arbeit, denn ich brauchte das Fahrrad dringend. Ich wollte zum Fußballtraining fahren. Ich habe schon ein paar Mal meinem Bruder beim Reparieren seines Fahrrads zugeschaut. Aber den konnte ich jetzt wohl nicht mehr um Hilfe bitten ... Echt voll bescheuert von mir, jetzt musste ich alleine durch.

Zuerst einmal drehte ich also das Fahrrad auf den Sattel – doch halt! Ich brauche doch noch das Fahrradflickset und einen Eimer Wasser! Ich besorgte mir rasch das weitere Material. Dann stehe ich ratlos vor dem auf dem Kopf stehenden Fahrrad und habe in der Anleitung zum Flickset geblättert. Aha, einen Schraubenzieher brauche ich auch noch!

Dann stand ich wieder vor dem Fahrrad und hatte keine Ahnung, wie ich anfangen sollte. Langsam fing ich an zu verzweifeln und ärgerte mich total. Plötzlich hörte ich ein Geräusch hinter mir und drehte mich um. Mein Bruder stand vor mir! „Na, Dani", meinte er lächelnd, „ich habe dir jetzt schon eine Weile zugeschaut ... Brauchst du vielleicht Hilfe?"

Dann war das Loch geflickt und der Schlauch wieder im Reifenmantel. „Danke, du warst meine Rettung!", sagte ich strahlend zu meinem Bruder. Dann fügte ich hinzu: „Übrigens: Entschuldigung wegen heute Mittag", und reichte ihm meinen MP3-Player. Er grinste nur: „Tja, Geschwister sollten sich doch immer unter die Arme greifen!"

1 Überprüft den Aufsatz zur Redewendung „jemandem unter die Arme greifen" in einer **Schreibkonferenz** (▶ S. 277).
– Setzt euch in Gruppen zu dritt oder viert zusammen.
– Legt fest, wer vorliest, wer Schriftführer ist und wer jeweils für die Beurteilung des Inhalts, des Aufbaus und der Sprache zuständig ist.
– Beratet mit Hilfe der Fragen im Kasten rechts, was gelungen ist und was man verbessern kann. Der Schriftführer macht sich Notizen.

2 Überarbeitet den Aufsatz mit Hilfe eurer Notizen und schreibt ihn ins Reine.

Inhalt:
– alles verständlich?
– passende Überschrift?
– innere Handlung erkennbar?

Aufbau:
– vollständige Einleitung (W-Fragen)?
– logische Reihenfolge der Handlungsschritte?
– passender Schluss?

Sprache:
– abwechslungsreiche Satzanfänge?
– Vermeidung von Wiederholungen?
– anschauliche Adjektive/Verben?
– wörtliche Rede enthalten?
– Zeitstufe Präteritum?
– Vermeidung Umgangssprache?

5.3 Fit in …? – Eine Erzählung zu einer Redewendung überarbeiten

In einer Schulaufgabe sollte der folgende Arbeitsauftrag bearbeitet werden:

> Verfasse eine anschauliche Erzählung zu der Redewendung „jemanden an der Nase herumführen". Erzähle so, wie du es erlebt haben könntest.

Stefan hat dazu diesen Aufsatz geschrieben:

Text	Fehler
Im Oktober war ich mit meiner Klasse auf einer Exkursion in München. Wir <u>haben</u> die Residenz <u>besichtigt</u> und <u>sind</u> auf den Alten Peter <u>gestiegen</u>, und danach <u>haben</u> wir die Erlaubnis <u>bekommen</u>, in Gruppen allein in der Innenstadt herumzugehen. Pünktlich um 15 Uhr wollten wir uns alle am Rathaus wieder treffen. *V*	passende Überschrift fehlt / Zeit / Zeit / V Köder
Meine Freunde Alex, Marco und ich kauften uns am Viktualienmarkt erst einmal eine Weißwurst und <u>saßen</u> uns <u>dann</u> gemütlich auf eine Parkbank. <u>Dann</u> machten wir uns auf die Suche nach einem Kaufhaus, in dem Marco sich eine Mütze kaufen wollte. Wir verließen es durch einen Seitenausgang und wussten erst einmal gar nicht, in welche Richtung wir gehen sollten. Da sahen wir einen Kiosk in einer Ecke und kauften uns dort eine Limo. <u>Dann</u> sah ich auf die Uhr und <u>sagte</u>: „Wisst ihr, dass es schon halb drei ist?" „Wir <u>müßen</u> sofort zum Treffpunkt zurück!", rief Alex. „Hier entlang geht es am schnellsten", <u>meinte</u> er und zog uns in eine kleine Gasse. <u>Die Gasse</u> endete aber auf einer anderen Straße. Wir mussten uns entscheiden: links oder rechts? Plötzlich tauchten vor uns zwei Klassenkameradinnen auf. *V*	Gramm., W / zu ausführlich langweilige Satzanfänge / W, A / R / A, W / V Gefühle?
„Natürlich links!", <u>meinte</u> Maja grinsend. Die zwei <u>gingen</u> entschlossen los und uns blieb nichts anderes übrig, als ihnen nachzugehen. „Also, da sind wir noch nie gewesen!", <u>sagte</u> ich. „Doch, doch, an das Haus mit der Uhr erinnere ich mich genau!", <u>sagte</u> Pia und drängte uns weiter. „Und dann nur noch einmal rechts und dann geradeaus und dann sind wir schon da!" Aber was war das? Wir standen nicht am Marienplatz, sondern an einer unbekannten Kreuzung! „Nur noch eine Viertelstunde Zeit! Wir verpassen unsere Klasse!", <u>sagte</u> Alex. *V* Wir überlegten hin und her, da <u>fiengen</u> Maja und Pia auf einmal an, so laut zu lachen, dass wir <u>gedacht haben</u>, <u>die spinnen</u>! „Da, seht ihr nicht das Schild?" Tatsächlich, hier stand es schwarz auf weiß, <u>wohin</u> es zum Marienplatz <u>geht</u>: Wir hätten genau in die andere Richtung gehen müssen! „Ihr seid unmöglich, ihr habt uns ja völlig an der Nase herumgeführt!", schrie Marco und wurde vor Ärger <u>total</u> rot im Gesicht. „Das war ja auch nicht schwer, so wie ihr euch angestellt habt!", lachte Pia. „Na ja, Hauptsache, wir kommen noch pünktlich!" Und wenigstens damit <u>hat</u> sie Recht <u>gehabt</u>.	W, A / A schwach, W / A, V (Gefühle?), R / Zeit, A / A / Zeit, W / A (Umgangssprache) / Zeit

5 Abwechslungsreich und fantasievoll erzählen

1 Schreibt den Aufsatz verbessert in euer Heft.

2 Wählt eine andere Redewendung aus und verfasst dann eine eigene Erzählung dazu.
Überprüft eure Texte mit Hilfe der folgenden Checkliste auf Richtigkeit und Vollständigkeit.

● ○ ○ Ihr könnt die folgenden Ideen zur Redensart „einer Sache auf den Grund gehen" als Anregung nutzen.
– Wählt aus den drei Vorgaben die richtige Bedeutung der Redensart aus und notiert sie.

> seine Meinung aussprechen • die Ursache finden • einer Situation ausweichen

– Wählt eine der folgenden Schreibideen aus und erstellt einen Cluster dazu:
  – *Computer funktioniert nicht mehr → Kontrolle Sicherungskasten → Stromausfall*
  – *seltsame Geräusche im Treppenhaus → Angst vor Einbrecher → Einzug neuer Nachbarn*
  – *Großmutter vermisst ihre Katze → Suche im Garten → ...*

Checkliste

Eine Erzählung schreiben

- **Erzählform:** Habe ich die **Erzählform** durchgehend eingehalten (Ich- oder Er-/Sie-Form)?
- Erzähle ich in der richtigen **Zeitform** (meist **Präteritum**)?

- **Gliederung:**
  – Führt meine **Einleitung** sinnvoll in die Erzählung ein?
    – Finden sich Antworten auf die W-Fragen: *Wer? Wo? Wann? Was?*
    – Gibt es einen Köder, der neugierig auf die weitere Handlung macht?
  – Habe ich das Erlebnis im **Hauptteil** in sinnvollen Handlungsschritten erzählt?
    – Ist die Handlung nachvollziehbar?
    – Gibt es einen erkennbaren Höhepunkt (oder auch mehrere)?
    – Werden Gedanken und Gefühle der Figuren deutlich (innere Handlung)?
    – Wurden unterschiedliche Satzarten und wörtliche Rede verwendet?
  – Rundet der **Schluss** die Erzählung sinnvoll ab?

- **Überschrift:**
  – Macht die **Überschrift** neugierig, ohne zu viel zu verraten,
    oder greift sie die Redensart auf?
- Ist die **Sprache** der Erzählung spannend, anschaulich und lebendig?
- Habe ich treffende Verben und anschauliche Adjektive verwendet?
- Habe ich Wiederholungen vermieden und auf abwechslungsreiche Satzanfänge geachtet?

Bei der Erzählung nach einer Redewendung:
- Passt meine Erzählung zur Redewendung?
- Wird die Redewendung in der Einleitung oder im Schlussteil wörtlich genannt?

Bei der Fantasieerzählung:
Habe ich mich an eine der folgenden Möglichkeiten gehalten?
- Der Anfang und der Schluss spielen in der Wirklichkeit, der Hauptteil in einer Fantasiewelt.
- Oder: Die gesamte Erzählung spielt in einer Fantasiewelt.

6 Wenn Geschriebenes lebendig wird –
Jugendbücher lesen und vorstellen

1. Welche der hier dargestellten Bücher kennt ihr? Erzählt davon, wenn ihr eines gelesen habt.

2. Was erwartet ihr von den Büchern auf Grund der Abbildungen auf dem Cover (Titelbild)? Stellt Vermutungen zum Inhalt an.

3. Welche Bücher lest ihr gern? Welches davon hat euch besonders gut gefallen? Berichtet darüber.

6.1 Ein Jugendbuch lesen

Vom Buchdeckel zum ersten Schmökern

Andreas Steinhöfel

Rico, Oskar und die Tieferschatten

» Eigentlich soll Rico ja nur ein Ferientagebuch führen. Schwierig genug für einen, der leicht den roten Faden verliert – oder war er grün oder blau? Als er dann auch noch Oskar kennen lernt und die beiden dem berüchtigten Entführer Mister 2000 auf die Spur kommen, geht in seinem Kopf alles ganz schön durcheinander. Doch zusammen mit Oskar verlieren sogar die Tieferschatten etwas von ihrem Schrecken. Es ist der Beginn einer wunderbaren Freundschaft ... «

Andreas Steinhöfel, geboren 1962, ist Autor zahlreicher, vielfach preisgekrönter Kinder- und Jugendbücher. Außerdem arbeitet er als Übersetzer und schreibt Drehbücher für Kinderserien.

1 Seht euch das Titelbild und den Klappentext zu einem Roman von Andreas Steinhöfel an. Was erwartet ihr von dem Buch? Stellt Vermutungen an.

Der **Klappentext** informiert über den Inhalt eines Buches. Früher stand er in der Umschlagklappe, heute oft auf der Rückseite des Buchs.

2 Lest die Textausschnitte und Zwischentexte auf den folgenden Seiten aufmerksam durch und überprüft, welche eurer Vermutungen richtig waren.

Die Fundnudel

Rico lebt mit seiner Mutter in der Dieffenbachstraße in Berlin-Kreuzberg. Es ist der erste Ferientag und Rico wandert auf der Suche nach dem Besitzer einer Nudel, die er auf der Straße gefunden hat, durch das sechsstöckige Mietshaus. Zuerst besucht er Frau Dahling, die ihn betreut, wenn seine Mutter arbeitet.

Ich ließ mich ins Haus ein, zischte durch das gelb getünchte Treppenhaus rauf in den Dritten und klingelte bei Frau Dahling. Sie trug große bunte Lockenwickler im Haar, wie jeden Samstag.

„Könnte 'ne Rigatoni sein. Die Soße ist auf jeden Fall Gorgonzola", stellte sie fest. „Lieb von dir, mir die Nudel zu bringen, Schätzchen, aber ich hab sie nicht aus dem Fenster geworfen. Frag mal Fitzke."

Sie grinste mich an, tippte sich mit dem Finger an den Kopf, verdrehte die Augen und guckte nach oben. Fitzke wohnt im Vierten. Ich kann ihn nicht leiden und eigentlich glaubte ich auch nicht, dass die Nudel ihm gehörte.

„Bleibt es bei heute Abend?", rief Frau Dahling mir nach, als ich rauf in den Vierten rannte, immer zwei Stufen auf einmal.

„Klar!"

Ihre Tür schlug zu und ich klopfte bei Fitzke. Man muss immer bei Fitzke klopfen, seine Klingel ist nämlich kaputt, vermutlich schon seit 1910, als das Haus gebaut wurde.

Warten, warten, warten.

Schlurf, schlurf, schlurf hinter der dicken Altbautür.

Dann endlich Fitzke in Person, wie üblich in seinem dunkelblauen Schlafanzug mit den grauen Längsstreifen. Sein Knittergesicht war voller Bartstoppeln und in alle Richtungen standen ihm die strähnigen grauen Haare vom Kopf ab.

Echt, so was Ungepflegtes!

„Ah, der kleine Schwachkopf", knurrte er.

Ich sollte an dieser Stelle wohl erklären, dass ich Rico heiße und ein tiefbegabtes Kind bin. Das bedeutet, ich kann zwar sehr viel denken, aber das dauert meistens etwas länger als bei anderen Leuten.

Fitzke stierte mich nur an, also hielt ich ihm die Nudel unter die Nase. „Ist das Ihre?"

„Woher hast du die?"

Er nahm mir die Nudel ab und drehte sie zwischen den Fingern. Dann steckte er sie sich – meine Fundnudel! – in den Mund und schluckte sie runter. Ohne zu kauen.

Tür zu, WUMMS!

Ich ärgerte mich, als ich die Treppen runterlief. Hätte Fitzke nicht mein Beweismittel vernichtet, wäre es ein prima Tag gewesen, um Detektiv zu spielen. Der Kreis der Verdächtigen war nämlich sehr klein. Den fünften Stock mit den beiden schicken Dachwohnungen zum Beispiel konnte ich mir zurzeit komplett sparen. Runge-Blawetzkys sind gestern abgezischt in die Ferien und der Marrak, der neben ihnen wohnt, hat sich gestern und heute noch nicht blicken lassen. Wahrscheinlich hat er wieder bei seiner Freundin übernachtet, die ihm auch die Wäsche macht.

Okay, fünfter Stock abgehakt. Im vierten wohnen Fitzke und der Neue mit der Himmelsrichtung im Namen. Im dritten Stock, gegenüber von Frau Dahling, wohnt der Kiesling. Bei dem hätte ich sowieso erst abends klingeln können, weil der den ganzen Tag auf Maloche[1] ist, als Zahntechniker in einem Labor in Tempelhof.

Im Stockwerk darunter: Mama und ich, und uns gegenüber die sechs Kesslers, aber die sind auch schon in den Ferien. Aus Kesslers Eigentumswohnung im zweiten führt eine Treppe in die darunterliegende Wohnung, die gehört ihnen nämlich auch. Herr und Frau Kessler brauchen viel Platz für ihre vielen Kinder.

Am meisten gefreut hatte ich mich auf die Wohnung im Ersten gegenüber von Kesslers, also unter der von Mama und mir. Da wohnt nämlich Jule mit Berts und Massoud. Die drei sind Studenten. Aber ohne vorzeigbare Nudel fiel der Besuch bei ihnen leider aus. Berts ist ganz in Ordnung. Massoud kann ich nicht leiden, weil Jule in ihn statt in mich verliebt ist. So viel schon mal dazu. Hätte ich bloß mal dort angefangen mit meiner Befragung, oder beim alten Mommsen, unserem Hausverwalter – der wohnt parterre. Alles Fehlanzeige.

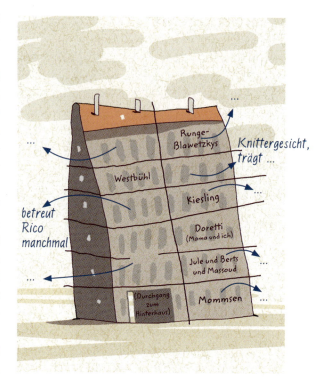

1 die Maloche (umgangssprachlich): Arbeit

3 Rico bezeichnet sich selbst als „tiefbegabtes Kind" (Z. 36). Was will er damit sagen? Begründet eure Meinung anhand passender Textstellen.

4 a Zeichnet Ricos Haus wie in der Abbildung oben in euer Heft.
b Tragt ein, wo Ricos Nachbarn wohnen und was ihr aus dem Text über die Personen erfahrt.

Mister 2000

Rico gerät in ein spannendes Abenteuer. Alles beginnt mit einem Gespräch in der Küche ...

„Ich muss dich mal was fragen, Rico", sagte Mama, während sie Butter in der Pfanne zerließ.
Mein Kopf rutschte automatisch zwischen die Schultern. Wenn Mama mich was fragt und dabei meinen Namen benutzt, bedeutet das, dass sie sich vorher Gedanken gemacht hat, und wenn sie sich Gedanken macht, hat das meistens einen ernsten Hintergrund. Mit ernst meine ich schwierig.

„Was denn?", fragte ich vorsichtig.
„Es geht um Mister 2000."
Ich wünschte mir, die Fischstäbchen wären schon fertig. Selbst ein Dummkopf konnte ahnen, worauf dieses Gespräch hinauslief. „Er hat wieder ein Kind freigelassen", fuhr sie fort. „Diesmal eins aus Lichtenberg. Schon das fünfte. Das davor war aus –"
„Wedding, ich weiß."
Und die drei davor aus Kreuzberg, Tempelhof, Charlottenburg. Mister 2000 hält seit drei Monaten ganz Berlin in Atem. Im Fernsehen haben sie gesagt, er sei vermutlich der schlaueste

Kindesentführer aller Zeiten. [...] Er lockt kleine Jungen und Mädchen in sein Auto und fährt mit ihnen davon, und danach schreibt er den Eltern einen Brief: *Liebe Eltern, wenn Sie Ihre kleine Lucille-Marie wiederhaben wollen, kostet Sie das nur 2000 Euro. Überlegen Sie sich genau, ob Sie für einen so lächerlichen Betrag die Polizei verständigen wollen. Dann erhalten Sie Ihr Kind nämlich nur nach und nach zurück.*

Bis jetzt haben alle Eltern die Polizei erst verständigt, nachdem sie bezahlt haben und ihr Kind am Stück wieder bei ihnen eingetrudelt ist. Aber ganz Berlin wartet auf den Tag, an dem eine kleine Lucille-Marie oder irgendein Maximilian nicht vollständig zu Hause ankommt, weil die Eltern Mist gebaut haben. [...]

„Hast du 2000 Euro?", fragte ich Mama. Man konnte ja nie wissen. Für den Notfall könnte ich ihr erlauben, meinen Reichstag[1] zu knacken. Die Münzen wirft man oben in die Glaskuppel ein, die hat einen Schlitz. Den Reichstag habe ich schon, seit ich denken kann, und wenigstens für einen Arm oder so müsste mein Gespartes inzwischen reichen. Für zwanzig oder dreißig Euro hätte Mama dann wenigstens eine kleine Erinnerung an mich.

„2000 Euro?", sagte sie. „Seh ich so aus?"
„Würdest du sie zusammenkriegen?"
„Für dich? Und wenn ich dafür töten müsste, Schatz." Es knackte und ein dicker Brocken Eis landete auf dem Küchenboden. Mama hob ihn auf, machte so ein Geräusch wie *Puhhh* oder *Pfff* und warf ihn ins Spülbecken. „Das Gefrierfach muss dringend mal abgetaut werden."
„Ich bin nicht so klein wie die anderen Kinder, die bis jetzt entführt worden sind. Und ich bin älter."
„Ja, ich weiß." Sie pfriemelte die Packung auf. „Trotzdem hätte ich dich in den letzten Wochen jeden Tag zur Schule bringen und auch wieder abholen sollen."

Mama arbeitet bis frühmorgens. Wenn sie nach Hause kommt, bringt sie mir eine Schrippe[2] mit, gibt mir einen Kuss, bevor ich ins Förderzentrum[3] abzische, und dann legt sie sich schlafen. Sie steht dann meistens erst nachmittags auf, wenn ich längst wieder daheim bin. Es hätte nie geklappt, mich wegzubringen und wieder abzuholen.

Sie hielt kurz inne und kräuselte die Nase. „Bin ich eine verantwortungslose Mutter, Rico?"
„Quatsch!"
Einen Moment lang sah sie mich nachdenklich an, dann kippte sie die tiefgefrorenen Fischstäbchen aus der Packung in die Pfanne.

---

1 mein Reichstag: *(hier)* Spardose in Form des Berliner Reichstagsgebäudes
2 die Schrippe *(berlinerisch):* das Brötchen, die Semmel
3 das Förderzentrum: eine besondere Schule für Schülerinnen und Schüler mit Lernbehinderungen

---

5 Der Text ist in der Ich-Perspektive geschrieben. An welchen Textstellen wird besonders deutlich, dass aus Ricos Sicht erzählt wird? Nennt die Zeilen.

6 Der Roman entwickelt sich zu einer Detektivgeschichte.
a Erklärt, an welchen Textstellen dies zu erkennen ist.
b Überlegt euch eine mögliche Fortsetzung der Geschichte und erzählt sie.

Wissen und Können — **Die Erzählperspektive in literarischen Texten**

Jeder Roman wird aus einer bestimmten Sichtweise erzählt; man nennt sie **Erzählperspektive**.
- **Ich-Perspektive:** Das Geschehen wird aus Sicht einer der Figuren erzählt (Ich-Roman).
- **Er-/Sie-Perspektive:** Der Erzähler schreibt über alle Figuren oder sieht als „er" oder „sie" alles von einer Person aus in der 3. Person Singular (Er-/Sie-Roman).

Die Figuren genauer kennen lernen

Erste Begegnung mit Oskar

Rico muss ziemlich selbstständig sein, da seine Mutter arbeitet. Rico geht zum Einkaufen und trifft auf einen seltsamen kleinen Jungen.

Der Junge, der da vor mir stand, reichte mir gerade so bis an die Brust. Das heißt, sein dunkelblauer Sturzhelm reichte mir bis an die Brust. Es war ein Sturzhelm, wie ihn Motorrad-
5 fahrer tragen. Ich hatte gar nicht gewusst, dass es die auch für Kinder gibt. Es sah völlig beknackt aus. Das Durchguckding vom Helm war hochgeklappt.
„Was machst du da?", sagte der Junge. Seine
10 Zähne waren riesig.
Sie sahen aus, als könnte er damit ganze Stücke aus großen Tieren rausbeißen, einem Pferd oder einer Giraffe oder dergleichen.
„Ich suche was."
15 „Wenn du mir sagst, was, kann ich dir helfen."
„Eine Nudel."
Er guckte sich ein bisschen auf dem Gehsteig um. Als er den Kopf senkte, brach sich spiegelnd und blendend Sonnenlicht auf seinem
20 Helm. An seinem kurzärmeligen Hemd, bemerkte ich, war ein winziges knallrotes Flugzeug befestigt wie eine Brosche. Eine Flügelspitze war abgebrochen. Zuletzt guckte der kleine Junge kurz zwischen die Büsche vor
25 dem Zaun vom Spielplatz, eine Idee, auf die ich noch gar nicht gekommen war.
„Was für eine Nudel ist es denn?", sagte er.
„Auf jeden Fall eine Fundnudel. Eine Rigatoni, aber nur vielleicht. Genau kann man das erst
30 sagen, wenn man sie gefunden hat, sonst wäre es ja keine Fundnudel. Ist doch wohl logisch, oder?"
„Hm …" Er legte den Kopf leicht schräg. Der Mund mit den großen Zähnen drin klappte
35 wieder auf. „Kann es sein, dass du ein bisschen doof bist?"
Also echt!

„Ich bin ein tiefbegabtes Kind."
„Tatsache?" Jetzt sah er wirklich interessiert aus. „Ich bin hochbegabt." 40
Nun war ich auch interessiert. Obwohl der Junge viel kleiner war als ich, kam er mir plötzlich viel größer vor. Es war ein merkwürdiges Gefühl. Wir guckten uns so lange an, dass ich dachte, wir stehen hier noch, wenn die Sonne 45
untergeht. […]
„Ich muss jetzt weiter", sagte ich endlich zu dem Jungen. „Bevor es dunkel wird. Sonst verlaufe ich mich womöglich."
„Wo wohnst du denn?" 50
„Da vorn, das gelbe Haus. Die 93. Rechts."
Der Junge schaute an meinem ausgestreckten Arm entlang. Als er die 93 sah, rutschte seine Stirn erst rauf, als wäre ihm gerade eine tolle Erleuchtung gekommen oder so was, und 55
dann wieder runter, als würde er gründlich über etwas nachdenken.

Zuletzt wurde seine Stirn wieder ganz glatt und er grinste. „Du bist wirklich doof, oder? Wenn man etwas direkt vor Augen hat und nur geradeaus gehen muss, kann man sich unmöglich verlaufen."

Immerhin stimmte die Straßenseite. Trotzdem wurde ich langsam sauer. „Ach ja? *Ich* kann das. Und wenn du wirklich so schlau wärst, wie du behauptest, wüsstest du, dass es Leute gibt, die das können."

„Ich –"

„Und ich sag dir noch was: Es ist kein bisschen witzig! Ich hab mir nicht ausgesucht, dass aus meinem Gehirn manchmal was rausfällt! Ich bin nicht freiwillig dumm oder weil ich nicht lerne!"

„Hey, ich –"

„Aber du bist ja wohl eins von den Superhirnen, die alles wissen und dauernd mit irgendwas angeben müssen, weil sich nämlich sonst keiner für sie interessiert, außer wenn sie im Fernsehen Geige spielen!"

Es ist total peinlich, aber wenn ich mich heftig über etwas aufrege, zum Beispiel Ungerechtigkeit, fange ich an zu heulen. Ich kann überhaupt nichts dagegen machen. Der Junge kriegte ganz erschreckte Augen unter seinem Sturzhelm.

„Jetzt wein doch nicht! Ich hab das gar nicht so –"

„Außerdem weiß ich, was 'ne Primzahl ist!", brüllte ich.

Was vor lauter Aufregung im Moment so ziemlich das Einzige war, das ich noch wusste. Jetzt sagte der Junge gar nichts mehr. Er guckte runter auf seine Sandalen. Dann guckte er wieder hoch. Seine Lippen waren ganz dünn geworden. Er streckte eine Hand aus. Sie war so klein, dass sie doppelt in meine passte.

„Ich heiße Oskar", sagte er. „Und ich möchte mich aufrichtig bei dir entschuldigen. Ich hätte mich nicht über dich lustig machen dürfen. Das war arrogant."

Ich hatte keine Ahnung, was er mit dem letzten Wort meinte, aber die Entschuldigung hatte ich verstanden.

Man muss nett sein, wenn jemand sich entschuldigt. Wenn einer nur so tut als ob, kann man ruhig weiter sauer sein, aber Oskar meinte es aufrichtig. Hatte er ja gesagt.

„Ich heiße Rico", sagte ich und schüttelte seine Hand. „Mein Vater war nämlich Italiener."

„Ist er tot?"

„Logisch. Sonst hätte ich ja nicht *war* gesagt."

[…]

Oskar druckste ein bisschen herum, als er merkte, dass da nichts mehr kam. Irgendwann nickte er endlich und sagte: „Ich muss jetzt nach Hause."

„Ich auch. Sonst schmilzt die Butter." Ich hob die Einkaufstasche hoch. Und dann, weil er so ordentlich aussah in seinen komischen Klamotten, wie eins von diesen Kindern, […] sagte ich: „Unsere Butter war alle, weil es bei uns heute Mittag Fischstäbchen mit Blutmatsche gab."

Ich ging und nahm mir vor, mich kein einziges Mal umzudrehen. Der sollte bloß nicht denken, dass ich ihn toll fand mit seinem Sturzhelm und den Monsterzähnen. Dann drehte ich mich doch um und sah ihn in die andere Richtung in der Dieffe verschwinden. Von Weitem sah er aus wie ein sehr kleines Kind mit einem sehr großen blauen Kopf.

1 Was passiert in dem Textauszug? Formuliert W-Fragen und beantwortet sie, z. B.:
Wo trifft Rico Oskar? Wie …? Warum …?

2 Erzählt die Begegnung zusammenhängend nach (▶ S. 276).

3 Zeichnet die folgende Figurenskizze in euer Heft und ergänzt Eigenschaften und Gedanken:

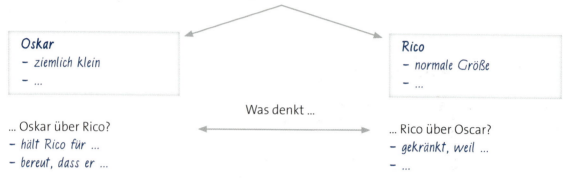

4 Lest noch einmal die Zeilen 59–89 und erklärt Ricos Reaktion auf Oskars Worte.

5 Vergleicht die Zeitform des Romans in den erzählenden Teilen und in der wörtlichen Rede. Erklärt, weshalb diese unterschiedlichen Zeitformen verwendet werden.

Testet euer Wissen!

Andreas Steinhöfels Jugendbuch „Rico, Oskar und die Tieferschatten"

1 Ergänzt die folgende Inhaltsangabe zum Roman „Rico, Oskar und die Tieferschatten" in eurem Heft:

> Die Hauptperson des Jugendbuchs heißt ❓ . Er trifft auf ❓ , der meist einen ❓ trägt. Sie begegnen sich in der ❓ , kurz ❓ genannt, wo der Größere mit seiner ❓ wohnt. Er erklärt, dass er ❓ sei. Der Kleinere hält ihn für ❓ , worüber der andere ❓ reagiert.

2 Richtig oder falsch? Überprüft die folgenden Aussagen über den Roman.
Als Lösungswort ergibt sich ein besonderes Objekt aus dem Roman.

	richtig	falsch
1 Die Hauptfiguren des Buches sind Rico und seine Mutter.	O	N
2 Der Roman ist ein Ich-Roman.	U	S
3 Erzählt wird aus der Perspektive von Oskar.	C	D
4 Der Entführer wird „Mister 2000" genannt.	E	I
5 Rico und Oskar verstehen sich von Anfang an bestens.	R	L

6.2 Einen Text gekonnt vorlesen

Das Vorlesen üben

Rico sucht Oskar

Gemeinsam sind Rico und Oskar auf der Spur des Kidnappers, als Oskar plötzlich verschwindet. Rico findet seinen roten Flieger im Müllcontainer des Hauses und befürchtet, dass sein Freund ebenfalls gekidnappt wurde. Mit dem riesigen, dem Hausmeister geklauten Schlüsselbund schleicht er sich ins unbewohnte Hinterhaus, um Oskar zu suchen. Als Täter verdächtigt er seinen neuen Hausnachbarn Westbühl, genannt Bühl.

Der Flur endete vor dem Durchgangszimmer in dem hinteren Teil der Wohnung.
Abgeschlossen.
Schlüssel ausprobieren.
5 Erfolg nach dem neunten Versuch.
Tür auf und rein.
Jetzt sah ich durchs Fenster schräg nach unten mein eigenes Zimmer liegen. Es war natürlich dunkel, aber plötzlich kam mir der total gruse-
10 lige Gedanke, wie ich wohl reagieren würde, wenn da unten plötzlich das Licht anging und ich Rico sehen könnte, der von seinem Fenster aus ängstlich zu mir rüberguckte, weil er in diesem Moment meinen Tieferschatten sah.
15 Mann, Mann, Mann!
Wenn ich der Bühl wäre, hätte ich dieses große Fenster abgehängt oder vernagelt, dachte ich. Dann fiel mir ein, dass sofort jeder im Vorderhaus das bemerkt hätte. Also lieber den Schutz
20 der Nacht abwarten und Tieferschatten spielen. Bis heute hatte das ja auch prima geklappt. So ein gerissener Kerl!
„Oskar?"
Immer noch keine Antwort.
25 Ich wurde immer nervöser. Langsam gingen mir die Zimmer aus. Aber nicht die Schlüssel. Auch mit der nächsten Tür wurde ich spielend fertig. Dass sie abgeschlossen gewesen war, ließ mich hoffen. Ich drückte sie behut-
30 sam auf. Rabenschwarze Schwarzschwärze. Das wenige Mondlicht aus dem Durchgangszimmer reichte nicht aus, um den Raum bis in den hintersten Winkel auszuleuchten.
„Oskar?"
35 Ich stapfte blindlings drauflos, fünf, sechs Schritte. Dann passierten zwei Dinge gleichzeitig: Der Veilchenduft von Fräulein Bonhöfer verwandelte sich in den Geruch von einem Cheeseburger Royal. Und ich knallte mit ei-
40 nem Knie und der Stirn dermaßen heftig gegen eine Wand, dass ich gedämpft aufschrie und fluchte.
„Du hast meinen Flieger gefunden, stimmt's?", sagte eine Stimme.
45 Knie und Stirn waren sofort vergessen. Vor Erleichterung musste ich so breit grinsen, dass ich dachte, meine Mundwinkel würden sich über meinem Kopf treffen.
„Aber nur durch Zufall", antwortete ich. „Er
50 war schon im Müllcontainer gelandet." [...]
„Ich bin froh, dass du da bist", sagte seine Stimme. „Woher hast du die Schlüssel?"

1 Wie könnte das Erlebnis weitergehen? Erzählt eure Ideen.

2 Wie lassen sich Ricos Gefühle bei der Suche nach Oskar beschreiben? Wählt Adjektive aus dem Wortspeicher aus und ordnet sie passenden Textstellen zu.

ängstlich	panisch	erschrocken
hoffnungsvoll	nervös	erleichtert
ungeduldig	wütend	unsicher

3 Lest den Abschnitt alle noch einmal leise durch, anschließend lesen einige laut vor.
Die anderen geben eine Rückmeldung, was gelungen ist und was verbessert werden kann.

4 Ergänzt die folgenden Tipps mit Hilfe des Wortspeichers und schreibt sie ab:

> *Tipps für gelungenes Vorlesen*
> – Lese ich laut genug, aber auch nicht übertrieben laut, ist die ❓ also angemessen?
> – Spreche ich im richtigen ❓ , z. B. beim Schildern langsamer, bei spannenden Stellen schneller?
> – Habe ich eine ❓ , damit mich jeder verstehen kann?
> – Lese ich besonders wichtige Wörter mit der entsprechenden ❓ ?
> – Mache ich die notwendigen ❓ nach Satzzeichen, und setze ich vor wichtigen Wörtern eine ❓ ?

deutliche Aussprache • Pausen • Sprechtempo • Betonung • Lautstärke • längere Pause

5 Beim Vorlesen soll für die Zuhörenden immer auch die Stimmung der Textstelle deutlich werden, z. B.: aufregend, bedrohlich, lustig, ruhig
Lest folgenden Satz auf unterschiedliche Weise vor, wie wenn er jeweils aus einem lustigen, spannenden, gefährlichen oder sachlich berichtenden Text stammen würde:
Rico stieg die Treppe hoch, klingelte, und sofort wurde die Türe aufgerissen.

6 a Lest diesen Auszug aus dem Roman „Rico, Oskar und die Tieferschatten" und klärt gemeinsam, worum es in der Textstelle geht.

> langsamer / → schneller →
> Millionen Jahre später | kam ich wieder zu mir. || Ich wurde durch den <u>Hausflur</u> getragen. ||
>
> Ich guckte hoch | und sah das <u>Gesicht vom Bühl</u>, der mich in seinen <u>Armen</u> hielt. || Jemand drückte die Haustür auf, wahrscheinlich der Mommsen. Jemand schluchzte, wahrscheinlich Frau Dahling. Jemand plapperte aufgeregt irgendetwas, wahrscheinlich Oskar. Flackerndes rotes Licht erhellte die Straße vor der Dieffe 93, aber ich guckte immer noch rauf zum Bühl.

b Schreibt den Text ab und tragt Betonungszeichen wie im Beispiel ein:

> kurze Sprechpause: | längere Sprechpause: || zu betonendes Wort: <u>Hausflur</u>
> ansteigender Ton: →   abfallender Ton: →

c Lest den Text laut vor. Achtet auf die passende Betonung.

Einen Vorlesewettbewerb durchführen

1 Ihr könnt in eurer Klasse einen Vorlesewettbewerb durchführen. Geht so vor:

Erster Durchgang
– Jede Schülerin/Jeder Schüler sucht selbst ein Jugendbuch aus und bereitet einen Textausschnitt zum Vorlesen vor. Eure Lehrkraft kann euch dabei beraten.
– Wählt einen Textausschnitt aus, den ihr in 4–5 Minuten vortragen könnt. Besonders eignen sich Textstellen, die spannend oder lustig sind und Dialoge enthalten.
– Beginnt mit einer kurzen Vorstellung eures Buches: *In dem Jugendbuch „...“ (Titel) von ... (Autor/in) geht es um ... (Thema). Dem Ausschnitt geht folgender Inhalt voraus: ...*

Zweiter Durchgang
– Nun muss ein unbekannter Text vorgelesen werden, den die Lehrkraft ausgewählt hat.

Bewertung: Jede Schülerin/Jeder Schüler trägt beim Zuhören Punkte von 0–5 in einen Bewertungsbogen ein. Am Ende wird die Gesamtpunktzahl ermittelt.

Aus einem Jugendbuch vorlesen – Bewertungsbogen	☹	0	1	2	3	4	5	☺
Buchvorstellung Autor/in, Titel, Textsorte, Thema, bisherige Handlung					X			
Lesetechnik deutliche Aussprache, richtiges Lesetempo, passende Pausen, geeignete Lautstärke, wenige Versprecher						X		
Vortragsgestaltung sinngemäße Betonung und Wiedergabe der Stimmung, charakteristische Sprechweise für unterschiedliche Figuren							X	

2 Wie könnte eine Buchvorstellung zum Jugendbuch „Rico, Oskar und die Tieferschatten" lauten? Ergänzt die folgenden Vorgaben und fasst den Textausschnitt auf Seite 97 zusammen:
Im Jugendbuch ❓ von ❓ geht es um ❓. Der Förderschüler ❓, der in ❓ lebt, freundet sich mit ❓, einem ❓ Jungen, an. Die Polizei sucht gerade nach ❓, einem ❓, der in Berlin ❓. Als Oskar plötzlich ❓, begibt sich Rico im ❓ auf die Suche nach ihm. Die Textstelle „Rico sucht Oskar" schildert, wie ...

Wissen und Können — Sich auf einen Vorlesewettbewerb vorbereiten

- **Den Text aussuchen:** Wählt ein Buch, das ihr gut kennt und das euch gefällt. Informiert euch über die Autorin/den Autor und über den Roman. Sucht eine Textstelle heraus, die man gut vorlesen kann: Sie sollte lustig oder spannend sein und Dialoge enthalten.
- **Die Textstelle vorbereiten:** Markiert, wo ihr Pausen machen müsst, wo die Stimme zu heben (vor Kommas und Fragezeichen) oder zu senken ist (bei Punkten). Unterstreicht, was betont werden muss.
- **Das Vorlesen üben:** Übt das laute Lesen mehrfach: Lest den Abschnitt Eltern oder Freunden vor und holt Rückmeldungen ein. Ihr könnt euch auch selbst aufnehmen.

6.3 Projekt: Eine Autorenlesung veranstalten

Die Klassen 6b und 6c haben Besuch von der Jugendbuchautorin Krystyna Kuhn, die für Kinder und Jugendliche spannende Fantasy-Romane und Krimis verfasst.

1 Schreibt auf, was ihr von einer solchen Deutschstunde erwarten würdet.

Krystyna Kuhn

„Ich lese für mein Publikum"

Krystyna Kuhn erzählt auf ihrer Internetseite über ihre Lesungen vor Schulklassen:
Am 14. November fliege ich nach Amsterdam. Ein Mammutprogramm: fünf Tage – neun Lesungen. Veranstalter ist das Goethe-Institut Amsterdam.
Die meisten Leute sind erstaunt, warum ich als Profi immer noch Lampenfieber vor einer Lesung habe. Und jeder betont, er hätte nicht den Mut, vor zehn, fünfzig, hundert Menschen aufzutreten. Aber wie vieles im Leben ist nicht die Frage, ob man etwas kann, sondern will ICH es?
Neun Mal immer derselbe Text: Das Tal. Season I. Das Spiel.
Ist das nicht langweilig?
Nein, denn jedes Publikum ist anders.
Es liegt an mir, ob ich die Zuhörer begeistern kann. Daher auch das Lampenfieber. Ich muss meinen Text so lesen, als sei er auch für mich neu und aufregend.
Jugendliche sind ein anspruchsvolles Publikum. Wenn ich sie langweile, werden sie unruhig. Sie beginnen zu flüstern und im schlimmsten Fall packen sie ihre Pausenbrote aus. Aber – wenn ich es schaffe, sie in den Bann zu ziehen, sind sie die besten Zuhörer überhaupt.
Also beginne ich jede Lesung mit einer kurzen Einführung in die Handlung und die wichtigsten Personen. Nur nicht zu viel reden, sonst schalten sie ab. Für Fragen zu meiner Person und Arbeit ist später noch Zeit. Jetzt muss ich

das Publikum von meinem Buch überzeugen. Also beginne ich zu lesen. Und wenn es still wird im Saal und ich in die Gesichter sehe, spüre ich sofort: Werde ich es schaffen, sie zu fesseln? Immer wieder nehme ich Blickkontakt auf. Nein – ich lese nicht für mich. Ich lese für mein Publikum. Das bedeutet jedes Mal: Ich muss mich gut vorbereiten. Ich muss die spannendsten Stellen auswählen. Ich muss den Text, den ich lese, dramatisieren.
Dramatisieren? Was heißt das?
Ich markiere die wichtigsten, schönsten Sätze. Ich setze Betonungen. Ich übe tagelang die Dialoge. In jeder Minute des Vorlesens muss ich die Stimmung im Text vermitteln. Hier ein Flüstern, da eine wütende Bemerkung und an den dramatischen Stellen muss meine Stimme zittern vor Angst. Ich kann die Zuhörer zum Lachen bringen. Ich kann atemlose Stille im Saal erzeugen.
Aber am Ende sollen die Zuhörer weinen. Warum? Weil ich immer an der spannendsten Stelle aufhöre zu lesen.

> **Krystyna Kuhn** wurde 1960 in Würzburg als siebtes von acht Kindern geboren. Neben Krimis verfasst sie auch Gedichte und Kurzgeschichten.

2 Lest den Bericht der Autorin und sprecht über die folgenden Fragen:
- Wie bereitet sich Krystyna Kuhn auf die Lesungen vor?
- Wie erlebt sie die Lesungen selbst?
- Warum macht sie solche Lesungen?

3 Wie kann sich eine Klasse auf eine Autorenlesung vorbereiten?
Sammelt Ideen und haltet sie in einer Mind-Map fest:

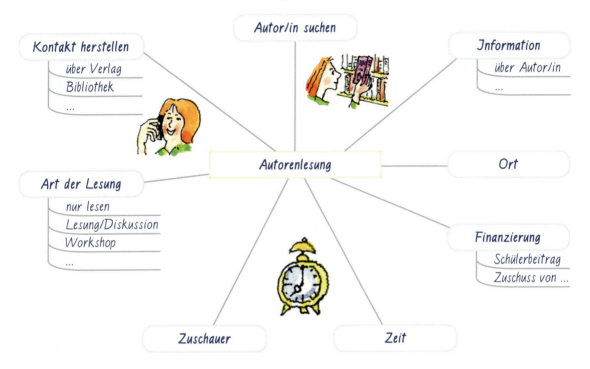

4 Ordnet die Schritte, die zur Organisation einer Autorenlesung gehören, in eurem Heft.

- 1. Kontakt mit Autor/in herstellen
- 2. Festlegung von Ort und Zeit mit ihm/ihr gemeinsam
- 3. ...

5 Entwerft einen sachlichen Brief an eine Autorin/einen Autor, in dem ihr anfragt, ob sie/er bereit wäre, bei euch eine Lesung abzuhalten. (▶ Sachliche Briefe, S. 40)

Sehr geehrte Frau/Sehr geehrter Herr...,

im Namen der Klasse ... wende ich mich mit einer Bitte an Sie. Unsere Klasse möchte in der Projektwoche vom ... bis ... eine Autorenlesung durchführen. Im Deutschunterricht haben wir mit großem Interesse Ihr Jugendbuch „..." gelesen. Deswegen möchten wir Sie gern ...

6 Wie könntet ihr andere auf die Veranstaltung aufmerksam machen? Sammelt Vorschläge, z. B.:
– Flyer gestalten und auslegen (in der Schule, im Verein ...)

7 Welche Fragen könnte man einer Autorin/einem Autor stellen?
Sammelt W-Fragen in Clustern, z. B.:

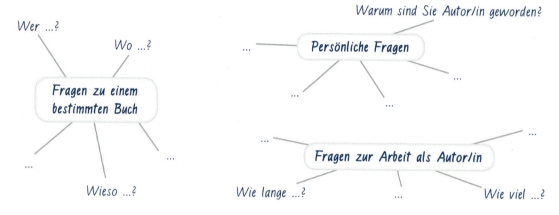

8 Überlegt euch, wie ihr die Veranstaltung auswerten könnt. Hier findet ihr Vorschläge:
– **Gruppengespräch:** Tauscht erst in Kleingruppen, dann in der Klasse eure Eindrücke aus.
– **„Blitzlichtrunde":** Nacheinander gibt jeder Schüler ganz kurz seinen Eindruck wieder, z. B.:
  „interessant", „langatmig", „zu kurz", „Ich habe viel Neues erfahren."
– **Kartenabfrage:** Jeder Schüler schreibt seine Eindrücke in Stichpunkten auf verschiedene
  Kärtchen. Diese werden eingesammelt, vorgelesen und an der Tafel gruppiert, z. B.:

7 Bergmandl, Götter und listige Helden –
Sagen von Bayern bis Griechenland

1 Betrachtet das Bild genau:
  – Welche Sagengestalten erkennt ihr?
  – Welche Gestalten aus anderen Sagen sind euch bekannt?
  – Über welche besonderen Fähigkeiten dieser Gestalten wisst ihr Bescheid?

7.1 Heimatsagen lesen und verstehen

Eine Sage kennen lernen

Wie der Wendelstein zu seinem Namen kam
Nacherzählt von Gertraud Bildl

Carl Spitzweg: Auf der Alm (Landschaft mit Wendelstein), um 1871

Früher gab es am Wendelstein viele Höhlen; die meisten sind heute längst eingefallen oder von dichtem Gestrüpp bedeckt. Man sagt, dass darin einst reiche Schätze verborgen waren: Gold, Silber und Edelsteine, die von Bergmandln sorgsam bewacht wurden. Diese kleinen Männer galten als gutartig und hilfsbereit. Bisweilen halfen sie verwirrten Wanderern, den richtigen Weg ins Tal zu finden. Nachts wanderten sie über die Berghänge und schlichen sich auf die Almen und in die Sennhütten. Dort erledigten sie still und heimlich Arbeiten, die den Sennerinnen und Hüterbuben zu viel geworden waren. Nicht selten hinterließen sie den tüchtigen und arbeitsamen Mägden dabei ein edles Schmuckstück oder auch einmal eine Goldmünze.

Einer der Hüterbuben jedoch konnte das Geheimnis der Geschenke nicht für sich behalten und erzählte den Menschen im Tal davon. Daraufhin beschlossen einige habgierige Leute, das Geheimnis der verborgenen Schätze zu ergründen. Getrieben von ihrer Goldgier erklommen sie den Gipfel des Wendelsteins.

Sie beobachteten die kleinen Bergmandln eine Weile und schlichen ihnen nach. Als der Schatzwächter einmal abwesend war, entdeckten sie schließlich die geheimen Höhlenverstecke. Voller Hast stürzten sie sich auf das Gold und die kostbaren Edelsteine. In diesem Augenblick begann es laut zu rumpeln und zu donnern; und in ihren Händen hielten sie statt der gleißenden Schätze nur noch Brocken von Eisenstein. Von Stund an blieben die hilfsbereiten Bergmandln spurlos verschwunden. Der Berg aber, auf dem die Schätze sich in Stein verwandelten, erhielt den Namen „Wendelstein".

1 Der Text enthält einige Wörter, die heute nicht mehr gebräuchlich sind.
Schreibt unbekannte Ausdrücke aus dem Text heraus und klärt gemeinsam ihre Bedeutung.

2 Untersucht die Sage genauer. Beantwortet mündlich die folgenden Fragen:
– Wo genau spielt die Sage?
– Was bewirken die Bergmandln Gutes?
– Wodurch kommt es zum „Ende der Schätze"?
– Wie wird die Entstehung des Namens „Wendelstein" in der Sage erklärt?

3 Sucht den Wendelstein in der Karte und erläutert seinen genauen Standort.

4 Sagen enthalten meistens einen wahren Kern.
a Was erfahrt ihr in der Sage über den Berg Wendelstein? Schreibt alle Informationen in Stichpunkten auf.
b Vergleicht die Angaben aus der Sage mit den folgenden Sachinformationen.

Der Berg **Wendelstein** liegt in den Alpen im Grenzbereich zwischen bayerischem Oberland und Inntal. Das Gebirge, das aus Kalkstein besteht, wird von einem Höhlensystem durchzogen.

In Rissen und Spalten stiegen aus der Tiefe Flüssigkeiten auf, die Blei, Zink und etwas Silber enthielten. Dadurch bildeten sich Hohlräume, die einen typischen Bleiglanz aufweisen, wie etwa die **Wendelsteinhöhle,** die 1864 entdeckt wurde.

Wendelstein über dem Inntal   Wendelsteinhöhle

5 Welche Gründe könnte es gehabt haben, dass sich die Menschen in früheren Zeiten die Sage von den Bergmandln erzählten? Tauscht eure Vermutungen in der Klasse aus.

Sagenmerkmale kennen

Der Teufelstein bei Tittling
Eine Sage aus Niederbayern

Am Osthang des Blümersberges, wo ein schmaler Fußweg gegen Süden zum Gföhral abschweift, liegt mitten auf freiem Felde im sumpfigen Gras ein Granitblock, der deutlich erkennbar einen Abdruck wie von Menschenhand zeigt. Der Sage nach soll vor einigen hundert Jahren der Teufel hier am Werk gewesen sein und auf dem Steine seine Tatzenspur hinterlassen haben. Die Tittlinger hatten in alter Zeit, da sie noch zur entlegenen Pfarre Neukirchen vorm Wald gehörten, einen beschwerlichen Kirchgang. Das brachte sie auf den Gedanken, selbst ein Gotteshaus zu bauen, und durch Opferfreudigkeit brachten sie es zu Wege, dass ein bescheidenes Kirchlein inmitten des Marktes erstand.

Es ging eben in den Advent hinein, als ein winziges Holztürmchen aufs Dach gesetzt und ein dürftiger Altar im Kirchlein aufgestellt wurde. Als die Christnacht kam, als das Glöcklein zu bimmeln anhob und eine fromme Betergemeinde von nah und fern zur Mette strömte, wurde der Teufel, der um diese Zeit besonders auf arme Seelen lauerte und der in dieser Gegend noch keinen Glockenlaut vernommen hatte, angelockt, und nun kam er gierig durch die Luft einhergebraust. An der Kuppe des Blümersberges hielt er still und lauerte, hinter einem wuchtigen Steinklotz versteckt, wobei er mit seinen stechenden Augen den Berghang hinunterspähte. Da fiel ihm das Kirchlein in die Augen, und sofort beschloss er, das Gotteshaus zu verderben.

Mit Macht hob er den gewaltigen Stein vom Boden auf, um das Kirchlein samt den Gläubigen zu zerschmettern. Allein in diesem Augenblicke fuhr ein Windstoß den Berg herauf und raste auf den Unhold zu und drohte, ihn umzustürzen. Der Teufel musste alle Macht aufbieten, um sich zu halten. In dem zähen Kampfe fingen seine Adern zu schwellen an, und vor Wut vergrub er seine Tatzen in den Stein. Noch einmal schien er die Oberhand zu gewinnen und setzte erneut zum Wurfe an. Da flog aus dem Tale himmlischer Gesang vom Frieden auf Erden über die Hänge herauf. Des Teufels Arme waren plötzlich wie gelähmt, und der Stein rollte krachend über die Bergwand ins freie Feld.

Das Tittlinger Kirchlein stand noch 300 Jahre dem Teufel zum Trotz, bis es im Frühjahr 1803 von einer Feuersbrunst [...] verzehrt wurde.

1 Klärt gemeinsam schwer verständliche Formulierungen im Text.

2 Beantwortet die folgenden Fragen zur Sage:
- Wo liegt der Teufelstein?
- Wie sieht der Stein aus?
- Wie kommt es zum Bau des Tittlinger Kirchleins?
- Warum kommt der Teufel nach Tittling?
- Welchen Plan hat der Teufel?
- Welche beiden Ereignisse verhindern die böse Tat des Teufels?
- Was passiert mit dem Kirchlein?

3 Auch in dieser Sage steckt ein wahrer Kern.
a Beschreibt mit Hilfe der Informationen rechts, wie sich der „Krallenabdruck" im „Teufelstein" erklären lässt.
b In der Sage rollt der Stein aus der Hand des Teufels ins Tal. Welche wahre Begebenheit könnte dahinterstecken? Stellt Vermutungen an.

Felsblock aus Gneis; 3 m Länge, 1 m Breite, 1,5 m Höhe; Einschlüsse (Löcher) im Stein ähneln Krallenabdruck; Lage: Donau-Wald, Landkreis Passau (Niederbayern)

4 Sagen haben typische Merkmale, die sie von anderen Textsorten (z. B. Märchen) unterscheiden.
a Notiert alle Sagenmerkmale des Texts „Der Teufelstein bei Tittling" in einer Tabelle:

Sagenmerkmale	Textstelle
ungewöhnliche Naturerscheinungen/ seltsame Ereignisse	*Tatzenabdruck im Stein (Z. 7–14)*
genaue Angabe der Namen/Berufe von Personen	–
genaue Angaben zum Ort des Geschehens	…
übernatürliche Wesen	…
Widerstand gegen das Böse durch den Glauben	…
menschliche Helden als Retter in der Not	…

b Begründet schriftlich, dass der Text „Der Teufelstein bei Tittling" eine Sage ist. Vervollständigt dazu die folgenden Satzanfänge.

> *Bei dem Text „Der Teufelstein bei Tittling" handelt es sich …*
> *Das erkennt man beispielsweise an den genauen Ortsangaben: …*
> *Zudem wird eine ungewöhnliche Naturerscheinung erklärt, nämlich …*
> *Typisch für eine Sage ist auch das Vorkommen übernatürlicher Wesen, hier …*
> *Böses wird in der Sage oft durch den Glauben verhindert, in dieser Sage …*

Ihr könnt die folgenden Fortsetzungen als Hilfe verwenden:

> … um eine Sage. • … durch den Gesang der Gläubigen in der Kirche. • … in Form des Teufels. •
> … Das Kirchlein stand in Tittling, der Granitblock liegt am Osthang des Blümersberges. •
> … der Abdruck einer „Teufelskralle" in einem Felsen, der mitten im freien Feld liegt.

Inhalte einer Sage wiedergeben

Die Gründung des Juliusspitals
Eine Heimatsage aus Mainfranken

Der große Fürstbischof Julius entstammte dem Adelsgeschlecht der Echter von Mespelbrunn und war sehr reich begütert. Während er in Würzburg Hof hielt, bewohnte seine
5 Nichte das Spessartschloss. Sie hatte einen Grafen von Ingelheim geheiratet und eben einen Sohn geboren. Was lag näher, als den fürstlichen Großonkel als Paten zu erwählen? Großmütig nahm Julius Echter die Patenschaft
10 an. Er schrieb sein Testament und setzte das Patenkind zum Erben all seiner Güter ein. Das Schriftstück schob er in den doppelten Boden eines Ebenholzkästchens, das mit drei Zitronen gefüllt und versiegelt wurde. Durch einen
15 bischöflichen Reiter schickte er sein Patengeschenk nach Mespelbrunn.
In hoher Erwartung öffnete dort die Nichte das Kästchen, sah nur die drei Zitronen und wurde ärgerlich. Sie wusste nicht, ob sie es für einen
20 Scherz oder einen Schimpf des geistlichen Onkels halten sollte. Kurz entschlossen schickte sie Kästchen und Zitronen sogleich an den Fürstbischof zurück.
Der wunderte sich sehr, versiegelte das Käst-
25 chen aufs Neue und ließ seinen Boten nochmals nach Mespelbrunn reiten. Die Gräfin wusste nicht, was sie davon halten sollte. Im Glauben, es stecke vielleicht etwas Geheimes in den Früchten, schnitt sie eine Zitrone auf.
30 Da sie aber nichts fand, schickte sie das Geschenk abermals zurück.
Zum dritten Mal kam der Bote aus Würzburg mit seinem Kästchen, und wieder waren drei frische Zitronen darin. Da entbrannte die Grä-
35 fin in wildem Zorn. Sie schnitt alle Früchte mitten durch, und als sie nichts darin fand, warf sie die Zitronen zum Fenster hinaus. Dem unschuldigen Boten aber flog das Kästchen an den Kopf. Sie drohte dem Überbringer, wenn er noch einmal vor ihre Augen komme, wolle 40 sie ihn aus Mespelbrunn hinauspeitschen lassen.
Als der nach Würzburg zurückgekehrte Bote dem Fürstbischof all das berichtet hatte, sagte Julius: „Ich sehe wohl, Gott hat mein Vermögen zu anderer Verwendung bestimmt." Er 45 entnahm dem Kästchen das versteckte Testament und warf es ins Feuer. Hierauf gründete er mit seinem Reichtum das segensreiche Hospital zu Würzburg, das seinen Namen trägt 50 und sein Andenken unsterblich machte bis zur heutigen Zeit.

1 Klärt unbekannte Wörter und Formulierungen.

2 Was findet ihr an der Handlung der Sage verwunderlich? Tauscht euch aus.

3 Beantwortet mündlich die folgenden Fragen zum Text:
– Wem möchte Fürstbischof Julius aus Würzburg sein Vermögen vererben?
– Was macht der Bischof mit seinem Testament?
– Weshalb reagiert die Nichte verärgert auf den Erhalt des Kästchens?
– Was verbietet sie dem Boten nach der dritten Zusendung des Kästchens?
– Welchen Hinweis Gottes glaubt Julius zu erkennen?
– Welche folgenreiche Entscheidung trifft er schließlich?

4 In einem textgebundenen Aufsatz (TGA) beantwortet ihr schriftlich Fragen zu einem Text.
Eure Antworten sollen auch für Leser/innen verständlich sein, die die Fragen nicht kennen.
Beantwortet die Fragen aus Aufgabe 3 schriftlich und verwendet passende Einleitungssätze, z. B.:

> *Fürstbischof Julius möchte sein Vermögen …*
> *Der Bischof schiebt das Testament in … und füllt es …*
> *Die Nichte reagiert auf den Erhalt des Kästchens verärgert, weil …*
> *Nach der dritten Zusendung des Kästchens verbietet sie dem Boten, …*
> *Julius glaubt den Hinweis Gottes zu erkennen, dass er …*
> *Er trifft schließlich die Entscheidung, in Würzburg …*

●○○ Die folgenden Fortsetzungen könnt ihr als Hilfe verwenden:

> … mit drei Zitronen. • … seinem Patenkind, dem Sohn seiner Nichte, vererben. •
> … den Boden eines Holzkästchens. • … jemals wieder nach Mespelbrunn zurückzukehren. •
> … sein Vermögen für etwas anderes verwenden soll. •
> … sie nur die Zitronen findet und das Testament nicht entdeckt. •
> … das Juliusspital zu gründen, das es bis heute gibt.

5 Erforscht den wahren Kern der Sage „Die Gründung des Juliusspitals" im Internet oder in Lexika.
a Findet heraus, wofür das von Fürstbischof Julius gegründete Spital in Würzburg heute genutzt wird.
b Notiert Vermutungen, welche weiteren Angaben in der Sage der Wahrheit entsprechen könnten, und überprüft sie.

6 Sagen sind Geschichten, die über Jahrhunderte mündlich weitererzählt wurden.
a Welche Auswirkungen hat das auf die Textlänge und die Sprache? Vergleicht die drei Sagen in diesem Kapitel.
b Nennt mögliche Gründe, warum manche Sagen in unterschiedlichen Fassungen vorliegen.

Das Würzburger Juliusspital heute

7 Bergmandl, Götter und listige Helden – Sagen von Bayern bis Griechenland

Wissen und Können — Merkmale von Sagen

- Sagen sind ursprünglich **mündlich überlieferte** Erzählungen. Deshalb kann es von einer Sage manchmal **unterschiedliche Fassungen** geben.
- Es gibt verschiedene Formen von Sagen. **Heimatsagen** beschäftigen sich mit **Naturerscheinungen** und **Besonderheiten der Landschaft**, z. B. seltsamen Felsformen.
- Da früher wissenschaftliche Erkenntnisse noch nicht so verbreitet waren, erfanden die Menschen in den Sagen **fantasievolle Erklärungen für merkwürdige Ereignisse**.
- Häufig kommen **übernatürliche Wesen mit besonderen Fähigkeiten** vor (z. B. Berggeister, der Teufel) oder es werden **unwahrscheinliche Begebenheiten** geschildert (z. B. Steine werden zu Gold, Riesen werfen mit Felsen).
- Im Gegensatz zu Märchen enthalten Sagen oft einen **wahren (oft geschichtlichen) Kern**: Der **Ort des Geschehens** wird meistens genau angegeben, oft werden **Namen, Beruf und Herkunft** der Personen genannt.
- Der **Widerstand gegen das Böse** durch den **Glauben** ist ein typisches Merkmal der Sage.
- Menschliche **Helden** retten andere aber manchmal auch durch **List** vor schlimmer Not.

7 Sucht in Sagenbüchern oder im Internet weitere Heimatsagen aus eurer Gegend. Stellt die Sagen in der Klasse vor: Ihr könnt sie in eigenen Worten nacherzählen, die Sagenmerkmale bestimmen oder ein Bild dazu malen.

8 Testet euer Wissen über die Heimatsagen in diesem Kapitel in einem Spiel! Setzt euch in Gruppen von 3–4 Personen zusammen und würfelt nacheinander mit zwei Würfeln. Prüft, ob das jeweilige Sagenmerkmal (Würfel 1) in der Sage (Würfel 2) vorkommt, und antwortet wie im Beispiel unten.
Führt mehrere Spielrunden durch und notiert Punktzahlen:
- **richtige Antwort:** 1 Punkt
- **passendes Textbeispiel:** 1 Extrapunkt
- **falsche Antwort:** minus 1 Punkt

Welche Sagenmerkmale kommen jeweils vor?	Wendelstein-Sage ⚀ oder ⚃	Teufelstein-Sage ⚁ oder ⚄	Julius-Sage ⚂ oder ⚅
⚀ Naturerscheinungen/ seltsame Ereignisse	?	?	?
⚁ genaue Angabe der Namen/ Berufe von Personen	?	?	?
⚂ genaue Angaben zum Ort des Geschehens	?	?	?
⚃ übernatürliche Wesen			
⚄ Widerstand gegen das Böse durch den Glauben	?		
⚅ menschliche Helden als Retter in der Not	?	?	?

Es gibt in der **Wendelsteinsage** eine **seltsame Naturerscheinung**, nämlich die **glänzenden Steine in der Höhle**.

7.2 Von Helden und Göttern – Sagen erschließen und umgestalten

Held Odysseus – Eine griechische Sage kennen lernen

Homer
Die Lotosesser (aus: Odyssee)[1]

Der griechische Dichter **Homer** lebte im 8. Jahrhundert v. Chr. Die mündlich überlieferten Sagen über den Kampf um Troja („Ilias") und die Irrfahrten des Odysseus („Odyssee") wurden von ihm aufgeschrieben. Seine Werke sind fast 3 000 Jahre alt und gelten als die ältesten literarischen Werke Europas.

Odysseus, König der Insel Ithaka, ließ vor Troja ein hölzernes Pferd bauen, mit dem die Griechen die Stadt eroberten. Nach dem Trojanischen Krieg begab er sich auf eine zehn Jahre dauernde Irrfahrt nach Hause. Dabei musste er viele gefährliche Abenteuer bestehen.

Zu jener Zeit war die Küste Libyens bekannt als „das Land, in dem Morpheus spielt". Wer war nun Morpheus? Er war ein junger Gott, ein Sohn des Hypnos, Gott des Schlafes. Es war seine Aufgabe, zwischen dem Einbruch der Nacht und dem Morgengrauen um die Welt zu fliegen und Schlaf zu verteilen. Sein Vater Hypnos mischte für ihn die Farben des Schlafes, doch er machte sie düster und trüb und traurig.

„Denn", so sagte er „es ist ein kleiner Tod, den du jede Nacht auf die Menschen legst, mein Sohn, um sie auf das Reich des Todes vorzubereiten."

Doch seine Tante Persephone nähte ihm eine geheime Tasche voller hell leuchtender Dinge und sagte: „Nicht den Tod verteilst du, sondern Ruhe und Erholung. Hänge hell leuchtende Bilder an die Wände des Schlafes, sodass die Menschen den Tod erst dann kennen lernen, wenn sie wirklich sterben."

Diese hell leuchtenden Bilder wurden Träume genannt. Und Morpheus spielte mit den Farben, die er aufgehängt hatte, mischte sie, zog sie auseinander, entwarf neue Bilder. Es schien ihm, als seien diese fantastischen farbigen Schatten, die die Schlafenden zeichneten, das

---

[1] nacherzählt von Bernhard Evslin in „Die Abenteuer des Odysseus" (2004)

Schönste, das er je zu Gesicht bekommen hatte. Und er wollte mehr wissen über die Art und Weise, in der diese Schatten zu Stande kamen. Er ging zu Persephone und sagte: „Ich brauche eine Blume, die den Schlaf hervorruft. Sie muss purpurrot und schwarz sein. Doch es sollte ein einzelnes Blütenblatt in Feuerrot geben, das Blütenblatt, das die Träume hervorruft."

Persephone lächelte und fuhr mit ihrer langen weißen Hand durch die Luft. Zwischen ihren Fingern erblühte eine Blume. Die gab sie ihrem Neffen.

„Da hast du sie, Morpheus. Wir nennen diese Blume Lotos."

Morpheus nahm die Blume und pflanzte sie in Libyen an, wo es immer Sommer ist. Dort wuchs sie in Büscheln und duftete köstlich nach Honig. Die Einwohner des Landes aßen weiter nichts als diese Blume. Die ganze Zeit schliefen sie, mit Ausnahme der Phasen, in denen sie mit dem Blumenpflücken beschäftigt waren. Morpheus wachte über sie und las ihre Träume.

Und in Richtung Lotosland wurden nun Odysseus und seine Männer von dem Sturm getrieben, Odysseus, der schwindlig vor Erschöpfung und schwach vor Hunger war, rief seinen Männern zu, sie sollten auf das Land zuhalten, und die Erschöpften beugten sich über die Ruder. Mit allerletzter Kraft zogen sie die Schiffe [...] an den Strand und dann legten sie sich hin und schliefen ein.

Während sie schliefen, kamen die Lotosesser aus dem Wald. Die Arme hatten sie mit Blumen beladen, die sie in großen purpurroten Sträußen um die Männer herum verteilten, sodass sie Blumen zu essen hatten, wenn sie aufwachten, denn die Menschen in diesem Land waren sehr friedlich und gastfreundlich.

Die Männer erwachten und rochen den warmen Honigduft der Blumen und aßen ganze Hände voll davon und schliefen sofort wieder ein. Morpheus schwebte über den schlafenden Männern und las ihre Träume. „Diese Männer haben schreckliche Dinge getan", flüsterte der Gott bei sich. „Ihre Träume sind voll von Gold und Blut und Feuer. Ein derartiger Schlaf wird ihnen keine Erholung bringen." Und so mischte er ihnen einige kühle grüne und silberne Träume von zu Hause zurecht. Die Albträume verblassten. Verwundete Trojaner hörten auf zu schreien. Troja hörte auf zu brennen, sie sahen ihre Frauen lächeln und hörten ihre Kinder lachen. Sie träumten von ihrer Heimat, erwachten und waren hungrig, aßen die honigsüßen Lotosblumen und fielen in einen noch tieferen Schlummer.

Dann kam Morpheus zu Odysseus, der etwas entfernt von den übrigen Männern ausgestreckt im Sand lag. Und er sagte bei sich: „Dieser Mann ist ein Held. Fürchterlich sind seine Nöte, überstürzt sind seine Taten, und seine Träume müssen seine eigenen sein. Ich kann ihm nicht helfen." Also mischte Morpheus keine Farben für den Schlummer des Odysseus, sondern ließ ihn seine eigenen Träume träumen und las sie: „Ach, was träumt er nur für Dinge, dieser zornige Schlafende. Wie viele berstende Masten, zerfetzte Segel, wie viele Felsen und Klippen, wie viele Schiffsunglücke ... wie viele Tote?"

Odysseus erwachte atemlos aus einem fürchterlichen Albtraum. Ihm schien, dass er in seinem Schlummer die gesamte Heimfahrt vor sich ausgebreitet gesehen hatte, dass er sein Schiff hatte sinken, die Männer hatte ertrinken sehen. Ungeheuer hatten sich nach ihm greifend dicht um ihn geschart.

Er setzte sich auf und schaute sich um. Zwischen aufgehäuften Blumen lagen seine Männer und schliefen. Odysseus roch die Honigsüße

und verspürte einen übermächtigen Hunger. Er nahm einige der Blüten auf und führte sie zum Mund. Als ihr Duft noch intensiver wurde, spürte er, wie ihm die Augenlider zufielen und die Arme schwer wurden, und er dachte: „Diese Blumen also bringen uns den Schlaf. Ich darf nicht davon essen." Dann kam er mühsam auf die Beine und ging langsam auf das Meer zu. Er tauchte unter und kam prustend wieder hoch. Nun war sein Kopf wieder klar. [...] „Ich muss schnell handeln", sagte er. Einen nach dem anderen trug er die schlafenden Männer zu den Schiffen und setzte sie auf ihre Ruderbänke. Doch allmählich schwanden seine Kräfte wieder. Der Honiggeruch drang von Neuem in ihn und ließ ihm schwer von Schlummer die Augen zufallen.
Er stolperte zu den Männern zurück. Mit grimmiger Entschlossenheit arbeitete er nun, hob sie sich auf die Schultern, trug immer zwei auf einmal und warf sie in die Schiffe.

Schließlich war der Strand menschenleer. Noch im Schlaf schwankten die Männer auf den Ruderbänken hin und her. Dann schob Odysseus ganz allein und unter Aufbietung seiner letzten Kraftreserven die Schiffe ins Wasser. Als sie seichtes Fahrwasser erreicht hatten, band er eines an das andere, sein eigenes Schiff übernahm die Führung. Daraufhin setzte er ein Segel und nahm seinen Platz am Steuer ein [und] segelte fort aus dem Lotosland.

Allmählich erwachten die Männer aus ihren Träumen von zu Hause und stellten fest, dass sie sich wieder auf offener See befanden. Doch der lange Schlaf hatte ihnen Erholung gebracht und mit frischer Kraft begaben sie sich wieder an ihre Pflichten.

Finster und ohne Lächeln blieb Odysseus auf seinem Platz am Steuer. Denn er wusste, dass das, was er im Schlaf gesehen hatte, Wirklichkeit werden sollte und dass er auf direktem Wege in einen Albtraum segelte.

1 Klärt unbekannte Begriffe und unklare Textstellen.

2 a Habt ihr genau gelesen? Entscheidet, ob die folgenden Aussagen richtig oder falsch sind, und notiert die Buchstaben. Als Lösung ergibt sich eine der Eigenschaften des Odysseus.

	richtig	falsch
Hypnos, der griechische Gott des Schlafes, ist Morpheus' Vater.	T	O
Seine Mutter ist Persephone.	B	A
Morpheus schickt den Menschen farbige Träume.	P	L
Odysseus landet mit seinen Gefährten an der Küste des Libanon.	C	F
Erschöpft schlafen die Männer am Ufer ein.	E	S
Morpheus schickt ihnen allen schöne Träume.	K	R
Die freundlichen Lotosesser bringen ihnen Blumen zum Essen und Schlafen.	K	D
Die Gefährten schlafen ohne Unterlass.	E	F
Odysseus weckt sie schließlich auf.	G	I
Unter großen Strapazen trägt Odysseus die Schlafenden auf die Schiffe.	T	Z

b Notiert weitere Richtig-/Falsch-Sätze und lasst sie von der Klasse beurteilen.

3 Beantwortet die folgenden Fragen zum Inhalt des Textes in ganzen Sätzen im Heft, z. B.:
- Welche Aufgaben hat Morpheus?
  Morpheus hat die Aufgabe, den Schlaf zu verteilen und über die Schlafenden zu wachen.
- Worum bittet Morpheus seine Tante Persephone?
- Wie leben die Einwohner im Lotosland?
- Wie verhalten sie sich gegenüber den Männern von Odysseus?
- Wie geht Morpheus mit dem schlafenden Odysseus um?
- Auf welche Weise bringt Odysseus seine Leute vom Lotosland weg?

4 Findet heraus, was in der klassischen Götter- und Heldensage anders ist als bei der Heimatsage und was beide gemeinsam haben. Macht euch Notizen und überprüft eure Ergebnisse dann mit Hilfe des Merkkastens.

Wissen und Können — Antike Götter- und Heldensagen

- Ursprünglich handelt es sich bei diesen Sagen um **mündlich überlieferte Erzählungen,** die einen **historischen Kern** enthalten. So sind die **Namen** der Personen, die **Orte** und die **Zeit** der Handlung meist angegeben.
- In den meisten antiken Sagen kommen **Helden** vor, die besonders listig und ideenreich Hindernisse bewältigen oder über **außergewöhnliche Kräfte** verfügen.
- Oft treten **Götter und Göttinnen** auf, die den Helden beschützen oder verfolgen. Fast immer bestimmen sie die Geschehnisse mit.
- Auch **mystische Wesen** und **Zauberkräfte** spielen eine wichtige Rolle.

---

5 Notiert mit Hilfe des Kastens oben, welche Sagenmerkmale die Sage „Die Lotosesser" enthält.

Ort der Handlung: Libyen
Zeit: ...
Personen: ...
...

6 Im folgenden Auszug aus einem textgebundenen Aufsatz wird nachgewiesen, dass „Die Lotosesser" eine Sage ist. Schreibt den Textauszug ab. Ergänzt dabei die Lücken mit den angegebenen Wörtern und beendet die drei letzten Sätze mit eigenen Formulierungen.

> In einem **textgebundenen Aufsatz** beantwortet ihr Fragen zum Inhalt einer Sage und weist nach, welche Sagenmerkmale darin enthalten sind.

Libyen • Trojanischen Krieg • Odysseus • bekannt

Die Zeit, in der die Sage spielt, ist bekannt:
Es ist die Zeit nach dem ?, denn nach seinem Sieg über die Trojaner macht sich der Grieche Odysseus auf die Heimfahrt. Es wird ein konkreter Ort genannt: Die Lotosesser wohnen in ?. Hier baute – wie Homer schreibt – Morpheus die Lotosblume an.
Auch der Name des Helden, der in der Sage die Hauptrolle spielt, ist ?: Er lautet ?.
Die Sage erzählt von einer unwahrscheinlichen Begebenheit, da ...
Auch übernatürliche Kräfte spielen eine Rolle, z. B.: ...
Odysseus gelingt es schließlich, den Gott zu überlisten, indem er ...

7 In der Einleitung zu einem textgebundenen Aufsatz (TGA) fasst man den Inhalt eines Textes in einem Satz zusammen.

a Entscheidet, welcher Satz den Inhalt der Sage „Die Lotosesser" am besten ausdrückt:
 – *In der Sage landet Odysseus mit seinen Männern in Libyen.*
 – *In der Sage „Die Lotosesser" wird erzählt, was Odysseus und seinen Gefährten im Land der Lotosesser passiert.*
 – *Die Sage „Die Lotosesser" erzählt, wie es Odysseus gelingt, seine schlafenden Gefährten aus dem Land der Lotosesser zu befreien.*

b Schreibt die folgende Einleitung in euer Heft ab und ergänzt sie durch den gewählten Inhaltssatz aus Aufgabe a. Bezeichnet anschließend die Bestandteile der Einleitung mit Hilfe der Informationen im Merkkasten wie im Beispiel:

> In die **Einleitung** zu einem textgebundenen Aufsatz gehören:
> - die Textsorte und der Titel des Textes
> - die Quelle/der Erscheinungsort des Textes (Aus welchem Werk stammt der Text?) und das Erscheinungsjahr
> - der Name des Autors/der Autorin oder des Herausgebers/der Herausgeberin
> - ein kurzer Satz, worum es im Text geht (Inhaltssatz)

Titel
Die Sage ⟨„Die Lotosesser"⟩ *wurde vor etwa 3000 Jahren von dem griechischen Dichter Homer verfasst. Sie wurde in dem Buch „Die Abenteuer des Odysseus" von Bernard Evslin nacherzählt, das 2004 erschien.* (Inhaltssatz) ...

Rätselhaftes bei den Römern – Zu Sagen schreiben

Vergil

Alba Longa (aus: Aeneis)[1]

Der römische Dichter **Vergil** (70–19 v. Chr.) beschäftigte sich viel mit den Dichtungen des Schriftstellers Homer. In der „Aeneis", einer Sammlung von Texten in zwölf Büchern, schildert er Sagen, die sich um den trojanischen Prinz Aeneas ranken.

Aeneas flüchtete mit seinem Vater und dem Sohn Askanius (später Iulus genannt) aus dem brennenden Troja. Mit einigen Männern landete er nach verschiedenen Abenteuern in Latium (Italien). Dort gründete er die Stadt Lavi-
nium und regierte bis zu seinem rätselhaften Verschwinden als gütiger und weiser König. Iulus übernahm die Nachfolge seines großen Vaters Aeneas. Mitten in Lavinium errichtete er ihm ein Heiligtum, denn die dankbaren Latiner brachten Aeneas, dem Gründer ihres Volkes, seit er dem irdischen Dasein entrückt war, göttliche Ehren dar.
Iulus wusste das Erbe seines unvergesslichen Vaters wohl zu wahren; in allen seinen Taten war ihm Aeneas ein leuchtendes Vorbild. Unter seiner weisen Herrschaft blühte der junge

---

[1] nacherzählt von Richard Carstensen in der Sammlung „Römische Sagen" (1994)

Stadtstaat auf und wurde immer wohlhabender. Weit ins Gebiet der Etrusker dehnte Iulus seine Herrschaft aus. So sehr war die Stadt gewachsen, dass ihre Mauern die Zahl der Einwohner nicht mehr zu fassen vermochten. Erst dreißig Jahre waren seit der Gründung Laviniums verflossen.

Da führte der tatkräftige König einen Entschluss aus, der ihn schon lange bewegte: Er überließ seiner Stiefmutter Lavinia die von seinem Vater Aeneas erbaute Stadt, zog an die Hänge des Albanergebirges und gründete dort eine neue Stadt als Sitz seines Herrschaftsbereiches. Er nannte sie Alba Longa, das heißt, die „weiße, lange" Stadt.

Als nun Iulus aus der Stadt auszog, führte er die altehrwürdigen Penaten[2], die sein zur Gottheit erhobener Vater einst aus dem heimatlichen Troja gerettet hatte, mit in die neue Stadt.

Wie aber erstaunte man, als sie am nächsten Tag verschwunden waren! Sie standen im Venustempel von Lavinium, wo der fromme Aeneas sie einst aufgestellt hatte. Wieder ließ sie Iulus in seine neue Hauptstadt hinüberbringen, doch wieder kehrten sie zur Nachtzeit ohne menschliches Zutun in ihren Tempel in Lavinium zurück. Da erkannte der König den göttlichen Wink und fügte sich ihm: Er ließ die Tempel in Lavinium in prächtigem Glanz erstehen und machte die Stadt hinfort zum heiligen Sitz der Schutzgötter des Latinerlandes. Seine neue Stadt aber, das junge Alba Longa, mächtig auf den Berghöhen gelegen, wuchs zu ansehnlicher Blüte; die Städte rings im Umkreis beugten sich ihrer Vorherrschaft.

---

2 die Penaten: Schutzgötter (*hier:* Figuren solcher Götter)

1 Klärt unbekannte Begriffe und Textstellen im Klassengespräch.

2 Beantwortet diese Fragen zum Inhalt in vollständigen Sätzen in eurem Heft:
– Warum gründet König Iulus eine neue Stadt?
– Was passiert, als Iulus die Penaten in die neue Hauptstadt bringen lässt?
– Wie reagiert Iulus auf das Geschehen?

3 Der Text enthält viele typische Kennzeichen von Götter- und Heldensagen.
a Untersucht die Sage zu zweit und schreibt alle Kennzeichen mit Zeilenangabe auf, z. B.:
Angabe der Zeit: 30 Jahre nach der Gründung von Lavinium (Z. X)
Angabe des Ortes: …
b Schreibt nun aus den gefundenen Angaben einen fortlaufenden Text, z. B.:
Die Sage „Alba Longa" enthält die Zeitangabe, dass die Stadt 30 Jahre nach der Gründung von Lavinium entstanden ist (Z. X). Auch Orte sind genannt, nämlich die Städte Lavinium und … (Z. X).

Mit den folgenden Satzanfängen könnt ihr euren Text fortsetzen:
Ebenso erfahren wir in der Sage Namen von Personen, und zwar … (Z. X).
Ein weiteres Kennzeichen der Götter- und Heldensage ist das Eingreifen … (Z. X).
Als übernatürliches Geschehen wird geschildert, dass … (Z. X).

4 Verfasst mit Hilfe der folgenden Angaben eine Einleitung:

> Sage „Alba Longa" • „Aeneis" des römischen Dichters Vergil, der im 1. Jahrhundert v. Chr. lebte • nacherzählt von Richard Carstensen in der Sammlung „Römische Sagen" •
> Gründung von Alba Longa und vergeblicher Versuch, die Penaten dort aufzustellen

Eine Sage weiterschreiben

In einem textgebundenen Aufsatz (TGA) sind häufig auch weiterführende Aufgaben zu erledigen.

5 Schreibt ab Zeile 37 (nachdem der König die Penaten das erste Mal nach Alba Longa bringen ließ) ein neues Ende der Sage. Leitet den neuen Teil mit einem passenden Satz ein, z. B.:
Die Geschichte hätte auch einen anderen Ausgang haben können: ...

> Plant eure Texte mit Hilfe eines Clusters oder Schreibplans.

6 Zwei Bewohner Laviniums sprechen über die mysteriöse Rückkehr der Penaten. Führt im Heft das folgende Gespräch fort.
Titus: „Hast du schon von den Wundern gehört, die unsere Penaten vollbracht haben?"
Silvius: „Ja, es ist wirklich unglaublich, dass ..."
Titus: „Meinst du, es handelt sich um einen Trick der Priester von Lavinium?"
Silvius: „..."

Wissen und Können — **Eine Sage weiterschreiben**

Bei der **Ergänzung oder Fortsetzung einer Sage** sollte man sich genau an den Text halten: Die **handelnden Personen**, ihre **Eigenschaften** und ihr **Umfeld** müssen erhalten bleiben, der **Sprachstil** sollte zur Textsorte „Sage" passen. Weitere Sagenmerkmale sollten eingebaut werden.

Odysseus trifft Kirke – Eine Sage erschließen

Homer

Auf Kirkes Insel[1]

Auf dem Rückweg aus dem Trojanischen Krieg verhinderten die Götter immer wieder die Heimkehr des Odysseus. Dies beschreibt der Dichter Homer in seiner „Odyssee". Auf seiner Irrfahrt landete Odysseus auch auf der Insel der Zauberin Kirke (römisch: Circe).

Nun fuhren wir auf dem einzigen geretteten Schiffe weiter, bis wir an eine Insel mit Namen Aiaia kamen. Hier herrschte die wunderschöne Kirke, eine Tochter des Sonnengottes Helios. Doch wir wussten nichts von ihr. Müde und betrübt lagen die Gefährten im Ufergrase, während ich das Land auskundschaftete. Als ich in der Ferne den Rauch aus einem Palast aufsteigen sah, kehrte ich, durch die schrecklichen Erlebnisse gewitzt, zuerst zu den Freunden zurück, um Späher auszusenden. Ein guter Hirsch, den die barmherzigen Götter mir in den Weg schickten, gab den ausgehunger-

---

[1] nacherzählt von Gustav Schwab in der Sammlung „Griechische Sagen" (1954)

ten Gefährten einen köstlichen Abendschmaus und ließ den alten Mut wieder erwachen.

Als ich ihnen jedoch von dem Rauch über dem Palaste erzählte, packte sie wieder Verzagtheit. Endlich gelang es mir, die Gefährten wieder aufzurichten. Ich teilte sie in zwei Haufen und loste mit Eurylochos, dem Anführer des anderen, wer die Insel erkunden solle. Das Los traf ihn. Nur unter Seufzern machte er sich mit seinen zweiundzwanzig Genossen auf den Weg nach der Stelle, von der ich den Rauch hatte aufsteigen sehen.

Bald stießen sie auf Kirkes herrlichen Palast, der in einem anmutigen Tale versteckt lag. Doch wie erstaunten meine Genossen, als sie auf dem Hofe Wölfe und Löwen herumwandeln sahen. Die grimmigen Raubtiere kamen ihnen friedlich entgegen wie Hunde, die ihren Herrn begrüßen – es waren, wie wir später erfuhren, lauter Menschen, die Kirkes Zauberkunst in Tiere verwandelt hatte.

Aus dem Innern des Palastes erscholl eine liebliche Stimme. Es war Kirke, die am Webstuhl arbeitete und dabei sang. Als sie das Rufen der Ankömmlinge vernahm, öffnete sie die Pforte. „Tretet ein, ihr Gastfreunde", bat sie schmeichelnd, „dass ich euch bewirte!" Die Männer ließen sich hineinführen; nur der besonnene Eurylochos ahnte den Trug und blieb draußen. Kirke setzte den Gästen die köstlichsten Speisen vor. Doch heimlich mischte sie Gift hinein, und kaum hatten die Männer von der verführerischen Speise gekostet, so wurden sie – in borstige Schweine verwandelt. Zufrieden trieb die Zauberin die grunzenden Tiere in den Stall.

Eurylochos, der das alles mit angesehen hatte, stürzte entsetzt zu unserem Schiffe zurück, um mir von dem Schicksal der Freunde zu berichten.

Sofort ergriff ich trotz des Widerstands von Eurylochos Schwert und Bogen, um die Gefährten zu befreien oder sie an der grausamen Zauberin zu rächen. Das Schicksal war mir wohlgesinnt, denn unterwegs begegnete mir Hermes, der Götterbote. Er reichte mir eine schwarze Wurzel, die mich gegen Kirkes Zauberkraft gefeit machte. „Wenn sie dich mit ihrem Zauberstabe berührt", sagte er, „dann zieh dein Schwert und geh auf sie los, als wolltest du sie erschlagen! Dann wird sie sich gefügig zeigen und die Gefährten freigeben!"

Sorgenvoll eilte ich zum Palaste. Kirke selber öffnete mir, führte mich zum Sessel und reichte mir in goldener Schale von ihrem Traubenmus. Kaum hatte ich davon genossen, so berührte sie mich mit ihrem Zauberstabe: „Fort mit dir in den Schweinestall, zu deinen Freunden!"

Sie hatte nicht an meiner Verwandlung gezweifelt. Doch ich tat, wie Hermes mir anbefohlen hatte. Da warf sie sich schreiend zu Boden und umfasste meine Knie: „Wer bist du, dass du meinen Zauber brichst? Bist du viel-

leicht Odysseus, von dem mir einst Hermes geweissagt hat, er werde meine Kraft brechen?" Sie musste mir mit heiligem Eid versprechen, mich unversehrt zu lassen und meine Gefährten zurückzuverwandeln. Von ihren herrlichen Speisen, die sie mir vorsetzte, rührte ich nichts an. „Wie sollte ich unbekümmert Speise und Trank zu mir nehmen, solange meine Freunde gefangen sind?", sagte ich zu ihr. Da ging sie in den Stall, trieb meine so seltsam verwandelten Freunde heraus und bestrich jeden mit ihrem Zaubersaft. Da schälten sich die grunzenden Schweine aus ihrer borstigen Hülle und standen wieder als Menschen, jünger und schöner als zuvor, vor mir. Mit Freude begrüßten wir uns wieder, erst recht die beim Schiff zurückgebliebenen Gefährten, die auch mich schon verloren glaubten!

Gern ließen wir uns jetzt von Kirke bereden, eine Zeit lang als ihre Gäste bei ihr zu verweilen. Wir zogen das Schiff auf Strand und ließen es uns bei ihr wohl sein.

1 Wer ist der Erzähler der Sage? Belegt eure Antwort mit Textstellen.

2 Noch heute lebt die Erinnerung an die Zauberin Kirke (Circe) in dem Verb „bezirzen" weiter. Was ist damit gemeint?

3 a Beantwortet die folgenden Inhaltsfragen zur Sage. Wenn ihr euch nicht sicher seid, lest noch einmal nach.
– Wo spielt die Sage?
– Welche Rolle spielt Eurylochos in der Sage?
– Wie hilft Hermes Odysseus?
– Wie werden die Gefährten zurückverwandelt?
b Formuliert selbst Fragen zur Sage und lasst sie beantworten.

4 Welche Sagenmerkmale sind im Text enthalten? Ergänzt die folgenden Sätze in eurem Heft:

> Der Ort, an dem die Sage spielt, ist bekannt, nämlich …
> Eine wichtige Rolle hat der Held der Sage, und zwar …
> Ein Gott greift in das Geschehen ein, es ist …
> Kirke hat Zauberkräfte: Sie …

5 Eurylochos berichtet Odysseus, was geschehen ist (Z. 50–53).
Schreibt ein Gespräch zwischen Odysseus (O) und Eurylochos (E) auf, das an dieser Stelle hätte stattfinden können, und spielt die Szene anschließend vor. So könnt ihr anfangen:

> E: „Odysseus, ich muss dir etwas Schreckliches berichten!"
> O: „Was ist geschehen, Eurylochos? Du siehst ja ganz mitgenommen aus!"
> E: „Du wirst es mir nicht glauben: Wir haben einen Palast entdeckt, in dem eine wunderschöne …"

6 a Wie hätte Odysseus' Erlebnis anders enden können? Sammelt gemeinsam Ideen.
b Schreibt ab Zeile 80 einen neuen Schluss für die Sage auf.

7 Auf der folgenden Karte seht ihr Odysseus' Stationen während seiner zehnjährigen Irrfahrt.
a Sucht die Orte zu den Sagen „Die Lotosesser" (S. 111–113) und „Auf Kirkes Insel" (S. 117–119) auf der Karte. Fasst kurz zusammen, was hier jeweils geschieht.
b Verfolgt die Reiseroute: Welche weiteren Orte besucht Odysseus, bevor er Ithaka erreicht?
c Informiert euch im Internet über eines der weiteren Abenteuer des Odysseus.

Testet euer Wissen!

Sagen

1 Welche der folgenden Aussagen sind richtig, welche sind falsch?
a Notiert die Nummern der Sätze und daneben den zutreffenden Buchstaben. Wenn ihr alles gewusst habt, ergibt sich ein Lösungswort.
b Schreibt die falschen Aussagen korrigiert auf.

		richtig	falsch
1	Sagen enthalten oft einen wahren Kern.	S	E
2	Sagen wurden zunächst mündlich weitererzählt.	A	U
3	Die Autoren der Sagen sind nie bekannt.	R	G
4	Die Orte der Geschehnisse werden nicht genau genannt.	Y	E
5	Name, Beruf oder Herkunft der Handelnden sind meist bekannt.	N	O
6	In Heimatsagen kommen häufig Götter oder Göttinnen vor.	D	H
7	In Sagen tauchen übernatürliche Wesen mit besonderen Kräften auf.	A	S
8	Heimatsagen erklären häufig Naturphänomene (z. B. die Form eines Felsens).	F	X
9	Fast immer spielen magische Zahlen, etwa 3 oder 7, eine Rolle.	E	T

7.3 Fit in …? – Eine Sage untersuchen und umgestalten

In einer Schulaufgabe wurden zur Sage „Auf Kirkes Insel" (S. 117–119) folgende Aufgaben gestellt:

> **Textgebundener Aufsatz (TGA) zur Sage „Auf Kirkes Insel", Klasse 6b**
>
> 1 Schreibe eine Einleitung.
> 2 Beantworte folgende Fragen:
>   – Wo spielt die Handlung?
>   – Welche Aufgabe hat Eurylochos?
>   – Wie geht Kirke mit den Trojanern um?
>   – Wie befreit Odysseus seine Gefährten?
> 3 Suche die Merkmale der Sage aus dem Text und belege sie.
> 4 Schreibe ab Zeile 96 ein neues Ende der Sage.

1 Die Lehrerin hat bei Antonias Aufsatz einige Anmerkungen gemacht.
Überarbeitet die markierten Stellen, indem ihr den Aufsatz verbessert ins Heft schreibt.

Die Sage „Auf Kirkes Insel" schrieb der griechische Dichter Homer in seiner Odyssee <u>und wurde</u> 1954 von Gustav Schwab in „Griechische Sagen" nacherzählt. Sie handelt von einem großen <u>Missgeschick</u> der Griechen.	*Ausdruck/Bezug verbessern* *Inhaltssatz genauer formulieren*
Die Handlung spielt auf der Insel Aiaia, wo die Zauberin Kirke herrscht. Eurylochos soll auf <u>Anordnung</u> zusammen mit 22 Gefährten die Insel erkunden. Kirke lädt <u>sie</u> freundlich zum Essen ein. Doch mischt sie Gift in die Speisen, sodass die Griechen <u>in Hunde</u> verwandelt werden. Odysseus berührt sie mit einer Wurzel, die ihm Hermes geschenkt hat. Dann <u>musste</u> Kirke die Tiere mit einem Zaubersaft bestreichen. <u>Dann</u> werden sie in Menschen zurückverwandelt.	*Anordnung wessen?* *Bezug (Wen?)* *Inhalt* *Zeitform* *Wiederholung*
Bei dem vorliegenden Text handelt es sich um eine Sage. Ein erstes Merkmal dafür ist, dass der Ort genannt wird: Es ist die Insel Aiaia (Z. 3). Auch die wichtigsten Personen sind bekannt, nämlich Odysseus, Eurylochos (Z. 20) und Kirke (Z. 4). Im Text passieren außergewöhnliche Dinge, die mit Zauber zu tun haben, auch das ist ein Merkmal der Sage. Odysseus ist ein Held, denn er kann mutig die Gefährten wieder aus den Fängen der Zauberin Kirke befreien (Z. 73–82).	*Gut, aber wichtige Kennzeichen hast du vergessen!*
Die Sage könnte folgendermaßen weitergehen: Kirke lud nun alle ein, bei ihr zu bleiben. Zögernd kamen die Männer an ihren Tisch, denn sie hatten nicht vergessen, was nach dem letzten Essen passiert war. Doch Kirke versprach, niemanden mehr zu verzaubern.	*Die Idee ist gut, aber du hast leider nicht aus Odysseus' Sicht erzählt.*

> Odysseus bat die Zauberin, nun auch die anderen Tiere zurückzuverwandeln. Kirke bestrich einen Löwen und einen Hund mit dem Zaubertrank und – plopp! – kamen zwei Männer zum Vorschein. Sie fielen den Griechen in die Arme und dankten ihnen überglücklich für ihre Rettung.

Schlussteil fällt zu kurz aus! Ausdruck (Sage, nicht Comic!)

Eine andere Schulaufgabe betrifft die Heimatsage „Wie der Wendelstein zu seinem Namen kam" (S. 104). Folgende Aufgaben wurden gestellt:

Textgebundener Aufsatz zur Wendelstein-Sage, Klasse 6a

1. Schreibe eine vollständige Einleitung.
2. Beantworte die folgenden Fragen:
   – Wo genau spielt die Sage?
   – Was bewirken die Bergmandln Gutes?
   – Wodurch kommt es zum „Ende der Schätze"?
   – Wie wird die Entstehung des Namens „Wendelstein" in der Sage erklärt?
3. Belege mit verschiedenen Merkmalen, dass es sich bei dem Text um eine Sage handelt.
4. Schreibe in der Ich-Form auf, wie der Hüterbub von dem Geheimnis erzählt.

2 Schreibt einen zusammenhängenden Aufsatz zu den Aufträgen aus der Schulaufgabe.

Eine Sage erschließen und Teile umgestalten

Einleitung verfassen
- Habe ich alle notwendigen Angaben gemacht (Autor/in, Titel, Textsorte, Quelle, Kurzinhalt)?

Fragen beantworten
- Habe ich die Fragen richtig verstanden und ausreichend beantwortet?
- Habe ich vollständige Sätze gebildet und die Antworten sinnvoll eingeleitet?

Kennzeichen der Sage darstellen
- Habe ich die Merkmale der Sage im Text erkannt (entweder der Heimatsage, vgl. S. 110, oder der Götter- und Heldensage, vgl. S. 114)?
- Habe ich passende Textbelege genannt?

Umgestaltung eines Sagenteils
- Habe ich bei meiner Umgestaltung auf die Personen und den Ort der Sage geachtet?
- Wurde beim Weitererzählen die Zeitstufe des Textes gewählt?
- Habe ich abwechslungsreiche Formulierungen verwendet?
- Passt der Sprachstil meines Textes zu der Sage?

Grammatik und Rechtschreibung
- Habe ich in meinem Text Grammatik und Rechtschreibung überprüft?

8 Tiere wie Menschen –
Fabeln verstehen und verändern

1 Das Bild stellt mehrere Fabeln dar. Welche erkennt ihr? Erzählt sie.

2 Welche weiteren Fabeln sind euch bekannt?
Nennt die Tiere, die darin vorkommen, und versucht, die Handlung wiederzugeben.

3 In Fabeln können Tiere miteinander sprechen.
Überlegt, in welcher anderen Textsorte manchmal ebenfalls sprechende Tiere vorkommen.

8.1 Fabeln aus alter und neuer Zeit

Alte Fabeln – bis heute aktuell

Äsop

Der Wolf und das Lamm

Ein Wolf kam an einen Bach, um dort zu trinken. Da gewahrte[1] er ein Lamm, das ein Stück unterhalb von ihm seinen Durst löschte.
„Warum trübst[2] du mir das Wasser, das ich trinken will?", wollte
5 er wissen. „Wie kann ich das Wasser trüben, das von dir zu mir herabfließt?", antwortete das Lamm. „Jedenfalls weiß ich", sagte der Wolf, „dass du vor fünf Monden[3] übel von mir geredet hast."
„Wie sollte das möglich sein?", erwiderte das Lamm. „Damals
10 war ich noch gar nicht geboren." „Dann ist es dein Vater gewesen", schrie der Wolf und zerriss das Lamm, um es zu verschlingen.
Für seine Untaten ist dem Bösewicht jeder Vorwand recht.

Äsop (6. Jh. v. Chr.) war der erste uns bekannte Fabeldichter. Er war ein griechischer Sklave und lebte in der Stadt Delphi. Mit seinen Fabeln wies er oft auf Missstände seiner Zeit hin.

1 Erzählt in eigenen Worten, was an dem Bach geschah.

2 Beschreibt das Verhalten der Tiere mit passenden Adjektiven und begründet eure Wahl.
●○○ Rechts findet ihr Adjektive zur Auswahl.

aufrichtig • ängstlich • gewalttätig • hinterhältig • lustig • rechthaberisch • unverschämt • dumm

3 Fabeln haben meist einen festgelegten Aufbau:
Ausgangssituation – Konflikt (Rede und Gegenrede) – Ergebnis – Lehre
Ordnet die Handlungsschritte der Fabel, schreibt sie mit der richtigen Zeilenangabe auf und ergänzt die passende Bezeichnung für den Aufbau.

> Der Böse findet immer einen Schuldigen für seine Untaten. (Z. X–X)
> Der Wolf macht dem Lamm Vorwürfe, welche dieses begründet als unwahr zurückweist. (Z. X–X)
> Wolf und Lamm treffen sich am Bach beim Trinken. (Z. *1*–X)
> Der Wolf schiebt die Schuld auf den Vater des Lammes und zerreißt das Lamm. (Z. X–X)

---

1 gewahren: sehen, bemerken
2 das Wasser trüben: *(hier)* verunreinigen, schmutzig machen
3 vor fünf Monden: vor fünf Monaten

Helmut Arntzen

Der Wolf kam zum Bach. Da entsprang das Lamm.
„Bleib nur, du störst mich nicht", rief der Wolf.
„Danke", rief das Lamm zurück, „ich habe im Äsop gelesen."

4 Der kurze Text bezieht sich auf Äsops Fabel „Der Wolf und das Lamm".
a Untersucht den Aufbau des Texts. Welche Teile fehlen?
b Welche Eigenschaften haben die Fabeltiere hier im Vergleich zu den Tieren bei Äsop? Nennt passende Adjektive.
c Erklärt, was das Lamm mit dem letzten Satz meint.
d Formuliert auch für diese Fabel eine Lehre.

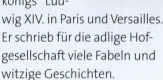

Jean de La Fontaine (1621–1695) lebte am Hofe des „Sonnenkönigs" Ludwig XIV. in Paris und Versailles. Er schrieb für die adlige Hofgesellschaft viele Fabeln und witzige Geschichten.

Jean de La Fontaine

Der geschmeichelte Sänger

Herr Rabe auf dem Baume hockt,
Im Schnabel einen Käs.
Herr Fuchs, vom Dufte angelockt,
Ruft seinem Witz gemäß:
5 „Ah, Herr Baron von Rabe,
Wie hübsch Ihr seid, wie stolz Ihr seid!
Entspricht auch des Gesanges Gabe
Dem schönen schwarzen Feierkleid,
Seid Ihr der Phönix-Vogel¹ unter allen!"
10 Der Rabe hört's mit höchstem Wohlgefallen,
Lässt gleich auch seine schöne Stimme schallen.
Da rollt aus dem Rabenschnabel der Fraß
Dem Fuchs ins Maul, der unten saß.
Der lachte: „Dank für die Bescherung!
15 Von mir nehmt dafür die Belehrung:
Ein Schmeichler lebt von dem, der auf ihn hört,
Die Lehre ist gewiss den Käse wert."
Der Rabe saß verdutzt und schwor:
Das käm ihm nicht noch einmal vor.

1 Phönix-Vogel: ein wunderschöner Sagenvogel

5 La Fontaine schrieb eine bekannte Fabel auf, die auch bei Äsop zu finden ist.
a Klärt schwierige Wörter und erzählt die Fabel in eigenen Worten nach (▶ S. 276).
b Beschreibt die Form der Fabel und benennt die Reimform (▶ S. 140).
c Stellt den Aufbau der Fabel mit Zeilenangaben dar: *Z.1–X: Ausgangssituation, …*

6 Begründet, warum dem Raben das Missgeschick passiert.

7 Welche Eigenschaften hat der Fuchs, welche hat der Rabe? Nennt je eine passende Eigenschaft und begründet sie am Text.
● ○ ○ Hier findet ihr einige Adjektive zur Auswahl: *beeinflussbar, berechnend, eitel, gierig, schlau, stolz*

8 Tragt die Fabel wirkungsvoll in der Klasse vor (▶ S. 281).

9 Schreibt die Verse in einen Erzähltext um.
Ein Rabe saß einmal auf einem Baum und hatte ein Stück Käse im Schnabel. Da …

Fabelhaftes aus neueren Zeiten

Rudolf Kirsten

Ungleiche Boten

Der Adler hörte einst viel Rühmens von der Nachtigall und hätte gern Gewissheit gehabt, ob alles auf Wahrheit beruhe.
Darum schickte er den Pfau und die Lerche aus; sie sollten ihr Federkleid betrachten und ihren Gesang belauschen.

Als sie wiederkamen, sprach der Pfau: „Der Anblick ihres erbärmlichen Kittels hat mich so verdrossen, dass ich ihren Gesang gar nicht gehört habe." – Die Lerche sprach: „Ihr Gesang hat mich so entzückt, dass ich vergaß, auf ihr Federkleid zu achten."

1 a Was verraten die Aussagen von Pfau und Lerche über die Nachtigall – was über sie selbst?
b Welche der folgenden Lehren passt am besten zur Fabel? Begründet eure Meinung.

> – Man sollte nicht nur auf das achten, was einen selbst interessiert.
> – Wer sich nur auf Äußerlichkeiten konzentriert, übersieht das Wesentliche.
> – Man vergleicht andere immer mit sich selbst.   – Man sollte auch für Unbekanntes offen sein.

2 Schreibt die Fabel in moderner Sprache auf und fügt eine Lehre an.

Wissen und Können **Fabeln**

- Fabeln sind **kurze Erzähltexte,** sie können aber **auch in Versen** geschrieben sein.
- In der Fabel **handeln und sprechen Tiere** (oder Gegenstände), die menschliche Charaktereigenschaften verkörpern, z. B. schlauer Fuchs, dummer Esel.
- Die Tiere sind oft **ungleiche Gegenspieler** (z. B. Löwe gegen Maus), die ein **Streitgespräch** führen. Am Ende siegt der Stärkere oder der Listigere.
- Fabeln haben meist einen ganz bestimmten **Aufbau:**
  Ausgangssituation – Konflikt (Rede und Gegenrede) – Ergebnis – Lehre
- Viele Fabeln enden mit einer **Lehre** (Moral), die sich an die Leserin/den Leser richtet.

Drei wahre Worte
Aus Afrika

Der Schakal traf den Bock auf dem Wege und packte ihn. „Ich lasse dich nicht lebendig von hier fortkommen", sprach er, „wenn du mir nicht drei Worte sagst, die wahr sind."
Der Bock erwiderte: „Wenn ich in mein Dorf zurückkomme, und ich erzähle den Ziegen, der Schakal hätte eine von ihnen gepackt und sie wieder laufen lassen, so werden sie das nicht glauben."
„Das ist ein wahres Wort", sagte der Schakal, „nun sage mir ein zweites."
„Wenn du in dein Dorf zurückkommst", sprach der Bock, „und erzählst den Schakalen, ein Schakal hätte eine Ziege gepackt und sie nur wieder laufen lassen, weil sie ihm drei wahre Worte sagen konnte, so werden sie das auch nicht glauben."
„Das ist ebenfalls ein wahres Wort", sagte der Schakal, „nun sage noch das dritte."
„Großer Schakal", sprach der Bock, „du musst dich schon vollkommen satt gefressen haben, sonst würdest du nicht so scherzen, sondern mich schon lange verspeist haben."
„Das ist auch wahr", antwortete der Schakal und ließ den Bock laufen.

3 Schakal und Ziegenbock sind in Europa eher ungewöhnliche Fabeltiere.
Welche Eigenschaften verkörpern die Tiere in dieser Fabel? Nennt Adjektive.

4 Gebt in eigenen Worten wieder, wie der Bock argumentiert:
– *Erstes wahres Wort: Die Ziegen glauben dem Bock nicht, dass der Schakal ihn laufen ließ.*
– *Zweites wahres Wort: …*
– *Drittes wahres Wort: …*

5 Die Fabel hätte auch anders enden können.
a Verändert den letzten Satz so, dass ein neuer Sinn entsteht.
b Wie beurteilt ihr das Angebot, das der Schakal dem Bock am Anfang macht? Nehmt Stellung.

6 Am Ende der Fabel steht keine Lehre.
a Welche der folgenden Lehren passt eurer Meinung nach am besten? Begründet eure Wahl.

> – Mit überzeugenden Argumenten kann man sich aus einer gefährlichen Lage retten.
> – Ein ehrliches Wort gegenüber einem Stärkeren führt immer zum Erfolg.
> – Der Schwächere ist den Launen des Stärkeren ausgeliefert.

b Formuliert eine eigene Lehre zu der Fabel.

Testet euer Wissen!

Fabeln

Die Schildkröte und der Leopard

Die immer zerstreute Schildkröte musste sich beeilen, nach Hause zu kommen, denn die Nacht kam bereits heran. Da geriet sie plötzlich in eine Falle, ein Loch, das mit Palmenblättern bedeckt war. Die Jäger aus dem Dorf hatten es mitten auf dem Weg gegraben, um Tiere zu fangen.
Dank ihres dicken Panzers hatte sich die Schildkröte bei dem Sturz nicht ernstlich verletzt. Aber wie sollte sie hier nur wieder herauskrabbeln? Bis zum nächsten Morgengrauen musste sie sich etwas einfallen lassen, wenn sie nicht im Suppentopf der Dorfbewohner enden wollte.
Die Schildkröte dachte gerade über einen Ausweg nach, als ein Leopard in dieselbe Falle geriet. Die Schildkröte machte einen Sprung, und indem sie so tat, als hätte der Leopard sie in ihrem Schlupfwinkel gestört, brüllte sie die verdutzte Raubkatze an: „Was soll das heißen? Was hast du hier zu suchen? Sind das vielleicht Manieren, einfach so in mein Haus einzudringen!" Dann fuhr sie aufgebracht fort: „Pass doch auf, wo du hintrittst! Weißt du denn nicht, dass ich nachts nicht gern unerwarteten Besuch habe? Verschwinde bloß, du ungezogener Gefleckter!"
Wutentbrannt über die freche Schildkröte packte sie der Leopard und schleuderte sie mit aller Kraft aus dem Loch. Die Schildkröte freute sich ihres Lebens und setzte in aller Ruhe ihren Nachhauseweg fort.

1 Beantwortet die folgenden Fragen und notiert den Lösungsbuchstaben. Als Lösungswort ergibt sich der Name eines Fabeldichters.

1	Woran erkennt ihr, dass es sich um eine Fabel handelt?
	C – am guten Ende **F** – dass Tiere handeln und sprechen **K** – am Witz in der Geschichte
2	Was ist an dieser Fabel ungewöhnlich?
	O – die Tierarten **B** – die Auseinandersetzung zwischen den Tieren **C** – die Sprache
3	Welcher typische Bestandteil von Fabeln fehlt hier?
	M – die Einleitung **D** – die Auseinandersetzung **N** – die Lehre
4	Woher könnte die Fabel stammen? **E** – aus Europa **T** – aus Afrika **Z** – aus Australien
5	Welche Eigenschaft hat die Schildkröte hier? **A** – schlau **P** – gutmütig **B** – bösartig
6	Welche Eigenschaft hat der Leopard? **I** – jähzornig **R** – überlegen **S** – traurig
7	Wie gelingt es der Schildkröte, ihr Leben zu retten?
	H – Sie springt auf den Leoparden. **R** – Sie lässt sich aus der Grube herausziehen.
	N – Sie beschimpft den Leoparden, sodass er sie aus der Grube schleudert.
8	Welche Gegenspieler sind ebenfalls sehr bekannt?
	Y – Ameise und Mistkäfer **E** – Wolf und Lamm **J** – Storch und Hase

8.2 Sprechende Weinfässer, tanzende Grillen ... – Kreativ mit Fabeln umgehen

Ignacy Krasicki

Der Wein und das Wasser

Ein Fass mit Wein vom besten Jahrgang wurde vor einem Wirtshaus abgeladen und lag, während der Kutscher noch mit dem Wirt um den Preis feilschte, neben einem munter plätschernden Brunnen in der Sonne. Der Wein, den seine Qualität und der teure Preis, den man für ihn zahlen würde, übermütig gemacht hatten, sprach zu dem Wasser, das aus der Brunnenröhre floss: „Na, Bruder! Immer emsig! Sieh mich an: Ich liege tagaus, tagein in meinem Fass, bis ich köstlich prickelnd über die Zungen der vornehmen Trinker laufe. Das nenne ich ein Leben, Bruder. Du dauerst mich. Wenn ich daran denke, dass ich nur wie du dem blöden Vieh und den groben Bauern zur Labe dienen sollte, würde ich mich schämen und grämen." Da antwortete das Wasser: „Wenn ich den Rebstock nicht tränkte und des Winzers Durst nicht löschte, der den Rebstock hegt in der prallen Glut des Sommertags, nie würdest du entstehen können." Da der Wein dies hörte, wurde er still und ließ sich ohne weitere Prahlrede in den Keller schaffen.

1 a Beschreibt, wer bei dieser polnischen Fabel anstelle der Tiere die Gegenspieler sind.
  b Einige Wörter in der Fabel sind heute nicht mehr so gebräuchlich.
    Entscheidet, welche der folgenden Worterklärungen jeweils passen:

> *feilschen* (Z. 4): streiten, reden, verhandeln   *emsig* (Z. 9 f.): flink, fleißig, häufig
> *jemanden dauern* (Z. 13): jemandem leidtun, auf jemanden warten, jemanden verärgern
> *zur Labe* (Z. 15 f.): zur Ernährung, zum erfrischenden Durstlöschen, zum Trinken
> *der Rebstock* (Z. 18): der Blumenstock, die Weintraube, der Weinstock

  c Erzählt die Fabel mit eigenen Worten und schreibt sie auf (▶ S. 276).

2 Den Tieren in Fabeln werden bestimmte menschliche Eigenschaften (Stärken und Schwächen) zugewiesen, z. B.: die *fleißige* Ameise
  a Ordnet den folgenden Tieren je eine passende Eigenschaft aus dem Wortspeicher zu.
  b Vergleicht eure Ergebnisse in der Klasse.

die Eule	der Hase	der Esel	
der Fuchs	der Rabe	der Wolf	der Hund
der Löwe	die Grille	die Ameise	

fleißig	schlau	treu	ängstlich
gierig	stolz	frech	dumm
weise	leichtsinnig		

3 Schreibt die Fabel neu. Überlegt euch dazu zwei tierische oder nicht-tierische Gegenspieler, z. B.: *Biene und Apfel, Wurm und Vogel, Kartoffel und Sack Erde*

Äsop

Die Ameise und die Grille

Es war kalter Winter und Schnee fiel vom Olymp[1]. Die Ameise hatte zur Erntezeit viel Speise eingetragen und ihre Scheuern damit angefüllt. Die Grille hingegen kauerte in ihrem
5 Loch und litt gar sehr, von Hunger und arger Kälte geplagt. Sie bat darum die Ameise, ihr von ihrer Speise abzugeben, damit sie davon essen könne und nicht zu sterben brauche. Doch die Ameise sprach zu ihr: „Wo warst
10 du denn im Sommer? Warum hast du zur Erntezeit nicht Speise eingetragen?" Darauf die Grille: „Ich habe gesungen und mit meinem Gesang die Wanderer erfreut." Da lachte die Ameise laut und rief: „So magst du im
15 Winter tanzen!"[2]

1 der Olymp: Berg, der als Wohnsitz der Götter galt
2 „So magst du im Winter tanzen!": Dann tanze doch auch im Winter!

4
a Lest die Fabel mit verteilten Rollen laut vor. Achtet auf die passende Betonung (▶ S. 98 f.).
b Ergänzt eine passende Lehre: *Die Fabel zeigt ...*

5
a Sammelt Ideen für ein Streitgespräch zwischen Ameise und Grille.
Notiert mögliche Argumente auf Stichwortkarten und formuliert sie anschließend aus.
Ameise: „Also, ich habe den ganzen Sommer über ...   Ich verstehe nicht, warum du ..."
Grille: „Dazu hatte ich gar keine Zeit, denn ..."
b Spielt das Streitgespräch vor.
c Spielt das gleiche Gespräch noch einmal im Dialekt vor und vergleicht:
Was fiel euch leichter? Wie unterscheidet sich die Wirkung?

Helmut Arntzen

Grille und Ameise

„Was das Singen und Arbeiten betrifft, so habe ich schon deiner Mutter
gute Ratschläge gegeben", sagte die Ameise zur Grille im Oktober.
„Ich weiß", zirpte die, „aber Ratschläge für Ameisen."

6
a Formuliert ausführlicher, warum die Grille die Ratschläge der Ameise nicht befolgt hat:
Wir Grillen sind eben anders als ...   Im Gegensatz zu euch ist es uns das Wichtigste, ...
b Was hat dieser kurze Text mit der Fabel von Äsop zu tun? Erklärt den Zusammenhang.

7 Erzählt die Fabel weiter und ergänzt eine passende Lehre, z. B.: *Was für den einen gut ist, ...*

Fabeln szenisch darstellen

Georg Born

Sie tanzte nur einen Winter

Es war Sommer. Auf einer Wiese, wo sich die Blumen im weichen Winde wiegten, saß eine Grille. Sie sang. Am nahen Waldrand eilte geschäftig eine Ameise hin und her. Sie trug Nahrung für den Winter zusammen. So reihte sich Tag an Tag. Der Winter kam. Die Ameise zog sich in ihre Wohnung zurück und lebte von dem, was sie sich gesammelt hatte. Die sorglose Grille aber hatte nichts zu nagen und zu beißen. In ihrer Not entsann sie sich der fleißigen Ameise. Sie ging zu ihr, klopfte an und bat bescheiden um ein bisschen Nahrung. „Was hast du im Sommer getan?", fragte die Ameise hintergründig, denn sie liebte die Tüchtigkeit über alles. „Ich habe gesungen", antwortete die Grille wahrheitsgetreu. „Nun gut, dann tanze!", antwortete die Ameise boshaft und verschloss die Tür. Die Grille begann zu tanzen. Da sie es gut machte, wurde sie beim Ballett engagiert. Sie tanzte nur einen Winter und konnte sich dann ein Haus im Süden kaufen, wo sie das ganze Jahr singen konnte.
Moral: Ein guter Rat ist oft mehr wert als eine Scheibe Brot.

1
a An welchen Stellen gleicht die Fabel der von Äsop (▶ S. 130)? Nennt die Zeilen.
b Welche Fassung gefällt euch besser? Begründet eure Meinung.

2 Was ist das Ungewöhnliche an dieser Geschichte? Diskutiert darüber.

3
a Schreibt die Fabel als kurzes Stegreifspiel (▶ S. 155) auf.
Überlegt euch, an welchen Stellen ihr im Dialekt sprechen könntet.

> *(Ameise saust umher, Grille singt. – Ameise setzt sich gemütlich hin.)*
> **Grille** *(klopft an der Tür, Ameise öffnet:)* Hallo Frau Nachbarin, wie geht's?
> **Ameise:** Es fehlt mir nichts, bei mir ist es gemütlich.
> **Grille** *(frierend):* Prima, das freut mich. Aber nun hätte ich eine kleine Bitte …

b Führt euer Spiel vor.

James Thurber

Der Seehund, der berühmt wurde

Ein Seehund, der auf einem breiten, glatten Felsen in der Sonne lag, sagte zu sich selbst: „Mein Leben besteht nur aus Schwimmen. Keiner der anderen Seehunde kann besser schwimmen als ich", grübelte er, „aber andererseits können sie alle genauso gut schwimmen wie ich." Je länger er über die Eintönigkeit seines an Ereignissen so armen Daseins nachdachte, desto niedergeschlagener[1] wurde er. In der Nacht schwamm er davon und schloss sich einem Zirkus an.
Binnen zwei Jahren brachte es der Seehund in

der Kunst des Balancierens zu höchster Vollendung. Er konnte nicht nur Lampen, Regenschirme und Fußmatten balancieren, sondern auch Schemel, Bälle, dicke Zigarren und alles, was man ihm sonst noch gab. Eines Tages fand er in einem Buch einen Hinweis auf das „Große Siegel der Vereinigten Staaten". Da er ein amerikanischer Seehund war und das Wort *seal* im Amerikanischen sowohl „Siegel" als auch „Seehund" bedeutet, nahm er natürlich an, mit dem „Großen Seehund" sei er gemeint.

Im Winter seines dritten Artistenjahres kehrte er zu dem breiten, glatten Felsen zurück, um seine Freunde und Angehörigen zu besuchen. Er präsentierte sich ihnen mit sämtlichen Großstadterrungenschaften: neue Slangausdrücke, Likör in einer goldenen Taschenflasche, Reißverschluss, eine Nelke am Rockaufschlag. Voller Stolz balancierte er alles, was es auf dem Felsen zu balancieren gab – viel war das allerdings nicht. Als er sein Repertoire[2] erledigt hatte, fragte er die anderen Seehunde, ob sie diese Kunststücke wohl auch fertigbrächten, und sie sagten nein.

„Okay", meinte er, dann führt mir mal irgendwas vor, was *ich* nicht fertigbringe."

Da Schwimmen das Einzige war, was sie konnten, stürzten sie sich alle von dem Felsen ins Meer. Der Zirkusseehund sprang flugs hinterdrein, aber seine elegante Stadtkleidung, zu der auch ein Paar Siebzigdollarschuhe gehörten, war so schwer, dass sie ihn augenblicklich in die Tiefe zog. Außerdem war er drei Jahre lang nicht geschwommen und hatte vergessen, wie er seine Flossen und den Schwanz gebrauchen musste …

---

1 niedergeschlagen: unglücklich
2 das Repertoire: das gesamte Programm, alle Darbietungen

4
a Der Schluss der Fabel fehlt. Sammelt Ideen, wie der Text enden könnte.
b Sprecht über euren Texteindruck, z. B.: *Der Seehund ist mir sympathisch/nicht sympathisch, denn … Der Seehund tut mir (nicht) leid, weil …*

5 Die Fabel eignet sich sehr gut zum Theaterspielen.
a Erarbeitet die folgenden Szenen in Gruppen. Verteilt die Rollen und macht euch Notizen.

> **1. Szene: Der Seehund bittet um Aufnahme in den Zirkus**
> Die Zirkusleute fragen den Seehund, wo er herkommt, warum er zum Zirkus möchte usw.
> **2. Szene: Der Seehund kommt wieder nach Hause zurück**
> Die anderen Seehunde begrüßen den Heimkehrer und fragen ihn nach seinen Erlebnissen.
> **3. Szene: Die Angehörigen und Freunde reden über den Seehund**
> Die einen bewundern ihn, die anderen finden ihn unmöglich.
> **4. Szene: Der Sprung vom Felsen**
> Der Seehund springt den anderen Seehunden hinterher ins Wasser und …
> *Denkt euch einen passenden Schluss aus (tragisches oder glückliches Ende).*

b Probt die Szenen und führt sie der Klasse vor. Beachtet die Tipps auf Seite 151.

Zu Bildern Fabeln erzählen

Wilhelm Busch

Der fliegende Frosch

Wenn einer, der mit Mühe kaum
Gekrochen ist auf einen Baum,

Schon meint,
Dass er ein Vogel wär,

So irrt sich der.

1 Diese Bildergeschichte von Wilhelm Busch könnt ihr in eine Fabel umwandeln.
  a Erfindet eine Vorgeschichte zu den Bildern.
  b Schreibt eine Fortsetzung für die Fabel.
  c Formuliert eine passende Lehre.

> Im Merkkasten auf Seite 134 findet ihr Tipps zum Schreiben einer Fabel.

2 Ihr habt bereits viele Fabeln kennen gelernt und könnt nun eine eigene Fabel erfinden.
  a Notiert die Ratschläge aus dem folgenden Gedicht in Stichpunkten in einer Liste.

Sonja Krack

Kochbuch für große Dichter: Ein fabelhaftes Menü

Man nehme Tiere, am besten zwei,
wörtliche Rede sei auch dabei,
jedes Tier steht für eine Eigenschaft,
die es dem Menschen sehr ähnlich macht.
5 Denn der soll was lernen aus der Geschicht',
drum gehört eine Lehre in dieses Gericht.

Den Leser unterhalten soll dieses Essen,
deswegen die Überraschung nicht vergessen.
Zum Schluss noch die Würze:
10 Beachte die Kürze!

  b Sucht euch Tierpaare und verfasst eine eigene Fabel.
  c Lest in Schreibkonferenzen eure Fabeln vor.
    Besprecht, was daran gelungen ist und was man noch verbessern könnte.

Franz Marc:
Hund, Fuchs und Katze (1912)

3 Viele Künstler haben Tiere abgebildet, wie hier der deutsche Maler Franz Marc (1880–1916).

a Könnt ihr alle drei im Titel genannten Tiere erkennen? Wählt zwei oder drei der Tierfiguren aus.
Notiert verschiedene Eigenschaften der Tiere, z. B.:
– *Hund: treu, gutgläubig, ...*
– *Katze: eigensinnig, zäh, ...*
– *Fuchs: ..*

b Denkt euch eine Fabel aus.
Überlegt euch einen Konflikt (eine Streitsituation) zwischen den Tieren und erstellt einen Schreibplan mit Hilfe der folgende Fragen:
– Welche Eigenschaften der Tiere sollen eine Rolle spielen?
– Welche Ausgangssituation/Welches Problem könnte es geben?
– Wer könnte wen überlisten?
– Wer gewinnt am Ende?

Als Hilfe könnt ihr eine der folgenden Situationen auswählen:
– Ein Fuchs will ein Huhn aus einem Hühnerstall stehlen, der von einem Hund bewacht wird.
– Hund und Katze wollen ihrem Herrchen beweisen, wer das bessere Haustier ist.
– Ein Fuchs und ein Hund streiten darüber, wer das glücklichere Leben hat.

c Schreibt die Fabel auf. Beachtet die Tipps aus dem Merkkasten unten.

4 Sucht Tierbilder (z. B. Postkarten, Werbefotos) und erfindet dazu eigene Fabeln.

Wissen und Können — **Fabeln umgestalten oder neu schreiben**

Wenn eine Fabel umgestaltet oder neu geschrieben werden soll, ist Folgendes zu beachten:
- Wer sind die **Figuren (Gegenspieler)** und was sind ihre **Eigenschaften**?
- Welche verschiedenen **Absichten** oder **Meinungen** haben die Figuren?
- Wie ist die **Ausgangssituation**?
- Wie könnten die **Dialoge** lauten?
- Welche **Lösung** ist möglich? Soll es einen „Gewinner" und einen „Verlierer" geben?
- Welche **Lehre** soll übermittelt werden? Wie kann man sie formulieren?
- Ist die Fabel **kurz und nicht zu ausführlich dargestellt**?
- Ist sie **verständlich und lebendig** geschrieben?
- Ist der **Satzbau übersichtlich** und wurden **treffende Verben und Adjektive** verwendet?

8.3 Projekt: Tierisch gute Texte! – Einen Fabelweg (Gallery Walk) gestalten

Ihr habt viele Fabeln kennen gelernt und selbst Fabeltexte verfasst. In einem „Fabelweg" könnt ihr diese Texte anderen vorstellen. Dabei werden die von euch geschriebenen und schön verzierten Fabeltexte an einem Ort aufgehängt, an dem möglichst viele Leute sie lesen können.

Den Fabelweg planen

1 Entscheidet euch zunächst, wo ihr eure Fabeltexte ausstellen wollt. Überlegt gemeinsam, welcher der folgenden Orte für euch in Frage käme und bei wem ihr jeweils um Erlaubnis bitten müsstet:

> Klassenzimmer • ein Gang/mehrere Gänge im Schulgebäude • Schulhof • eine bestimmte Straße (z. B. in der Nähe der Schule) • Einrichtungen wie Rathaus, Altenheim, Bank

2 Erstellt einen Zeitplan und hängt ihn im Klassenzimmer auf, z. B.:

Mo, (Datum) 3. Stunde (ganze Klasse)	Mi, (Datum) 3./4. Stunde (5er-Gruppen)	Fr, (Datum) 5./6. Stunde (5er-Gruppen)
– Diskussion über Ort, Zeit – Informationen an Eltern, Presse, Schülerzeitung usw.	– mitgebrachte eigene Fabeln aussuchen, verbessern – sauber aufschreiben (→ am Computer?) – mit Zeichnungen versehen	– den Fabelweg anlegen und vorführen

Die Texte auswählen und überarbeiten

3 Legt ein Arbeitsprotokoll an, z. B.:

Tag:	Mittwoch, 14. Mai 20XX
Zeit:	90 Minuten
Ziel:	– eigene Fabeln in Kleingruppen vorlesen, aussuchen, verbessern – gut lesbar aufschreiben (evtl. im Computerraum) – mit Zeichnungen versehen – in Einsteckfolien stecken oder laminieren
Teilnehmer/innen:	Lara, Benny, Simon, Irina, Gülsah (Gruppensprecherin)
Durchführung:	Die Fabeln wurden nacheinander vorgelesen und gemeinsam verbessert. Anschließend schrieben wir unsere Texte neu auf und zeichneten Bilder dazu.
Einschätzung der Ergebnisse:	Wir sind zufrieden, weil unsere Blätter fertig wurden, lesbar sind und schön aussehen.

Die Fabeln präsentieren

4 Hängt die Fabelblätter an dem festgelegten Ort in Augenhöhe auf. Jede Gruppe bekommt einen bestimmten Abschnitt zugewiesen.

5 Zur Eröffnung der Ausstellung solltet ihr dem Publikum eure Werke vorstellen. Wählt eine der folgenden Möglichkeiten aus:
– Jeder präsentiert kurz seine Fabel, indem er die Überschrift nennt und in wenigen Sätzen den Inhalt wiedergibt.
– Eine Gruppensprecherin/Ein Gruppensprecher stellt die Fabeln der Gruppe vor.

> In der Fabel „Der geschmeichelte Sänger" gelangt ein Fuchs durch Schmeichelei an das Stück Käse eines …

> Die Fabeln aus unserer Gruppe haben wir uns alle selbst ausgedacht. Die meisten handeln von Haustieren, es gibt aber auch …

Beachtet bei dem Projekt:
- Damit man die Fabeln gut lesen kann, solltet ihr **kurze Texte auswählen** und sie in möglichst **großer Schrift** abschreiben oder abtippen.
- Steckt die Blätter in **Klarsichthüllen** oder laminiert sie, um sie zu schützen.
- Vergesst nicht, euer Publikum rechtzeitig zu **informieren** (Aushang, Flyer usw).
- Hinterher könnt ihr einen **Bericht mit Fotos** veröffentlichen, z. B. in der Schülerzeitung.

9 Lyrische Landschaften –
Gedichte untersuchen und gestalten

Claude Monet: Seerosen (Wasserlandschaft), 1908

1 Beschreibt, was ihr auf dem Bild seht.

2 Welche Stimmung wird ausgedrückt? Findet passende Begriffe.

3 Welche Gefühle oder Situationen könnt ihr mit dem Bild in Verbindung bringen? Notiert eure Gedanken in einem Cluster.

9.1 Naturgedichte untersuchen

Ein Stein in meiner Hand ... – Sich Gedichten nähern

Reinhard Brunner

Ein Stein

Ein Stein in meiner Hand.
Ich ertaste ihn mit meinen Fingern.
Wie fühlt er sich an?
Kalt, glatt, rund?

5 Ich lasse ihn in meiner Hand ruhen.
Ich spüre sein Gewicht,
ein kleiner, schwerer Stein.

Zuerst ist er noch kalt.
Dann wird er wärmer, so warm wie meine Hand.
10 Ein Stein in meiner Hand.

1 a Wie wirkt das Gedicht auf euch? Nennt Stimmungen, z. B.: *traurig, heiter, nachdenklich* ...
   b Tragt das Gedicht laut und ausdrucksstark vor.
      Probiert verschiedene Möglichkeiten aus, wie das Gedicht vorgelesen werden kann.

2 Der Autor hat einen unscheinbaren Gegenstand zum Thema seines Gedichts gemacht.
   Wie ist es ihm gelungen, den Stein als etwas Besonderes darzustellen? Nennt Textstellen.

3 a Untersucht die Form des Gedichts und beschreibt, was euch auffällt.
   b Ist der Text ein typisches Gedicht? Nennt Gründe, die dafür und solche, die dagegen sprechen.

4 a Sucht euch selbst einen schönen Stein.
      Beschreibt ihn und gebt wieder, was ihr fühlt, wenn ihr ihn in euren Händen haltet.
   b Sammelt Wörter in einem Cluster und schreibt ein eigenes Gedicht über euren Stein.

Hier findet ihr erste Anregungen:

winzig • klein • rau • matt • grau • federleicht

Wissen und Können — Naturgedichte

- In Naturgedichten wird die **Natur** dargestellt, z. B. Pflanzen, Landschaften oder Jahreszeiten. Oft wird auch das **Verhältnis zwischen Mensch und Natur** betrachtet.
- In diesen Texten werden oft **verschiedene Sinne** angesprochen, z. B. Sehen, Hören, Riechen, Ertasten. Dadurch kann man sich die beschriebenen Inhalte besser vorstellen.

Von Bäumen und Träumen – Gereimtes untersuchen

Eugen Roth

Zu fällen einen schönen Baum
braucht's eine halbe Stunde kaum.
Zu wachsen, bis man ihn bewundert,
braucht er, bedenk es, ein Jahrhundert.

1 Untersucht das kurze Gedicht.
  a Worum geht es in dem Text? Gebt den Inhalt in eigenen Worten wieder.
  b Bestimmt die Reimform des Gedichts. Der Merkkasten auf Seite 140 hilft euch.
  c Worauf möchte das Gedicht uns hinweisen? Formuliert einen Satz. *Die Menschen sollten …*

2 Malt ein schönes Bild von einem großen Baum und schreibt das Gedicht in die Blätterkrone.

3 Informiert euch weiter über das Thema des Gedichts, z. B. zu den folgenden Fragen:
  – Warum werden weltweit so viele Bäume abgeholzt?
  – In welchen Gebieten gibt es die meisten Rodungen von Wäldern?
  – Welche Auswirkungen hat dies auf unsere Erde?

Erika Krause-Gebauer
Ich träume mir ein Land

Ich träume mir ein Land,
da wachsen tausend Bäume,
da gibt es Blumen, Wiesen, Sand
und keine engen Räume.
Und Nachbarn gibt's, die freundlich sind,
und alle haben Kinder,
genauso wild wie du und ich,
nicht mehr und auch nicht minder.

Ich träume mir ein Land,
da wachsen tausend Hecken,
da gibt es Felsen, Büsche, Strand
und kleine, dunkle Ecken.
Und Nachbarn gibt's, die lustig sind,
und alle feiern Feste,
genauso schön wie deins und meins,
und keines ist das beste.

Ich träume mir ein Land,
da wachsen tausend Bilder,
da gibt es Rot und Grün am Rand
und viele bunte Schilder.
Und Nachbarn gibt's, die langsam sind,
und alles dauert lange,
genauso wie bei dir und mir,
und keinem wird dort bange.

4 Wovon träumt das „Ich" in dem Gedicht? Gebt die Wünsche in eigenen Worten wieder.

9 Lyrische Landschaften – Gedichte untersuchen und gestalten

5 In Erika Krause-Gebauers Gedicht kommen Bäume, Sträucher usw. vor. Ist es ein Naturgedicht? Begründet eure Einschätzung mit Hilfe des Merkwissens von Seite 138.

6 a Lest das Merkwissen im Kasten unten.
b Bestimmt die Reimform des Gedichts: Schreibt es ab und verseht Verse, die sich reimen, mit den gleichen Kleinbuchstaben, z. B.:

> Ich träume mir ein Land,   a
> da wachsen tausend Bäume,   b
> da gibt es Blumen, Wiesen, Sand   a
> und keine engen Räume.   b
> Und Nachbarn gibt's, die freundlich sind   c
> und alle haben Kinder,   d

c Verziert euren Hefteintrag mit passenden Bildern.

7 Das „Ich" in dem Gedicht erträumt sich ein Land, in dem man sich wohlfühlen kann. Wie müsste *euer* Traumland aussehen? Verfasst eine weitere Strophe.

Ihr könnt einen der folgenden Strophenanfänge und passende Reimwörter aus dem Kasten darunter auswählen:

> Ich träume mir ein Land,   Ich träume mir ein Land,   Ich träume mir ein Land
> da hört man schöne Lieder …   in dem fällt niemals Regen …   mit einem schönen Garten …

> immer wieder • der Flieder • das Gefieder • nieder • sich bewegen • auf den Wegen • warten • aller Arten

---

Wissen und Können   Ein Gedicht untersuchen

- Gedichte bestehen aus **Versen** (Gedichtzeilen).
  Mehrere zusammengehörige Verse bilden eine **Strophe**.
- Oft werden die Verse eines Gedichts durch einen **Reim** verbunden, d. h., sie klingen vom letzten betonten Vokal an gleich. Man unterscheidet verschiedene **Reimformen**.
  Verse, die sich reimen, werden durch die gleichen Kleinbuchstaben gekennzeichnet:
  - **Paarreim:** Zwei aufeinanderfolgende Verse reimen sich → **a a b b**.
  - **Kreuzreim:** Der 1. und 3. sowie der 2. und 4. Vers reimen sich (über Kreuz) → **a b a b**.
  - **Umarmender Reim:** Ein Paarreim wird von zwei Versen „umarmt", die sich ebenfalls reimen → **a b b a**.
- Es gibt auch Gedichte, die sich nicht reimen. Man nennt sie **reimlose Gedichte**.
- Zu Erzähltexten gehört ein Erzähler/eine Erzählerin, zu Gedichten dagegen **ein Sprecher/ eine Sprecherin**, der/die sich häufig in der **Ich-Form** mitteilt.

9.2 Jahreszeitengedichte entdecken

Vergleiche erkennen und selbst erfinden

Christine Busta

Die Frühlingssonne

Unhörbar wie eine Katze
Kommt sie über die Dächer,
springt in die Gassen hinunter,
läuft durch Wiesen und Wald.

5 Oh, sie ist hungrig! Aus jedem
verborgenen Winkel schleckt sie
mit ihrer goldenen Zunge den Schnee.

Er schwindet dahin wie Milch
in einer Katzenschüssel.
10 Bald ist die Erde wieder blank.

Die Zwiebelchen unter dem Gras
Spüren die Wärme ihrer Pfoten
Und beginnen neugierig zu sprießen.

Eins nach dem andern blüht auf:
15 Schneeglöckchen, Krokus und Tulpe,
weiß, gelb, lila und rot.
Die zufriedene Katze strahlt.

1
a Tragt das Gedicht vor. Beachtet die Tipps auf Seite 281.
b Christine Busta hat für die Frühlingssonne einen besonderen Vergleich gefunden. Benennt ihn und sucht Textbeispiele.

2 Ihr könnt in einem Parallelgedicht die Sonne durch ein anderes Tier darstellen.
a Überlegt euch ein Tier (z. B. Amsel, Kaninchen). Erstellt je einen Cluster zum **Aussehen** und einen zum **Verhalten** des Tieres und notiert darin passende Begriffe für euer Gedicht.

●○○ Als Hilfe könnt ihr diese Beschreibungen einer Amsel den beiden Clustern zuordnen:

> picken • sich in die Lüfte erheben • trippeln • schwarze Augen • landen • Regenwurm •
> zupfen • hüpfen • winzige Krallen • trällern • sich putzen • glänzendes Gefieder • singen •
> gelber Schnabel • schwarzes Federkleid • sich schütteln • strahlend gelber Schnabel • fliegen

b Wählt geeignete Begriffe aus den Clustern aus und schreibt euer Frühlingsgedicht.

Mit sprachlichen Bildern umgehen

Heinrich Seidel

November

Solchen Monat muss man loben:
Keiner kann wie dieser toben,
Keiner so verdrießlich[1] sein
Und so ohne Sonnenschein!
5 Keiner so in Wolken maulen,
Keiner so mit Sturmwind graulen[2]!
Und wie nass er alles macht!
Ja, es ist 'ne wahre Pracht.

Seht das schöne Schlackerwetter!
10 Und die armen welken Blätter,
Wie sie tanzen in dem Wind
Und so ganz verloren sind!
Wie der Sturm sie jagt und zwirbelt
Und sie durcheinanderwirbelt
15 Und sie hetzt ohn Unterlass[3]:
Ja, das ist Novemberspaß!

Und die Scheiben, wie sie rinnen!
Und die Wolken, wie sie spinnen
Ihren feuchten Himmelstau
20 Ur und ewig, trüb und grau!
Auf dem Dach die Regentropfen:
Wie sie pochen, wie sie klopfen!
Schimmernd hängts an jedem Zweig,
Einer dicken Träne gleich.

25 Oh, wie ist der Mann zu loben,
Der solch unvernünftges Toben
Schon im Voraus hat bedacht
Und die Häuser hohl gemacht;
So, dass wir im Trocknen hausen
30 Und mit stillvergnügtem Grausen
Und in wohlgeborgner Ruh
Solchem Gräuel schauen zu.

---

1 verdrießlich: unzufrieden, missmutig, ärgerlich
2 graulen: *(hier)* Angst einjagen, drohen
3 ohn Unterlass: ohne Pause

9.2 Jahreszeitengedichte entdecken

1 Besprecht gemeinsam den Inhalt des Gedichts „November" von Heinrich Seidel.
 a Was lobt der Sprecher/die Sprecherin am November? Nennt Beispiele aus dem Text.
 b Klärt den Inhalt der letzten Strophe: Wer wird nun gelobt und warum?
 c Diskutiert darüber, was der Sprecher/die Sprecherin wirklich vom Monat November hält.

2 Bestimmt die Reimform des Gedichts.

3 In Gedichten werden Dingen oft menschliche Verhaltensweisen zugeschrieben.
Welche menschlichen Eigenschaften hat der Monat November in Heinrich Seidels Gedicht?
 a Notiert Textbeispiele aus der ersten Strophe mit Versangabe in einer Tabelle.
 b Erklärt, was durch die sprachlichen Bilder jeweils zum Ausdruck gebracht werden soll:

Vers	Textbeispiel	Erklärung
V. 2	Keiner kann wie dieser **toben**	Im November gibt es viele Stürme.
V. 3	**verdrießlich** sein	Der November ist …

● ○ ○ Ihr könnt die folgenden Erklärungen als Hilfe nutzen:

> Im November gibt es starke Regenfälle. • Im November gibt es viele Stürme. •
> Der November ist ein düsterer Monat. • Im November ist es oft bewölkt.

4 Das Gedicht „November" enthält weitere sprachliche Bilder, durch die der Text anschaulich und lebendig wirkt.
 a Untersucht die Strophen 2 und 3. Welche Bilder habt ihr beim Lesen der Strophen vor Augen? Welche Geräusche könnt ihr „hören"? Beschreibt eure Eindrücke.
 b Schreibt sprachliche Bilder aus den beiden Strophen heraus und erklärt, was damit beschrieben wird, z. B.:
  – die welken Blätter tanzen (V. 10 f.) → Die Blätter werden im Sturm herumgewirbelt.
  – die Wolken spinnen feuchten Himmelstau (V. 18 f.) → Im November …
  – Regentropfen … und … (V. …) → …
  – … (V. 24) →

5 Das Gedicht „November" beschreibt verschiedene Stimmungen der Natur.
Ihr könnt dies in einem abwechslungsreichen Gedichtvortrag verdeutlichen.
 a Übt einen Gedichtvortrag ein. Überlegt euch:
  – An welchen Stellen solltet ihr lauter sprechen, an welchen eher leise?
  – Wo solltet ihr schneller sprechen, wo langsamer?
  – An welchen Stellen passt eine kurze oder längere Pause?
 b Tragt das Gedicht vor und lasst euch eine Rückmeldung geben.

> Auf Seite 281 findet ihr weitere Tipps für einen gelungenen Gedichtvortrag.

> Ja, es ist 'ne wahre **Pracht.**

> … die Re-gen-trop-fen. Wie sie po-chen, wie sie klop-fen!

Matthias Claudius

Ein Lied hinterm Ofen zu singen

Der Winter ist ein rechter Mann[1],
Kernfest und auf die Dauer;
Sein Fleisch fühlt sich wie Eisen an
Und scheut nicht süß und sauer.

5 War je ein Mann gesund, ist er's;
Er krankt und kränkelt nimmer,
Weiß nichts von Nachtschweiß und Vapeurs[2]
Und schläft im kalten Zimmer.

Er zieht sein Hemd im Freien an
10 Und lässt's vorher nicht wärmen
Und spottet über Fluss im Zahn
Und Kolik[3] in Gedärmen.

Aus Blumen und aus Vogelsang
Weiß er sich nichts zu machen[4],
15 Hasst warmen Drang und warmen Klang
Und alle warmen Sachen.

Doch wenn die Füchse bellen sehr,
Wenn's Holz im Ofen knittert,
Und um den Ofen Knecht und Herr
20 Die Hände reibt und zittert;

Wenn Stein und Bein vor Frost zerbricht
Und Teich' und Seen krachen;
Das klingt ihm gut, das hasst er nicht,
Dann will er sich totlachen.

25 Sein Schloss von Eis liegt ganz hinaus
Beim Nordpol an dem Strande;
Doch hat er auch ein Sommerhaus
Im lieben Schweizerlande.

Da ist er denn bald dort, bald hier,
30 Gut Regiment zu führen[5].
Und wenn er durchzieht, stehen wir
Und sehn ihn an und frieren.

Matthias Claudius war ein deutscher Dichter und Journalist. Er wurde 1740 in Reinfeld bei Lübeck geboren und starb 1815 in Hamburg. Eines seiner bekanntesten Gedichte ist das Abendlied „Der Mond ist aufgegangen".

---

1 ein rechter Mann: ein richtiger Mann
2 Vapeurs (frz.): *Zu Claudius' Zeit glaubte man an* Dämpfe (Vapeurs), *die Schwindel bewirken.*
3 Kolik: starke Bauchkrämpfe
4 weiß er sich nichts zu machen: interessieren ihn nicht
5 Regiment führen: regieren, eine Ordnung durchsetzen

6 Welches Bild vom Winter erhaltet ihr beim Lesen des Gedichts? Beschreibt eure ersten Eindrücke.

7 In dem Gedicht werden einer Jahreszeit menschliche Eigenschaften zugeschrieben.
  a Fertigt eine Tabelle an und tragt passende Textbeispiele mit Versangabe ein:

Menschliche Eigenschaften des Winters im Gedicht	
V. 1	rechter (= richtiger) Mann
V. 3	Fleisch wie …

  b Was wird in dem Gedicht zum Ausdruck gebracht?
  Fasst eure Ergebnisse zusammen, indem ihr die folgenden Sätze im Heft ergänzt:
  In dem Gedicht wird der Winter als ein Mann dargestellt, der …
  Dies zeigt, dass diese Jahreszeit für die Menschen …

8 Denkt euch ein Parallelgedicht über den Frühling oder den Sommer aus.
  a Wählt eine Jahreszeit und überlegt euch passende menschliche Eigenschaften:
   – Ist es eine Frau oder ein Mann?
   – Welche Kleidung hat sie/er an?
   – Welche Geräusche hört sie/er gern?
   – Was mag sie/er gerne, was mag sie/er gar nicht?
   – Wo hat sie/er ein Ferienhaus?
   – Was isst sie/er gern?
  b Schreibt ein Gedicht in Paarreimen.

  Ihr könnt den folgenden Gedichtanfang ergänzen und fortsetzen:

  Der Sommer ist eine fröhliche Frau,
  ihre Wangen sind rot, ihre Augen sind blau.
  Sie liegt sehr gerne in der ?
  Mücken sind für sie 'ne Wonne!

  Sie trägt ein kunterbuntes Hemd,
  ? ist ihr völlig fremd.
  Sie liebt die Strände und das ?
  und auch ? mag sie sehr!

  c Malt ein passendes Bild zu eurem Gedicht.

Wissen und Können — Sprachliche Bilder

In Gedichten werden oft **sprachliche Bilder** verwendet.
Sie machen das Beschriebene anschaulich und lassen den Text lebendig wirken.
- Oft werden **menschliche Eigenschaften** auf leblose Gegenstände oder die Natur übertragen, um etwas Bestimmtes über sie zum Ausdruck zu bringen, z. B.:
  Und die armen welken Blätter, / Wie sie tanzen in dem Wind! → Die Blätter wehen im Wind.
  Der Winter […] / schläft im kalten Zimmer. → Im Winter ist es kalt und ungemütlich.
- Durch **Vergleiche** werden zwei verschiedene Vorstellungen durch ein „wie" verknüpft, z. B.:
  Sein Fleisch fühlt sich wie Eisen an. → Er ist sehr stark und muskulös.

Sinneseindrücke in Gedichten untersuchen

Ilse Kleberger

Sommer

Weißt du, wie der Sommer riecht?
Nach Birnen und nach Nelken,
nach Äpfeln und Vergissmeinnicht,
die in der Sonne welken,
5   nach heißem Sand und kühlem See
und nassen Badehosen,
nach Wasserball und Sonnenkrem,
nach Straßenstaub und Rosen.

Weißt du, wie der Sommer schmeckt?
10   Nach gelben Aprikosen
Und Walderdbeeren, halb versteckt
Zwischen Gras und Moosen,
nach Himbeereis, Vanilleeis
und Eis aus Schokolade,
15   nach Sauerklee vom Wiesenrand
und Brauselimonade.

Weißt du, wie der Sommer klingt?
Nach einer Flötenweise,
die durch die Mittagsstille dringt,
20   ein Vogel zwitschert leise,
dumpf fällt ein Apfel in das Gras,
ein Wind rauscht in den Bäumen,
ein Kind lacht hell, dann schweigt es schnell
und möchte lieber träumen.

1 Den Sommer kann man in diesem Gedicht mit vielen verschiedenen Sinnen wahrnehmen. Fertigt eine Skizze an und ordnet die einzelnen Aspekte aus dem Text passend zu.

👃	👄	👂
Birnen, Nelken, Äpfel	gelbe Aprikosen	...

2 Der Sommer lässt sich aber auch anfassen, „erfühlen" und sehen. Sucht auch dazu Beispiele im Gedicht und schreibt sie geordnet auf.

✋	❤️	👁️
...	...	...

3 a Sammelt Ideen für ein eigenes Herbstgedicht in einem Cluster.

Sprecht in eurem Gedicht **verschiedene Sinne** an und formuliert **abwechslungsreich**!

b Erstellt Wortfelder (▶ S. 295) zu den Verben rechts.

sehen: *erblicken, wahrnehmen* … anfassen: …
leuchten: *strahlen, glänzen,* … regnen: …

c Verfasst nun euer Herbstgedicht in Reimen oder als reimlosen Text.

Testet euer Wissen!

Ein Gedicht erschließen

Hugo von Hofmannsthal

Regen in der Dämmerung

Der wandernde Wind auf den Wegen
War angefüllt mit süßem Laut,
Der dämmernde rieselnde ?
War mit Verlangen feucht betaut.

5 Das rinnende rauschende ?
Berauschte verwirrend die Stimmen
Der Träume, die blasser und ?
Im schwebenden Nebel verschwimmen.

Der Wind in den wehenden Weiden,
10 Am Wasser der wandernde Wind
Berauschte die sehnenden Leiden,
Die in der Dämmerung sind.

Der Weg im dämmernden Wehen,
Er führte zu keinem ? ,
15 Doch war er gut zu ?
Im Regen, der rieselnd fiel.

1 a Schreibt das Gedicht ab und ergänzt passende Reimwörter aus dem Kasten.

blasser • gehen • Wasser • Ziel • Regen

b Bestimmt die Reimform des Gedichts, indem ihr die Verse mit Buchstaben verseht.

2 Übertragt diese Sätze in euer Heft, ergänzt die Lücken und vervollständigt den zweiten Satz:
Das Gedicht besteht aus ? Strophen mit jeweils 4 ? . Es passt zur Jahreszeit ? , denn …

3 Welche Naturerscheinungen werden beschrieben?
Untersucht das Naturgedicht und ergänzt diese Tabelle in eurem Heft:

Vers(e)	Naturerscheinung
V. 1, V. ?	der Wind
V. ?	der ?
V. ?	der Tau/Tautropfen
V. 3, V. 12, V. 13	?
V. 5, V. ?	das ?
V. ?	?

9.3 Projekt: Jahreszeitenposter

Präsentiert in eurem Klassenraum Jahreszeitengedichte, z. B.:
- Gedichte, die ihr im Unterricht gelesen habt,
- Gedichte, die ihr zusätzlich gesucht habt,
- Gedichte, die ihr selbst geschrieben habt.

So könnt ihr vorgehen:
- Teilt Gruppen ein, die jeweils für eine bestimmte Jahreszeit zuständig sind.
- Schreibt die Gedichte auf, tippt sie am Computer ab oder kopiert sie.
  Klebt sie dann auf farbige Plakate.
- Verziert eure Plakate mit Bildern oder Materialien, die zur entsprechenden Jahreszeit passen.
- Präsentiert die fertigen Plakate vor eurer Klasse oder vor Gästen (z. B. andere Klassen, Eltern und Geschwister) und lest die Gedichte vor.
- Ihr könnt auch einen Wettbewerb daraus machen: Wählt z. B. das schönste Plakat, das interessanteste Gedicht oder den gelungensten Gedichtvortrag aus.

10 Vorhang auf! –
Ein Theaterprojekt durchführen

1. Das Foto zeigt eine Szene aus der Theateraufführung „Im Viertelland" einer sechsten Klasse. Betrachtet das Bild und überlegt gemeinsam, worum es in diesem Theaterstück gehen könnte.

2. Ihr könnt auch mit eurer Klasse ein eigenes Theaterstück aufführen.
   Tauscht euch aus:
   – Was würdet ihr selbst gerne spielen?
   – Welche Besonderheiten muss ein Stück haben, damit die ganze Klasse mitspielen kann?
   – Worauf muss man besonders achten, wenn man auf der Bühne vor einem Publikum spricht?
   – Was muss man bei der Planung einer Theateraufführung bedenken?

10.1 Theatergrundlagen

Training für die Bühne: Gemeinsam rappen

Klassen-Rap „Kaufrausch"

ALLE: Ich war bei A und C
Ich war bei G und D
Ich war bei M und H
Ich war bei L und K
5 Bei T und E
Bei K und D
Puuuuuh!
STEFAN/STEFFI: Was ist da drin?
LEO/LEA: Ist das jetzt in?
10 NINO/NINA: Und war das teuer?
CARL/CAROLA: Ist das ein neuer?
ANTON/ANNA: Welche Marke?
ERKAN/EVA: Doch wohl 'ne starke?
SVEN/SOPHIE: Wo gibt's denn das?
15 STEFAN/STEFFI: Wo kriegt man was?
LEO/LEA: Das ist wichtig!
NINO/NINA: Das ist richtig!
CARL/CAROLA: Das macht süchtig!
ANTON/ANNA: Da seh' ich toll aus!
20 ERKAN/EVA: Da komm ich voll raus!
SVEN/SOPHIE: Fast wie ein Star!
STEFAN/STEFFI: Ja, das ist wahr!
ALLE: Wir geh'n zu A und C
Wir geh'n zu G und D
25 ... (wie oben)
STEVEN/STEPH: Das ist schon out!
NINO/NINA: Ist nicht mehr in!
CARL/CAROLA: Gefällt nicht mehr!
ANTON/ANNA: Macht nichts mehr her!
30 ERKAN/EVA: Muss sofort weg!

SVEN/SOPHIE: Da muss was Neues her!
STEFAN/STEFFI: Das fällt nicht schwer!
ALLE: Wir geh'n zu ... (wie oben)
ALLE: Kaufzwang!
35 Und zwar schon ganz lang!
Kaufrausch! Kauft alles auf!
Und Rauschkauf! Gebt alles aus!
(Pause)
ALLE *(laut)*: Wacht endlich auf ...
40 Und nehmt Reißaus!!!

1 Was für ein Verhalten wird hier beschrieben?
Überlegt, ob ihr euch auch manchmal so verhaltet und welche Gründe es dafür gibt.

2 Ein Rap ist eine Art rhythmisches Sprechen. Übt das Rappen in kleinen Gruppen:
  a Lest den „Kaufrausch"-Rap mit verteilten Rollen (bei „ALLE" alle zusammen) laut vor.
  b Beurteilt euren Vortrag: Was ist gut gelungen, was könntet ihr noch besser machen?

Richtig atmen, deutlich sprechen

3 Richtiges Atmen will gelernt sein! Dabei hilft euch die Körperhaltung.
  a Stellt euch aufrecht und locker hin. Stellt euch vor, ihr seid eine Marionette: In der Mitte eures Kopfes ist ein Faden befestigt, der Kopf und Rücken gerade hält.
  b Atmet langsam durch die Nase ein. Versucht, möglichst lang auszuatmen und dabei einen stimmhaften s-Laut zu summen, so wie eine Biene. Summt so lange, bis der Atem zu Ende ist. Versucht es auch mit „sch".

4 Auf der Bühne kommt es auf deutliches Sprechen an!
  a Lest die folgenden Sätze mehrmals vor und sprecht die Vokale deutlich aus.

> Barbara mag Ananas, Hans mag kalten Braten. • Elkes Ente steht neben dem Esel.

  b Denkt euch weitere kurze Sätze aus, mit denen ihr Vokale üben könnt, z. B.:
     Ingrid isst immer …   Ulfs Uhr …   Ottos Ohren …
  c Erfindet Sätze mit gleichen Konsonanten und sprecht sie deutlich aus, z. B.:
     Susi, sag mal: „Saure Sahne!"   Kai köpft Kornblumen.   Tausend Tonnen …
  d Endsilben sollte man nicht verschlucken, aber auch nicht übertrieben betonen. Übt dies anhand des folgenden Satzes:
     Die Blumen blühen schön, wenn die Sonnenstrahlen auf sie fallen.

> Ein **s** am Wortanfang oder in der **Wortmitte** spricht man immer **stimmhaft** (summend) aus, z. B.: *die **S**onne, die Ro**s**e*

5 Sprecht den Rap „Kaufrausch" noch einmal deutlich und gut betont.

Wichtige Theaterbegriffe kennen

6 Carl berichtet über die Theateraufführung seiner Klasse. Dabei verwendet er Fachbegriffe. Erklärt die Bedeutung der markierten Begriffe. Das Merkwissen auf Seite 282 hilft euch.

> *Das war eine tolle <u>Inszenierung</u>! Als <u>Bühnenbild</u> war eine Stadt zu sehen. Die <u>Kulissen</u> dafür haben wir aus Pappe gebaut. Für die Aufführung haben wir auch <u>Requisiten</u> mitgebracht, z. B. Vasen und Besen. Lilly und Kim waren für <u>Maske</u> und <u>Garderobe</u> zuständig und haben die Darsteller geschminkt und gestylt. Die <u>Szenen</u>, also die Teile des Stücks, haben wir selbst geschrieben. Lukas hat als <u>Regisseur</u> aufgepasst, dass <u>Mimik</u> und <u>Gestik</u> der Schauspieler überzeugend aussahen und alle <u>Regieanweisungen</u> umgesetzt wurden, z. B., was im Hintergrund passiert. Wer seinen Text vergessen hatte, dem flüsterten Tom und Ina als <u>Souffleur</u> und <u>Souffleuse</u> das richtige Stichwort zu.*

Wissen und Können — Grundlagen für das Theaterspielen

- Damit ihr auf der Bühne gut zu hören seid, solltet ihr **deutlich und betont sprechen.** Eine aufrechte, entspannte **Körperhaltung** und bewusstes **Atmen** helfen dabei.
- Beim Theaterspielen werden bestimmte **Fachbegriffe** verwendet, die ihr kennen solltet, z. B.: *die Inszenierung* (= Art und Weise der Aufführung), *die Requisiten* (= Gegenstände)

10.2 *Im Viertelland –*
Aus einem Text Theaterszenen entwickeln

Den Ausgangstext kennen lernen

Aus dieser Geschichte soll ein Theaterstück entstehen, das ihr in Gruppen erarbeitet und das als gemeinsames Projekt anschließend bewertet werden kann.

Gina Ruck-Pauquèt (* 1931)

Im Viertelland

▬ Das Land ist rund wie ein Pfannkuchen. Und weil es aus vier verschiedenen Vierteln besteht, heißt es das Viertelland. In einem Viertel ist alles grün: die Häuser, die Straßen, die Autos, die Telefone, die Erwachsenen und auch die Kinder. Im zweiten Viertel ist alles rot: die Bäume, die Badewannen, die Eisenbahnen, die Zigaretten, die Erwachsenen und die Kinder. Im dritten Viertel ist alles gelb: die Besen, die Krankenhäuser, die Blumen, die Baugerüste, die Erwachsenen und die Kinder. Im vierten Viertel ist alles blau: die Verkehrsampeln, die Möbel, die Brücken, die Zahnbürsten, die Fahrräder, die Erwachsenen und die Kinder.

▬ Wenn die Kinder geboren werden, sind sie bunt. Im ganzen Land ist das so. Aber die Erwachsenen schauen sie aus ihren grünen, roten, gelben oder blauen Augen an und streicheln sie mit ihren grünen, roten, gelben oder blauen Händen, bis sie endlich auch nur noch eine Farbe haben. Die richtige Farbe. Und das geht meistens sehr schnell. Einmal kam in Grün ein kleiner Junge zur Welt, den sie Erbs nannten. Erbs war mit einem Jahr immer noch ein bisschen bunt. Es war beunruhigend. Aber schließlich wurde er doch noch richtig grün.

▬ Im Viertelland brauchen die Kinder nicht zur Schule zu gehen. Sie lernen nur das Wesentliche. In Grün lernen sie, dass grün richtig ist, in Rot, dass rot richtig ist, in Gelb, dass gelb und in Blau, dass blau richtig ist. So laufen in Rot Tag und Nacht Spruchbänder. „Grün, gelb und blau ist gelogen!", kann man da lesen. „Nur rot ist wahr!" Und dann erklingt das Erdbeermarmeladenlied. Das ist die Nationalhymne. In Gelb schreit der Lautsprecher: „Rot, blau und grün ist doof! Und gelb bleibt gelb!" Dann ziehen die Kinder die gelben Mützen vom Kopf und singen den Zitronenblues. In Blau hängen überall Plakate. „Blau", steht darauf, „blau, blau, blau!" Und immer wenn die Kinder mit ihren blauen Augen die Plakate ansehen, zuckt es ihnen in den blauen Füßen und sie müssen den Pflaumentango tanzen. In Grün steht ein Roboterredner im Park. „Seid grün!", ruft er. „Und wenn ihr rot, gelb oder blau hört, so glaubt es nicht!" Einmal hat Erbs ihm ein Stückchen grünen Käse in den Mund gesteckt. Da konnte der Roboter drei Tage nur noch „piperlapop" sagen. Das fanden alle Kinder prima.

„Gelben Tag", begrüßen die Kinder einander in Gelb. Dann spielen sie Melonenrollen und lassen Kanarienvögel fliegen. Manchmal sitzen sie auch und träumen. Natürlich träumen sie gelb, denn etwas anderes wissen sie ja nicht. Löwenzahn träumen sie, Strohhut, Aprikosengelee, Postauto und Glühwürmchen. Und wenn sie ihre gelben Augen wieder öffnen, sind sie immer ein bisschen unzufrieden. Aber sie können nicht herausfinden, warum.

In Rot spielen die Kinder das große Rot-Spiel: Sie werfen Tomaten in den Sonnenuntergang. Und der Sonnenuntergang schluckt sie alle. Wenn es dann dunkel wird und die roten Lampen in den Häusern brennen, sitzen die Kinder, schauen in sich hinein und fühlen sich. Und alles, was sie fühlen, ist rot. Manchmal ist ihnen, als fehle ihnen etwas. Aber sie sprechen nicht darüber.

In Blau machen sie es so: „Himmel", sagt ein Kind und die anderen rufen dann: „Blau!"
„Rauch!"
„Blau!"
„Tinte!"
„Blau!"
„Wellensittich!"
„Blau!"
„Vergissmeinnicht!"
„Blau!"

In Grün freuen die Kinder sich am meisten über das Kaktusspringen. Denn wenn eines nicht hoch genug springen kann, hat es die Stacheln im Po. Froschhüpfen ist auch ganz nett. Aber Graszählen ist langweilig. Da gähnen sie dann bald. Sie setzen sich auf die grünen Gartenzäune und wünschen sich grüne Wünsche. Pfefferminzlikör beispielsweise, Salat mit Schnittlauch, fünf Meter Gartenschlauch oder so.

Nur Erbs bringt es eines Tages fertig, sich einen roten Punkt zu wünschen. Es ist ein winzig kleiner roter Punkt. Aber trotzdem ist es ein Glück, dass die Polizei es nicht weiß.

Die Polizisten haben die Aufgabe, jeden Morgen um sechs die Kreidestrichgrenzen neu nachzuziehen. Sie kämmen sich ihre grünen, roten, blauen und gelben Haare mit grünen, roten, blauen und gelben Kämmen und machen sich ans Tagwerk. [...]

Nun ist es aber nicht so, dass es im Viertelland keine Verbindung untereinander gibt. Man kann telefonieren. So kann man in Rot zum Beispiel Blau wählen. Man kann auch in Blau Grün wählen. Weil aber die Telefonleitungen durchgeschnitten sind, kriegt man keinen Kontakt. Und weil die Kinder das wissen, versuchen sie es gar nicht erst.

Eines Tages geschieht etwas Überraschendes: Mitten in Grün wächst eine gelbe Rose: Es ist eine schöne Rose, aber die Leute verziehen angeekelt das Gesicht, als sei es ein Mistkäfer. Und es dauert nicht lange, da haben fünfunddreißig Polizisten die Rose mit fünfunddreißig grünen Spaten niedergeschlagen. Das ist der Tag, an dem Erbs seinen Löffel in den Spinat fallen lässt. Der Spinat spritzt meterweit in der Gegend herum. Aber das macht nichts, denn das Zimmer ist ja sowieso grün. Und die Eltern auch. Nur der Teller zerspringt. Dann geschieht weiter gar nichts mehr. Jedenfalls sieht und hört man nichts Besonderes.

Aber in den Kindern vom Viertelland ist eine Unruhe. In allen Kindern – seit der Teller zersprungen ist.

▪ Da laufen die Kinder aus Rot zum Mittelpunkt des Landes, wo sich die Grenzen treffen, die Kinder aus Blau gehen dahin, die aus Gelb und die aus Grün.

Sie blicken einander an und sind stumm.
Bis Erbs etwas tut. Einfach so. Er spuckt nämlich auf die Kreidestrichgrenze. Dann scharrt er ein bisschen mit dem Fuß in der Spucke herum, und die Kreide ist weg. Sofort machen alle anderen Kinder mit! Sie spucken und scharren, bis es keine Grenzen mehr gibt. Und dann lachen sie und fassen einander vorsichtig an. Die grünen die gelben, die gelben die blauen, die blauen die roten, die grünen die blauen, ja und immer so weiter, bis jedes jeden angefasst hat.

▪ Zuerst merken sie weiter nichts. Sie fangen an, miteinander zu spielen, und sie vergessen, was der Lautsprecher, die Plakate, der Roboter und die Schriftbänder sagten.
Ganz langsam aber geschieht es, dass sie aufhören, nur eine Farbe zu haben. Die Kinder werden bunt. Die grünen kriegen zu Grün noch Rot, Blau und Gelb hinzu, die gelben Grün, Rot und Blau, die blauen Rot, Gelb und Grün und die roten Gelb, Grün und Blau.
Und nachdem nun jedes Kind jede Farbe hat, kann es auch in jeder Farbe denken, fühlen, träumen und wünschen. Jedes versteht das andere und allen gehört das ganze Land. Nie zuvor waren sie so fröhlich. Sie singen gemeinsam den Zitronenblues, spielen Kaktusspringen, denken sich blauen Schnee und werfen Tomaten in den Sonnenuntergang.

▪ Die Erwachsenen machen große Augen. Aber weil bunte Kinder richtiger sind als einfarbige, können sie nichts dagegen tun. Ja, manche Eltern wünschen plötzlich selbst, bunt zu werden. Einige bemühen sich so sehr, dass sie tatsächlich ein paar kleine, andersfarbige Tupfer kriegen. Zum Beispiel die Eltern von Erbs. Aber wirklich bunt sind nur die Kinder.

1 a Formuliert W-Fragen zum Text und beantwortet sie gemeinsam in der Klasse, z. B.:
– Was ist das Besondere am Viertelland? – *Es ist rund und …*
– Was macht die Kinder im Viertelland unzufrieden? – *Sie wollen …*
b Erzählt die Geschichte mündlich nach.

2 Ein Gemeinschaftsprojekt macht Spaß – und ihr könnt dafür auch noch gute Noten bekommen! Was müsst ihr dabei beachten? Lest die folgenden Regeln und sammelt weitere Tipps:

– Bei einem **Gemeinschaftsprojekt in der Klasse** kommt es darauf an, **in der Gruppe** gut zusammenzuarbeiten, aber auch **als Einzelner** nützliche Ideen einzubringen.
– Jeder übernimmt eine **Aufgabe** und ist dafür verantwortlich.
– Jede **Meinung** wird von allen Gruppenmitgliedern angehört und ernst genommen. Die Gruppe einigt sich gemeinsam auf die besten Vorschläge und setzt sie um.

Eine Szene erarbeiten

3 So geht ihr vor, wenn ihr eine Textstelle als Szene für ein Theaterstück ausgestaltet:

> **Schritt 1:** Lest die passende Textstelle genau und plant eure Szene:
> - **Figuren:** Wer ist in der Szene zu sehen?
> - **Situation:** Was passiert?
> - **Verhalten:** Wie verhalten sich die Personen? Was sagen sie? Wie sprechen sie?
>
> **Schritt 2:** Schreibt ein Gespräch auf, aus dem die Handlung der Textstelle deutlich wird. Ihr könnt Aussagen aus dem Text übernehmen oder eigene Ideen einbringen. Ergänzt passende Regieanweisungen in Klammern (Was ist auf der Bühne zu sehen?).
>
> **Schritt 3:** Verteilt die Rollen in eurer Gruppe, probt die Szene und spielt sie der Klasse vor.

a Seht euch als Beispiel an, wie die Textstelle „Erbs ist noch nicht grün genug" (Z. 15–26) von einer Schülergruppe umgesetzt wurde (Schritt 1 und 2). Das Ende der Szene fehlt noch.

> ① – **Figuren:** zuerst Erbs und seine Eltern; später auch die Großeltern
> – **Situation:** Erbs ist mit einem Jahr immer noch nicht richtig grün.
> – **Verhalten:** Mutter schämt sich, Vater ist optimistisch; Großeltern sind …
>
> ② *(Mutter beugt sich über eine grüne Wiege, Vater liest eine grüne Zeitung.)*
> **Mutter:** Sieh nur, Grünbert, unser Erbs.
> **Vater:** Was ist denn mit ihm, Grünhilde?
> **Mutter** *(zeigt ein Messgerät)*: Ich habe ihn gerade vermessen: Sein Grünanteil liegt immer noch unter 50 Prozent!
> **Vater:** Na, es ist doch schon besser geworden. Letzten Monat war er noch bei 30 Prozent. Er kommt also voran …!
> **Mutter** *(ängstlich)*: Deine Eltern kommen gleich zum grünen Tee zu uns. Was wird deine Mutter nur sagen? Sie war letztes Mal schon so enttäuscht, dass Erbs noch nicht vollständig ergrünt ist!
> **Vater** *(zeigt grinsend eine grüne Babymütze und einen grünen Strampler)*: Das ziehen wir Erbs an. Dann bemerken sie nichts!
> **Mutter:** Und wenn ich ihn wickeln muss? Dann sieht sie, dass er immer noch bunt ist. Und ich muss alles wieder begrün…den!
> **Vater:** Ich werde Mama ablenken. Und du hast doch extra Grünkohl gekocht, da … *(Es läutet.)*

b Spielt die Szene vor und führt sie als „Stegreifspiel" fort. Im Merkkasten findet ihr Tipps dazu.

Wissen und Können — **Im Stegreifspiel improvisieren**

- **Improvisieren** bedeutet, sich zu einer bestimmten Situation oder einem Thema **spontan** etwas auszudenken. Beim Theaterspielen spricht man vom **„Spielen aus dem Stegreif"**: Die Schauspieler/innen spielen, was ihnen gerade zum Thema einfällt, ohne sich vorher abgesprochen zu haben. Es ist wichtig, dass die Mitspieler/innen passend reagieren.
- Durch das Improvisieren könnt ihr **Ideen für eine spätere Aufführung** finden. Macht euch Notizen, was gut funktioniert hat und was nicht, was witzig gewirkt hat usw.

10.3 *Im Viertelland* – Das Projekt umsetzen

Die Szenen für das Theaterstück schreiben

1 Nun seid ihr dran: Jede Gruppe entwickelt eine Szene für euer gemeinsames Theaterstück.
  a Teilt die Klasse in vier bis sieben kleine Gruppen auf und ordnet ihnen jeweils eine der folgenden Szenenanfänge zu. Wenn ihr weniger als sieben Gruppen gebildet habt, könnt ihr eine der mittleren Szenen weglassen.
  b Sammelt gemeinsam Ideen für eure Szene wie im Beispiel auf Seite 155 (Schritt 1) beschrieben.
  c Jedes Gruppenmitglied schreibt nun selbstständig eine Szene auf (Schritt 2):
  Setzt dazu den vorgegebenen Szenenanfang sinnvoll fort und ergänzt passende Regieanweisungen in Klammern. Der Text sollte etwa eine Seite lang werden.

Szene 1: Vorstellung des Viertellandes und seiner Besonderheiten (Z. 1–14)
Sprecher 1 *(mit großer Handbewegung):* Unser Land ist rund wie ein Pfannkuchen.
Sprecher 2: Genau! Es besteht aus vier Vierteln ... *(streckt vier Finger hoch)*
Sprecher 3 *(erklärend):* Deshalb heißt es auch ...
...

Szene 2: Erziehung und Beeinflussung der Kinder im Viertelland (Z. 27–51)
Kind 1 *(mitleidig zu den Zuschauern):* Ihr müsst sicher alle zur Schule gehen!
Kind 2 *(stolz):* Das müssen wir im Viertelland nicht!
Kind 3: Wir lernen nicht so *(abfällige Handbewegung)* unwichtige Dinge wie ihr!
Kind 4: Wir lernen zum Beispiel, dass grün richtig ist!
Kind 1 *(drängelt sich vor):* Quatsch! Wir lernen, dass rot ...
...

Szene 3: Kinderspiele in Gelb, Rot und Blau (Z. 52–80)
Kind 2 *(mit gelbem Ball):* Hallo, gelben Tag alle miteinander!
Kind 1 *(streng):* Roten Tag, wolltest du wohl sagen!
Kind 2: Ich komme gerade vom Spielen! War das wieder supergelb!
Kind 1: Uh, gelbe Spiele! Wollt ihr wissen, was mein Lieblingsspiel ist?
Kind 2 *(wendet sich ab):* Was denn wohl? Ihr Roten habt doch bestimmt ...
...

Szene 4: Kinderspiele in Grün (Z. 81–100)
(Die grünen Kinder sind dabei, Gras zu zählen. Andere Kinder sehen dabei zu.)
Kind 1: So was Langweiliges! Gras zählen! Puh!
Kind 2 *(begeistert):* Gras zählen ist cool! Ein tolles Spiel!
Kind 3 *(zeigt strahlend seine Hände):* Ja, super! Noch grünere Hände ...
Kind 2: Wir spielen aber auch andere schöne Spiele! Passt nur auf!
Kind 3: Unser absolutes Lieblingsspiel ist ...
...

Szene 5: Eine gelbe Rose wächst in Grün (Z. 109–125)
Frau/Mann 1 *(mit angeekeltem Gesichtsausdruck):* Hast du das gesehen, Grünhilde (Grünbert)?
Frau/Mann 2: Was denn, Grünsela (Grüwe)?
Frau/Mann 1: Mir ist immer noch ganz schlecht!
Frau/Mann 3: Pfui Teufel, ich hab's auch gesehen!
Frau/Mann 2 *(kommt neugierig näher):* Nun sagt schon, was gibt's denn?
Frau/Mann 3: Stell dir vor – in den Grünanlagen wächst eine neue Rose …!
…

Szene 6: Aufgaben der Polizisten im Viertelland (Z. 126–141)
Polizist 1: Kannst du mir mal deine Kreide leihen! Meine ist schon ganz kurz vom vielen Strichziehen!
Polizist 2: Was liegt denn heute noch alles an?
Polizist 3 *(liest im Notizbuch):* Ich habe gehört, dass sich ein Grüner einen roten Punkt gewünscht hat!
Polizist 2 *(stemmt die Hände in die Hüften):* Skandal! Diesem Verdacht müssen wir nachgehen!
Polizist 1 *(aufgebracht):* Wo kämen wir denn da hin, wenn alle Leute solche Wünsche hätten …
…

Szene 7 (Schlussszene): Alle Kinder werden bunt (Z. 142–159 oder 167)
(Viele bunte Kinder laufen in die Mitte der Bühne und betrachten sich gegenseitig staunend.)
Kind 1: Rot ist zwar eine tolle Farbe, aber die gelben Kinder sehen eigentlich auch hübsch aus!
Kind 2: Irgendwann kann man diese Einheitsfarben doch nicht mehr sehen …!
(Erbs spuckt auf die Kreidestrichgrenze.)
Kind 3 *(überrascht):* Was macht der denn da?! Man sieht ja die Grenze gar nicht mehr!
…
Tipp: Das Ende dieser Szene muss sich als Schluss für das gesamte Theaterstück eignen!

2 Gebt eine Kopie eurer Texte zur Korrektur bei eurer Lehrkraft ab.
Besprecht eure Szenen dann in euren Gruppen in einer Schreibkonferenz (▶ S. 277).
  a Schätzt jeden Text mit Hilfe eines Bewertungsbogens ein. Besprecht und notiert jeweils, ob die Einzelheiten gut (+), mittelmäßig (~) oder weniger gut (–) bearbeitet wurden.

Kriterien für eine gelungene Szene	+	~	–
Personen: Kommen alle für die Szene wichtigen Personen vor?	…	…	…
Handlung: Wird deutlich, was in dieser Szene passiert?	…	…	…
Regieanweisungen: Wird klar, was die Schauspieler/innen tun sollen?	…	…	…

  b Sucht aus euren Szenen die besten Stellen und Ideen heraus und schreibt eine gemeinsame Endfassung auf, die ihr zusammen einübt.

Das Stück auf die Bühne bringen

3 Jetzt könnt ihr die Szenen eures Stückes vorspielen und gemeinsam die Rollen für die Aufführung festlegen!

a Spielt in den einzelnen Gruppen eure fertigen Szenen in der richtigen Reihenfolge vor.

b Verteilt nun noch einmal neu die endgültigen Rollen für das Theaterstück. Jede/r, die/der mitspielen möchte, sollte berücksichtigt werden. Wer nicht so gern spielen möchte, sollte ein anderes Amt übernehmen, z. B. Techniker/in (Beleuchtung, Ton) oder Souffleuse/Souffleur.

> Darauf kommt es besonders an, damit euer Stück gelingt:
> - euer Verhalten im Team
> - gute Ideen
> - Organisationstalent
> - Einsatzfreudigkeit

4 Vor der Aufführung muss noch Einiges organisiert werden.

a Bildet neue Kleingruppen und verteilt die folgenden Zusatzaufgaben:

Gruppe 1: Zeitplan und Plakat
- Legt Termine für die Proben und für die Aufführungen fest.
  Ihr solltet mehrere Stunden für das Einüben des Theaterstückes einplanen.
- Überlegt, wer als Publikum eingeladen werden soll, z. B.: andere Klassen, Eltern …
- Gestaltet Einladungsflyer oder Plakate, die ihr an geeigneten Orten auslegt bzw. aushängt.

Gruppe 2: Garderobe, Maske und Requisiten
Plant und organisiert die Kleidung, die Schminke und passende Gegenstände für die Schauspieler/innen auf der Bühne.

Gruppe 3: Bühnenbild und Musik
Lest alle Szenen genau und plant eine passende Bühnengestaltung und mögliche Hintergrundmusik (moderne Musik, Klassik, auf Instrumenten oder als Aufnahme?). Überlegt, wer euch behilflich sein könnte, z. B.: Kunstlehrer/in, Musiklehrer/in, Geschwister …

Gruppe 4: Programmzettel
Gestaltet ein Programmheft für euer Publikum. Stellt darin kurz den Inhalt des Stückes vor und listet alle Namen der Schauspieler und ihre Rollen auf. Ergänzt ein passendes Bild oder Foto.

b Stellt die Ergebnisse eurer Gruppenarbeit der Klasse vor und holt euch Rückmeldungen ein.

5 Je gründlicher die Proben, desto besser eure Aufführung!
Probt das Stück mehrfach und über einen längeren Zeitraum. Die Klasse kann den Schauspieler/innen nützliche Tipps geben, z. B.: Kann man alles gut verstehen? Passen Betonung, Mimik und Gestik? Hilfreich sind auch Videoaufnahmen, auf denen sich die Schauspieler selbst beobachten können.

Am Tag der Aufführung könnt ihr unter Beweis stellen, wie gut ihr das Stück vorbereitet habt. Wenn ihr alle zusammenhaltet, wird euer Theaterprojekt bestimmt ein voller Erfolg! Damit der Tag unvergesslich bleibt, könnt ihr – sofern alle Darsteller/innen einverstanden sind – die Aufführung filmen oder Fotos machen.
Viel Spaß und Vorhang auf!

11 Bücher, Film und Fernsehen –
Untersuchen und bewerten

1. Was erwartet ihr, wenn ihr den Titel „Das fliegende Klassenzimmer" lest? Äußert Vermutungen.

2. Vergleicht die beiden Abbildungen:
   – Welches Motiv ist wohl früher entstanden?
   – Welches gefällt euch besser?
   Begründet eure Einschätzungen.

3. Welche Verfilmungen von Jugendbüchern kennt ihr? Tauscht euch darüber aus.

11.1 Das fliegende Klassenzimmer – Buch und Film vergleichen

Erich Kästner

Das erste Kapitel – Im Internat ist immer was los!

Zweihundert Schemel wurden gerückt. Zweihundert Gymnasiasten standen lärmend auf und drängten zum Portal des Speisesaals. Das Mittagessen im Kirchberger Internat war zu Ende.
„Teufel, Teufel!", sagte der Tertianer Matthias Selbmann zu seinem einen Tischnachbarn. „Hab ich einen Hunger! Ich brauche dringend zwanzig Pfennige für eine Tüte Kuchenränder. Hast du Moneten?"
Uli von Simmern, ein kleiner blonder Junge, kramte das Portmonee aus der Tasche, gab dem immer hungrigen Freund zwei Groschen und flüsterte: „Da, Matz! Lass dich aber nicht klappen. Der schöne Theodor hat Gartenwache. Wenn der sieht, dass du aus dem Tore rennst, bist du geliefert."
„Lass mich doch mit deinen albernen Primanern zufrieden, du Angströhre", sagte Matthias großartig und steckte das Geld ein.
„Und vergiss nicht, in die Turnhalle zu kommen! Wir haben wieder Probe."
[...] Vor der Turnhalle standen schon drei Jungen. Johnny Trotz, der Verfasser des Weihnachtsstücks mit dem spannenden Titel „Das fliegende Klassenzimmer", Martin Thaler, Primus und Bühnenmaler in einer Person, und Matthias Selbmann, der immer Hunger hatte, besonders nach den Mahlzeiten, und der später Boxer werden wollte. [...]

Das Stück, das Johnny geschrieben hatte und das man zur Weihnachtsfeier in der Turnhalle aufführen wollte, hieß, wie gesagt, „Das fliegende Klassenzimmer". Es bestand aus fünf Akten und war gewissermaßen eine fast prophetische Leistung. Es beschrieb nämlich den Schulbetrieb, wie er in Zukunft vielleicht wirklich stattfinden wird. Im ersten Akt fuhr ein Studienrat, den Sebastian Frank mit Hilfe eines angeklebten Schnurrbarts naturgetreu darzustellen hatte, samt seiner Klasse im Flugzeug los, um den Geografieunterricht jeweils an Ort und Stelle abzuhalten. [...]

Heute probten sie also den letzten Akt. Petrus, nämlich Matthias, saß auf einem Stuhl vor einem gemalten Lichterbaum und die anderen umstanden ihn erfürchtig.
In diesem Augenblick wurde die Tür der Turnhalle stürmisch aufgerissen! Matthias blieb der Vers im Halse stecken. Die andern drehten sich erschrocken um und Uli blickte neugierig aus der gemalten Wolke heraus, hinter der er seinen Auftritt erwartet hatte.
Im Rahmen der Tür stand ein Junge. Er blutete im Gesicht und an einer Hand. Sein Anzug war zerrissen. Er schmiss die Schülermütze wütend auf den Fußboden und brüllte: „Wisst ihr, was passiert ist?"
„Woher sollen wir das denn wissen, Fridolin?", fragte Matthias freundlich.

„Wenn ein Externer nach dem Unterricht wieder in die Schule kommt und noch dazu so verprügelt aussieht wie du", meinte Sebastian, „dann –"
65 Aber Fridolin schnitt ihm das Wort ab. „Lass jetzt deinen Quatsch!", rief er. „Die Realschüler haben mich und den Kreuzkamm auf dem Nachhauseweg überfallen. Den Kreuzkamm haben sie gefangen genommen. Und die Dik-
70 tathefte, die wir seinem Alten zum Korrigieren bringen sollten, haben sie auch!" (Kreuzkamms Vater war nämlich Deutschlehrer am Johann-Sigismund-Gymnasium.)
„Teufel, Teufel! Die Diktathefte haben sie
75 auch?", fragte Matthias. „Gott sei Dank!"
Martin sah seinen Freund Johnny an. „Sind wir genug?"

Johnny nickte.
„Dann los!", rief der Primus. „Über den Zaun in die Schrebergärten! Aber ein bisschen plötzlich! Wir sammeln uns beim Nichtraucher[1]!"
Sie rasten aus der Halle. Uli rannte neben Matthias her. „Wenn uns jetzt der schöne Theodor erwischt, sind wir hin", keuchte er.
„Dann bleib doch hier", meinte Matthias.
„Du bist wohl verrückt?", fragte der Kleine beleidigt.
Die sechs Jungen waren am Rand des Parks angelangt, erkletterten den Zaun und schwangen sich hinüber.

---

1 der Nichtraucher: ein väterlicher Freund der Schüler, der in einem Eisenbahnwaggon lebt

1 a Lest die Auszüge aus dem ersten Kapitel des Romans „Das fliegende Klassenzimmer" von Erich Kästner genau und überprüft, welche eurer Vermutungen von Seite 159 zutreffen.
  b Macht euch dieser Textanfang neugierig auf das Buch? Begründet.

2 Der Text enthält einige Wörter, die heute nicht mehr geläufig sind.
  a Klärt ihre Bedeutung aus dem Zusammenhang oder mit Hilfe eines Wörterbuches, z. B.:

> der Schemel (Z.1) • der Tertianer (Z.6) • sich klappen lassen (Z.14 f.) • der Studienrat (Z.38) • der Primaner (Z.18 f.) • der Primus (Z.26 f.) • prophetisch (Z.35) • der Akt (Z.38) • der Externe (Z.61)

  b Schreibt eure Worterklärungen auf, z. B.: *der Schemel – ein Hocker*

3 a Mit Hilfe von W-Fragen könnt ihr den Text genauer untersuchen.
  Übertragt die Tabelle in euer Heft und füllt die mittlere Spalte in Stichworten aus.

„Das fliegende Klassenzimmer"	Roman	Film
Wo? (Ort der Handlung)	…	…
Wann? (Jahreszeit)	…	…
Wer? (Hauptfiguren)	…	…
Was passiert? (Handlung)	…	…

In diesen Absätzen findet ihr Hinweise zur Beantwortung der Fragen:
Z.1–5, Z.23–30, Z.37–43, Z.44–47, Z.65–73

  b Notiert weitere Fragen zum Text und lasst sie von der Klasse beantworten, z. B.:
  Wer hat das Weihnachtsstück geschrieben?

Der Film zum Buch

Acht Mal ist Jonathan schon wegen einiger „Vorkommnisse" aus verschiedenen Internaten geflogen. Jetzt schickt ihn sein Adoptivvater, ein Kapitän zur See, auf das berühmte Thomaner-Internat in Leipzig. Jonathan glaubt zunächst nicht, dass er in der Schule, die unter der Leitung des schrulligen Rektors Kreuzkamp steht, eine neue Heimat finden wird. Aber es kommt anders. Da ist zunächst der Chorleiter Dr. Johann Bökh, den alle Justus nennen. Er nimmt sich des Jungen an, so wie er für alle seine Schützlinge eine Vertrauensperson darstellt. Schnell wird Jonathan auch in die Gemeinschaft der Thomaner aufgenommen. Der besonnene Martin, Uli, der Kleine und Ängstliche, dann dessen Beschützer Matz, ein tatkräftiger und starker Junge, und der experimentierfreudige Rektorssohn Kreuzkamp junior werden Jonathans Freunde. Weihnachten steht vor der Tür. Die Thomaner sollen das Weihnachtsoratorium von Johann Sebastian Bach in der Thomaskirche singen. Kantor Bökh ist nervös, schließlich will das ZDF die Aufführung filmen. Die Jungen hingegen haben andere Sorgen: Die „Externen" mit ihrer Bandenchefin Mona entführen einen der Chorsänger samt Noten. Die Freunde organisieren eine Befreiungsaktion, die in einer riesigen Schneeballschlacht endet. Und dann ist da noch das Geheimversteck der Jungen: ein alter, als Wohnung eingerichteter Eisenbahnwaggon auf einem brachliegenden Grundstück. Eines Tages erscheint hier ein geheimnisvoller Fremder, der „Nichtraucher", der einst den Waggon bewohnte und nun aus jahrelangem Auslandsaufenthalt zurückkehrt. Aus Andeutungen erfahren die Jungen, dass den Mann einst eine enge Freundschaft mit ihrem Lehrer Justus verband. Als die Schüler ein Manuskript zu dem Theaterstück „Das fliegende Klassenzimmer" im Eisenbahnwaggon aufstöbern, haben sie damit einen Weg gefunden, die beiden Erwachsenen wieder zusammenzuführen. Doch es gibt noch viele Hindernisse auf dem Weg dorthin. Zwischen diesen Haupterzählsträngen liegt zudem die erste zarte Liebe zwischen Jonathan und Mona und die große Mutprobe von Uli, der allen auf dem Schulhof zeigt, dass er im Stande ist, Außergewöhnliches zu wagen …

1 a Lest die Inhaltsangabe zur Verfilmung des „Fliegenden Klassenzimmers".
b Welche Unterschiede zwischen dem Film und dem Romananfang fallen euch auf? Ergänzt die rechte Spalte eurer Tabelle im Heft (▶ Aufgabe 3 von S. 161).

2 Informiert euch in Lexika oder im Internet über das Leipziger Thomas-Internat.

„Das fliegende Klassenzimmer" wurde dreimal verfilmt: 1954, 1973 und 2003.

Die filmische Umsetzung einer Textstelle

Das achte Kapitel – Warum Uli einen Schirm mitbrachte

Uli gilt bei seinen Mitschülern als schüchtern, schwach und ängstlich. In einer gefährlichen Mutprobe möchte er sie vom Gegenteil überzeugen ...

[...] Uli hatte sich, ohne dass die anderen es gemerkt hätten, aus der Turnhalle gestohlen. Er fürchtete, dass sie ihn an seinem Vorhaben hindern könnten. Und das durfte nicht geschehen.

Über fünfzig Jungen standen neugierig auf der verschneiten Eisbahn und erwarteten ihn. Es waren lauter Unterklassianer. Den Älteren hatte man nichts erzählt. Die Jungen hatten gleich das Gefühl gehabt, dass etwas Außergewöhnliches und Verbotenes bevorstehe. Sie hatten die Hände in den Manteltaschen und äußerten Vermutungen. „Vielleicht kommt er überhaupt nicht", sagte einer.

Aber da kam Uli schon. Er ging wortlos an ihnen vorüber und schritt auf die eisernen Kletterstangen zu, die am Rande des Platzes standen. „Wozu hat er eigentlich einen Schirm mit?", fragte jemand. Aber die anderen machten „Pst!".

Neben den Kletterstangen erhob sich eine hohe Leiter. Eine der üblichen Turnleitern, wie sie in allen Schulen zu finden sind. Uli trat an die Leiter heran und kletterte die eiskalten Sprossen hinauf. Auf der vorletzten Sprosse machte er halt, drehte sich um und blickte zu der großen Jungenmenge hinunter. Er schwankte ein bisschen, als ob ihm schwindle. Dann riss er sich zusammen und sagte laut: „Die Sache ist die. Ich werde jetzt den Schirm aufspannen und einen Fallschirmabsprung machen. Tretet weit zurück, damit ich niemandem auf den Kopf fliege!"

Einige Jungen meinten, Uli sei komplett verrückt. Aber die meisten drängten stumm rückwärts und konnten das angekündigte aufregende Schauspiel nicht erwarten.

[...] Johnny sah auf die Uhr. „Es ist kurz nach drei", sagte er. „Uli hatte doch um drei Uhr irgendetwas vor."

„Freilich", rief Martin. „Auf dem Turnplatz draußen. Da bin ich aber neugierig."

Sie verließen die Halle und liefen zu dem Platz hinüber. Sie bogen um die Ecke und blieben wie angewurzelt stehen. Der Platz war voller Schüler. Und alle schauten zu der hohen Turnleiter hinauf, auf der Uli mühsam balancierte. Den aufgespannten Regenschirm hielt er hoch über sich.

Martin flüsterte: „Um Gottes willen! Er will herunterspringen!" Und schon rannte er über den Platz, und die anderen drei folgten ihm. Der Turnplatz war, trotz des Schnees, höllisch kalt. Johnny fiel hin.

„Uli!", schrie Matthias. „Tu's nicht!"

Doch in diesem Augenblick sprang Uli ab.

Der Schirm stülpte sich sofort um. Und Uli sauste auf die verschneite Eisfläche hinab. Er schlug dumpf auf und blieb liegen. [...]

1 Beurteilt Ulis Verhalten. Ist er „mutig"?

2 Matthias (Matz) ist Ulis mutiger und kräftiger Freund, der meist als sein Beschützer auftritt. Was denkt und fühlt er wohl in dieser Situation? Beschreibt seinen inneren Zwiespalt:
Einerseits möchte Matthias ..., andererseits ...

3 Auf den Bildern seht ihr, wie die Szene mit Ulis Sprung im Film umgesetzt wurde.
  a Benennt Unterschiede und Gemeinsamkeiten zum Romankapitel:
    – Wo spielt die Szene im Buch, wo im Film?
    – Welche Gegenstände hat Uli mitgebracht?
  b Welche Version gefällt euch besser? Begründet eure Meinung.

4 Stellt euch vor, ihr seid eines der Kinder, die Ulis „Mutprobe" beobachtet haben. Schreibt einen Bericht (▶ S. 270 f.) für die Internatszeitung.
Fehlende Angaben könnt ihr euch ausdenken.

●○○ Als Hilfe könnt ihr euch zunächst Stichpunkte zu den folgenden W-Fragen notieren:
Wer? Wo? Wann? Was? Warum? Welche Folgen?
So könnt ihr den Bericht beginnen:
Am ... kam es auf dem ... zu einer gefährlichen Mutprobe. Ein Tertianer ...

Romanverfilmungen – Mit der Kamera erzählen

Einstellungsgrößen und Perspektiven

1 Eine Filmkamera kann ihre Gegenstände – hier die Schüler – unterschiedlich groß abbilden und damit verschiedene Wirkungen erzielen.
a Ordnet die Einstellungsgrößen *Totale – Nah – Groß* den Bildern zu.
b Beschreibt die Wirkung der verschiedenen Einstellungsgrößen.

Wissen und Können — Einstellungsgrößen

Die Bildausschnitte, die eine Kamera zeigt, nennt man **Einstellungsgrößen.**
Je nachdem, welchen Ausschnitt man zeigt, verändert sich die Wirkung. Man unterscheidet:
- **Totale:** Man erhält einen Überblick über das ganze Geschehen.
- **Halbnah:** Man sieht die Figuren von den Knien aufwärts und ihre Umgebung.
- **Nah:** Es werden nur Kopf und Schultern der Personen gezeigt (oft bei Dialogen).
- **Groß:** Ein Gegenstand oder ein Kopf füllt das ganze Bild aus.
- **Detail:** Ein bestimmter Ausschnitt wird groß dargestellt, z. B. Augen, Schuhspitze.

2 Auch durch den Blickwinkel der Kamera – die Perspektive – werden verschiedene Wirkungen erzielt: Normalsicht – Froschperspektive – Vogelperspektive.

a Ordnet die drei Kameraperspektiven den Filmbildern oben zu.

Normalsicht　　　　　　　　Froschperspektive　　　　　　　　Vogelperspektive

b Beschreibt, welche Wirkung beim Zuschauer durch die verschiedenen Perspektiven entsteht. Hier findet ihr Formulierungshilfen:

Die Person(en)	blickt/blicken ist/sind	auf andere hinab/zu anderen hinauf. mit dem Betrachter auf gleicher Augenhöhe.
Durch diese Darstellung	wirkt/wirken die Person(en) wirkt die Situation	überlegen/stark/mächtig/mutig. unterlegen/schwach/ängstlich. bedrohlich/realistisch/neutral.

Bestimmt auch die Kameraperspektive der Filmbilder von Seite 165.

Wissen und Können — Die Kameraperspektive

Kameraperspektive nennt man den Blickwinkel, aus dem Personen oder Gegenstände gezeigt werden. Man unterscheidet:
- **Normalsicht:** Die Kameraposition auf Augenhöhe der handelnden Figuren stellt das Geschehen neutral dar.
- **Froschperspektive:** Der Blick der Kamera geht von unten nach oben. Oft wirkt diese Perspektive bedrohlich. Man kann so auch eine Person als überlegen und stark darstellen.
- **Vogelperspektive:** Die Kamera richtet sich von oben nach unten. Die Zuschauer bekommen so einen Überblick über die Situation. Die gezeigten Personen wirken unterlegen und schwach.

11.2 Empfehlenswert? – Rezensionen schreiben

Eine Buchkritik verfassen

1 Lest die folgende Erklärung und umschreibt den Begriff „rezensieren" in eigenen Worten.

> **rezensieren:** kommt aus dem Lateinischen und bedeutet „genau prüfen". Eine **Rezension** ist eine schriftliche Zusammenfassung und Bewertung, z. B. eines Buches oder eines Films.

Der Roman „Das fliegende Klassenzimmer" von Erich Kästner spielt in einem Jungeninternat in Kirchberg. Die Hauptfiguren sind fünf befreundete Tertianer dieses Gymnasiums, die alle unterschiedliche Eigenschaften haben – z. B. der träumerische Johnny, der immer hungrige Matthias oder der ängstliche Uli –, und ihr beliebter Hauslehrer Dr. „Justus" Bökh.

Eines Tages nehmen die verfeindeten Realschüler einen Gymnasiasten gefangen. Die Internatsschüler mischen sich ein und versuchen, eine Einigung zu erreichen. Da die Verhandlungen erfolglos bleiben, kommt es zu einer großen Schneeballschlacht. Weil sie dabei das Schulgelände unerlaubt verlassen haben, werden die Tertianer zu einer seltsamen Strafe verurteilt, einem Kaffeetrinken bei ihrem verständnisvollen Hauslehrer. Er erzählt von einem Schüler, der früher ebenfalls das Schulgelände verließ, während sein Freund für ihn Wache stand. Die Tertianer erkennen, dass Justus von sich selber und dem „Nichtraucher" spricht. Diesen Mann, der in einem alten Eisenbahnwaggon lebt, besuchen sie häufig. Als sie ihren Hauslehrer zu ihm führen, sind beide Männer glücklich über das unerwartete Wiedersehen. Der Höhepunkt des Schuljahres ist die erfolgreiche Aufführung des Theaterstücks „Das fliegende Klassenzimmer", das Johnny geschrieben hat.

Mir hat das Buch sehr gut gefallen, da die enge Freundschaft der Jungen und witzige Schulgeschichten beschrieben werden und man sich gut in die Figuren hineinversetzen kann.

2 Dies ist eine gelungene Rezension zum Buch „Das fliegende Klassenzimmer".
   a Beschreibt, welche Informationen die einzelnen Abschnitte enthalten.
   b Würdet ihr nach dieser Bewertung das Buch lesen wollen? Begründet.

3 Erstellt zu euren Lieblingsbüchern eine eigene Rezension auf einem extra Blatt.
Legt einen Rezensionsordner für eure Klasse an.

Wissen und Können   **Eine Buchkritik schreiben**

Eine **Rezension** verbindet die Inhaltsangabe eines Buches, Films oder eines Theaterstücks mit einer persönlichen Bewertung (Kritik).
Eine **Buchkritik** richtet sich vor allem an Leserinnen und Leser, die das Buch nicht kennen.
Sie ist folgendermaßen aufgebaut:
- Zu Beginn nennt man **Titel, Autor/in, den Ort der Handlung** und die **Hauptfiguren.**
- Man fasst dann die **Handlung** knapp zusammen, ohne zu viel vorwegzunehmen.
- Am Schluss **bewertet** man das Buch und **begründet** die eigene Einschätzung.

Über die Autorin/den Autor informieren

In einer Buchkritik könnt ihr auch Informationen zum Autor/zur Autorin ergänzen.

4 Erste Autoreninformationen erhält man oft im „Klappentext" auf den Innenklappen oder der Rückseite eines Buches. Welche Informationen über Erich Kästner enthält der abgebildete Klappentext? Gebt sie kurz wieder.

5 a Informiert euch im Internet oder in Lexika weiter über Erich Kästner und macht Notizen.
b Erstellt einen Lebenslauf mit wichtigen Jahreszahlen aus Kästners Leben. Geht besonders auf seine Kinder- und Jugendbücher ein.

Erich Kästner (1899–1974)
Der Autor vieler weltbekannter Kinderbücher, ausgezeichnet u. a. mit dem Büchner-Preis und der Hans-Christian-Andersen-Medaille, hat gesagt: „Die meisten Menschen legen ihre Kindheit ab wie einen alten Hut. [...] Nur wer erwachsen wird und Kind bleibt, ist ein Mensch."

1899   Kästners Geburt in Dresden
1917–1918 Soldat im 1. Weltkrieg
1929   Jugendbuch „Emil und die Detektive"
…   …

6 Schreibt einen kurzen Text über Erich Kästner. So könnt ihr beginnen:

„Nur wer erwachsen wird und Kind bleibt, ist ein Mensch", hat Erich Kästner einmal gesagt. Er selbst hat seine Kindheit nie vergessen. Er beschreibt sie in Jugendbüchern wie z. B. „…".
In diesen Romanen geht es oft um die Themen …
Kästner wurde für seine Bücher mit vielen Preisen geehrt, so erhielt er zum Beispiel …

Eine Filmkritik schreiben

1 Leiht den Film „Das fliegende Klassenzimmer" aus und stellt Informationen über ihn zusammen:
– Wer führte Regie?
– Wer schrieb das Drehbuch?
– Wann kam der Film in die Kinos?
– Wer sind die Hauptdarsteller/innen?
– Wie lange dauert der Film?
– Wo wurde der Film gedreht?

2 Wenn ihr den Film anseht, kann nicht jede/r gleichzeitig auf alles achten. Verteilt die Beobachtungsaufgaben von Seite 169 und macht euch während des Films Notizen dazu.

Ihr müsst im Dunkeln und bei laufendem Film Notizen machen!
- Nutzt deshalb **große Papierbögen und kräftige Filzstifte.**
- Notiert **kurze Stichpunkte,** damit das Schreiben euch nicht vom Film ablenkt!

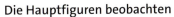

Die Hauptfiguren beobachten
- Passt die/der Schauspieler/in zur Rolle?
- Sind Gesichtsausdruck und Körpersprache (Mimik und Gestik) überzeugend?
- Ist die Ausdrucksweise angemessen?

Die Filmtechnik beobachten
- Welche Aufnahmen sind besonders eindrucksvoll?
- In welchen Szenen gibt es besonders wirkungsvolle Kameraeinstellungen?
- Passen die Musik und die Geräusche gut zur Handlung?

Die Handlung beobachten
- Werden die Ereignisse in der erwarteten zeitlichen Reihenfolge dargestellt?
- Was wird besonders ausführlich dargestellt? Was wurde gekürzt?
- Welche Stellen sind besonders interessant/überraschend/langweilig/spannend?
- Gibt es Unverständliches?

3
a Der Film ist zu Ende, das Licht geht wieder an. Haltet kurz euren Gesamteindruck fest, z. B.: *Super Film • viel „Action"! • Ich bin enttäuscht, weil … • Beste Szene: … • Ich frage mich, …*
b Vergleicht in Kleingruppen die Notizen, die ihr während des Films gemacht habt.
c Stellt eure Ergebnisse auf einem Plakat dar.

4 Vergleicht den Film mit der Romanvorlage und nennt die wichtigsten Unterschiede.
Was wurde verändert, hinzugefügt oder weggelassen?
Geht auf die Handlungsorte, die Figuren und die Handlung selbst ein.

5 Ist die Verfilmung von Erich Kästners Roman gelungen? Führt darüber eine Diskussion.
- Ihr könnt Gruppen bilden, die für oder gegen den Film sind.
- Notiert zuvor Gründe und Beispiele für eure Position.

6 Schreibt eine Filmkritik zum „Fliegenden Klassenzimmer", z. B. für die Schülerzeitung.

7
a Erstellt eine Liste von Jugendbüchern, zu denen ihr gern eine Verfilmung sehen würdet.
b Informiert euch im Internet, in Bibliotheken oder Videotheken, zu welchen dieser Bücher es Verfilmungen gibt, und leiht euch einen der Filme aus.
c Verfasst eine Rezension über ein Jugendbuch oder eine Buchverfilmung eurer Wahl.

Wissen und Können — Eine Filmkritik schreiben

- Zu Beginn einer Filmkritik nennt man den **Titel, das Jahr des Kinostarts, die Regisseurin/den Regisseur, die Hauptdarsteller/innen, den Drehort** (z. B. Leipzig) und **die Länge des Films** (z. B. 90 Min.).
- Eine Filmkritik gibt den **Handlungsablauf des Films** (Drehbuch) in groben Zügen wieder. Da sie sich an Leute richtet, die den Film noch nicht gesehen haben, sollte man darin spannende Stellen, lustige Pointen und das Ende nicht vorwegnehmen.
- Neben dem Inhalt kann man auch **weitere Aspekte des Films** bewerten, z. B.: schauspielerische Leistung, Kameraführung, Szenenbild, technische Effekte.

11.3 Projekt: Die „Glotze" und wir – Über Fernsehgewohnheiten nachdenken

1 Welche Rolle spielt das Fernsehen in eurem Leben?
Haltet eure Fernsehgewohnheiten eine Woche lang in einem Fernsehtagebuch fest:

Datum	Titel der Sendung	Thema	Uhrzeit	Fernsehzeit gesamt
12. 11.	Ein Heim für Tiere	Kranker Hund	17:30–18:15 Uhr	
	Wer wird Millionär?	Quizfragen	18:30–20:00 Uhr	2 1/4 Stunden
..	...	...	...	...

2 Vergleicht euer Fernsehverhalten in der Klasse.
  a Beschreibt, wie ihr Sendungen auswählt.
  b Macht eine Punktabfrage zum Thema „Lieblingssendungen":
   – Nennt die Titel von Sendungen, die ihr gern seht, und schreibt sie an die Tafel.
   – Jeder vergibt drei Klebepunkte (oder Kreidestriche) für die beste(n) Sendung(en).
     Ihr könnt die Punkte auf mehrere Sendungen verteilen oder an *eine* Sendung vergeben.
   – Zählt die Punkte zusammen und wertet das Ergebnis aus:
     Welche sind die drei beliebtesten Sendungen eurer Klasse?
  c Diskutiert über das Ergebnis: Warum sind diese Sendungen bei euch besonders beliebt?
    Nennt Gründe.

3 a Welche Wirkung hat das Fernsehen in eurem Alltag? Tauscht euch in kleinen Gruppen zu den folgenden Fragen aus. Greift dabei auch auf euer Fernsehtagebuch zurück.
   – Wann und wie lange seht ihr fern?
   – Gibt es Sendungen, die ihr fast nie verpasst? Warum schaltet ihr regelmäßig ein?
   – In welchen Fällen war euch das Fernsehen schon einmal wichtiger als eine Verabredung?
   – Welche Sendungen beeinflussen euer Verhalten (z. B. Pausengespräche, Kleidungsstil)?
  b Notiert drei Ratschläge für sinnvolles Fernsehverhalten.
  c Stellt eure Ratschläge in der Klasse vor und vergleicht sie.

4 Manche Sendungen beschäftigen sich mit Unterrichtsthemen.
Sucht aus dem Fernsehprogramm für eine Woche Sendungen heraus, die für den Unterricht lohnend sein können.
Notiert sie mit dem entsprechenden Unterrichtsfach in einer Übersicht:

Sendung	Unterrichtsfächer
Galileo (Wissenssendung)	Biologie, Erdkunde
Logo (Nachrichten für Kinder)	...
...	...

12 Höher, schneller, weiter –
Mit Sachtexten umgehen

S P O R T
O
L
Y S Y M B O L
M
P
T R A I N I N G
A

1 Überlegt, welche Begriffe zum Thema „Olympische Spiele" passen. Legt dazu ein Akrostichon (▶ S. 280) im Heft oder auf einem Plakat an. Vergleicht eure Ergebnisse in der Klasse.

2 Was möchtet ihr gern über den Olympiasport erfahren? Listet W-Fragen auf. Prüft beim Lesen der Texte in diesem Kapitel, welche eurer Fragen beantwortet werden.

12.1 Olympia: Wie alles begann – Sachtexte zusammenfassen und beschreiben

Die nackten Helden von Olympia

Heute sind die Olympischen Spiele das größte Sportereignis der Welt. Die Geschichte des Festes begann vor bald 3000 Jahren im alten Griechenland. In den Stadien von Olympia kämpften die besten Athleten des Altertums vor bis zu 50 000 Zuschauern um den Sieg. Manche mit ziemlich brutalen Methoden.

[…] Das Spektakel, das alle vier Jahre in der westgriechischen Provinz Elis stattfand, fing ganz klein an: als Fest zu Ehren des Göttervaters Zeus. Im Jahr 776 vor Christus kam jemand auf die Idee, bei der Feier auch einen Lauf zu veranstalten. […] Weil der Lauf beliebt war, wurde er bald wiederholt. Mit der Zeit kamen immer mehr Wettbewerbe hinzu: weitere Läufe, Ringen, Boxen und ein Fünfkampf, nach knapp 100 Jahren auch die geschätzten Pferderennen. Bald pilgerten Zehntausende Fans nach Olympia. Ohne jede Gefahr – denn die griechischen Staaten, die sonst oft im Krieg miteinander lagen, hatten sich darauf geeinigt, während der Spiele Frieden zu halten. […]

Für die Sportler war bei den Spielen nicht viel zu gewinnen: Der Sieger bekam einen Kranz aus den Zweigen des Olivenbaums aufgesetzt. Außerdem durfte er eine Bronzestatue von sich aufstellen lassen. Schon der Zweite galt bei den Griechen jedoch als Verlierer und ging leer aus. Viele Menschen glauben deshalb heute, dass die antiken Sportler Amateure waren, die vor allem aus Spaß bei diesem Kräftemessen mitmachten. Doch das stimmt nicht. Denn die Sieger in Olympia konnten bei anderen Sportfesten in Griechenland hohe Startgelder kassieren. Manche […] wurden auf diese Weise steinreich. […]

Wo so viel Geld zu verdienen ist, geht es nicht immer fair zu. Zwar schworen die Sportler von Olympia, den Regeln zu gehorchen – aber das vergaßen sie oft schnell wieder. Bei den Sprints gehörte Beinstellen zu den beliebten Tricks. Pferdebesitzer, die ihre Wagen siegen sehen wollten, bestachen die Fahrer ihrer Konkurrenten oder vergifteten deren Pferde. […]

Noch bejubelter als die Wagenlenker waren nur die Kämpfer. Beim Ringen versuchten die Sportler, ihren Gegner zu Boden zu werfen. Damit das nicht so leicht war, ölten sie sich ein, bis sie glitschig waren wie Aale. Beim Faustkampf dagegen schlugen die Kontrahenten aufeinander ein, bis einer aufgab. Meist umwickelten sie ihre Hände mit Lederriemen, zwischen denen sie Dornen und Eisenplatten festmachten! Wer den Schlägen auswich, galt als feige und wurde ausgelacht.

Aus: Stefan Greschik: Die nackten Helden von Olympia, GEOLINO Nr. 15 (2008)

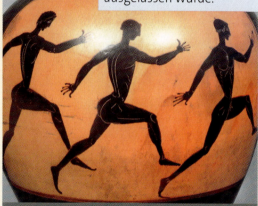

Das Zeichen [...] zeigt, dass eine Textstelle aus dem Originaltext ausgelassen wurde.

Antike Läufer waren immer nackt unterwegs. Diese Sitte wurde von Sportlern aus Sparta (Südgriechenland) eingeführt.

Einen Sachtext erschließen

Schritt 1: Das Thema nennen

1 Worum geht es in dem Text „Die nackten Helden von Olympia"? Nennt das Thema.

Schritt 2: Unbekannte Wörter klären

2 Klärt mit Hilfe der Tipps aus dem Merkkasten unten schwierige oder unbekannte Wörter, z. B.:
Fünfkampf (Z. 16), Bronzestatue (Z. 26), Konkurrenten (Z. 42 f.), Faustkampf (Z. 48)
der Fünfkampf (Z. 16) → fünf + der Kampf: sportlicher Wettkampf, der aus fünf Disziplinen besteht

Schritt 3: W-Fragen beantworten und Schlüsselwörter markieren

3 a Überlegt euch in Kleingruppen fünf W-Fragen zum Text und schreibt diese auf kleine Kärtchen. Anschließend werden die Fragekärtchen mit einer anderen Gruppe getauscht.

b Legt eine Folie über den Text „Die nackten Helden von Olympia".
Unterstreicht mit einem Folienstift Schlüsselwörter, die die W-Fragen beantworten.
Als Hilfe sind im Text schon einige Schlüsselwörter unterstrichen.

4 Prüft, welche eurer Fragen vom Anfang (▶ S. 171) im Text beantwortet werden.

| Wissen und Können | Schwierige oder unbekannte Wörter klären |

Sachtexte enthalten oft schwierige Wörter. So könnt ihr ihre Bedeutung herausfinden:
- Erschließt die Wortbedeutung aus dem **Zusammenhang**, z. B.:
  Amateure (Z. 30) → Das Wort wird im Satz erklärt: „Sportler [...], die vor allem aus Spaß bei diesem Kräftemessen mitmachten" (Z. 30 f.)
- Zerlegt das Wort in seine **Bestandteile**, z. B.:
  der Göttervater (Z. 10) → die Götter + der Vater = der Vater der griechischen Götter
- Schlagt im **Wörterbuch** nach, z. B.: *das Spektakel* (Z. 8): das Schauspiel

12 Höher, schneller, weiter – Mit Sachtexten umgehen

Schritt 4: Überschriften zu Abschnitten formulieren

5 Der Text besteht aus fünf Abschnitten.

a Zu welchem Abschnitt passt die folgende Zwischenüberschrift?

> Entstehung der Spiele und erste Sportdisziplinen

b Schreibt auch für die anderen Abschnitte passende Überschriften auf, z. B.:

> 1. Abschnitt (Z. 1–7): *Olympia – ein 3000 Jahre altes Sportereignis*
> 2. Abschnitt (Z. 8–22): …
> 3. Abschnitt (Z. 23–35): …
> 4. Abschnitt (Z. 36–43): …
> 5. Abschnitt (Z. 44–54): …

Als Hilfe könnt ihr aus den folgenden Vorschlägen passende Überschriften auswählen:

> Die Sieger • Seltene Betrügereien • Nicht immer „Fair Play" • Steinreiche Menschen • Nur brutale Sportarten • Kampfsportarten • Die Wagenrennen • Sportliche Ereignisse

Schritt 5: Genau lesen und den Inhalt zusammenfassen

6 Richtig oder falsch – habt ihr genau gelesen?

a Überprüft die zehn Aussagen zum Text. Wenn ihr nicht sicher seid, lest noch einmal nach. Die Anfangsbuchstaben der korrekten Aussagen ergeben hintereinander ein Lösungswort.

1 Ursprünglich wurde auf dem Fest zu Ehren des Zeus nur ein Lauf veranstaltet. **S**

2 Während der Olympischen Spiele durfte unter den Griechen kein Krieg geführt werden. **I**

3 Der Sieger erhielt einen Kranz aus Lorbeer. **F**

4 Der zweite Sieger erhielt eine Bronzestatue. **A**

5 Pferderennen, Boxen, Ringen, Fünfkampf und Laufen waren die Disziplinen der antiken Olympischen Spiele. **E**

6 Damit ihre Gegner sie nicht so leicht zu fassen bekamen, schmierten sich die Ringer mit Öl ein. **G**

7 Die beliebtesten Sportler Griechenlands waren die Wagenlenker. **K**

8 Wagenlenker vergifteten manchmal die Pferde ihrer Gegner. **E**

9 Die antiken Sportler waren immer Amateure. **T**

10 Im antiken Griechenland konnte man mit Sport manchmal sehr viel Geld verdienen. **R**

b Schreibt weitere Behauptungen zum Text auf und lasst sie von anderen überprüfen.

7 Fasst nun den Text mündlich zusammen. Formuliert zu jedem Abschnitt ein bis zwei Sätze, z. B.:
Die Olympischen Spiele entstanden vor 3000 Jahren in Griechenland.

Fremdwörter aus dem Griechischen und dem Lateinischen verstehen

Die deutsche Sprache enthält viele Fremdwörter aus dem Griechischen oder dem Lateinischen. Viele von ihnen könnt ihr ohne Probleme verstehen. Seht selbst!

> Die Sportveranstaltungen in der **Antike** finde ich wirklich **interessant,** deshalb habe ich mich im Internet weiter **informiert**. Die **Athleten** haben trotz der hohen **Temperaturen** in Griechenland schon damals hervorragende **Resultate** erzielt!

1 Versucht die fettgedruckten Wörter aus der Sprechblase durch deutsche Ausdrücke zu ersetzen. Was stellt ihr dabei fest?

2 Viele Fremdwörter aus dem Griechischen oder Lateinischen bestehen aus zwei Wortbausteinen.

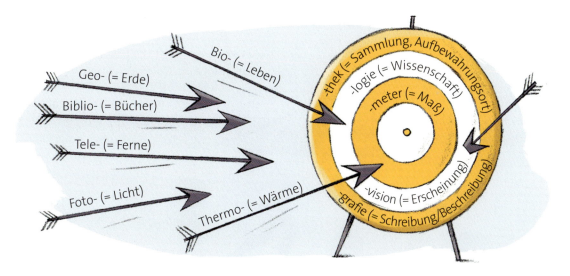

Setzt die Wortbausteine zusammen. Einige der Bausteine könnt ihr mehrmals verwenden. Erklärt die Bedeutung der Wörter.

Wissen und Können — **Fremdwörter aus dem Griechischen und Lateinischen**

- Viele Fremdwörter – oft aus den Bereichen Wissenschaft und Technik – kommen aus dem Griechischen oder Lateinischen.
- Fremdwörter sind oft in **Wortbausteine** zerlegbar, die jeweils eigene Bedeutungen haben, z. B.: *Biologie = Bio + logie* → die Wissenschaft vom Leben
- Manche Fremdwörter sind in unserem Sprachgebrauch schon so alltäglich, dass es schwerfällt, sie ins Deutsche zu „übersetzen", z. B.: *die Temperatur* → Grad der Wärme

Fremdwörter-Fünfkampf!

1 Findet das passende Fremdwort für den deutschen Ausdruck. Der Silben-Speicher hilft euch. Ergänzt bei Nomen den Artikel.

optisches Vergrößerungsgerät = *das Mik...*
zwischen mehreren Staaten = *in...*
Erzeugnis = *das P...*
Mundart = *der ...*
Gerät zum Aufzeichnen von Filmen: ...
Sprachrohr, das die Stimme lauter macht: ...

cor	der	Dia	dukt	ga	fon	in
~~kop~~	lekt	~~Mik~~	Me	na	nal	Pro
Re	~~ros~~	ter	tio			

2 Erklärt die folgenden Fremdwörter mit Hilfe deutscher Ausdrücke.

die Apotheke = *Geschäft, in dem Medikamente verkauft werden*
die Adresse = ...
die Definition = ...
die Astronomie = ...

Tipp: Ein Wörterbuch kann helfen!

3 Fremdwörter aus dem Lateinischen enden oft auf *-tät, -ment, -or* oder *-ion*, viele Fremdwörter aus dem Griechischen weisen die Nachsilbe *-ie* auf. Bildet vollständige Wörter und erklärt ihre Bedeutung.

die Diskuss-
die Stabili-
das Tempera-
die Mobili-
die Biograf-
der Diktat-

-tät
-ment
-or
-ion
-ie

4 Schreibt zu den Verben die passenden Nomen mit Artikel auf.

notieren → *die Notiz*
interessieren → ...
reparieren → ...
summieren → ...
regieren → ...

5 Sucht zu den Nomen jeweils ein passendes Verb auf *-ieren*.

die Multiplikation → *multiplizieren*
die Konzentration → ...
das Studium → ...
die Addition → ...
die Adoption → ...
die Kritik → ...

6 Zusatzdisziplin! Schreibt fünf sinnvolle Sätze auf, in denen möglichst viele Fremdwörter von dieser Seite vorkommen.

Das Layout beschreiben

Die Olympischen Spiele der Neuzeit

Der römische Kaiser Theodosius I. verbot 393 n. Chr. die Olympischen Spiele, weil sie seiner Meinung nach einen heidnischen Kult[1] darstellten. Etwa 1500 Jahre später ließ der Franzose Pierre de Coubertin die Olympischen Spiele wieder aufleben.

Welche Vorstellungen hatte Coubertin?
[…] Coubertin wollte Jugendliche aller Länder zusammenbringen, um Freundschaft zwischen den Völkern aufzubauen – die Idee der Olympischen Spiele für alle Nationen war geboren. Der Gedanke, die antiken Olympischen Spiele in moderner Form wieder aufleben zu lassen, war von den Ausgrabungen des antiken Olympia (1875 bis 1881) beeinflusst. Nun galt es, international verbindliche Regeln und ein Sportprogramm aufzustellen. Zu den englischen Sportarten Leichtathletik, Rugby und Rudern kam das deutsche Turnen, aber auch traditionelle französische und italienische Sportarten wie Fechten und Reiten.
1894 wurde in Paris die Wiedereinführung der Olympischen Spiele beschlossen. Das Internationale Olympische Komitee (IOC) wurde gegründet und die ersten Olympischen Spiele an Athen vergeben. Und weil ein griechischer Millionär genügend Geld stiftete, baute man in Athen ein Stadion, das dem antiken an gleicher Stelle ähnlich war. 1896 fanden dort die ersten Olympischen Spiele der Neuzeit statt.

Welche Regeln wurden aufgestellt?
An Olympischen Spielen dürfen nur Sportler teilnehmen, deren Nationale Olympische Komitees vom IOC anerkannt sind. Bis 1981 besagte eine Regelung zudem, dass Olympiateilnehmer Amateure sein müssen, das heißt kein Geld mit dem Sport verdienen dürfen.

Nach und nach schuf man olympische Symbole, so die weiße olympische Flagge mit den fünf verschiedenfarbigen Ringen, welche die fünf Kontinente darstellen sollen. Die Fahne und der olympische Wahlspruch *citius – altius – fortius* (lat. „schneller – höher – weiter") werden als Eigentum des IOC geschützt.

Bei der Eröffnungsfeier marschiert seit 1924 zuerst Griechenland in das Stadion ein. Eine Sportlerin oder ein Sportler des Gastlandes spricht den olympischen Eid […]. Danach wird das olympische Feuer entfacht, das für die Dauer der Spiele in einer Schale brennt.

Aus: Edwin Klein: WAS IST WAS: Olympia vom Altertum bis zur Neuzeit (1993)

Bei den ersten Olympischen Spielen der Neuzeit 1896 erhielt der Sieger diese Silbermedaille.

---

1 heidnischer Kult: nicht christliche Handlungen

1 Erschließt den Text „Die Olympischen Spiele der Neuzeit" auf Seite 177 mit der Fünf-Schritt-Lesemethode (▶ S. 173 f.) und fasst ihn mündlich zusammen.

YANNIK: Die **Headline**, also die Überschrift, muss fett und groß gedruckt werden, damit sie gleich auffällt. Die Leser sollen ja auf den Text aufmerksam werden.
HANNA: Und der **Vorspann**, du sagst ja immer „Lead" dazu, sollte sich vom Fließtext abheben. Wir könnten ihn kursiv setzen! Wir sollten noch einmal prüfen, ob der Vorspann einen kurzen
5 Ausblick auf den Inhalt des Artikels gibt. Die anderen Schüler sollen ja neugierig werden!
LEA: Soll ich die Bildunterschrift auch fett setzen? Dann fallen sie auf und man weiß gleich, wovon die nächsten Absätze handeln.
HANNA: Apropos: Wir sollten den Text in Grafiken einteilen! Das macht ihn übersichtlicher.
LEA: Ja, und man erkennt dadurch sofort, wenn inhaltlich etwas Neues angesprochen wird!
10 YANNIK: Irgendwie sieht die Seite immer noch langweilig aus … und so voll!
HANNA: Setz' den Fließtext doch in **Spalten**! Das lockert auf und außerdem wirkt der Text dann kürzer.
LEA: Und **Bilder** oder **Absätze** müssen noch dazu.
15 Das macht den Text anschaulicher. Eine passende Zwischenüberschriften kann den Text etwas näher erklären oder sogar noch einen Aspekt ansprechen, der nicht im Artikel enthalten ist.
YANNIK: Super! Das sieht schon viel besser aus!

2 Yannik, Hanna und Lea planen am Computer das Layout eines Artikels für die Schülerzeitung.
  a Lest das Gespräch mit verteilten Rollen und klärt unbekannte Wörter.
  b Die rot markierten Begriffe im Gespräch wurden verwechselt. Bringt sie an die richtige Stelle.
  c Tragt in einer Tabelle alle Merkmale ein und erklärt ihre Funktion.

Textmerkmal	Funktion
große, fett gedruckte Überschrift (Headline)	*auffällig, erregt Aufmerksamkeit*
…	…

3 Überprüft, welche der Merkmale im Layout des Artikels auf Seite 172 umgesetzt wurden.

Wissen und Können — **Das Layout eines Sachtextes untersuchen**

Ein übersichtliches **Layout** (= die äußere Textgestaltung) erleichtert das Lesen eines Textes:
- Die **Überschrift** (Headline) weckt das Interesse des Lesers, der **Vorspann** (Lead) gibt einen Ausblick auf den Inhalt, **Zwischenüberschriften** fassen Absätze zusammen.
- **Bilder** oder **Grafiken,** oft mit **Bildunterschrift,** machen den Inhalt anschaulicher.
- Der Artikel kann als **Fließtext** oder zur Auflockerung in **Spalten** gesetzt werden.
- Zur besseren Übersicht wird der Text in inhaltlich zusammengehörige **Absätze** unterteilt.

Testet euer Wissen!

Mit Sachtexten umgehen

1 Bringt die Siegerkränze in die richtige Reihenfolge und schreibt die Schritte geordnet auf.
Als Lösungswort ergibt sich ein wichtiges „Sportgerät" der Antike.

2 Löst die „Fremdwort-Rechnungen"!
Schreibt die vollständigen Wörter mit ihrem Artikel und der passenden Erklärung auf.

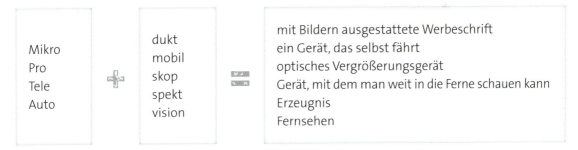

3 Ordnet die Textmerkmale im Wortspeicher den entsprechenden Funktionen zu.
Übertragt die vollständige Tabelle in euer Heft.

Textmerkmal	Funktion
...	*soll sofort auffallen und die Aufmerksamkeit erregen*
...	*gibt einen kurzen Ausblick auf den Inhalt des Textes und soll neugierig machen*
...	*machen den Artikel übersichtlicher und gliedern den Text inhaltlich*
...	*informieren über den Inhalt der folgenden Absätze*
...	*machen den Text anschaulicher*

die Absätze • die Bilder • die Überschrift • der Vorspann • die Zwischenüberschriften

12.2 Erfolgreich trotz Handicap – Einen Sachtext beschreiben

Die Paralympics

Drei Wochen nach den Olympischen Spielen beginnen immer die Paralympics, bei denen behinderte Sportler um Medaillen kämpfen.

Was sind die Paralympics?
Die Paralympics sind die Weltspiele der behinderten Sportler. Sie werden vom Internationalen Paralympischen Komitee (IPC) vergeben. Der olympische Gedanke, die eigenen Grenzen im Sport immer weiter hinauszuschieben, kann selbstverständlich auch von Menschen ohne Sehvermögen oder Rollstuhlfahrern verwirklicht werden.

Die Erfahrung, auf sportlichem Höchstleistungsniveau aktiv zu sein, gibt allen Menschen ein gutes Gefühl und Selbstvertrauen.

Der Wettbewerb ist ein zusätzlicher Anreiz. Er hat im Sport der Behinderten zu Leistungen geführt, die vorher unmöglich erschienen. So bewältigte der italienische Sprinter Lorenzo Ricci 2000 in der Klasse der Sehbehinderten die 100 m in 11,69 Sekunden. Er orientierte sich dabei nur an den Zurufen eines Helfers.

Startklassen bei den Paralympics
Eine wichtige Besonderheit bei den Paralympics ist die Einteilung nach verschiedenen Kategorien: Es werden z. B. je eigene Startklassen für Menschen gebildet, denen ein Körperteil fehlt oder bei denen das Knie steif ist. Rollstuhlfahrer können nicht mit Sehbehinderten wetteifern, aber durchaus mit Querschnittsgelähmten. […] Die Vielfalt der Behinderungen führt zu vielen Startklassen. Sonst ist kein sinnvoller Leistungsvergleich möglich.

Wie sind die Paralympics entstanden?
Der „Vater" der Paralympics war der englische Arzt Sir Ludwig Guttmann. Bei seiner Arbeit mit

Alpines Skifahren bei den Winter-Paralympics

im Krieg geschädigten Soldaten setzte er Spiel und Sport ein, um ihnen zu helfen, mit den körperlichen Einschränkungen, z. B. dem Verlust von Armen und Beinen, leben zu lernen. Daneben half der Sport den Menschen, wieder neuen Lebensmut zu gewinnen. Denn hier zählte das Können mehr als die Behinderung.

Sir Guttmann organisierte 1948 in Stoke Mandeville das erste Sportfest für Behinderte. 1952 waren erstmals auch ausländische Athleten am Start. Dies kann als der Beginn der Paralympics angesehen werden.

Die paralympische Bewegung hat zu einem weltweiten Aufschwung des Behindertensports geführt. Heute nehmen rund 4 000 Athleten aus über 140 Ländern teil.

Aus: Jörg Wimmert: WAS IST WAS: Die Olympischen Spiele (2004)

12.2 Erfolgreich trotz Handicap – Einen Sachtext beschreiben

Einleitungen formulieren

In einem textgebundenen Aufsatz (TGA) untersucht ihr einen Text genauer. In der Einleitung solltet ihr einen ersten Überblick über die Art, die Herkunft und das Thema des Textes geben.

> Der Sachtext „Die Paralympics" wurde von ? verfasst und erschien 2004 im WAS IST WAS-Band „ ? ". In dem Artikel wird erklärt, was die Paralympics sind, welche Startklassen es gibt und wie die Paralympics entstanden sind.

1 a In dieser Einleitung fehlen zwei Angaben. Ergänzt sie und schreibt den Text in euer Heft.
b Besprecht, was ihr in diesem Einleitungssatz alles über den Text erfahren könnt.

2 a Überprüft mit Hilfe des Kastens unten die drei Einleitungen zum Text auf Seite 177: Welche Informationen sind jeweils enthalten, welche fehlen?
b Verfasst nun selbst eine korrekte Einleitung zu dem Text.

Josef schreibt:

> In „Die Olympischen Spiele der Neuzeit", geschrieben von Edwin Klein, geht es um die ersten Olympischen Spiele der Neuzeit.

Maide schreibt:

> Der Sachtext „Die Olympischen Spiele der Neuzeit" wurde dem WAS IST WAS-Buch „Olympia vom Altertum bis zur Neuzeit" entnommen.

Nastja schreibt:

> „Die Olympischen Spiele der Neuzeit" ist ein Sachtext, der 1993 in dem Buch „Olympia vom Altertum bis zur Neuzeit" aus der WAS IST WAS-Reihe erschienen ist. Der Autor informiert in diesem Text über die Gründung und die Regeln der Olympischen Spiele der Neuzeit.

3 Wie könnte eine Einleitung zum Text „Die nackten Helden von Olympia" (▶ S. 172) lauten?
a Notiert, welche Angaben in der Einleitung stehen müssen.
b Schreibt eine vollständige Einleitung auf.
Als Hilfe könnt ihr folgende Formulierungen verwenden:

> Der Sachtext ? , der von ? verfasst wurde, erschien 2008 in der Zeitschrift ? . In dem Text geht es um .../wird erklärt, ...

Wissen und Können — **Eine Einleitung für einen textgebundenen Aufsatz schreiben**

Im Einleitungssatz solltet ihr (sofern sie vorhanden sind) folgende Angaben nennen:
- **Textsorte, Autor/in, Titel** des Textes
- **Erscheinungsort:** In welchem Buch/In welcher Zeitschrift/Auf welcher Internetseite ist der Text erschienen?
- **Erscheinungsjahr:** In welchem Jahr ist der Text erschienen?

Anschließend gebt ihr in ein bis zwei Sätzen das **Thema des Textes** wieder.

Inhalte wiedergeben und das Layout beschreiben

Im Hauptteil eines textgebundenen Aufsatzes fasst ihr den Inhalt eines Sachtextes mit eigenen Worten zusammen. Als Hilfe erhaltet ihr meistens Leitfragen.

1 a Lest die folgenden Fragen zum Sachtext „Die Paralympics" auf Seite 180.

> A Was sind die Paralympics?
> B Weshalb wird bei den Paralympics eine Unterscheidung nach Kategorien gemacht?
> C Von wem und warum wurden die Paralympics ins Leben gerufen?
> D Welche Auswirkungen auf den Behindertensport hatte die paralympische Bewegung?

b Begründet, welche der folgenden Antworten auf Frage A besser gelungen ist. Schreibt sie ab.

> 1 *Die Paralympics werden für Menschen mit Behinderungen veranstaltet. Sie finden immer einige Zeit nach den Olympischen Spielen statt.*

> 2 *Die Paralympics sind Olympische Spiele für Sportler mit Behinderungen. Diese internationalen Wettkämpfe werden immer kurz nach den Spielen ausgetragen.*

c Vervollständigt die begonnene Antwort auf Frage B in eurem Heft.
Weil die Sportler ganz verschiedene Behinderungen haben, gibt es ... So unterscheidet man z. B., ob die Teilnehmer ...

> Formuliert eure Antwort in eigenen Worten. Greift zu Beginn die Frage auf, damit der Leser weiß, worum es geht.

d Schreibt vollständige Antworten auf die Fragen C und D auf.

2 Bei der Beschreibung eines Sachtextes könnt ihr auch auf das Layout eingehen.
a Seht euch den Artikel „Die Paralympics" auf Seite 180 noch einmal an und bestimmt die Merkmale des Layouts mit Hilfe des Merkwissens auf Seite 178.
b Beschreibt das Layout des Textes in eurem Heft: Nennt nacheinander alle vorhandenen Textmerkmale und geht jeweils auf ihre Funktion ein, z. B.:
Wenn man das Layout des Textes untersucht, fällt zuerst die große, fett gedruckte Überschrift auf. Diese soll ...
Der Vorspann, der in kursiver Schrift abgedruckt ist, bewirkt, dass ...
Außerdem enthält der Text ... Dies hilft dem Leser, ...

Wissen und Können   **Inhaltsfragen beantworten und das Layout beschreiben**

Im **Hauptteil** eines textgebundenen Aufsatzes gibt man den **Inhalt des Textes mit eigenen Worten** wieder. Man kann auch auf Merkmale des **Layouts** und deren **Funktion** eingehen. Beachtet beim Schreiben folgende Punkte:
- Greift die **Leitfragen** zu Beginn eurer Antwort kurz auf.
- Verwendet das **Präsens**.
- **Vermeidet Wortwiederholungen** und achtet auf **abwechslungsreichen Satzbau**.

Die eigene Meinung formulieren

Am Ende eines textgebundenen Aufsatzes könnt ihr eure Meinung zum Text äußern. Oft wird dazu eine Frage gestellt, zu der ihr begründet Stellung nehmen sollt.

1 Zum Sachtext „Die Paralympics" auf Seite 180 wurde die folgende Frage gestellt:
Was ist deiner Ansicht nach der wichtigste Grund für die Durchführung der Paralympics?
a Welche der folgenden Gründe findet ihr am überzeugendsten? Wählt zwei Aussagen.

Es ist wichtig, dass es die Paralympics gibt, weil ...

A ... so deutlich wird, dass auch behinderte Sportler hervorragende sportliche Leistungen erbringen.

B ... die teuren Sportstätten der Olympiade dadurch noch einmal sinnvoll genutzt werden können.

C ... behinderte Menschen wie alle anderen ein Recht auf internationale Wettkämpfe haben.

D ... die Öffentlichkeit dadurch mehr auf Menschen mit Behinderungen aufmerksam wird.

b Schreibt weitere Begründungen auf.

2 Ergänzt den folgenden Schlussteil eines Aufsatzes mit Hilfe eurer Ergebnisse aus Aufgabe 1 und schreibt ihn vollständig in euer Heft.

> Es gibt viele sinnvolle Gründe dafür, einen internationalen Sportwettbewerb für Behinderte zu veranstalten. Meiner Meinung nach sind die Paralympics vor allem deshalb von so großer Bedeutung, weil ❓ (erste Begründung aus Aufgabe 1).
> Für die Durchführung der Paralympics spricht außerdem die Tatsache, dass ❓ (zweite Begründung aus Aufgabe 1).

3 Schreibt nun einen geeigneten Schluss zum Text „Die Olympischen Spiele der Neuzeit" (Seite 177). Geht dabei begründend auf die folgende Frage ein:
Was gefällt dir besonders an den Olympischen Spielen?

Wissen und Können   Den Schluss eines textgebundenen Aufsatzes schreiben

- Am Schluss eines textgebundenen Aufsatzes äußert ihr eure **Meinung zum Text** oder zu einer vorgegebenen **inhaltlichen Frage**.
- **Begründet** eure Meinung überzeugend und verwendet **sachliche Formulierungen**.

Zusammenhängend schreiben – Sätze verknüpfen!

Martin schreibt:

> Die Paralympics sind sportliche Wettkämpfe für Menschen mit Behinderungen. Und Vorbild für diese internationale Veranstaltung sind die Olympischen Spiele. Die gibt es seit 1960. Und sie werden immer kurz nach den eigentlichen Olympischen Spielen ausgetragen. Und die Sportler haben ganz verschiedene Behinderungen. Es gibt zum Beispiel für die Disziplinen Langlauf, Biathlon und Ski Alpin unterschiedliche Kategorien. Und dann unterscheidet man, ob die Teilnehmer …

Mia schreibt:

> Zunächst wird in dem Sachtext erklärt, dass die Paralympics sportliche Wettkämpfe für Menschen mit Behinderungen sind. Vorbild für diese internationale Veranstaltung, die es seit 1960 gibt, sind die Olympischen Spiele. Deshalb werden sie immer kurz nach den eigentlichen Olympischen Spielen ausgetragen. Darüber hinaus gibt es zum Beispiel für die Disziplinen Langlauf, Biathlon und Ski Alpin unterschiedliche Kategorien, weil die Sportler ganz verschiedene Behinderungen haben. So unterscheidet man, ob die Teilnehmer …

1 Vergleicht die Textbeispiele aus Schüleraufsätzen und beschreibt, was Mia anders gemacht hat.

2 Verknüpfungen helfen euch, flüssig zu schreiben und Zusammenhänge zwischen Sätzen zu verdeutlichen.
Seht euch die Abbildung an und erklärt sie: Wofür stehen die Seile – wofür steht der Knoten?

Beispiel aus Mias Text:

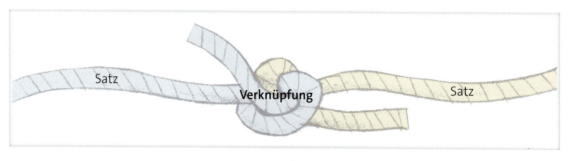

3 Stellt die letzten beiden Sätze aus Mias Aufsatz (ab „Darüber hinaus …") als Bild dar:
Zeichnet ein Seil mit zwei Knoten in euer Heft und beschriftet es passend mit den Teilsätzen und den Verknüpfungen.

12.2 Erfolgreich trotz Handicap – Einen Sachtext beschreiben

4 Adrian hat einen Artikel über eine außergewöhnliche junge Sportlerin zusammengefasst. Überarbeitet seinen Text, indem ihr passende Verknüpfungen einfügt.

> *Jenny ist blind. Sie fährt gerne Ski. Sie braucht Hilfe bei ihrem Sport. Ihr Skilehrer fährt immer neben ihr. Er ruft ihr Kommandos zu. Jenny weiß, wohin sie fahren muss. Sie erfährt von ihm, wie steil das Gelände ist. Der Skilehrer hat keine Zeit. Jenny geht mit ihrem Vater zum Langlaufen. Das Mädchen kann trotz der Behinderung Sport treiben.*

Diese Verknüpfungen können euch dabei helfen.

weil • deshalb • außerdem • so • wenn • und • aber • obwohl

5 In diesem Wortgitter sind waagrecht und senkrecht 16 Verknüpfungen versteckt.
a Sucht die Wörter heraus und schreibt sie auf.

A	F	T	W	Z	O	D	U	G	F	I	L	T	M
L	T	W	E	I	T	E	R	H	I	N	G	W	Z
S	X	Ä	I	C	D	N	K	N	Ö	A	B	E	R
Ü	ß	H	L	Y	T	N	R	Z	A	C	B	L	C
D	E	R	D	E	O	F	D	A	S	H	J	C	K
D	I	E	L	M	B	N	D	O	P	D	P	H	Q
R	S	N	T	U	W	E	L	C	H	E	V	E	W
U	N	D	Z	S	O	D	P	Ä	T	M	E	S	F
T	S	G	I	Ö	H	ß	A	F	G	L	N	M	Ü
A	B	S	C	H	L	I	E	ß	E	N	D	G	T

Hier könnt ihr eure Lösungen überprüfen:
aber • abschließend • als • das • denn • der • die • nachdem • obwohl • so • und • während • weil • weiterhin • welche • welches

b Ordnet die gefundenen Verknüpfungen in eurem Heft in folgende Tabelle ein:

Unterordnende Konjunktionen (HS+NS)	Nebenordnende Konjunktionen (HS+HS)	Relativpronomen	Einleitende Formulierungen
als	...	...	weiterhin
...	...	...	...

Wissen und Können   Sätze verknüpfen

Durch **Verknüpfungen** kann man Sätze verbinden. Dadurch lassen sich **inhaltliche Zusammenhänge** verdeutlichen und der Text lässt sich besser lesen. Sätze lassen sich verknüpfen durch
- unterordnende Konjunktionen, z. B.: *Der Sportler war erfolgreich, weil er gut trainiert hatte.*
- nebenordnende Konjunktionen, z. B.: *Der Sportler war erfolgreich, denn er hatte trainiert.*
- Relativpronomen, z. B.: *Der Sportler, der gut trainiert hatte, war erfolgreich.*
- einleitende Formulierungen, z. B.: *Der Sportler hatte trainiert. Deshalb war er erfolgreich.*

12.3 Fit in …? – Über Sachtexte informieren

Gewinnen mit allen Mitteln

Höher, schneller, weiter: Für einen Profi zählt beim Sport längst nicht nur der Spaß. Es geht um Rekorde, ums Siegen, um den Erfolg. Hartes Training allein genügt aber oft nicht. Dann fangen einige an zu tricksen – mit unerlaubten Mitteln.

Der Radprofi Erik Zabel (Mitte) gestand, während der Tour de France mit EPO gedopt zu haben. Mit EPO kann das Blut mehr Sauerstoff aufnehmen und somit wird die Muskelleistung gesteigert.

Oben, im 7. Stock eines Betonbaus in Köln-Müngersdorf, blättert sich Professor Wilhelm Schänzer durch einen Stapel eng bedruckter Papiere: die aktuelle Dopingliste. Darin sind sie aufgeführt – die knapp 200 Mittel, die tabu sind für Sportler. Weil sie deren Leistung steigern, ohne dass diese sich dafür anstrengen müssen; und weil sie deren Gesundheit gefährden. Bei den meisten Mitteln nämlich handelt es sich um Medikamente. „Narkosemittel zum Beispiel", sagt Schänzer, „wurden entwickelt, um sie Patienten vor der Operation zu verabreichen. Aber einige Sportler missbrauchen sie, um Schmerzen zu unterdrücken. Oder Clenbuterol: ein Mittel zur Mast von Kälbern – das aber Muskeln anschwellen lässt."

Der Chemiker Wilhelm Schänzer leitet das Dopinglabor an der Kölner Sporthochschule, eines der größten weltweit. 13 000 Urinproben von Spitzensportlern untersuchen er und seine gut 30 Mitarbeiter jedes Jahr. Hat jemand gedopt, kann man Spuren dieser verbotenen Substanzen im Urin finden. Wie weit die Sportler bereit sind zu gehen, das erstaunt ihn noch immer. Vor einiger Zeit legte ihm ein Kollege eine anonyme Umfrage unter US-Sportlern auf den Schreibtisch. Mehr als die Hälfte von ihnen hatte darin angegeben: Wenn man ihnen garantiere, dass sie von nun an jeden Wettkampf gewännen, würden sie alles schlucken. Selbst wenn sie wüssten, dass sie nach fünf Jahren daran sterben!

Bis zu zwölfmal jährlich wird mancher Sportler in Deutschland kontrolliert. Nicht nur nach Wettkämpfen: Die Kontrolleure überraschen die Athleten auch während des Trainings. Oder im Urlaub. Wer nicht anzutreffen ist, wird ermahnt, dann gesperrt. Denn viele Mittel kann man nur für kurze Zeit aufspüren.

In einem speziellen Gerät werden die Urinproben mit Elektronen bombardiert und auf diese Weise in ihre Bestandteile zerlegt. An der Form der Trümmer wird Schänzer später verbotene Substanzen erkennen können. Allerdings muss er genau wissen, wonach er sucht. „Meistens sind uns die Sportler einen Schritt voraus – so lange, bis wir die Trümmerform der neuen Mittel kennen."

150 Doper erwischt Schänzer jedes Jahr, das heißt, bei etwa einer von 85 Proben wird er fündig. Wenn Kollegen behaupten, mindestens die Hälfte der Athleten würden betrügen und man solle deshalb das Dopen doch einfach erlauben, damit alle die gleichen Chancen hätten – dann schüttelt Schänzer den Kopf. Schon jetzt seien die Nebenwirkungen des Dopens kaum in den Griff zu bekommen, sagt er. Denn wer Wachstumshormone schluckt, dem wachsen nicht nur die Muskeln, sondern auch die Ohren, die Hände, das Herz. Infarkte drohen. „Wenn Sportler alles schlucken dürfen, wird es lebensgefährlich."

Aus: Katharina Beckmann: Gewinnen mit allen Mitteln, GEOLINO extra Nr. 15 (2008)

So lautete eine Schulaufgabe:

Verfasse einen textgebundenen Aufsatz zu dem Text „Gewinnen mit allen Mitteln".

1 Schreibe eine Einleitung.
2 Fasse den Text anhand folgender Leitfragen zusammen:
 – Warum greifen einige Sportler zu Dopingmitteln?
 – Welche Beispiele für Dopingmittel werden genannt und wie wirken sie?
 – Zu welchem Ergebnis kam eine anonyme Umfrage unter US-Sportlern?
 – Weshalb müssen Sportler jederzeit für einen Dopingtest bereit sein?
 – Wie können Chemiker feststellen, welches Dopingmittel ein Sportler genommen hat?
 – Wie beurteilt Wilhelm Schänzer die Forderung, man sollte Doping erlauben?
3 Beschreibe das Layout des Textes und seine Funktion.
4 Was denkst du über Doping? Schreibe im Schluss deine eigene Meinung und begründe sie.

Ein Schüler hat folgenden Aufsatz dazu geschrieben:

„Gewinnen mit allen Mitteln" ist ein Sachtext, der V in der Zeitschrift GEOLINO extra Nr. 15 erschienen ist. Die Autorin Katharina Beckmann informiert darüber, dass einige Sportler dopen.
Zunächst wird berichtet, dass manche Sportler zu Dopingmitteln <u>*gegriffen haben*</u>*, weil sie trotz harten Trainings nicht so erfolgreich sind, wie sie es sich*

V (Jahr)

Tempus!

wünschen. Andere wiederum wollen ohne Anstrengung ihre Leistung steigern. Die Sportler nehmen zum Beispiel Narkosemittel, weil man damit keine Schmerzen spürt. V Dabei kann es zu unerwünschten Nebenwirkungen kommen, so können zum Beispiel die Ohren anfangen zu wachsen V.   *V (weiteres Dopingmittel), V (weitere Nebenwirkungen)*

10   Außerdem wurde in einer anonymen Umfrage unter US-Athleten bekannt, dass viele von ihnen dopen würden, wenn sie dann immer gewinnen würden. Das würden sie sogar auch tun, wenn sie dann fünf Jahre später daran sterben. V Sportler müssen immer für eine Dopingkontrolle erreichbar sein; V <u>viele Mittel kann man nur für kurze Zeit aufspüren</u>. Des Weiteren informiert der   *V (Verknüpfung) V (Verknüpfung) Eigene Worte!*

15   Chemiker Wilhelm Schänzer, wie man feststellen kann, welches Dopingmittel ein Sportler genommen hat. In einem komplizierten Verfahren werden Urinproben in ihre Bestandteile zerlegt. Anhand der entstandenen Trümmer <u>konnten</u> die Chemiker anschließend feststellen, welches Dopingmittel der Athlet genommen hat. Zuletzt erklärt Wilhelm Schänzer, dass er das Dopen niemals erlauben würde, weil das für die Sportler wegen der starken Nebenwirkungen   *Tempus*

20   lebensgefährlich werden kann.

Am Layout des Textes fällt die etwas größer und fett gedruckte Headline auf. Sie macht den Leser auf den Artikel aufmerksam. Zwischen der Überschrift und dem Fließtext befindet sich der kursiv geschriebene Vorspann. V   *Gelungene Überleitung! V (Funktion des Vorspanns)*

25   Der Text selbst wurde in zwei Spalten abgedruckt, sodass er übersichtlicher wirkt. Unter dem Vorspann befindet sich ein Foto, auf dem der Radprofi Erik Zabel zwischen zwei anderen Radrennfahrern abgebildet ist. Aus der Bildunterschrift erfährt man, dass Zabel mit EPO gedopt hat. Außerdem wird hier auch erklärt, wie EPO wirkt. Somit stellen die Fotografie und die

30   Bildunterschrift eine Ergänzung zum Text dar.

Zum Schluss möchte ich sagen, dass ich genauso wie der Chemiker Wilhelm Schänzer der Meinung bin, dass man das Dopen keinesfalls erlauben sollte. V   *V (Begründung)*

1 Lest den Sachtext „Gewinnen mit allen Mitteln" (S. 186 f.) und den Schüleraufsatz genau.

2 Überarbeitet den Aufsatz mit Hilfe der Korrekturanmerkungen und schreibt ihn ab.

Checkliste

Einen Sachtext beschreiben
- Habe ich in der **Einleitung** die **Verfasserin**/den **Verfasser**, den **Titel**, die **Textsorte** und **die genaue Quelle** genannt? Habe ich knapp informiert, **worum es in dem Text geht**?
- Habe ich im **Hauptteil** den Inhalt anhand der Leitfragen richtig zusammengefasst? Habe ich die Fragestellung in meinen Antworten aufgegriffen?
- Habe ich alle Bestandteile des **Layouts** erkannt und jeweils ihre **Funktion** erklärt?
- Habe ich im **Schluss** meine Meinung überzeugend und sachlich begründet?
- Habe ich immer das **Präsens** verwendet?
- Habe ich **Verknüpfungen** und **abwechslungsreiche Satzanfänge** benutzt?
- Habe ich deutliche **Absätze** gemacht?

13 Grammatiktraining
Wörter und Wortarten

Musik total

Praktisch vergeht kein Tag in unserem Leben, an dem man nicht irgendwo Musik begegnet.
Schon am frühen Morgen weckt uns ein Radiowecker. Im Schulbus haben die Fahrer oft ebenfalls das Radio laufen. Nach der Schule schalten viele schnell ihr Handy oder ihren MP3-Player an. Und auch in Kaufhäusern, bei Veranstaltungen oder im Fernsehen kann man der Musik nicht entkommen, weil sie ständig im Hintergrund läuft.

Welchen Musikstil man am liebsten mag, bildet sich schon in frühem Alter heraus. Einen festen Musikgeschmack entwickeln die meisten ab ca. zehn Jahren und die Musik, die man als Jugendlicher gerne hört, prägt einen das ganze Leben lang. Wer heute mit 50 die Beatles mag, stand wohl auch schon in seiner Jugend auf diese wohl bekannteste Band der Musikgeschichte.

1 Welche Rolle spielt Musik in eurem Leben?

2 Nomen, Verb, Adjektiv, ...? Bestimmt die Wortarten der rot markierten Wörter.

13.1 Von Nomen, Pronomen, Präpositionen und mehr

Nomen	Artikel	Adjektiv	Pronomen	Verben	Konjunktionen
Tag	ein	frühen	unserem	weckt	oder
…	…	…	…	…	…

1
a Übertragt die Tabelle in euer Heft und ordnet die markierten Wörter von S. 189 ein.
b Ergänzt in jeder Spalte zwei weitere Beispiele.

2 Welche Wortart erfüllt welche Aufgabe?
a Ordnet den Fachwörtern links die Erläuterungen rechts richtig zu:

- Nomen
- Artikel
- Adjektive
- Pronomen
- Verben
- Konjunktionen

- begleiten ein Nomen.
- geben an, was „passiert".
- versehen z. B. Gegenstände mit Merkmalen, Eigenschaften.
- verbinden Wörter oder Sätze miteinander.
- benennen Gegenstände, Lebewesen oder Gefühle.
- können ein Nomen ersetzen, auf etwas hinweisen oder einen Besitz ausdrücken.

b Schreibt die gefundenen Merksätze in euer Heft.
c Fügt jedem Merksatz einige Beispielwörter hinzu.

Nomen – Große Worte

Das Beste in der Musik steht nicht in den Noten.

Gustav Mahler, Komponist

Man soll alle Tage wenigstens ein kleines Lied hören, ein gutes Gedicht lesen, ein treffliches Gemälde sehen und, wenn es möglich zu machen wäre, einige vernünftige Worte sprechen.

Johann Wolfgang Goethe, Dichter

Die Jugend kann nicht mehr auf die Erwachsenen hören. Dazu ist ihre Musik zu laut.

Die Musik wird treffend als Sprache der Engel beschrieben.

Schlagersänger sind junge Männer, die bei Stromausfall keine Sänger mehr sind.

1 Welcher Musik-Kommentar gefällt euch am besten?

2 Die markierten Wörter in den Sprechblasen gehören alle zur Wortart **Nomen**.
  a Versucht, sie in die Tabelle einzuordnen:

Personen, Lebewesen, Namen	Sichtbares, Greifbares, Hörbares	Abstraktes (z. B. Gefühle, Gedanken)
...	...	...

  b Besprecht eure Lösungen.
  c Im Merkkasten folgen weitere Möglichkeiten, Nomen zu erkennen. Aus welchen Wortarten werden die Ableitungen gebildet?

Wissen und Können — **Nomen ableiten**

Viele Nomen bestehen aus mehreren **Wortbausteinen.** Fügt man einem **Wort**(stamm) eine **Endung** (Suffix) hinzu, so entsteht ein neues Nomen, eine **Ableitung**:

geheim + -nis → das Geheimnis
wirk(en) + -ung → die Wirkung

Wort(stamm)   Endung (Suffix)   Ableitung

---

3 Bildet neue Nomen mit Hilfe von Suffixen.
  a Legt eine Tabelle für **Adjektive** und eine für **Verben** an:

| Adjektiv | Endung (Suffix) | | | | | |
	-ung	-schaft	-heit	-keit	-nis	-tum
berühmt	...	...	die Berühmtheit	...	...	...

| Verb | Endung (Suffix) | | | | | |
	-ung	-schaft	-heit	-keit	-nis	-tum
kennen	...	...	...	...	die Kenntnis	...

  b Bildet mit folgenden Adjektiven, Verben und den passenden Suffixen (-tum, -heit usw.) Nomen und tragt sie in die Tabelle ein.

> schön • dichten • hindern • gemein • bewegen • sauber • beobachten • leiden • reich • traurig • ausstellen • frei • finster • gesund • entscheiden • bekannt • leisten • heilig • verbessern • wirklich • bedeuten • aufmerksam • erzeugen • erzählen • zufrieden • eigen • gleichgültig • erfahren • ereignen • pünktlich • erkälten • erlauben • kostbar • alt

 4 Veranstaltet einen Partner-/Gruppenwettbewerb: Notiert jeweils fünf Verben und fünf Adjektive und tauscht eure Listen aus. Wer findet am schnellsten die meisten Nomen zu den Wörtern?

6 Aus welchen Instrumenten besteht ein Orchester?
  a Schreibt die 11 Instrumente mit dem bestimmten Artikel ins Heft.
  b Tragt weitere Instrumente zusammen. Fügt den bestimmten Artikel hinzu.

7 Nomen und ihre Artikel verändern häufig ihre Form, wenn sie in Sätzen verwendet werden; sie werden **dekliniert**:

> ❓ Klavier steht im Wohnzimmer.
> Die Lackfarbe ❓ Klavier ❓ gefällt mir sehr.
> ❓ Klavier ❓ sieht man sein Alter nicht an.
> Leider muss ich ❓ Klavier ❓ bald neu stimmen lassen.

  a Schreibt die vier Sätze richtig dekliniert in euer Heft.
  b Sucht euch ein Instrument mit männlichem Artikel (**Maskulinum** – *der Kontrabass*), weiblichem (**Femininum** – *die Flöte*) und sächlichem (**Neutrum** – *das Fagott*) Artikel und dekliniert es wie *Klavier*.

Wissen und Können — Nomen deklinieren

Das **Nomen** ändert im Satz oft seinen Artikel und seine Endung.
Es gibt vier Fälle – vier **Kasus**[1] –, in denen es stehen kann:

	Nominativ 1. Fall *Wer?* oder *Was?*	Genitiv 2. Fall *Wessen?*	Dativ 3. Fall *Wem?*	Akkusativ 4. Fall *Wen?* oder *Was?*
Singular Einzahl	*der Bass* *die Flöte* *das Klavier*	*des Basses* *der Flöte* *des Klaviers*	*dem Bass* *der Flöte* *dem Klavier*	*den Bass* *die Flöte* *das Klavier*
Plural Mehrzahl	*die Bässe* *die Flöten* *die Klaviere*	*der Bässe* *der Flöten* *der Klaviere*	*den Bässen* *den Flöten* *den Klavieren*	*die Bässe* *die Flöten* *die Klaviere*

[1] der Kasus (z. B. Nominativ) – die Kasus (z. B. Nominativ und Dativ)

  c Bildet nun Sätze, in denen auch andere Instrumente in verschiedenen Kasus stehen.

13.1 Nomen, Pronomen, Präpositionen und mehr

Ich spiele viel lieber auf d ♪ Keyboard als auf ein ♩ echt ♪ Klavier.

Aber d ♪ Klang ein ♩ richtig ♪ Instrument ♪ ist doch viel besser!

8 Schreibt den kurzen Dialog richtig dekliniert auf.

Welches Instrument passt zu mir?

Du willst ♪ lernen, weißt aber nicht welches? Instrument
Dies ist ♪ , die man sich vorher gut überlegen sollte. Entscheidung
Bist du zum Beispiel jemand, der sehr aufgeregt ist, wenn er ♪ betritt Bühne
und etwas vorspielen soll?
5 Dann ist vielleicht ein Instrument sinnvoll, mit dem du eher im Hintergrund ♪ bleibst. Band
Manchen ○ ist deshalb ein Instrument wie der E-Bass besonders sympa- Musiker
thisch.
Außerdem ist die Instrumentenwahl immer auch eine Frage ♩ . Geduld
10 Bis man zum Beispiel ♪ schöne ○ entlocken kann, dauert es eine Geige   Ton
Weile.
Singt man gerne zur Musik, sollte man auch überlegen, ob beispielsweise
♪ die richtige Wahl ist. Saxofon

9 a Vervollständigt die Sätze mit dem passenden Nomen
  − in der richtigen Deklinationsform,
  − mit bestimmtem oder unbestimmtem Artikel,
  − im Singular oder Plural.
●●● **b** Bestimmt den Kasus der einzelnen Nomen mit Hilfe der Kasus-Fragen:
  Wer? oder *Was?*, *Wessen?*, *Wem?*, *Wen* oder *Was?*

10 a Schreibt einen kurzen Text, in dem ihr begründet, welches Instrument am besten zu euch passt.
●●● **b** Unterstreicht anschließend alle Nomen und bestimmt ihren Kasus.

Pronomen – Kurz und vielseitig

Personal- und Possessivpronomen

Techno!

Denn ich liebe Beats und elektronisch hergestellte Musik. Zu ihr kann ich gut tanzen und der Computer bietet mehr Möglichkeiten als Instrumente oder unsere Stimme. Übrigens: Das Wort „Techno" verdanken wir dem Angestellten eines Plattenladens. Er sortierte nämlich die Platten mit Elektromusik in ein Fach, das er mit „Techno" beschriftete, 1982 war das schon.

Rockmusik!

Schlagzeug, Gitarre, Bass: Ohne die drei kannst du keine Rockmusik machen. Und die Gitarre ist nun einmal mein Lieblingsinstrument. Allerdings hat jede Rockband ihren Stil. Die Bandbreite ist deshalb sehr groß: Die eher melodiösen „Beatles" gehören genauso dazu wie die rauen „Rolling Stones" oder heutige deutsche Bands wie „Juli". Sie haben alle gemeinsam, dass Computertöne keine große Rolle spielen.

Popmusik!

Es ist gar nicht so leicht zu sagen, was Popmusik eigentlich ist. Ihr ist die Art von Musik, die gerade beliebt ist und von vielen gehört wird. Schließlich ist „Pop" ja die Abkürzung für „populär", was eben „beliebt" bedeutet. Mich macht es auch nichts aus, dass so vielen anderen die gleiche Musik gefällt wie mich. Und vielleicht kennst dich das ja auch? Wenn ein Lied ständig im Radio läuft, dann wird es schließlich zu deinen Lieblingssong. Ein Stück, das uns dagegen nur einmal hören, gefällt uns noch nicht so sehr.

Klassik!

Ich weiß, ? denkt alle, dass klassische Musik eine Beleidigung für ? Ohren ist. Aber für ? gibt es nichts Schöneres als ? klassische CD-Sammlung. ? enthält vor allem Stücke von Mozart, Haydn und Beethoven. Bei ? passen Melodie, Rhythmus und die Harmonie der Töne wunderbar zusammen. Und auch wenn ? das vielleicht komisch vorkommt: Klassische Musik hat eine beruhigende Wirkung und man kann mit ? sehr gut entspannen.

1 Welche Musik bevorzugt ihr? Was sind eure Gründe dafür?

2 a Um welche Wortart(en) handelt es sich bei den markierten Wörtern in „Techno" und „Rockmusik"?
••• b Was ist das Besondere an den grün und rot markierten Wörtern? Worin unterscheiden sie sich?

3 Stell dir vor, du bist Techno-Fan und dein/e Freund/in ist das auch.
Ändere die ersten beiden Sätze der „Techno"-Sprechblase so, dass sie für euch **beide** passt.

4 Was sagt ihr zu den markierten Pronomen in der Sprechblase „Popmusik"?
Ersetzt sie durch die richtigen Wortformen.

5 Ergänzt die „Klassik"-Sprechblase mit den fehlenden Pronomen.

Wissen und Können — Personal- und Possessivpronomen

Die **Personalpronomen** (persönlichen Fürwörter) **ersetzen** Nomen:

ich	mir, mich	*wir*	uns
du	dir, dich	*ihr*	euch
er/sie/es	ihn/ihr/ihm	*sie*	ihnen

Ich (= Alexander) *fragte* **sie** (= Ines). „Kennst **du** den **Sänger**? **Er** gefällt **mir** sehr!"

Die **Possessivpronomen** (besitzanzeigende Fürwörter) **begleiten** Nomen und geben an, zu wem sie gehören:

mein — unser
dein — euer
sein/ihr — ihr

Mein Musikgeschmack ist nicht **dein** Musikgeschmack.

Demonstrativ- und Relativpronomen

Unsere Schule hat einen neuen **Musikraum.** Dieser ist mit der neuesten Technik ausgestattet.

Unsere Schule hat einen neuen **Musikraum,** der mit der neuesten Technik ausgestattet ist.

1 Das Nomen „Musikraum" ist hier auf zwei verschiedene Weisen ersetzt worden.
 a Vergleicht die Sätze und beschreibt die Unterschiede.
 b Bestimmt die Pronomen in den beiden Sätzen mit Hilfe des Merkwissens auf Seite 196.
 c Bildet aus den folgenden Vorgaben selbst Sätze mit den beiden Pronomen und schreibt sie auf:

| Schule hat Keyboards angeschafft | können im Musikunterricht genutzt werden |

13 Grammatiktraining – Wörter und Wortarten

> **Wissen und Können** — **Demonstrativ- und Relativpronomen**
>
> **Demonstrativpronomen** (hinweisende Fürwörter) weisen auf jemanden oder etwas hin. Sie können
> - als Begleiter eines Nomens auftreten, z. B.: ***dieser** Ton*, ***jenes** Schlagzeug*, ***derselbe** Junge*
> - ein Nomen ersetzen, z. B.: *Ein Mann erschien. **Dieser/Jener** erklärte mir das Keyboard.*
>
> **Relativpronomen** leiten Nebensätze (Relativsätze ▶ S. 228) ein. Sie verweisen auf ein **Bezugswort** aus dem vorherigen Satz. Vor dem Relativpronomen steht immer ein **Komma**.
> - *Alle lieben die Schulband, **welche** gestern einen Auftritt hatte.*
> - *Das neue Klavier, **das** die Schule gekauft hat, klingt großartig.*

SCREAMING TEACHERS — VORSICHT FEHLER!

Unser Klassenleiter spielt in einer Band die nur aus Lehrerinnen und Lehrern besteht. Sängerin der Gruppe ist unsere Musiklehrerin. Sie hat sich auch den Bandnamen „Screaming Teachers" ausgedacht. Meist singen sie von Schulerlebnissen in ihren Liedern die sie natürlich selbst schreiben.
Ein Auftritt der „Screaming Teachers" wurde kürzlich sogar vom Regionalfernsehen aufgezeichnet!

2 Der Text enthält zwei Sätze mit einem Relativpronomen. Schreibt sie ab und ergänzt das fehlende Komma. Markiert jeweils das Relativpronomen und unterstreicht das Bezugswort.

Der Musikbeitrag mit unseren **Lehrern** wird nächste Woche im Vorabendprogramm ausgestrahlt. Unsere Lehrer haben jetzt schon Lampenfieber!

5 Vor allem unser **Klassenleiter** macht sich Sorgen, dass er sich vor Aufregung verspielt. Sonst ist unser Klassenlehrer sehr selbstbewusst.

Unsere **Klasse** verzichtet an diesem Nachmittag sogar auf ihre Lieblingsserie! Die
10 Klasse ist auf die Übertragung sehr gespannt.

3 Macht aus diesen drei Satz-Paaren drei Satzgefüge aus Hauptsatz und Relativsatz (▶ S. 228). Fügt die Relativsätze mit einem passenden Relativpronomen hinter den **fetten** Nomen in den Hauptsatz ein; trennt sie mit Kommas ab.

Adjektive – Wörter für Rekorde

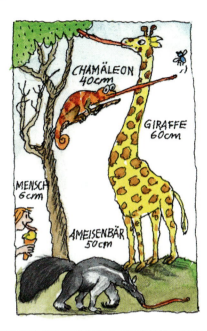

Das Chamäleon hat eine lange Zunge.
Der Ameisenbär hat eine ? Zunge.
Die Giraffe hat die ? .

Die Alpendohle kann hoch fliegen.
Der Singschwan kann ? .
Die Nilgans kann am ? .

1
a Vervollständigt in eurem Heft die drei Sätze links.
b Vervollständigt die Sätze rechts.
c Unterstreicht in euren Sätzen die Adjektive und die Wörter, die sie begleiten: <u>lange Zunge</u>.
d Welche Wortarten werden von Adjektiven begleitet?

Wissen und Können — Das Adjektiv

Adjektive (Eigenschaftswörter) bestimmen Lebewesen, Gegenstände usw. genauer.
Sie können Nomen und Verben begleiten:
*ein **rosa** Flamingo*   *Der Sperber fliegt **schnell**.*

Bei Vergleichen werden Adjektive **gesteigert**:
*Der Pfau hat **lange** Federn.*   Grundstufe   der Positiv
*Der Königsfasan hat **längere** Federn.*   Höherstufe   der Komparativ
*Das Onagodori-Huhn hat die **längsten** Federn.* Höchststufe   der Superlativ

Vergleiche auf der Grundstufe (Positiv) werden mit **wie** gebildet.
Vergleiche auf der Höherstufe (Komparativ) werden mit **als** gebildet.
*Der Pfau hat so **lange** Federn **wie** ein Auerhahn.*
*Der Königsfasan hat **längere** Federn **als** der Pfau.*

13 Grammatiktraining – Wörter und Wortarten

In der Werbung klingt das so:

> **+ Die neuesten Modelle +**   Ab sofort: billiger!
> Für die schönsten Wochen im Jahr ...
> GEMÜSE FRISCH UND PREISWERT   Der neue, frische Duft
> ... die zarteste Versuchung   Topqualität zu günstigsten Preisen
> Gibt auch kraftlosestem Haar neue Vitalität

2 a Sammelt weitere Werbesprüche, in denen Adjektive verwendet werden.
b In welcher Form stehen die Adjektive?

im Positiv	im Komparativ	im Superlativ
...	...	...

Seltsame Rekorde

– Der afrikanische Elefant ist das kleinste Landsäugetier.
  Er ist 7,5 Tonnen leicht und 3,70 Meter niedrig.

– Moschusochsen haben mit 90 cm das kürzeste Fell
  aller Tiere.

5 – Der Schnurwurm kann 30 Meter kurz werden.

– Die Libelle hat die wenigsten Augen.
  Ihre Linsen bestehen aus 40 000 Einzelaugen.

– Die Stubenfliege ist das unfruchtbarste Tier:
  Von April bis Mai sorgt sie für 5,6 Billionen Nachkommen.

10 – Das Faultier ist das schnellste Tier.
  Auf dem Land bewegt es sich 120 Meter in der Stunde.

– Der Puma kann aus dem Stand 5 Meter tief springen.

– Bakterien können von allen Lebewesen
  am jüngsten werden: bis 55 Millionen Jahre.

15 – Boa-Schlangen können am kürzesten hungern.
  Im Pariser Zoo hat eine Boa 1400 Tage nicht gefressen.

3 a Was ist an diesen Rekorden seltsam?
b Welche Wörter müsst ihr austauschen, damit die Rekorde stimmen?

4 a Stellt die gegensätzlichen Eigenschaften aus den
„Seltsamen Rekorden" in einer Tabelle zusammen:

das kleinste	das größte
leicht	...
...	...

b Ergänzt die Tabelle mit eigenen Beispielen.

5 ## Große Leistungen bei Fliegen, Vögeln, Federvieh

Die Stubenfliege hat eine **große** Nachkommenschaft.

Zugvögel vollbringen eine **große** Leistung, wenn sie Tausende
von Kilometern über Länder und Meere zurücklegen.

Kaum sind sie **groß**, verlassen Küken auch schon das Nest.

groß – groß – groß: Das kann man auch anders sagen!
a Setzt aus den Wortbausteinen links und rechts passende
Adjektive zusammen:

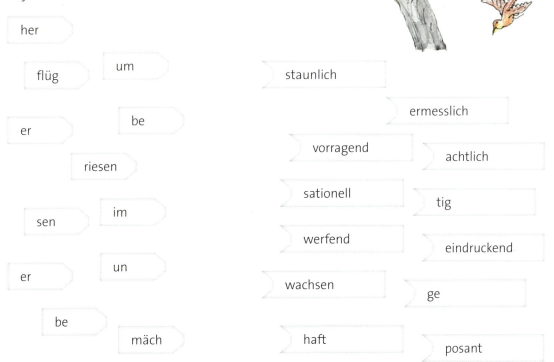

b Ersetzt *groß* in den drei Sätzen oben durch ein passendes Adjektiv aus Aufgabe a.

Präpositionen – Wörtchen für alle Lagen

1 Beschreibt kurz und präzise, wie Krähe Kasimir mit der Kiste umgeht:

1) Kasimir steht auf ...   5) ...

6) Kasimir geht in ...   10) ...

2 „Kasimir" ist Subjekt (Satzgegenstand) in allen Sätzen. In welchem Kasus (welchem Fall) steht „Kasimir" (▶ S. 192)?

Wer steht auf ...?

3 Schaut euch jetzt das Wort „Kiste" an: In welchem Kasus steht es in den verschiedenen Sätzen (▶ S. 192)?

Kasimir steht auf wem?
Kasimir läuft durch wen?

Wissen und Können   **Präpositionen**

Präpositionen (Verhältniswörter) geben die Beziehungen an zwischen Menschen, Tieren und Dingen. Sie stehen in der Regel vor Nomen und Pronomen.

in der Schule, **auf** das Dach, **hinter** dir	Wo? Wohin?	**lokal**
nach dem Unterricht, **während** des Gewitters	Wann?	**temporal**
wegen des Nebels, **auf Grund** der schlechten Sicht	Warum?	**kausal**
mit Geduld, **ohne** Probleme, **aus** Spaß	Wie?	**modal**

Die Präposition bestimmt den Kasus (▶ S. 192) des folgenden Nomens:

vor   dem Gewitter   während   des Gewitters
→ Wem? = Dativ   → Wessen? = Genitiv

ohne   das Gewitter
→ Wen? = Akkusativ

13.1 Nomen, Pronomen, Präpositionen und mehr

Wisst ihr, …

… dass sich ? Katzenzunge viele kleine Erhebungen befinden, die zum Teil ? „Dornen" besetzt sind?
Damit kann die Katze ihr Fell kämmen, Fleisch ? Knochen lösen oder einfach nur Milch ? Mäulchen schlecken.

… dass viele Menschen ? einer Katzenallergie auf einen Stubentiger verzichten? Sie sind allergisch ? das Fell oder reagieren empfindlich ? Spucke und die Haut der Tiere.

… dass eine alte Katze 30 Jahre ? Buckel haben kann?

gegen | auf | mit | von | auf | in | auf | wegen

4 Ergänzt die Katzen-Sätze mit einer passenden Präposition vom Rand.
Prüft auch, ob ihr zusätzlich einen Artikel vor die Nomen setzen müsst.

Katzenaugen leuchten nachts, weil sie die Lichtstrahlen reflektieren <u>dank</u> (eine Schicht) <u>hinter</u> (die Netzhaut).

Auch Kätzchen haben anfangs 26 Milch-
5 zähne im Maul.
Wie <u>bei</u> (Menschenkinder) werden sie später <u>durch</u> (dauerhafter Zahn) ersetzt.

<u>Nach</u> (viele Jahre) können auch Katzen Zähne verlieren. Dann bleibt eine Zahnlücke.

10 Viele Katzen sind <u>wegen</u> (ihre große Beweglichkeit) Überlebenskünstler.
Beim Sturz <u>aus</u> (eine gewisse Höhe) ist es ziemlich sicher, dass sie <u>auf</u> (die Pfote) landen.
Für einen Salto <u>in</u> (die Luft) braucht es große
15 Geschicklichkeit.

5 Die Klammer-Nomen hinter den unterstrichenen Präpositionen stehen jetzt noch alle im Nominativ.
  a Setzt sie in den Kasus (den Fall), den die Präpositionen verlangen.
  b Nennt den Kasus, in dem die Nomen stehen müssen (▶ S. 192).

Testet euer Wissen!

Wortarten

„Beim **Vorlesewettbewerb, der** dieses Jahr in **unserer** Klasse stattgefunden hat, gewann **Lisa, die** aber auch wirklich sehr gut lesen kann.
Sie **trat** anschließend in einem **neuen** Wettbewerb gegen die Sieger und Siegerinnen der anderen Klassen **an**.
Am Ende sollte schließlich gewinnen, wer einen **unbekannten** Text am besten vortrug. Das war Susanne aus der 6 e.
Sie hat **uns** alle am meisten überzeugt. Besonders hat **mir** gefallen, wie sie mit **ihrer** Stimme die ganz verschiedenen Figuren aus dem **spannenden** Buch imitiert hat."

1 Bestimmt die Wortart aller fett gedruckten Wörter.

2 Setzt die Wörter vom Rand in der richtigen Form in den Text ein:

Besonders schön war an ?, dass man auch mit ? zu tun bekam, die man nicht so gut kannte. Aber fast noch lustiger ? das Lesen war ein Discotanz von Christian morgens um vier.

Nacht
Schülerin und Schüler
als/wie

3 Setzt in den folgenden Text sinnvolle Wörter der angegebenen Wortart ein:

(Präposition) dem Vorlesewettbewerb führte (Possessivpronomen) Klasse eine Lesenacht durch, (Relativpronomen) allen (Adjektiv) Spaß gemacht hat.
(Präposition) der kurzen Nacht waren wir am nächsten Morgen alle etwas müde. Trotzdem werden (Personalpronomen) uns an (Demonstrativpronomen) Veranstaltung noch lange erinnern.

13.2 Was Verben können

Das Präsens – Die Gegenwart und mehr

1 Bestimmt das **Prädikat** (▶ S. 216) in jeder Schlagzeile.

2 a In welcher Zeitform stehen die Verben?
   b **Wann** genau geschieht das, was die Verben ausdrücken?
     Tragt die Personalformen in der richtigen Spalte ein:

Es geschieht in der Gegenwart.	Es geschieht in der Zukunft (mit Zeitangabe).	Etwas ist allgemein gültig.
Draußen regnet es.	*Morgen regnet es nicht.*	*Im Winter schneit es.*

Du hast Rechte!

Auch du als Kind § Rechte! Das § in der Kinderrechtskonvention, einem Vertrag, den fast alle Staaten miteinander geschlossen haben. Die Kinderrechtskonvention § an Kinder und § ihnen die wichtigsten Grundrechte wie zum Beispiel das Recht auf Bildung. Das §, dass jedes Kind die Chance bekommen §, in die Schule zu gehen, um Rechnen, Lesen und Schreiben zu lernen.
Daneben § es auch das Recht auf Gleichheit: Egal, welche Hautfarbe ihr § oder welche Sprache ihr § – niemand darf deshalb benachteiligt werden!
Unter dem Recht auf Beteiligung § wir, dass Kinder sich einmischen dürfen, wenn es um Entscheidungen §, die auch sie § (zum Beispiel vor Gericht in Scheidungsfällen).
Ein Kind § mitreden dürfen bei der Frage: Wo § ich in Zukunft wohnen?

haben   stehen

sich richten   garantieren

bedeuten   sollen

geben
haben   sprechen

verstehen

gehen   betreffen

müssen   wollen

3 Schreibt den Text ab.
Setzt die Verben vom Rand in die richtige Personalform (▶ S. 216).

4 a In welcher Zeitform stehen alle Verben?
b Wann geschieht, was in dem Text beschrieben wird: heute – morgen – immer?

Wissen und Können	Präsens

Verben im **Präsens** drücken aus,
- was gerade geschieht: *Draußen regnet es.*
- was in Zukunft geschieht (mit Zeitangabe): *Morgen regnet es nicht.*
- was zu allen Zeiten gültig ist: *Im Winter schneit es.*

Die Vergangenheit – Präteritum, Perfekt und mehr

Biberfamilie baute Damm mit gestohlenen Dollars

Baton Rouge – *Mit ein paar Tausend Dollar Beutegeld baute eine emsige Biberfamilie im US-Bundesstaat Louisiana einen „wertvollen" Damm.*

Ein Kasinoräuber warf auf der Flucht die erbeuteten Geldsäcke ins Unterholz. Biber entdeckten sie und nutzten die Banknoten als Füllmaterial für ihren Damm.

Die Polizei ermittelte nach dem Überfall auf das Kasino in der vergangenen Woche. Sie fand von der Beute jedoch keine Spur. Erst der gefasste Kasinoräuber gab den entscheidenden Tipp zu dem Fundort. Als die Beamten das Unterholz durchsuchten, fanden sie jedoch nur zwei der drei gestohlenen Geldsäcke. Erst als sie den Biberdamm öffneten, fielen ihnen die feuchten, zerknitterten, aber sonst unversehrten Banknoten in die Hände. Der aufgerissene Geldsack war noch halb gefüllt.

Die Biber tauchten unter, berichtete „The Advocate".

1 a Schreibt aus dem Zeitungsbericht alle Verbformen untereinander auf:
baute
warf
...

b Bestimmt die Zeitform (das Tempus) der Verbformen und gebt einen Grund dafür an (▶ S. 286 f.):
Der Zeitungsartikel steht ..., weil ...

2 a Schreibt neben die Verbliste von Aufgabe 1 jeweils die Grundform (den Infinitiv ▶ S. 286):
baute – bauen
warf – werfen
...

b Das Präteritum wurde auf zwei verschiedene Weisen gebildet. Beschreibt die Unterschiede.

Wissen und Können   **Starke und schwache Verben im Präteritum**

Mit Verben im **Präteritum** drückt man Vergangenes aus. Man verwendet das Präteritum vor allem beim Berichten und beim schriftlichen Erzählen. Es wird folgendermaßen gebildet:

	Infinitiv	Präteritum
Schwache/Regelmäßige Verben: Der **Stammvokal** ändert sich nicht, am Ende steht -te.	*wandern* *reden* *spielen*	*wanderte* *redete* *spielte*
Starke/Unregelmäßige Verben: Der **Stammvokal** ändert sich.	*helfen* *reiten* *bringen*	*half* *ritt* *brachte*

Präteritum oder Perfekt – Schriftlich oder mündlich: Darauf kommt es an!

Auszug aus einem Telefongespräch:

> Hier ist die Stadtteilredaktion des „Swindon Herald". Hello, Mrs Kennet. Stimmt es, dass Ihnen Eichhörnchen …

> Ja, ja, das stimmt! Sonntag habe ich es das erste Mal bemerkt. Gegen fünf bin ich zum Tee nach Hause gekommen. Ich habe unseren Hund aus dem Wintergarten gelassen und dabei habe ich zufällig nach dem Weihnachtsbaum gesehen. Und da habe ich entdeckt …

Und so stand es am nächsten Tag im „Swindon Herald":

Eichhörnchen-Bande stahl Weihnachtsbeleuchtung

London – *Eine vierköpfige Eichhörnchen-Bande stahl einer britischen Familie die komplette Weihnachtsbeleuchtung aus dem Garten.*
Nach Aussage der Familie dauerte der dreiste Diebstahl zwei Tage. In dieser Zeit entwendeten die Nager 250 elektrische Kerzen vom Weihnachtsbaum der Kennets.
Sally Kennet (41) sah mit ihrem dreijährigen Sohn vom Wintergarten aus: „Die Tierchen haben das Futter nicht angerührt, das auf der Terrasse extra für sie gelegen hat. Dafür haben sie die roten Leuchten in Windeseile gemeinsam abgeknabbert."
Enttäuscht fügte sie hinzu: „Ich habe immer gedacht, es sind intelligente Tiere, aber sie haben die Kerzen wohl mit Nüssen verwechselt. Wir haben sie verscheucht. Aber das hat nichts genutzt. Die Eichhörnchen sind zwar erst weggerannt, aber sofort zurückgekehrt, wenn wir ihnen den Rücken gekehrt haben."

1 a Schreibt den Zeitungsartikel ab.
b Unterstreicht alle Verbformen im **Präteritum** rot.

2 Im zweiten Teil des Zeitungsartikels (Z. 9 ff.) stehen die Verben in einer anderen Form. Unterstreicht sie blau.

Das **Perfekt** besteht aus zwei Teilen:
– einer Präsensform von **haben** oder **sein**,
– dem **Partizip II**.

Sie haben das Futter nicht angerührt.

Sie sind sofort zurückgekehrt.

3 Sortiert die Perfektformen in dem Zeitungsartikel nach der Bildung mit **haben** oder **sein**:

Perfekt	
Präsens von *haben* + Partizip II	Präsens von *sein* + Partizip II
haben angerührt	sind zurückgekehrt
…	…

13.2 Was Verben können

Wissen und Können — Präteritum und Perfekt

Verben im **Präteritum** drücken aus, was bereits geschehen ist:
Ich sah ...   *Wir gingen ...*   *Sie sagte ...*
Das Präteritum verwendet man beim **schriftlichen** Erzählen und Berichten.

Auch Verben im **Perfekt** drücken Geschehenes aus – besonders beim **mündlichen** Erzählen:
Ich habe gesehen ...   *Wir sind gegangen ...*   *Sie hat gesagt ...*

4 a Welche Zeitformen werden im Telefongespräch auf Seite 206 oben benutzt?
b Tragt die Perfektformen in die Tabelle ein (Aufgabe 3).

5 Ergänzt den Merksatz in eurem Heft (▶ S. 287):

> Wenn wir mündlich von Vergangenem erzählen, benutzen wir meist das ⸮ ,
> schriftlich benutzen wir das ⸮ .

6 a Übernehmt die Tabelle in euer Heft.
Ergänzt links die Infinitive und daneben die fehlenden Zeitformen:

Infinitiv	Präsens	Präteritum	Perfekt
gehen	Ich ...	Ich ...	Ich ...
...	Du ...	Du ...	Du hast gesehen.
fragen	Er ...	Sie ...	Es ...
...	Wir fahren.	Wir ...	Wir ...
...	Ihr ...	Ihr fandet.	Ihr ...
...	Sie laufen.	Sie ...	Sie ...

Kuh fraß Handy: Klingeln im Bauch

Münster (dpa) – Wie die Lokalredaktion berichtete, half eine junge Frau ihrer Mutter beim Füttern der Kühe. Danach vermisste sie ihr Handy. Sie wählte ihre eigene Nummer von einem anderen Apparat aus. Tatsächlich vernahm sie ein leises Klingeln. Als sie dem Klingelton folgte, stellte sie fest, dass das Geräusch aus dem Bauch einer Kuh kam. Zu möglichen Gesundheitsproblemen der Kuh und dem Schicksal des Handys machte die Redaktion keine Angaben.

b Ergänzt die Tabelle oben mit den Verbformen dieses Zeitungsartikels.

7 Die junge Frau erzählt abends ihrem Freund:
Stell dir vor, was ich heute erlebt habe. Ich habe ...
Schreibt weiter und benutzt nur das **Perfekt.**

Plusquamperfekt – Mehr als vergangen

„Robin Hood" gefasst

Straßburg, 14. April. Gestern nahm die französische Polizei einen seit sieben Wochen flüchtigen Strafgefangenen fest. Der 49-Jährige war während eines Freigangs nicht mehr ins Gefängnis zurückgekehrt.
5 Der Mann verbüßte eine 10-jährige Strafe, weil er vor einigen Monaten durch zahllose Einbrüche aufgefallen war. Er hatte jedoch die gestohlene Beute nie selber behalten, sondern war durch ganz Frankreich gereist und hatte sie in den Elendsvierteln der Großstädte an Bedürf-
10 tige verteilt. Auch hatte er bei keinem seiner Überfälle von einer Schusswaffe Gebrauch gemacht.

1 Wie ist die Überschrift dieser Zeitungsmeldung zu erklären? Beachtet das Foto.

2 In dem Zeitungsartikel kommt außer dem Präteritum eine weitere Zeitform vor.
   a Schreibt den Text ab und unterstreicht die Präteritumformen rot, die andere Zeitform grün.
   b Wie wird diese Zeitform, das **Plusquamperfekt**, gebildet?

Plusquamperfekt Präteritum von *sein* + Partizip II	Präteritum von *haben* + Partizip II
war zurückgekehrt	...
...	...

3 Wann verwendet man das Plusquamperfekt? Der Zeitstrahl hilft euch bei der Antwort:

Plusquamperfekt	Präteritum	Präsens	Futur
Was war noch vorher geschehen?	Was geschah?	Was geschieht?	Was wird geschehen?

Wissen und Können **Plusquamperfekt**

Wenn etwas erzählt oder berichtet wird, was noch **vor** den vergangenen Ereignissen im Präteritum geschehen ist, verwendet man das **Plusquamperfekt** (Vorvergangenheit):
*Gestern **fasste** man einen Strafgefangenen, der vier Wochen zuvor **ausgebrochen war**.*
         Präteritum   Plusquamperfekt
Das Plusquamperfekt wird mit einer Form von *haben* bzw. *sein* im Präteritum + Partizip II gebildet.

13.2 Was Verben können

| Wir kauften ein.
Wir fuhren eine Stunde.
Wir kamen an.
Wir erreichten den Gipfel.
Wir schafften den Abstieg.
Wir aßen zu Abend. | nachdem | Wir fuhren los.
Wir machten Frühstückspause.
Wir machten eine Wanderung.
Wir machten eine längere Pause.
Wir erreichten das Dorf.
Wir fielen erschöpft ins Bett. |

4 a Verbindet jeweils die beiden Sätze zu einem Satzgefüge (▶ S. 226) mit der Konjunktion **nachdem**. Verwendet dabei für die jeweils **frühere** Handlung das Plusquamperfekt und für die **spätere** das Präteritum.

b Versucht, die Sätze auch mit der Konjunktion **bevor** zu verbinden. Wo ist das sinnvoll?

Krokodile hielten Feuerwehr in Atem

Pfullendorf – Zwei Krokodile (sorgen) am Donnerstagabend bei Polizei und Feuerwehr in Pfullendorf für Aufregung.
Ein Wanderzirkus, der dort sein Winterquartier (aufschlagen), (melden) der Polizei gegen 17 Uhr, dass die beiden Tiere ausgebrochen seien. Nachdem man das kleinere Reptil schnell (einfangen), (flüchten) der größere „Santos" in einen nahen Stadtsee. Gemeinsam mit der Krokodil-Dompteurin (suchen) Polizei und Feuerwehr mit einem Schlauchboot den kleinen See ab, bis sie das dressierte Tier in Ufernähe (entdecken). Da „Santos" auf Zurufe nicht (reagieren), (steigen) die Dompteuse kurz entschlossen ins Wasser, (setzen) sich rittlings auf den Rücken des Reptils und legte „Santos" eine Schlinge um den Hals. Wegen seines großen Gewichts (müssen) mehre- re Mann anrücken, um das Tier abzutransportieren. Gegen Mitternacht (können) „Santos" erfolgreich in einen beheizten Zirkuswagen verfrachtet werden.

5 Schreibt den Zeitungsbericht ab und tragt die Verben in der richtigen Zeitform ein (Präteritum oder Plusquamperfekt).

6 *Ein Feuerwehrmann, der an der Krokodiljagd teilgenommen hat, erzählt anschließend jemandem davon …*
Die Dompteuse telefoniert mit ihrem Freund darüber …

Nehmt die Rolle von Feuerwehrmann oder Dompteurin ein.
Verwendet das Perfekt.

Die Zukunft – Das Futur I und II

Ich werde richtig spät aufstehen! Dann werden wir gemütlich frühstücken und anschließend wird mir meine Schwester hoffentlich ein bisschen bei den Hausaufgaben helfen. Nachmittags werde ich dann Fußball spielen und anschließend etwas mit meinen Freunden unternehmen. Und am Abend? Da werden wir vielleicht einen Film anschauen.

Am Wochenende stehe ich ganz früh auf und fahre nach dem Frühstück gleich in den Reitstall. Dort wartet schon „Ruben" auf mich. Bis zum Mittagessen reite ich dann auf der Koppel. Nachmittags besucht mich meine Freundin. Und am Abend gehen wir zusammen ins Kino.

1 Und was habt ihr am Wochenende vor?
 a Notiert eure Pläne in vollständigen Sätzen wie oben.
 b Schaut euch die Verben in euren Sätzen an:
   Welche Formen habt ihr verwendet – mit oder ohne **werden**?

2 a Vergleicht die Verbformen in den beiden Sprechblasen oben: Was stellt ihr fest?
 b Formuliert um: die linke Sprechblase mit Verbformen im Präsens (ohne das Verb **werden**), die rechte Sprechblase mit Verbformen im Futur I (mit **werden**). Wie verändert sich die Aussage?

Wissen und Können | **Zukunftsformen**

Zukünftiges Geschehen kann man ausdrücken
- mit einer Personalform von **werden** + Infinitiv, dem **Futur I**:
  Ich **werde** ganz spät **aufstehen**.
- mit dem **Präsens** des Verbs und einer Zeitangabe:
  Ich **schlafe** bestimmt bis zehn Uhr am kommenden Wochenende!

Wer sich ausmalt, dass schon eingetreten ist, was er plant, verwendet das **Futur II**:
Es wird gebildet aus einer Personalform von **werden** im **Präsens**, dem **Partizip II** und dem Infinitiv von **sein** bzw. **haben**:
Am Wochenende **werde** ich bis zehn Uhr **geschlafen haben** und richtig spät **aufgestanden sein**.

---

3 Formt einen der Sprechblasen-Sätze von oben ins **Futur II** um.

4 Was wird im Jahr 3000 wohl anders sein? Schreibt einen Text und markiert darin alle Zukunftsformen.
Im Jahre 3000 werden wir völlig anders leben als heute: …

Aktiv und Passiv

> Letzte Woche ist der Papierkorb viermal versteckt worden – echt ätzend!!!

> Der Overheadprojektor wurde jetzt schon zum zweiten Mal vertauscht!

> Bei uns werden eindeutig die Jungs bevorzugt – wie ungerecht!

> Mir ist am Montag Müll in den Rucksack gestopft worden — so gemein, so feige!

1 Vier Klagen aus dem „Kummerkasten" einer 6 b …
Wie kann man solchen Ärger vermeiden? Sammelt Vorschläge.

2 a In den vier Klagen fehlt viermal dieselbe Auskunft – welche?
b Könnt ihr einen Grund für dieses Fehlen angeben?

Wissen und Können — Aktiv und Passiv

Wir unterscheiden Sätze im **Aktiv** und im **Passiv**.

- Im **Aktivsatz** wird der/die aktiv Handelnde im Subjekt genannt:
  *Ein **Schüler** vertauscht den OH-Projektor.*
      Wer? – Subjekt

- Im **Passivsatz** tritt der/die Handelnde zurück oder verschwindet.
  Dafür tritt das passive Objekt in den Vordergrund, mit dem etwas geschieht:
  ***Der OH-Projektor** wird vertauscht.*
      Wer? – Subjekt   von einem Schüler

Passivsätze enthalten eine Form von **werden** +
Partizip II eines anderen Verbs (hier *putzen – geputzt*):

		Aktivsätze im Vergleich:
■ Präsens:	Die Tafel **wird geputzt**.	Er **putzt** die Tafel.
■ Präteritum:	Die Tafel **wurde geputzt**.	Er **putzte** die Tafel.
■ Perfekt:	Die Tafel **ist geputzt worden**.	Er **hat** die Tafel **geputzt**.
■ Plusquamperfekt:	Die Tafel **war geputzt worden**.	Er **hatte** die Tafel **geputzt**.
■ Futur I:	Die Tafel **wird geputzt werden**.	Er **wird** die Tafel **putzen**.
■ Futur II:	Die Tafel **wird geputzt worden sein**.	Er **wird** die Tafel **geputzt haben**.

Bei der gleichen Zeitstufe besteht das Prädikat im Passiv immer aus einem Teil mehr als im Aktiv.

> Elke zog Jane den Stuhl weg, als sie sich hinsetzen wollte. Sie fiel hart auf die Erde und verstauchte sich den Rücken. Herr Langer schickte Jane sofort zum Arzt.

> Jane wurde der Stuhl weggezogen, als sie sich hinsetzen wollte. Dabei wurde sie am Rücken verletzt. Deshalb wurde sie sofort zum Arzt geschickt.

3 Vergleicht diese beiden Beschreibungen eines gefährlichen Schülerverhaltens:
Welche inhaltlichen und sprachlichen Unterschiede stellt ihr fest?

4 Ihr könnt auch in der Beschreibung rechts auf S. 211 unten die Handelnden Elke und Herrn Langer nennen, indem ihr Formulierungen mit **von** oder **durch** verwendet. Vergleicht eure Ergebnisse.

> Letzte Nacht wurde ein Kanaldeckel auf unserem Schulhof entfernt. Ein Schüler geriet heute Morgen mit dem Vorderrad in die Öffnung und stürzte. Später wurde der Kanaldeckel in einem Gebüsch gefunden. Wir warnen dringend davor, solche lebensgefährlichen Streiche zu veranstalten. Die Täter haften!
> **Die Schulleitung**

5 a Nennt die beiden Passivsätze in dieser Mitteilung.
b In beiden Fällen wird kein Täter genannt. Warum wohl?
c „Die Schulleitung sucht den Täter." Setzt den Satz im Aktiv und im Passiv in die sechs Zeitformen (▶ Merkkasten S. 211).

Immer wieder veranstalten Schülerinnen und Schüler während der Pausen „Kreideschlachten". Sie holen sich Kreide aus verschiedenen Nebenräumen zusammen und bewerfen ihre
5 Mitschüler damit. Dabei zertreten sie die Kreide und beschädigen den Fußboden.
Sie beschmieren die Tafel und werfen mit nassen Schwämmen durch die Gegend. Dadurch beschmutzen sie auch Fenster und Wände.
10 Schließlich fassen sie mit ihren klebrigen Händen Tische und Stühle an.
So hinterlassen sie überall hässliche Spuren.

6 a Könnt ihr von ähnlichen schmutzigen Aktionen berichten? Wer wird als Täter/innen genannt?
b Schreibt den Bericht um, indem ihr an manchen Stellen das Passiv verwendet und die „Täter" weglasst: *Immer wieder **werden** in den Pausen …*

> *In Biologie wurden Vögel beobachtet. Ein Aufnahmegerät wurde in den Park mitgenommen. Vogelstimmen wurden auf einer Speicherkarte festgehalten. Dabei wurde das Gerät von der Bank gestoßen. Dieser Vorfall wurde dem Lehrer gemeldet. Es wurde dabei verschwiegen, dass zuvor gebalgt worden war. So wurde für die Reparatur schließlich niemand verantwortlich gemacht.*

7 Ein ganzer Text nur im Passiv klingt unschön.
Übertragt in diesem Bericht deshalb einige Sätze ins Aktiv:
In Biologie beobachteten wir dieses Mal Vögel. Dazu wurde …

13.3 Fit in …? – Wortarten und Zeitformen der Verben

Eierraupe

Du brauchst:
farbigen Tonkarton, Eier, grüne Plakatfarbe, Pinsel, schwarzen Filzstift, Klebestift, Schere, Locher, Blumenerde, Kressesamen

So geht es:
Zwei Eier ausblasen und sie vorsichtig halbieren. Die vier halben Eierschalen mit grüner Plakatfarbe bemalen. Aus dem grünen Tonkarton einen Kreis für den Kopf und ein kleines Schwänzchen ausschneiden. Die Teile mit einem Klebestift an den bunten Eiern befestigen. Für die Füße acht Kreise aus grünem Tonkarton in der Größe eines Zwei-Euro-Stückes anfertigen. Je zwei so zusammenkleben, dass sie etwa zur Hälfte überlappen.

Für die Augen zwei kleine Kreise ausschneiden und mit schwarzen Locherpunkten als Pupillen bekleben. Den Mund mit einem schwarzen Filzstift aufmalen. Die Raupenfühler aus schwarzem Tonkarton schneiden und sie an den Kopf kleben. Die Eierschalen mit etwas Blumenerde und Kressesamen füllen und an ein Fenster stellen. Die Erde leicht feucht und warm halten, damit deiner Raupe schnell ein buschiges Fell wächst.

1 a Bestimmt die **Wortarten** der grün gedruckten Wörter aus der Bastelanleitung und tragt sie in eine Tabelle ein:

Nomen	Artikel	Pronomen	Adjektive	Verben	Präpositionen
Eier	die	du	farbigen	brauchst	mit
…	…	…	…	…	…

b Ergänzt pro Wortart zwei weitere Wörter aus der Anleitung in der Tabelle.

2 Formt den blau gedruckten Satz (Z. 22 f.) in einen **Passivsatz** um und schreibt ihn auf.

3 Ein Schüler denkt beim Basteln darüber nach, was in einigen Tagen mit der Eierraupe passiert sein wird. Formt die beiden folgenden Sätze ins **Futur II** um und schreibt sie auf:
Ich stelle die Raupe ans Fenster.   Der Raupe wächst ein buschiges Fell.

Die erste Bibliothek der Welt

Vor 4000 Jahren errichtete ein Herrscher des Landes Sumer eine Schatzkammer des Wissens.
Schreibkundige Leute hatten wichtige Gesetze, Texte und auch Märchen und Lieder auf Tontafeln geschrieben. Mehr als 20000 solcher Schrifttafeln sind so entstanden.
Diese Schatzkammer des Wissens ist die erste Bibliothek der Welt.
Das Wort „Bibliothek" bedeutet „Büchersammlung" oder „Bücherei".
Früher hat nicht jeder Zutritt zu Bibliotheken gehabt. Noch um 1770 brauchte man in Berlin eine Erlaubnis für die Königliche Bibliothek. Heute nutzen Millionen Menschen das Wissen aus den dort gesammelten Büchern. Bibliotheken in der ganzen Welt werden auch in Zukunft Überliefertes und Neues bewahren.

4 a Schreibt aus dem Text alle Prädikate heraus.
b Bestimmt die Zeitformen der Prädikate. Schreibt jeweils den Infinitiv dazu.

Auch unter Büchern (geben) es Riesen und Zwerge. Zu den Riesen (zählen) der Atlas des Kurfürsten von Brandenburg. Der Kurfürst (erteilen) im 17. Jahrhundert den Auftrag für den Atlas. Allein für den Ledereinband (brauchen) man die Haut von drei Kühen.
Den Zwerg unter den Büchern (erkennen) man nur unter der Lupe. Auf jeder Seite (finden) man nur einen Buchstaben aus dem Alphabet. Dieses 2,5 mm breite und 3 mm hohe Buch (drucken) man 1971 in Leipzig.
Ob groß oder klein – es (feststehen), dass gedruckte Bücher auch im Computerzeitalter (überleben).

5 Welche Zeitform passt? Lest den Text und schreibt die Verben in Klammern in der richtigen Tempus- und Personalform auf.

Orangen-Crêpes

125 g Mehl	fein sieben
1 Prise Salz, 3 Eier	dazugeben, untermischen
300 ml Milch, 1 EL Butter	unterrühren
3 EL Öl	erhitzen
	3 EL Teig in die Pfanne geben, kurz von beiden Seiten goldgelb backen
80 g Butter, 2 TL Honig	vorsichtig erhitzen
1 Orange	auspressen, unterrühren, Crêpes hineinlegen, darin wenden herausnehmen, aufrollen
3 EL Mandelblättchen	rösten, Crêpes bestreuen

g = Gramm
EL = Esslöffel
TL = Teelöffel

6 Formt dieses Rezept in einen zusammenhängenden Text um. Verwendet Sätze im Aktiv und Passiv, z. B.:
Zuerst wird das Mehl fein gesiebt. Man gibt ... Anschließend werden ...
Benutzt Verknüpfungen wie *zuerst – anschließend – danach – dann – zum Schluss*.

14 Grammatiktraining
Satzglieder und Sätze

Der Kampf um Troja

die Tore der Stadt • den Trojanern • den Pferdekörper • Odysseus • segelte • ein hölzernes Pferd

? verließ seine Heimat Griechenland.

Er ? mit einer großen Kriegerschar nach Troja.

Dort bauten sie ?, in dem sie sich versteckten.

Das Pferd schenkten sie ?, die es neugierig in ihre Stadt zogen.

In der Nacht verließen Odysseus und seine Gefährten heimlich ? und öffneten ?

1 Ergänzt die Sätze über Odysseus und den Trojanischen Krieg mit passenden Vorgaben aus dem Wortspeicher oben. Schreibt sie vollständig in euer Heft.

14.1 Satzglieder – Die Bausteine der Sätze

Schon bekannt: Subjekt, Prädikat, Objekte

Untersucht die Sätze über Odysseus, die ihr aufgeschrieben habt (▶ S. 215), genauer.

1 Benennt die Wortarten der eingefügten Wörter und Wortgruppen (▶ S. 283–287).

2 Innerhalb des Satzes erfüllen Wörter und Wortgruppen eine bestimmte Aufgabe als **Satzglieder**.
  a Ermittelt die eingefügten Satzglieder mit Hilfe der Fragen **Wer …?, Wem …?, Wen …?** oder **Was …?** und unterstreicht sie in verschiedenen Farben.
  b Welches Satzglied lässt sich nicht erfragen? Nennt es und begründet.
  c Benennt jedes der erfragten Satzglieder mit dem richtigen Fachbegriff. Der Merkkasten hilft euch.

Wissen und Können — Satzglieder

Satzglieder sind die „Bausteine" eines Satzes, die jeweils bestimmte Aufgaben erfüllen:

- Das **Prädikat** bildet den Kern des Satzes.
  Es ist der Wortart nach immer ein **Verb**. Das Prädikat kann ein- oder zweiteilig sein.
  Die Personalform des Verbs steht im Aussagesatz immer an zweiter Stelle:
  *Odysseus **schmiedete** einen Plan. Odysseus **hat** einen Plan **geschmiedet**.*

- Das **Subjekt** ist neben dem Prädikat der wichtigste Bestandteil eines Satzes.
  Man ermittelt es durch die Frage „**Wer** oder **was** tut etwas?":
  ***Odysseus** schmiedete einen Plan.*
      Wer?

- Das **Akkusativobjekt** erhält man auf die Frage **Wen?** oder **Was?**:
  *Odysseus schmiedete **einen Plan**.*
             Was?

- Das **Dativobjekt** erfragt man mit **Wem?**:
  *Die Griechen schenkten **den Trojanern** das hölzerne Pferd.*
              Wem?

- Eher selten ist das **Genitivobjekt**. Es wird ermittelt durch die Frage **Wessen?**:
  *Die Trojaner beschuldigten die Griechen **eines unfairen Kampfes**.*
                           Wessen?

  Das Genitivobjekt folgt auf Verben wie *sich erinnern, sich rühmen, sich enthalten, gedenken*.

3 Um herauszufinden, aus wie vielen Satzgliedern ein Satz besteht, kann man seine Teile umstellen:

Die Griechen	schenkten	den Trojanern	ein hölzernes Pferd.
Ein hölzernes Pferd	schenkten	die Griechen	den Trojanern.
Ein hölzernes Pferd	schenkten	den Trojanern	die Griechen.

a Aus wie vielen Satzteilen besteht dieser Satz?
b Bestimmt die Satzglieder mit Hilfe der passenden Satzglied-Frage:
Wer schenkt ...? *Was* schenken ...?
Wem schenken ...?

> Mit der **Umstellprobe** ermittelt man die zusammengehörenden Teile eines Satzes (Satzglieder).

c Es gibt noch eine weitere Möglichkeit der Umstellung. Schreibt sie auf.

Nach der gewonnenen Schlacht plante <u>Odysseus</u> seine Heimreise. Er bestieg vor Troja <u>sein Segelschiff</u>. Doch der Meeresgott Poseidon war <u>ihm</u> böse wegen der Schlacht um Troja. Er schickte ihm <u>ungünstige Winde</u>. So kam <u>der Held</u> erst zehn Jahre später als erhofft zu Hause an.

4 Um welche Satzglieder handelt es sich bei den unterstrichenen Wörtern?
Stellt dazu die passende Satzglied-Frage (▶ S. 216).

Zu Hause auf Ithaka dachte Penelope, die Frau von Odysseus, voller Sorge **an ihren Mann**.
Auch sein Sohn Telemach sehnte sich **nach seinem Vater**.
Sie sprachen oft **über sein langes Ausbleiben**. Trotzdem hofften sie **auf ein glückliches Ende**.

5 Wie fragt man am besten nach den fett gedruckten Satzgliedern? *An wen ...?*

Wissen und Können   **Präpositionalobjekt**

Das Satzglied, nach dem man mit einer **Präposition** (▶ S. 200) fragt und das mit einer Präposition beginnt, heißt **Präpositionalobjekt**:
*Penelope dachte sorgenvoll **an Odysseus.***
        An wen?
*Sie wartete sehnsüchtig **auf ein Lebenszeichen.***
        Auf was?/Wor**auf**?

6 Schreibt mit Hilfe der folgenden Vorgaben Sätze auf und markiert das Präpositionalobjekt, z. B.:
Odysseus' Familie wartete auf ihn.

Odysseus' Familie • der Rat der Götter • das passende Wetter • die ruhige See • der vermisste Vater • der richtige Weg • die Rache des Meeresgottes	warten auf • danken für • sich freuen auf • sich erkundigen nach • sich fürchten vor • bitten um • hören auf

Die Sage von Dädalus und Ikarus

Viele Menschen haben einen Traum.
Der Grieche Dädalus träumte vom Fliegen.
Er entwarf große Flügel.
Seinem Sohn Ikarus baute er ein Paar.
Die Sonnenstrahlung gefährdete den Flug.
Die wachsverklebten Flügel schmolzen.
Ikarus stürzte ab.
Die selbst gemachten Flügel hatten ihm Unglück gebracht.
Der untröstliche Vater gedachte seines toten Sohnes.

7 Untersucht die Satzglieder in dem Text über Dädalus und Ikarus.
  a Führt dazu die Umstellprobe durch.
  b Stellt die passenden Satzgliedfragen und tragt die Satzglieder in eine Tabelle ein:

Subjekt Wer?	Prädikat	Akkusativ- objekt Wen?	Dativobjekt Wem?	Genitivobjekt Wessen?	Präpositional- objekt Von …?
Viele Menschen	haben	einen Traum			

```
                        Satzglieder
          ┌─────────────┬─────────────────────────────────┐
       Subjekt       Prädikat                      Akkusativobjekt
          │             │             ┌──────────┬─────────┬─────────┐
       Dädalus       baute          große      Flügel     aus      Wachs.
          │             │             │          │         │         │
        Nomen         Verb         Adjektiv    Nomen   Präposition  Nomen
                        Wortarten
```

8 a Erklärt, was in dem Schaubild veranschaulicht wird.
  b Erstellt selbst ein solches Schaubild zu folgendem Satz:
     Die wächsernen Flügel brachten Ikarus Unglück.

Adverbialien – Die näheren Umstände eines Geschehens

Auf der Jahre dauernden Irrfahrt vom zerstörten Troja in die Heimat erlebten Odysseus und seine Männer viele gefährliche Abenteuer. Ein besonders schreckliches geschah in der Höhle des Riesen Polyphem.
Ihr findet es in jeder Sammlung mit griechischen Sagen. Hier ist eine kurze Zusammenfassung des grausamen Ereignisses:

> Odysseus und seine erschöpften Männer wollten sich in einer Höhle ausruhen.
> Der Unterschlupf gehörte einem einäugigen Ungeheuer, dem Zyklopen Polyphem.
> Dieser nahm Odysseus und seine Männer ohne große Anstrengung gefangen.
> Odysseus machte den fürchterlichen Riesen mit viel Wein betrunken.
> Anschließend verletzte er ihn schwer mit Hilfe eines Holzpflocks.
> Polyphem verlor wegen dieser Verletzung sein Augenlicht.
> Odysseus und seine Mannschaft konnten nach dieser furchtbaren Tat fliehen.

1 a Beantwortet folgende Fragen schriftlich.
- **Wo** wollen sich die Griechen ausruhen?
- **Wie** nimmt Polyphem die Griechen gefangen?
- **Womit** macht Odysseus den Riesen betrunken?
- **Womit** verletzt er ihn?
- **Warum** verliert Polyphem sein Augenlicht?
- **Wann** können die Griechen fliehen?

b Die erfragten Satzglieder nennt man **Adverbiale**. Zwei davon könnt ihr bereits bestimmen. Benennt sie mit den richtigen Fachbegriffen.

Wissen und Können — **Adverbialien**

Satzglieder, die Fragen nach dem **Wo?**, dem **Wann?**, dem **Warum?** und dem **Wie?** eines Ereignisses beantworten, nennt man „Umstandsbestimmungen" oder (die) **Adverbialien** (Singular: das Adverbiale). Sie machen genauere Angaben
- zum Ort (das **Lokaladverbiale**): *in Griechenland, nach Hause*
- zur Zeit (das **Temporaladverbiale**): *heute, eine Woche lang*
- zur Begründung (das **Kausaladverbiale**): *wegen des Lärms, auf Grund der guten Leistung*
- zur Art und Weise (das **Modaladverbiale**): *mit viel Spaß, still und heimlich*

eines Geschehens.

2 Tragt die Adverbialien der Polyphem-Sage (▶ S. 219) in folgende Tabelle ein:

Lokaladverbialien	Temporaladverbialien	Modaladverbialien	Kausaladverbialien
Wo? Wohin? Woher?	Wann? Wie lange? Bis/Seit wann? Wie oft?	Wie? Auf welche Art und Weise? Womit?	Warum? Wozu? Weshalb?
…	…	…	…

Nur mit viel List und Gewalt hatten Odysseus und seine Männer das Abenteuer mit Polyphem in seiner Höhle überstanden.
5 Jetzt wollten alle so schnell wie möglich nach Hause.
Unter großen Anstrengungen waren sie zehn lange Jahre unterwegs.
Die ganze Zeit warteten ihre Familien
10 in Griechenland voll Sehnsucht auf die Männer.

3 Dieser Text enthält neun verschiedene Adverbialien.
a Ermittelt sie mit Hilfe der Umstellprobe (▶ S. 217).
b Ordnet sie dann in die Tabelle oben ein.

4 Odysseus verletzte Polyphem.

●●● Diese Auskunft ist zwar richtig.
Aber **wo** macht er das, **wie** und **womit?**
Und **warum** handelt Odysseus so?
a Ergänzt den Satz mit passenden Angaben.
b Tragt sie in die Adverbialientabelle oben ein.

5 | will | der Gott der Winde | mit einem kräftigen Westwind | nach langer Irrfahrt |

| die Heimfahrt | dem tapferen Helden der Griechen | erleichtern | aus Sympathie |

a Schreibt diese Satzglieder auf einzelne Zettel und legt daraus sinnvolle Sätze.
Wie viele Möglichkeiten ergeben sich?
b Der Satz enthält drei verschiedene Adverbialien. Tragt sie in die Tabelle von Aufgabe 2 ein.
●●● c Bestimmt auch die übrigen Satzglieder.

Testet euer Wissen!

Satzglieder

Kommissar Glaser arbeitet seit Langem in München.
Mit seinen Kollegen und Kolleginnen hat er schon
so manchen Verbrecher hinter Gitter gebracht.
Dabei hilft ihnen oft Kommissar Zufall.
Manchmal löst sich ein Fall wie von selbst.
Vor vielen Jahren half die Polizeihündin Mira der Polizeistation mit ihrer Spürnase
bei der Lösung dieses kniffligen Falls:
Wegen etlicher Hinweise wurde ein Mann verhört und des Drogenhandels beschuldigt.
Die Polizei konnte ihm aber nichts nachweisen. Eines Tages ging Kommissar Glaser mit
Mira Gassi und sie trafen auf den Mann. Die Hündin riss sich los. Sie schnappte den
Verdächtigen am Bein und verletzte ihn dabei leicht. Beim Arzt zeigte sich, dass er
Rauschgift in die Hose eingenäht hatte!

1 Knackt den Zahlencode! Bestimmt dazu die unterstrichenen Satzglieder und ordnet ihnen die passende Zahl zu. Notiert die richtige Zahlenfolge und vergleicht in der Klasse.

> **1** = Subjekt • **2** = Genitivobjekt • **3** = Dativobjekt • **4** = Akkusativobjekt •
> **5** = Präpositionalobjekt • **6** = Prädikat • **7** = Lokaladverbiale • **8** = Temporaladverbiale •
> **9** = Modaladverbiale • **0** = Kausaladverbiale

Ein Fall für Hauptkommissarin Gräf

Es war 8:50 Uhr. Die Münchner Polizei hatte sich ? mit dem Morddezernat in Verbindung gesetzt. Der Grund war ein 110-Anruf von einem gewissen Paul Schuster. Schuster hatte ? festgestellt, dass ihm die Milch ausgegangen war, war ? gegangen und hatte die Ladentür ? vorgefunden. So habe er das Schreckliche gesehen, sagte er. Hauptkommissarin Gräf blickte auf die Frau, die ? lag. Ein großer Blutfleck leuchtete ihr entgegen, und auch ohne Tatwaffe war deutlich, dass die Frau ? getötet worden war.
„Widerlich", sagte Gräf ? .
Dann wandte sie ihren Blick ab von dem traurigen Anblick und sah ? , wo der Polizeiarzt sich näherte.

Wann?

Wann?
Wohin? Wie?

Wo?
Womit?
Wie?
Wohin?

2 Adverbialien sind vor allem in Texten wichtig, in denen es um genaue Angaben geht. Dieser Krimi-Anfang weist Informationslücken auf.
   a Schreibt den Polizeibericht ab und ergänzt die Lücken mit passenden Adverbialien.
   b Vergleicht eure Ergebnisse und prüft, ob eine logische Geschichte entstanden ist.

14.2 Satz für Satz zum Text

1. Gebt die drei Sprechblasen möglichst lebendig wieder.
   Achtet auf die richtige Betonung.

2. a Welche Absicht haben die drei Personen mit jeder ihrer Äußerungen?
   b Ordnet jeder Äußerung das passende Satzschlusszeichen zu.

Wissen und Können — Satzarten

Ein **Aussagesatz** teilt etwas mit oder stellt etwas fest. Er wird begrenzt durch einen **Punkt**:
Ich fahre jetzt mit der Geisterbahn.

Der **Fragesatz** beinhaltet eine Frage und endet mit einem **Fragezeichen**:
Kommst du mit?

Der **Aufforderungs- oder Ausrufesatz** bringt eine Aufforderung, einen Befehl oder ein Gefühl zum Ausdruck. Meistens steht danach ein **Ausrufezeichen**:
Kommt schnell, die Fahrt geht schon los!

Hauptsatz an Hauptsatz – Die Satzreihe

Ich wartete um 18 Uhr am Riesenrad auf meine Freundin. Sie kam nicht. Darüber habe ich mich geärgert. Wir hatten den Treffpunkt und die Uhrzeit fest vereinbart. Genervt stand ich eine halbe Stunde herum. Leonie kam nicht. Ich machte einen Rundgang über den Rummelplatz. Ich traf viele Bekannte. Sie hatten für mich keine Zeit. Ich wollte nicht mit ihnen weitergehen. Ich hatte aber auch keine Lust, schon nach Hause zu gehen. Ich wollte heute Abend Spaß haben.

1 Verbindet jeweils zwei Sätze gleicher Farbe mit einem dieser Bindewörter (**Konjunktionen**):

| und | oder | aber | sondern |

| denn | doch |

Wissen und Können — Satzreihen: Hauptsatz + Hauptsatz

Hauptsätze können als selbstständige Sätze alleine stehen. Sie bestehen aus mindestens zwei Satzgliedern, dem Subjekt und dem Prädikat. Die Personalform des Verbs steht im Aussagesatz immer an zweiter Satzgliedstelle:
*Ich **gehe** zum Frühlingsfest.*
*Ich **möchte** zum Frühlingsfest **gehen**.*

Konjunktionen (Bindewörter) wie **und, oder, aber, sondern, denn, doch** verbinden selbstständige Hauptsätze zu **Satzreihen**.
Da beide Hauptsätze ihre Wichtigkeit behalten und allein stehen können, bezeichnet man die Konjunktionen als **nebenordnend**:
Ich wollte meine Freunde treffen. Ich konnte keinen entdecken. Das enttäuschte mich.
                      ↑   ↑
                   , aber   [,] und

Vor den Konjunktionen muss ein **Komma** stehen. Nur vor **und** und **oder** kann man es weglassen.

Hauptsätze kann man auch unmittelbar aneinanderreihen, ohne Konjunktion, nur von einem Komma gegliedert:
Die Schiffschaukel war ganz oben, wir hingen mit den Köpfen nach unten.

Ägypten – Ein Geschenk des Nils

Der Nil bestimmte das Leben der Bauern. ? Das Jahr wurde nach seinem Rhythmus eingeteilt.	aber und denn
Die Ägypter kannten nur drei Jahreszeiten. ? Der Nil bestimmte die Pflanz- und Erntezeit.	sondern denn doch
Die dritte Jahreszeit war die Flutzeit. ? Nach ihr mussten die Felder neu vermessen werden.	und oder aber
Die Bauern zogen jedes Mal neue Bewässerungskanäle. ? So konnten die Felder auch bei Dürre bewässert werden.	oder denn doch
Dazu leiteten sie das Wasser in die Kanäle. ? Mit Hilfe eines „Schadufs" schöpften sie das Wasser auf die Felder.	denn doch und
Ein Schaduf ist ein Gestell mit einem Querbalken. An einem Ende hängt ein Gewicht. ? Am anderen Ende hängt ein Schöpfgefäß.	sondern oder und
Inzwischen gibt es in Ägypten natürlich auch Wasserleitungen. ? Viele Bauern benutzen immer noch den praktischen Schaduf.	denn doch aber
Heute werden die alten Vorratsbecken mit Nilwasser nicht mehr benutzt. ? Jetzt reguliert der große Staudamm bei Assuan die Wasserhöhe des Nils.	sondern denn doch
Der Strom tritt also gar nicht mehr über die Ufer. ? Der fruchtbare Schlamm wird auch nicht mehr abgelagert.	doch aber oder
Das führt zu neuen Problemen. ? Die Bauern müssen jetzt teuren Dünger kaufen.	sondern und denn

2 Lest diesen Informationstext über Ägypten und seine „Lebensader", den Nil. Was macht das Verstehen mühsam?

3 Verbindet jeweils zwei Sätze mit einer passenden Konjunktion. In der Randspalte findet ihr für jeden Satz drei Vorgaben. Vergesst die Kommas nicht!
••• Ihr könnt die Vorgaben auch abdecken und selbst Konjunktionen suchen.

4 Was leisten Konjunktionen in einer Satzreihe? Beschreibt die Wirkung.

Hauptsatz mit Nebensatz – Das Satzgefüge

Der Grasfrosch

Der Grasfrosch ist bei uns die häufigste Froschart. Er gehört zur Wirbeltierklasse der Lurche. Lurche kommen sowohl im Wasser als auch an Land vor.

Mit seinen stark entwickelten Hinterbeinen kann der Grasfrosch an Land bis zu 1 Meter lange Sprünge machen. Er hat Schwimmhäute zwischen den 5 Zehen der Hinterfüße. So kann er auch im Wasser schnell vorankommen.

Der Grasfrosch nimmt Sauerstoff über die Haut auf. Seine Haut ist deshalb sehr dünn und von feinen Blutgefäßen durchzogen. Diese Hautatmung funktioniert aber nur bei feuchter Haut. Der Grasfrosch ist daher oft bei feuchtem und regnerischem Wetter anzutreffen.

Wie alle Lurche ist der Grasfrosch ein wechselwarmes Tier. Sein Körper nimmt stets die Temperatur der Umgebung an. Vor dem Winter sucht er im Herbst ein frostgeschütztes Winterquartier auf.

1 Welche Informationen im Text findet ihr erstaunlich? Gebt sie mit eigenen Worten wieder.

2 Sucht die Antworten auf folgende Fragen im Text oben. Schreibt sie in ganzen Sätzen auf. Verwendet dabei die unten abgedruckten Konjunktionen.
a Wieso kann der Grasfrosch bis zu 1 Meter weit springen?
b Warum hat er Schwimmhäute zwischen den Zehen?
c Wieso ist seine Haut so dünn?
d Wann ist er oft anzutreffen?
e Was bedeutet „wechselwarm"?
f Wann sucht er im Herbst sein Winterquartier auf?

| weil | damit | da | wenn | dass | bevor |

a) Der Grasfrosch kann bis zu 1 Meter weit springen, **weil** …
b) Er hat Schwimmhäute …

3 Die Konjunktionen *weil, damit, da* usw. verbinden Sätze.
Überprüft an euren Sätzen aus Aufgabe 2:
  a Welcher der beiden verbundenen Sätze ist selbstständig, welcher kann nicht alleine stehen?
  b Warum ist das so? Achtet auf die Stellung der Personalform des Verbs in den beiden Sätzen!

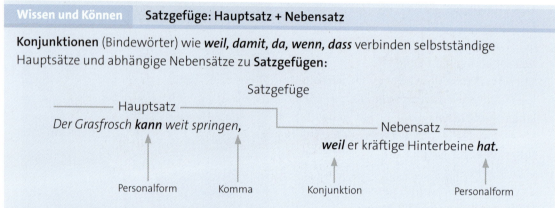

Wissen und Können — Satzgefüge: Hauptsatz + Nebensatz

Konjunktionen (Bindewörter) wie *weil, damit, da, wenn, dass* verbinden selbstständige Hauptsätze und abhängige Nebensätze zu **Satzgefügen**:

Satzgefüge
— Hauptsatz —
*Der Grasfrosch **kann** weit springen,*
— Nebensatz —
*weil er kräftige Hinterbeine **hat**.*

Personalform — Komma — Konjunktion — Personalform

Der selbstständige **Hauptsatz** enthält die Grundinformation; die Personalform des Verbs steht an 2. Stelle.
Der unselbstständige **Nebensatz** enthält eine Zusatzinformation, er wird von einer unterordnenden Konjunktion eingeleitet; die Personalform des Verbs steht am Ende.
Haupt- und Nebensatz werden durch ein **Komma** getrennt.

4 Bestimmt Haupt- und Nebensatz in euren Satzgefügen von Aufgabe 2.
Unterstreicht die Nebensätze, markiert die Konjunktionen und die Personalform des Verbs.
Überprüft, ob ihr die Kommas richtig gesetzt habt.

5 a Schreibt die folgenden Satzgefüge ab. Ordnet sie so an wie im Merkkasten oben und unterstreicht die Nebensätze. Markiert die Konjunktionen und das gebeugte Verb.

Die Grasfrösche verlassen, sobald es wärmer wird, ihr Winterquartier.

Die Männchen erzeugen typische Paarungsrufe, damit die Weibchen auf sie aufmerksam werden.

Weil die jungen Kaulquappen anfangs noch keine Beine haben, schwimmen sie mit Hilfe ihres Ruderschwanzes.

Falls die Jungfrösche überlebt haben, verlassen sie im Juni den Tümpel.

  b Wie ist die Reihenfolge von Haupt- und Nebensatz in diesen Satzgefügen?
  c Versucht, die Reihenfolge von Haupt- und Nebensätzen zu ändern. Achtet auf die Kommas!

14.2 Satz für Satz zum Text

FREE STYLE macht Feierabend

Gestern ging ich zum Frühlingsfest. Ich wollte da meine Freunde treffen. Erst konnte ich keinen erblicken. Ich entdeckte Thomas und Marco. Ich schlenderte zu ihnen hin.

Ich schlug vor: „Kommt, wir gehen zum FREE style. Wollen wir lieber zur Geisterbahn?"

Wir entschieden uns für FREE style. Das war ganz neu auf unserem Frühlingsfest. Das war eine Art Wäscheschleuder. Etwas ganz Besonderes. Man saß quer.

Wir stellten uns an die Kasse. Da war eine lange Schlange. Wir mussten lange warten. Wir mussten nicht alleine warten.

Endlich war es so weit. Wir stiegen ein. Wir wurden an den Sitzen festgeschnallt. Wir lachten. Uns war schon ein bisschen mulmig.

Dann ging es los. Wir wurden abwechselnd hoch- und wieder runtergewirbelt. Wir waren ganz oben. Wir hingen kopfüber in der Luft.

Da ertönte eine Stimme aus dem Lautsprecher: „Wir machen jetzt Feierabend. Wir wünschen noch einen schönen Abend!"

Unter dieser Erlebniserzählung steht von Lehrerhand geschrieben:

Dein Erlebnis ist spannend, man kann sich gut vorstellen, wie du dich gefühlt hast!
Aber du schreibst „abgehackt". Verbinde die Sätze miteinander, dann kannst du Wiederholungen vermeiden und der Text ist flüssiger zu lesen.

6 a Verbessert die Erlebniserzählung, achtet auf die **Kommas** und die richtige **Wortstellung**.
Als Hilfe könnt ihr folgende Konjunktionen verwenden:

| als | obwohl | weil | denn | aber | und |

b Vergleicht eure Fassungen in der Klasse.

> Interessanter als Laubfrösche finde ich Dinosaurier, die vor Millionen von Jahren unsere Erde bevölkerten. Der Brachiosaurus, dessen Skelett hier ausgestellt ist, war 13 m hoch und 26 m lang! Wissenschaftler grübeln bis heute über den Grund, der zum Aussterben der Dinos geführt hat.

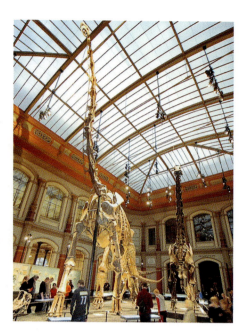

7 a Bestimmt in diesen drei Satzgefügen
– den selbstständigen Hauptsatz,
– den abhängigen, unselbstständigen Nebensatz.
b An welchen Merkmalen habt ihr die Nebensätze erkannt?

8 Schaut euch die Nebensätze näher an:
a Mit welchem Wort beginnen sie jeweils?
b Worauf beziehen sie sich im Hauptsatz?

Wissen und Können — Relativsatz

Relativsätze sind unselbstständige Nebensätze, die ein Bezugswort im Hauptsatz näher erklären, z. B.:

*Bis heute kennt niemand die genaue **Ursache**, **die** zum Aussterben der Dinosaurier **führte**.*

Ein Relativsatz beginnt mit einer Form des **Relativpronomens** (z. B. *der, die, das, dessen*). Er endet mit der Personalform des Verbs und wird durch Komma(s) abgetrennt.

Dinosaurier

Zu Beginn des Erdmittelalters sah die Erde ganz anders aus als heute. Es gab nur ein einziges großes Meer und einen einzigen **Kontinent (1)**. Auf diesem riesigen **Kontinent (2)** erschien vor etwa 230 Millionen Jahren ein neuer Typ von **Lebewesen (3)**. Es handelte sich dabei um ein **Reptil (4)**. Dieses **Reptil (5)** entwickelte sich in den kommenden Jahrmillionen auf eine besondere **Weise (6)**. Die Dinosaurier wurden größer als alle **Tiere (7)**. Es gab sie mit und ohne Panzer, mit Stacheln, Hörnern und sogar Sonnensegeln. Es gab **Dinosaurier (8)** und andere **(9)**. Es gab **Dinosaurier (10), solche (11)** und es gab **Dinosaurier (12)**. Über 150 Millionen Jahre sollte dieses zähe, anpassungsfähige Reptil die Erde beherrschen. Es schien unzerstörbar …

1 Man gab ihm den Namen Pangäa.
2 Er war von Palmen und Farnen bewachsen.
3 Es bewegte sich auf zwei Beinen.
4 Es war flink und ziemlich klein.
5 Wir nennen es heute Dinosaurier.
6 Sie erstaunt und fasziniert uns.
7 Sie lebten vorher oder nachher auf der Erde.
8 Sie liefen auf zwei Beinen.
9 Sie liefen auf vier Beinen.
10 Sie fraßen Pflanzen.
11 Sie fraßen Fleisch.
12 Sie fraßen alles.

9 Ergänzt auf S. 228 die fett gedruckten Nomen im Text mit passenden Informationen aus der rechten Spalte. Dazu müsst ihr sie in Relativsätze verwandeln.
Schreibt die Sätze auf und vergesst dabei die Kommas nicht!
Es gab nur ein einziges großes Meer und einen einzigen Kontinent, dem man den Namen ...

10 *Das Riesentier, da* *über 150 Millionen Jahre die Erde beherrschte, zeigt eindrucksvoll, da* *nichts auf unserer Erde dem Wandel entgeht.*

Welcher Nebensatz beginnt mit dem **Relativpronomen** *das,* welcher mit der **Konjunktion** *dass*?
Begründet mit Hilfe der Probe im Merkkasten unten.

VORSICHT FEHLER!

Ich kenne einen Drachenflieger, **wo** vor jedem Start Lampenfieber hat.

Sie fliegt mit einem Drachen, **wo** sie im Internet ersteigert hat.

Die begeisterten Drachenflieger, **die wo** sich jedes Wochenende in der Rhön treffen, kommen aus ganz Deutschland.

11 In der Umgangssprache wird an Stelle des Relativpronomens oft ein falsches **wo** gebraucht.
Schreibt die Sätze mit dem richtigen Relativpronomen in euer Heft.

Wissen und Können   *das* oder *dass*?

Wenn ihr unsicher seid, ob ihr in einem Nebensatz nach dem Komma **dass** oder **das** schreiben müsst, macht die **welches-Probe:**

*Es ist ein tolles Museum, **das** ich sehr empfehle.*
           ↑
        welches

Das Relativpronomen *das* kann man immer durch *welches* ersetzen.

*Mir gefällt an dem Museum, **dass** es dort Führungen für Kinder gibt.*
           ↑
       ~~welches~~

Die Konjunktion *dass* kann man **nicht** durch *welches* ersetzen.

Testet euer Wissen!

Sätze untersuchen

Anna nimmt ihren Rucksack. Sie verlässt das Haus. Sie fährt mit dem Bus in die Stadt. Sie will einkaufen. Sie hat nicht viel Geld dabei. Sie schaut nach teuren DVDs. Sie hat sich noch eine Zeitschrift gekauft. Sie nimmt den nächsten Bus nach Hause. Zu Hause muss sie zuerst das Geschirr spülen. Ihre Mutter möchte kochen.	obwohl denn und weil nachdem

1 a Verbindet die Satzpaare in jeder Zeile mit einer passenden Konjunktion. Achtet auf die Kommas und die richtige Wortstellung.
   b Schreibt hinter die Sätze, ob es sich um eine Satzreihe oder ein Satzgefüge handelt.

2 a Schreibt den Text über den Weißen Hai ab und ergänzt alle fehlenden Kommas.
   Tipp: Achtet auf die Konjunktionen.

1. Wohl der gefährlichste Raubfisch der Meere ist der Weiße Hai.
2. Sein lateinischer Name bedeutet „gezackter Zahn" weil der Räuber ein beeindruckendes Gebiss vorweisen kann.
3. Aus seinem Oberkiefer ragen mehrere Reihen breiter Schneidezähne während die Beißer des Unterkiefers schmaler und spitzer sind.
4. Wenn der Weiße Hai Beute jagt sind diese Zähne ideal zum Festhalten.
5. Beliebte Beute sind junge Robben die aus der Tiefe des Wasser von den Haien angegriffen werden.
6. Bald merken die Robbenbabys jedoch dass es sicherer ist wenn sie in Begleitung von Alttieren schwimmen.
7. Ausgewachsene Seelöwen können den Raubfischen durchaus gefährlich werden da sie in Todesgefahr zubeißen.
8. Obwohl Weiße Haie die größten Raubtiere der Meere sind sind sie äußerst wendig.
9. Sie durchqueren die Meere in losen Gruppen manche sind inzwischen vom Aussterben bedroht.
10. Die Bezeichnung „Fisch" ist eigentlich nicht richtig denn die Weißen Haie gebären lebende Junge.

b Ordnet die Sätze 1–10 den folgenden Satz-Beschreibungen zu, indem ihr jeweils die passende(n) Satznummer(n) notiert.
– Satzreihe: ?
– Satzgefüge: ?
– weder Satzreihe noch Satzgefüge, sondern einfacher Aussagesatz: ?
– beginnt mit einem Nebensatz: ?
– enthält einen Relativsatz: ?
– enthält zwei Nebensätze: ?

14.3 Fit in …? – Satzglieder und Sätze

1 Auf den Burgen fanden im Mittelalter zur Belustigung der Ritter und Damen Turniere und Feste statt.

a Diesen Satz kann man dreimal umstellen.
 Schreibt alle Möglichkeiten auf und markiert die Satzglieder durch Schrägstriche.
b Ermittelt mit Hilfe der Umstellprobe (▶ S. 217), aus wie vielen Satzteilen dieser Satz besteht.
c Stellt fest, um welche Satzglieder es sich bei den verschiedenen Satzteilen handelt.
 Schreibt die richtigen Fachbegriffe unter die entsprechenden Satzglieder des letzten Satzes.

2 Der Museumsführer erläuterte der Ingolstädter Schulklasse auf dem Nürnberger Burgberg die Festungsbauweise.

Stellt den Satz so um,
a dass das Dativobjekt an erster Stelle steht;
b dass das Lokaladverbiale an erster Stelle steht.
c Ersetzt das Subjekt durch ein Personalpronomen (▶ S. 195).
d Erweitert den Satz um ein passendes Temporaladverbiale (▶ S. 219).

3 Der Lehrer erklärte die Lebensweise der Ritter und Damen.

a Schreibt den Satz ab und ergänzt, wem er das wohl erklärt.
b Wie heißt das Satzglied, das ihr ergänzt habt? Notiert den richtigen Begriff.
c Schreibt den Satz noch einmal ab und ergänzt, **auf welche Art und Weise** der Lehrer die Lebensweise der Ritter und Damen sinnvollerweise seiner Klasse erklärt.
d Benennt das ergänzte Satzglied.

Glaser ermittelte erneut erfolgreich

Hauptkommissar Glaser stellte während seiner gestrigen Untersuchung fest, dass kostbarer Schmuck entwendet worden war. Er erfuhr durch intensives Nachfragen, dass ein unbekanntes Auto die Hauseinfahrt blockiert habe.
Ein Zeuge berichtete voller Aufregung, er habe das Autokennzeichen notiert.
Auf Grund dieser wichtigen Angabe veranlasste Hauptkommissar Glaser kurze Zeit später Straßenkontrollen.
Zwei Streifenbeamte fanden den verdächtigen Wagen an der Stadtgrenze.

4 Sucht aus dem Polizeibericht alle Adverbialien heraus und tragt sie in die folgende Tabelle ein:

Temporaladverbiale	Lokaladverbiale	Modaladverbiale	Kausaladverbiale
...	...	...	...

Nachrichten früher und heute

1 Überall auf der Welt gibt es heute Nachrichtenagenturen, die unsere Medien „zeitnah" über wichtige Ereignisse auf dem Laufenden halten.
2 In früheren Zeiten vergingen dagegen Tage und Wochen, bis die Menschen etwas von Vorfällen an fernen Orten erfahren konnten.
3 Der Transport der Nachrichten, der durch eine Postkutsche oder einen reitenden Kurier erfolgte, war beschwerlich und langwierig.
4 Wenn dann die Nachrichten in den Zeitungen erschienen, waren sie eigentlich schon überholt.
5 Die Menschen waren trotzdem daran interessiert, denn aktuellere Informationen fanden sie nirgendwo.

5 Untersucht die Sätze in diesem Text:
  a Notiert die Nummern der beiden Satzgefüge, deren Nebensätze durch eine Konjunktion eingeleitet werden.
  b Stellt diese beiden Sätze so um, dass der Nebensatz an einer anderen Position steht.
  c Schreibt die Nummer der beiden Sätze auf, die Relativsätze enthalten.
  d Formt die einzige Satzreihe in diesem Text zu einem Satzgefüge um.

15 Rechtschreibtraining

1. Diese Angebote sind missverständlich. Erklärt, woran das liegt.

2. a Überlegt gemeinsam, welche Rechtschreibregeln jeweils missachtet wurden.
   b Nennt Proben, mit denen ihr die Schreibung der Wörter überprüfen könntet.

3. Warum ist eine einheitliche Rechtschreibung sinnvoll und wichtig?
   Tauscht euch aus und nennt Situationen.

15.1 Richtig schreiben – Tipps und Techniken

Wissen und Können — **Tipp 1: Deutlich sprechen – genau hinhören**

Eine **deutliche Aussprache** kann euch beim richtigen Schreiben helfen.
Sprecht euch das Wort, das ihr schreiben wollt, deutlich vor. Sprecht dabei jeden Buchstaben einzeln. Achtet darauf, ob der betonte Vokal kurz gesprochen wird (z. B. der *Kamm*) oder lang (z. B. *kam*).
Unterscheidet harte und weiche Konsonanten, z. B.: *die Gabel – das Kabel*

1 a Auf diesem Bild sind acht Nomen farbig gezeichnet. Nennt sie.
   b Schreibt die Nomen mit ihrem Artikel auf und übt dabei das deutliche Sprechen.
   c Überprüft die Schreibung der Wörter mit einem Wörterbuch (▶ S. 239).

2 a Diktiert euch den folgenden Text im Partnerdiktat.
      Achtet dabei auf deutliches Sprechen und genaues Hören.
   b Tauscht eure Texte aus, überprüft das Geschriebene noch einmal und verbessert Fehler.

Kuh Luna springt wie ein Pferd

Regina lebt auf einem Bauernhof in Bayern. Eigentlich wollte die Schülerin unbedingt ein Pferd haben, doch ihre Eltern waren dagegen. Deshalb versuchte Regina, auf einer Kuh aus ihrem Stall zu reiten. Kein Mensch hat das für möglich gehalten.
Die erste Kuh war leider zu scheu, aber das Mädchen gab nicht auf: Mit der Kuh Luna übte sie viele Monate, bis sie wirklich auf ihr reiten konnte. Das war der Beginn einer wunderbaren Freundschaft.

Nach einigen Monaten wollte das Mädchen noch mehr. Und sie hatte Erfolg. Denn jetzt kann Luna sogar über Hindernisse springen. Sie ist die einzige springende Kuh in Deutschland!

15.1 Richtig schreiben – Tipps und Techniken

Wissen und Können — **Tipp 2: Auf Wortbausteine achten**

- In verschiedenen Wörtern kommen oft gleiche **Wortbausteine** vor. Der Grundbaustein eines Wortes heißt **Wortstamm**. Wörter mit dem gleichen **Wortstamm** bilden eine **Wortfamilie**, z. B.: *wahr, die Wahrheit, unwahrscheinlich*
- Manche Wortbausteine **klingen gleich,** obwohl sie **unterschiedlich geschrieben** werden. Man muss dabei ihre Bedeutung unterscheiden, z. B.:
  end- hat immer etwas mit „Ende" zu tun, z. B.: *der Endspurt = Spurt am Ende (eines Laufs)*
  ent- ist eine Vorsilbe, durch die neue Wörter entstehen, z. B.: *falten → entfalten*

1 a Umschreibt die folgenden Wörter mit **end-** so wie im Kasten oben.

das Endspiel • endgültig • die Endsumme • endlos • die Endstation • die Endrunde

b Bildet mit jedem Wort einen vollständigen Satz und schreibt ihn auf, z. B.:
Natürlich werden wir uns das Endspiel der Fußball-WM im Fernsehen ansehen.

2 a Wie lauten die folgenden Wörter mit **ent-?** Schreibt sie untereinander in euer Heft.

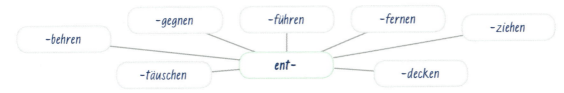

b Ergänzt zu jedem Verb weitere Wörter aus der gleichen Wortfamilie, z. B.:
entbehren – entbehrungsreich, die Entbehrung

Ein **Wörterbuch** kann euch helfen!

c Sucht fünf weitere Wörter mit der Vorsilbe **ent-** und schreibt vollständige Sätze damit auf.

3 Der folgende Text enthält zwölf Wörter mit den Endungen **-ig** oder **-lich.** Schreibt ihn ab und entscheidet, welcher Wortbaustein jeweils passt. Manchmal müsst ihr Flexionsendungen ergänzen, z. B.: *lustige Windrädchen*

Die Endungen **-ig** und **-lich** kannst du hören, wenn du das Wort verlängerst, z. B.:
niedlich – niedlicher, heftig – heftiger

Hoffent ? bleibt es wind ? !

In vielen Gärten sieht man lust ? , farb ? Windrädchen. Doch das sind nicht die einz ? Windräder: Heute sorgen näm ? unzäh ? ries ? Windräder für die Stromerzeugung. Durch Windkraft lässt sich auf natürl ? Weise Energie gewinnen. An den gleichmäß ? rotierenden Propellern erkennt man deutl ? , dass hier eine mächt ? Kraft am Werk ist.

Wissen und Können — Tipp 3: Verwandte Wörter suchen

e oder **ä**, **eu** oder **äu**? – Wenn ihr unsicher seid, wie ein Wort geschrieben wird, macht die **Ableitungsprobe** und sucht ein **verwandtes Wort mit a**, z. B.:
gef ? hrlich? → die Gef<u>a</u>hr → gefährlich
die M ? use → die M<u>au</u>s → die Mäuse
Bei einigen Wörtern mit **ä** gibt es keine Ableitungsmöglichkeit – ihr müsst euch ihre Schreibung einprägen, z. B.: *der Käfig, der Lärm, erzählen, während, allmählich, die Krähe*

1 Überprüft die Schreibung der folgenden Wörter mit **ä** oder **äu**, indem ihr jeweils ein verwandtes Wort mit **a** oder **au** sucht (Ableitungsprobe), z. B.: *läuten → der Laut*

> lächerlich • läuten • das Geräusch • lästig • äußerlich • häufig • bräunlich • die Läuse • die Bräuche • freihändig • tatsächlich • aufwändig • ungläubig • verächtlich • der Verräter • verständlich • unverkäuflich • häuslich • das Gemäuer • umständlich • unverträglich • der Läufer

2 Der folgende Text enthält viele Wörter mit **e, ä, eu** und **äu**.
  a Diktiert einander den Text nacheinander im Partnerdiktat.
  b Überprüft die Schreibung und wendet die Ableitungsprobe an.

Nichts als Pech …

Heute wurde ich durch ein seltsames nächtliches Geräusch geweckt. Ich sprang gähnend aus dem Bett und sah ungläubig auf den Wecker: Es war tatsächlich schon spät
5 und ich musste schleunigst aufstehen! In der Küche goss ich mir ein Glas Milch ein, was ich sofort bereute. Denn das Getränk schmeckte verdächtig säuerlich. Da läutete es an der Tür. Meine Nachbarin erklärte mir,
10 sie bräuchte dringend Hilfe. Sie hätte in ihrem Gästezimmer Läuse entdeckt. Ich sollte die Schädlinge eigenhändig beseitigen. Ich wollte ihr sagen, dass das zu aufwändig wäre. In diesem Moment bin ich aufge- wacht. Erfreulicherweise hatte ich alles nur geträumt!

●●● Der Text enthält zwei Wörter mit **ä** oder **äu**, die man nicht ableiten kann. Findet ihr sie?

3 Schreibt Sätze auf, in denen Wörter mit **äu** oder **ä** vorkommen.
Verwendet die Wortbeispiele von dieser Seite oder ein Wörterbuch.
Ihr könnt eure Texte einer Lernpartnerin oder einem Lernpartner diktieren.

15.1 Richtig schreiben – Tipps und Techniken

Wissen und Können — Tipp 4: Wörter verlängern

Am Wortende klingt
- **b** wie **p**: *lie ?* → *lieb*
- **g** wie **k**: *der Ste ?* → *der Steg*
- **d** wie **t**: *der Hel ?* → *Held*

Hier hilft euch die **Verlängerungsprobe**: Verlängert die Wörter und sprecht sie deutlich aus. Dann hört ihr, welche Buchstaben ihr schreiben müsst.

Bildet
- bei Nomen den Plural: *der Ber ? ?* → *die Berge* → *der Berg*
- bei Adjektiven die Steigerungsform: *klu ? ?* → *klüger* → *klug*
  oder beugt es mit einem Nomen, z. B.: *die gelbe Kugel*
- bei Verben eine andere Verbform, z. B. den Infinitiv: *er lo ? ?* → *lügen* → *er log*

1 a Ergänzt die Wörter. Verlängert so wie im Tippkasten oben angegeben und sprecht deutlich.

b oder **p**?		**g** oder **k**?		**d** oder **t**?	
der Sta-	trü-	er la-	der Ber-	verlocken-	der Wir-
das Lo-	der Stau-	der Sie-	der Erfol-	die Wel-	der Verstan-
sie trie-		der Han-	genu-	mil- elen-	der Her-
das Gra-	tau-		der Spu-	der Wer-	der Abstan-

b Bildet drei sinnvolle Sätze mit Wörtern aus Aufgabe a und schreibt sie auf.

2 Schreibt die folgenden Hinweisschilder in euer Heft ab und entscheidet euch für die richtige Schreibung.

> **Vorsichd/t!**
> **Rutschgefahr**
> **auf nassem Laub/p!**

> **Das Baden am Strand/t ist nur unter Aufsichd/t gestattet!**

> Heute Abend/t
> großer Festumzug/k
> am Alten Markd/t!

> Zu jeder Pizza ein Geträng/k
> **gratis!**

Wissen und Können — Tipp 5: Silbentrennung

Mehrsilbige Wörter trennt man nach **Sprechsilben,** z. B.: *der Ku-gel-schrei-ber*
Ihr hört die Silben beim langsamen und betonten Sprechen.
- Von **mehreren Konsonanten** kommt nur einer in die neue Zeile, z. B.: *die Kat-ze, der Ers-te*
  Aber Achtung: **ck, ch** und **sch** werden nicht getrennt: *der Zu-cker, la-chen, lau-schen*
- **Einzelne Buchstaben** werden **nicht abgetrennt,** z. B.: *Igitt, die Schreie*
- **Zusammengesetzte Wörter** trennt man an den Wörtergrenzen, z. B.: *der Korb-wurf*
Ihr könnt Silben- und Wörtergrenzen im **Wörterbuch** nachschlagen, z. B.: *in|ter|es|sant*

Hallo Tante Monika,
wie geht es dir? Genießt du auch die Sonne? Unsere Sommerferien
sind wirklich toll! Wir verbringen jeden Tag an unserem Badesee.
Gestern Nachmittag sind Louis und ich mit einem kleinen Tretboot
5 hinausgefahren. Plötzlich kam starker Wind auf und ein Abenteuer
begann, denn es gelang uns nur mit Mühe, wieder an den Sandstrand
zurückzukommen ... Aber es ging gut aus! Den riesigen Eisbecher
danach hatten wir uns jedenfalls verdient!
Heute Abend wollen wir ein Lagerfeuer machen und Würstchen
10 grillen! Wenn wir uns wiedersehen, erzähl ich dir alles ausführlich.
Liebe Grüße, auch von Louis,
deine Carina

1 Carina hat auf der Postkarte die Silbentrennung nicht beachtet.
  a Zerlegt die markierten Wörter in ihre Silben und schreibt sie auf (Nomen mit Artikel), z. B.:
  die Som-mer-fe-ri-en
  b Überprüft eure Ergebnisse mit einem Wörterbuch.

2 Schreibt die folgenden Wörter ab und setzt Trennstriche nach den Sprechsilben
oder an den Wörtergrenzen.

> die Trillerpfeife • der Pflaumenkuchen • das Stück • bequem • die Quelle • die Spitze •
> die Steine • der Speiseplan • wichtig • die Klassenfahrt • die Kartenspiele • packen •
> der Morgenspaziergang • telefonieren • kriechen • die Straßenlaterne • außerirdisch •
> der Fußball • der Elfmeterpunkt • das Kopfballtor

3 Findet zu folgenden Wörtern Reimwörter und schreibt die Reimpaare mit Trennstrichen auf, z. B.:
die Lo-cken – tro-cken

> die Schüssel • die Brücke • die Narbe • impfen • der Sessel • die Hecke

Die Rechtschreibung im Wörterbuch überprüfen

1 Hier sind sechs Nomen abgebildet. Benennt sie und schreibt sie mit ihrem Artikel in euer Heft. Überprüft dann die Schreibung mit einem Wörterbuch.

2 Untersucht den folgenden Wörterbuchauszug und erklärt die markierten Angaben.

> Mor|gen, der; -s, – (Tageszeit) → *der Morgen, des Morgens (Genitiv), die Morgen (Plural)*
> Mor|gen|duft, der; -[e]s (eine Apfelsorte)
> Mo|tiv, das, -s, -e, (lat.)
> Mo|ti|va|ti|on, die, -en, (lat.) (die Beweggründe, die das Handeln eines Menschen bestimmen)
>
> mun|ter, jmd. munter machen od. muntermachen
> Mün|zen|samm|lung
> Mur|mel|tier (ein Nagetier); schlafen wie ein Murmeltier
>
> **M**

● ○ ○ Folgende Erklärungen könnt ihr passend zuordnen:

| Worterklärung • Herkunft des Wortes • Artikel • Genitivform(en) • Silbengrenzen • verschiedene Schreibweisen • gängige Verwendung des Wortes |

3 a Beantwortet die folgenden Fragen mit Hilfe eines Wörterbuchs:
– Wie lautet die Genitivform von *Firma*?
– Wie heißt der Plural von *Atlas*?
– Aus welcher Sprache kommt das Wort *Motiv*?
– Welche Silbengrenzen hat das Wort *Brillengläser*?

● ● ● **b** Wie lautet der Artikel von *Kaugummi*, wie der Plural von *Text*?
Schlagt auch diese Wörter im Wörterbuch nach und erklärt die Besonderheiten.

Wissen und Können — **Im Wörterbuch nachschlagen**

Wenn man sich bei der Schreibung eines Wortes unsicher ist,
kann man im **Wörterbuch** nachschlagen.
Im Wörterbuch sind die einzelnen Wörter **alphabetisch** geordnet. Bei gleichem Anfangsbuchstaben entscheidet der zweite bzw. dritte Buchstabe im Wort über die Reihenfolge, z. B.:
der A̱al, a̱bsichtlich, abs̱olut, die Ax̱t

15.2 Rechtschreibregeln üben

Groß- und Kleinschreibung

Nomen schreibt man groß

Hannes fragt seinen Klassenkameraden Egon: „Wo ist denn dein Zeugnis?"
Egon antwortet fröhlich: „Das hab ich Otto geliehen, er will seinem Vater beim Mittagessen einen Schrecken einjagen."

„Kann mir jemand fünf Tiere nennen, die in der Antarktis leben?", fragt die Lehrerin die Klasse.
„Drei Pinguine und zwei Robben", antwortet Fritzchen.

Die Mathelehrerin fragt: „Lieschen, wenn du eine Bluse für 20 Euro, eine Hose für 40 Euro und Schuhe für 50 Euro kaufst, was gibt das?"
Lieschen seufzt: „Das gibt Krach mit meinen Eltern!"

„Nenne mir die Jahreszeiten, Klaus", sagt der Lehrer.
„Frühling, Herbst und Winter", erwidert der Schüler.
„Na, und wo bleibt der Sommer?", will der Lehrer wissen.
Klaus antwortet: „Das hab ich mich in diesem Jahr auch gefragt, Herr Lehrer!"

1 In diesen Schülerwitzen sind viele Nomen enthalten. Manche haben einen Artikel bei sich, andere nicht. Sucht alle Nomen heraus und ordnet sie im Nominativ in eine Tabelle in eurem Heft ein:

Nomen ohne Artikel	Nomen mit bestimmtem Artikel	Nomen mit unbestimmtem Artikel	Nomen mit anderen Signalwörtern
Tiere	die Antarktis	…	fünf Tiere dein Zeugnis

Wissen und Können — Nomen am Artikel erkennen

- Ein Nomen erkennt man sicher am **bestimmten oder unbestimmten Artikel,** der davorsteht (z. B. *der Baum, ein Einfall*) oder den man probeweise ergänzen kann („Artikelprobe"), z. B.: *Simona isst gern (die) Nudelsuppe.*
- Weitere **Signalwörter** für Nomen sind: **Numerale/Mengenangaben** (z. B. *drei Hunde*), **Pronomen** (z. B. *meine Tasche*) oder **Adjektive** (z. B. *rote Schuhe*).

Auf dem Heimweg vom Ferienlager

Dieses Jahr waren wir zum ersten Mal allein im Ferienlager. Die drei Tage im Bayerischen Wald waren wirklich klasse! Im Gemeinschaftszelt und am Lagerfeuer lernten wir schnell viele andere Schüler kennen, die genauso viel Spaß am Camping hatten wie wir. Tagsüber konnten wir uns im See, am Fluss oder im Wald so richtig austoben und hatten dabei viel Spaß. Heimweh kam bei so viel Abwechslung nicht auf.
So verging die Zeit wie im Flug und wir waren am Sonntag beim Kofferpacken ganz traurig. Im Zug nach Hause lachten wir noch sehr über unsere lustigen Erlebnisse. Beim nächsten Ferienlager sind wir sicher wieder dabei!

2 Manchmal sind die Artikel nicht gleich zu erkennen, da sie in Verbindung mit anderen Wörtern „versteckt" sind. Schreibt aus dem Schülerbericht über das Ferienlager die Nomen mit dem versteckten Artikel heraus, z. B.: *vom (= von dem) Ferienlager*

Achte auf deine Gedanken, denn sie werden Worte.
Achte auf deine Worte, denn sie werden Handlungen.
Achte auf deine Handlungen, denn sie werden Gewohnheiten.
Achte auf deine Gewohnheiten, denn sie werden dein Charakter.

Ich wünsche dir viel „Reichtum"
in deiner Lebenszeit:
Vor allem sollst du reich sein an
Hoffnung,
Glück,
Zufriedenheit!

Das Geheimnis guter Freundschaft besteht darin,
selbst ein guter Freund zu sein!

3 a Diese Sprüche aus einem Poesiealbum enthalten viele Nomen mit typischen Endungen. Sucht sie heraus und tragt sie mit dem passenden Artikel in eine Tabelle im Heft ein:

-heit	-keit	-nis	-schaft	-tum
...	...	...	die Freundschaft	...

b Bildet aus den folgenden Wörtern Nomen mit typischen Endungen und ergänzt die Tabelle:

erfahren • gesund • heiter • freundlich • verwandt • traurig • eigen • wagen • der Nachbar • kennen • irren

Wissen und Können — Nomen an Wortendungen erkennen

Wörter mit den Endungen **-heit, -keit, -nis, -schaft, -ung, -tum** sind **Nomen** und werden **großgeschrieben,** z. B.:
die Freiheit, die Heiterkeit, das Hindernis, die Wanderschaft, die Ahnung, das Wachstum

Die Wortart wechseln – Verben werden Nomen

Der Bär ist los!

Im Mittelalter gehörten Braunbären noch zu unseren Wäldern wie heute Rehe oder Wildschweine. Das Jagen von Bären war erlaubt, weshalb die Tiere schnell ausgerottet waren. 1835 wurde der letzte frei lebende Braunbär in Deutschland erschossen. Etwa 200 Jahre lang bekam man beim Spazieren im Wald keinen Bären mehr zu sehen.
2006 wurde in Deutschland erstmals wieder ein frei lebender Braunbär gesichtet. Sein Umherstreunen im bayerisch-österreichischen Grenzgebiet sorgte für Staunen und Aufregung. Bären ziehen sich normalerweise in einsame Bergregionen zurück, wo sie viel Zeit mit Fressen, Schlafen oder Herumschnüffeln verbringen. „Bruno, der Problembär" drang jedoch in von Menschen bewohnte Gebiete vor und plünderte Schafställe. Trotz wochenlangem Suchen ließ sich der zottelige Übeltäter nicht lebend fangen. Nach einigem Diskutieren und Abwägen beschloss man, das Tier zum Abschuss frei zu geben – zum Entsetzen vieler „Bruno-Fans".

1
a Kennt ihr einen ähnlichen Fall von wildlebenden Tieren in Deutschland? Tauscht euch aus.
b Untersucht die hervorgehobenen Wörter. Zu welcher Wortart gehören sie? Begründet.
c Sucht im Text weitere Verben, die als Nomen verwendet werden (nominalisierte Verben), und schreibt sie in euer Heft.

2 Schreibt die folgenden Sätze um, indem ihr aus den markierten Verben Nominalisierungen bildet. Unterstreicht die Nominalisierungen und ihre Signalwörter.

Anna beobachtet, wie die Bären im Zoo toben. → *Anna beobachtet das Toben der Bären im Zoo.*
Sie hört, wie ein Bär im Gehege brüllt. → *Sie hört das ... eines ...*
Anton bemerkt, dass die Äste unter den Pfoten des Bären krachen. → ...
Die Bären genießen es, in der Sonne zu faulenzen. → ...

3 Prüft, ob die markierten Wörter auf den Hinweisschildern als Verb oder als Nomen gebraucht werden, und übertragt die Texte in der richtigen Schreibung in euer Heft.

> Die Fledermäuse bitte nicht f/Fotografieren!

> Das f/Füttern der Bären ist verboten!

> Das b/Betreten des Streichelzoos erfolgt auf eigene Gefahr!

> Hunde bitte an der Leine f/Führen!

Wissen und Können — Nominalisierung von Verben

- **Verben** können in ihrer Grundform (Infinitiv) **wie ein Nomen gebraucht (nominalisiert)** werden. Man erkennt sie am Artikel, der davorsteht oder den man probeweise ergänzen kann (**Artikelprobe**), z. B.: *Sie hörte das Brummen und (das) Brüllen der Bären.*
- Nominalisierte Verben schreibt man **groß**.

Die Wortart wechseln – Adjektive werden Nomen

Bären zurück in Europa

1989 wurden zum ersten Mal Bären in österreichischen Bergwäldern ausgesetzt. Da die Tiere zuvor von Wissenschaftlern mit Sendern ausgestattet worden waren, ließen sie sich nun bei ihren Streifzügen aufs Genaueste beobachten. So erfuhr man viel Neues über das Leben frei lebender Bären.

Auch in anderen europäischen Ländern führt man Auswilderungsprojekte durch. So leben in Slowenien und Italien inzwischen wieder hunderte Braunbären, im Wesentlichen in bewaldeten Bergregionen.

Für viele Menschen gibt es nichts Besseres, als die Bären möglichst zahlreich in unsere Wälder zurückzuholen. Doch manche empfinden die Rückkehr der wilden Tiere auch als etwas Beängstigendes. Denn die Raubtiere im Zottelpelz gehen natürlich ihrem Jagdtrieb nach. Dass sie dabei auch vor unseren Nutztieren wie Schafen oder Kaninchen nicht zurückschrecken, ist nichts Verwunderliches.

Deshalb gibt es in einigen Ländern Europas Bäreneingreiftruppen, Bärenanwälte oder Bärenmanager. Diese Berufe sind wirklich etwas Besonderes! Die Aufgabe der Experten besteht im Großen und Ganzen darin, die Ansiedlung der Bären zu überwachen und zwischen Mensch und Bär zu vermitteln.

1
a Welche Meinung habt ihr zur Auswilderung von Bären in Europa? Nehmt Stellung.
b In dem Text sind acht nominalisierte Adjektive hervorgehoben. Welche Begleitwörter erklären jeweils ihre Großschreibung? Schreibt sie auf und unterstreicht sie, z. B.:
<u>aufs</u> Genaueste, <u>viel</u> Neues, …

2
a Nominalisiert die Adjektive rechts mit passenden Begleitern von links.
b Bildet sinnvolle Sätze. Beachtet die Großschreibung, z. B.: Es gibt <u>nichts Gutes</u>, außer man tut es!
Hier findet ihr Anregungen:
Alles *(lieb)* zum Geburtstag! Es gibt viel *(neu)* zu berichten. Ich dachte an nichts *(bös)*.
Wir haben alles *(möglich)* vor. Hast du etwas *(süß)*? Ferien sind das *(schön)* an der Schule!

Wissen und Können | **Nominalisierung von Adjektiven**

- **Adjektive** können **als Nomen gebraucht (nominalisiert)** werden. Man erkennt sie am **Artikel**, der davorsteht oder den man probeweise ergänzen kann **(Artikelprobe)**, z. B.:
  das Besondere, ein Leichtes, im (= in dem) Grünen
- Nominalisierte Adjektive schreibt man **groß**.
- Häufige Begleiter von nominalisierten Adjektiven sind **Numerale** (Mengenwörter), z. B.:
  viel, alles, nichts, manches, einiges, allerlei → viel N̲eues, alles G̲ute, nichts B̲esonderes, …

Nominalisierungen erkennen

1 a Manchmal werden Jungtiere im Zoo von Menschen mit der Hand aufgezogen. Was wisst ihr darüber? Tauscht euch aus.
b Lest das folgende Interview mit einem Tierpfleger und übertragt es in der richtigen Groß- und Kleinschreibung in euer Heft. Unterstreicht alle nominalisierten Verben blau und alle nominalisierten Adjektive grün.

Bestimmt als Hilfe zunächst die Wörter in Großbuchstaben: Sind es Adjektive, Verben im Infinitiv oder Nominalisierungen? Achtet auf Begleitwörter und führt die Artikelprobe durch.

Interview mit einem Bärenpfleger

Reporter: Sie sind für das FÜTTERN und die Aufzucht eines Bärenbabys VERANTWORTLICH. Bitte SCHILDERN Sie uns WICHTIGES aus dem Leben JUNGER Bären!
Pfleger: Im ALLGEMEINEN gibt es nur wenige Unterschiede zur Pflege anderer Zootiere. Das TÄGLICHE SAUBERHALTEN des Geheges ist ebenso WICHTIG wie das GEMEINSAME TOBEN und SPIELEN mit dem Jungtier.
Reporter: Ist diese Arbeit nur ANSTRENGEND – oder EMPFINDEN Sie sie auch als etwas BESONDERES?

Pfleger: Das AUFZIEHEN eines Jungtieres ist nicht leicht, aber sehr SPANNEND. Für ein Bärenjunges ohne Mutter ist ein ÜBERLEBEN in freier Wildbahn fast UNMÖGLICH, daher ist es für mich etwas SCHÖNES, dem Tierbaby Geborgenheit im Zoo zu geben.
Reporter: Haben Sie auch schon einmal etwas GEFÄHRLICHES hier im Zoo erlebt?
Pfleger: Im WESENTLICHEN bisher zum Glück noch nicht. Aber wenn man in meinem Beruf UNVORSICHTIG oder LEICHTSINNIG arbeitet, kann man SCHNELL in Gefahr GERATEN!

Der Große Bär

Das (B/b)etrachten und (D/d)euten von Sternbildern hat die Menschen schon immer fasziniert. Das (B/b)ekannteste Bild am nächtlichen Himmel ist wohl der Große Wagen. Die alten Griechen nannten es „Großer Bär". Auf Griechisch heißt Bär „Arktos". Einst wollten die Griechen das (N/n)ördlichste Land der Erde benennen. Sie beschlossen, das (E/e)isige Land nach dem Sternbild zu (B/b)ezeichnen, unter dem es zu finden ist: Arktis. Das heißt übersetzt so viel wie „Land unter dem Bären".

2 a Erklärt in eigenen Worten, wie die Arktis zu ihrem Namen kam.
b Entscheidet euch für die richtige Schreibweise der markierten Wörter und schreibt den Text ab.

Bei **Eigennamen** schreibt man Adjektive groß, z. B.: *der Große Bär, der Indische Ozean*

Testet euer Wissen!

Groß- oder Kleinschreibung?

VORSICHT FEHLER!

Nashörner in Gefahr

Tierschützer berichten aus den afrikanischen Savannen immer wieder wenig erfreuliches. Seit Jahren kämpfen sie um das überleben der Nashörner, die vom aussterben bedroht sind. Das unfassbare ist, dass die Dickhäuter nur wegen ihrer begehrten Hörner getötet werden, die von Wilderern für viel Geld verkauft werden. Die Tierschützer fordern ein härteres durchgreifen beim Kampf gegen die Wilderei.

1 a Sucht die fünf Wörter im Text, die großgeschrieben werden müssen.
Notiert sie in der richtigen Schreibung.
b Nominalisiertes Verb oder nominalisiertes Adjektiv?
Gebt jeweils an, um welche Wortart es sich handelt.
c Schreibt dazu, an welchem Begleitwort man die Großschreibung erkennen kann:

> bestimmter Artikel • unbestimmter Artikel • Mengenangabe • versteckter Artikel

---

SENSATIONELLE ENTDECKUNG

BEI EINER MAUS DENKT MAN NORMALERWEISE AN EIN KLEINES TIER; ETWAS <mark>WINZIGES</mark> MIT RUNDEN KNOPFAUGEN UND NIEDLICHEM <mark>AUSSEHEN</mark>. BEI <mark>AUSGRABUNGEN</mark> IN SÜDAMERIKA STIESSEN FORSCHER JEDOCH AUF ETWAS UNGLAUBLICHES: SIE ENTDECKTEN DEN SCHÄDEL DES GRÖSSTEN NAGETIERS DER WELT! BEIM <mark>UNTERSUCHEN</mark> DES SKELETTS STELLTEN DIE WISSENSCHAFTLER ALLERLEI INTERESSANTES FEST. SO ERRECHNETEN SIE NACH DEM WIEGEN DES SCHÄDELS, DASS DAS TIER BIS ZU EINER TONNE GEWOGEN HABEN KÖNNTE. GRUND ZUM <mark>FÜRCHTEN</mark> GIBT ES ABER NICHT: BEIM <mark>FRESSEN</mark> BEVORZUGTE DAS TIER PFLANZLICHES. DIES LIESS SICH NACH EINER <mark>UNTERSUCHUNG</mark> DER KAUMUSKELN FESTSTELLEN.

2 a Schreibt den Text in der richtigen Groß- und Kleinschreibung ab.
b Notiert zu den sieben markierten Wörtern eine Begründung für die Schreibung.

Kurze und lange Vokale unterscheiden

Es ist schon merkwürdig, <u>wenn</u> sich zwei kleine <u>Mädchen</u>, die nichts voneinander <u>wussten</u>, plötzlich in einem Ferienheim gegenüberstehen und
5 <u>feststellen</u> <u>müssen</u>, dass sie sich gleichen <u>wie</u> ein Ei dem anderen. Luise Palfy aus <u>Wien</u> hat <u>zwar</u> lange <u>Locken</u> und <u>Lotte</u> Körner aus München zwei streng geflochtene <u>Zöpfe</u> – das ist
10 <u>aber</u> auch wirklich der einzige Unterschied. Luise und Lotte <u>beschließen</u>, dem Geheimnis <u>ihrer</u> <u>Ähnlichkeit</u> auf den <u>Grund</u> zu <u>gehen</u>: Luise <u>fährt</u> als Lotte nach München zurück und
15 Lotte als Luise nach Wien ...

1 a Lest den Klappentext des Jugendbuchs „Das doppelte Lottchen". Was würdet ihr machen, wenn ihr plötzlich einem Doppelgänger/einer Doppelgängerin von euch begegnen würdet?
b Lest den Text laut vor und betont jedes Wort.
c Legt eine Tabelle an, in der ihr die unterstrichenen Wörter nach langen und kurzen Vokalen ordnet. Markiert lange Vokale mit einem Strich, kurze mit einem Punkt wie im Beispiel:

Lange Vokale	Kurze Vokale
das M*ä*dchen	w*e*nn
...	w*u*ssten
	...

Kurze Vokale – Doppelkonsonanten

2 Nicht nur bei Lotte und Luise aus Erich Kästners Roman ist alles doppelt – es gibt auch viele Wörter mit doppelten Konsonanten in dem Klappentext. Markiert diese Wörter in der rechten Spalte eurer Tabelle aus Aufgabe 1.

3 a Stellt aus den folgenden Wörtern mit Doppelkonsonanten Wortfamilien zusammen, z. B.:
die Rolle, rollen, ...

> die Rolle • verhasst • retten • der Füller • der Rollkragen • der Retter • himmlisch • himmelblau • gehässig • rollen • füllen • die Erfüllung • der Hass • die Rettung • anhimmeln

b Wählt zwei Wortfamilien aus, zu denen ihr möglichst viele weitere passende Wörter sucht. Überprüft die Schreibung mit einem Wörterbuch.
c Notiert auch zu den anderen Wortfamilien weitere Beispiele.

Zoobesuch – knapp verpasst …

An einem sonnigen Sommerwochenende fragte Lilli ihren Freund: „Wollen wir zusammen in den Zoo gehen? Wir könnten dort Tiere füttern!" „Toll!", rief Max. „Gerne möchte ich zu den Giraffen, Gorillas, Klapperschlangen und Spinnen!" Lilli wollte auch noch Gorillas und andere Affen sehen und die Tiere mit Blättern und Trockenfutter füttern. „Hurra, das wird klasse!", rief Max. „Aber wie sollen wir das alles nur schaffen?" Als die beiden am Zoo ankamen und an der Kasse standen, mussten sie leider ein Schild lesen: HEUTE GESCHLOSSEN!

4
a Schreibt aus dem Text alle Wörter mit Doppelkonsonanten heraus. Ergänzt bei Nomen den Artikel und markiert den kurzen Vokal mit einem Punkt.
b Diktiert euch den Text im Partnerdiktat und überprüft gegenseitig eure Texte.
c Sucht aus den Texten in diesem Buch oder aus einem Wörterbuch weitere Wörter mit Doppelkonsonanten heraus und schreibt sie auf.

> Als Hilfe könnt ihr die Zeichen für die wörtliche Rede mitdiktieren.

A   Weiß und süß gehört er in den Kuchen:
B   Das Gegenteil von „frieren":
C   Zustimmen, ohne zu sprechen:
D   Die „Füße" eines Bären:
E   Ein anderes Wort für „senden":
F   Beim Essen ist es ziemlich unhöflich:

der Zu	ck	er
?	tz	?
?	ck	?
?	tz	?
?	ck	?
?	tz	?

5 Hier werden Wörter mit betontem kurzen Vokal und **ck** oder **tz** gesucht.
a Löst das Rätsel und schreibt die gesuchten Wörter auf.
b Denkt euch selbst Umschreibungen von Wörtern mit **ck** oder **tz** aus und überprüft die Schreibung der gesuchten Wörter. Lest eure Rätsel vor und lasst die anderen raten.

Wissen und Können — Nach kurzen Vokalen richtig schreiben

- Nach einem **kurzen betonten Vokal** folgen fast immer **zwei Konsonanten.** In den meisten Fällen kann man sie beim deutlichen Sprechen und Hören gut unterscheiden, z. B.:
  das Ende, der Topf, die Karte, die Tante, denken, jung, warm, fremd
- Hört man nur einen Konsonanten, wird er beim Schreiben meist **verdoppelt,** z. B.:
  der Pudding, knabbern, die Suppe, vergessen, schütteln

  Ausnahmen: Statt **kk** schreibt man meist **ck,** statt **zz** schreibt man meist **tz,** z. B.:
  wackeln, die Hitze

Lange Vokale

Ungekennzeichnete lange Vokale

| der T ? g | m ? tig | der H ? f | der T ? ger | schw ? ben |

1 a Ergänzt die oben stehenden Wörter mit einem langen Vokal und schreibt sie auf.
b Prüft, wie viele Konsonanten jeweils hinter dem langen Vokal stehen.

2 Schreibt zu folgenden Wörtern verwandte Wörter auf und markiert jeweils den langen betonten Vokal, z. B.: *die Hose – der Hosenanzug – der Hosenknopf*

schwer • der Regen • der Maler • klar

Doppelvokale

Willkommen im Café Bootshaus!
Genießen Sie ein leckeres Frühstück in unserem Saal mit Seeblick ...

Frühstück und Kaffeezeit
Tasse Tee   1,80 €
Tasse Kaffee   2,50 €
Stück Erdbeertorte 3,30 €
Brombeerschnitte 3,10 €
Himbeerquark   2,50 €

Deftiges für den kleinen Hunger
Paar Wienerle mit Senf   3,60 €
Geräucherter Aal   3,80 €/100 g
Hacksteak mit Kartoffelpüree 6,90 €
Meeresfrüchtesalat   5,90 €

Einfach mal die Seele baumeln lassen – eine gute Idee!

3 Schreibt aus dem Flyer alle Wörter mit Doppelvokal geordnet in eine Tabelle. Ergänzt jeweils den Artikel und markiert den Doppelvokal wie im Beispiel.

aa	ee	oo
...	...	*das Bootshaus*

4 Bildet mit Hilfe der Wortsterne weitere Wörter mit Doppelvokalen und schreibt sie (Nomen mit ihrem Artikel) auf, z. B.: *das Haar*. Überprüft eure Ergebnisse im Wörterbuch.

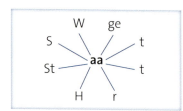
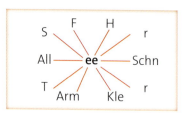
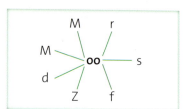

5 Schreibt eine kurze Geschichte, in der möglichst viele Wörter mit Doppelvokal vorkommen, z. B. die Wörter aus Aufgabe 3 und 4.

Lange Vokale mit *h*

Huhn oder Hase?

Das Osterfest war früher ein heidnisches Fest, bei dem die Germanen fröhlich den Sieg des Frühlings über den kühlen Winter feierten. Später wurde das Fest allmählich in ein christliches Gewand gekleidet, wo Christi Auferstehung gefeiert wurde. Da die Frauen, die das offene Grab des Gottessohnes gefunden hatten, wohl nach Osten schauten (in den Sonnenaufgang), leitete man „Ostern" von der Himmelsrichtung Osten ab.
Schon immer gab es zum Osterfest Geschenke wie das Osterei. Schnell gewöhnten sich die Kinder daran. Die Eltern erzählen noch heute, dass der Hase und nicht das Huhn die Eier bringt. Der Hase gilt auf Grund seiner Vermehrung von bis zu zwanzig Jungen pro Jahr als Zeichen der Fruchtbarkeit.

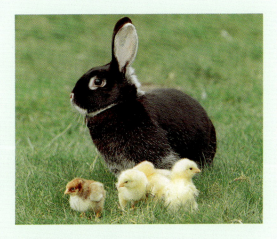

6
a Gebt in eigenen Worten wieder, was ihr im Text über das Osterfest erfahrt.
b Schreibt alle Wörter aus dem Text auf, die einen langen Vokal oder Umlaut mit **h** enthalten (Nomen mit ihrem Artikel), z. B.: *das Huhn*

7
a Im folgenden Kasten gehören immer zwei Wörter zu einer Wortfamilie. Schreibt sie zusammen auf, z. B.: *fahren – das Fahrrad*

> das Fahrrad • jährlich • der Ruhm • berühmt • wahrscheinlich • der Lohn • wohnlich • das Jahr • die Wohnung • die Gefahr • fahren • zählen • gefährlich • belohnen • die Wahrheit • die Zahl

b Sucht zu jeder Wortfamilie mindestens drei weitere Wörter und schreibt sie auf. Unterstreicht in jedem Wort den langen betonten Vokal und das **h**.
c Schreibt mit den Wörtern sinnvolle vollständige Sätze auf.

Wissen und Können — Lange Vokale richtig schreiben

- Die langen Vokale **a, e, i, o, u** und die Umlaute **ä, ö, ü** werden oft nur **mit einfachen Buchstaben** geschrieben, z. B.: *das Wagnis, reden, sagen, schön, die Lüge*
- In einigen Wörtern wird der lange Vokal **mit Doppelvokal (aa, ee** oder **oo)** geschrieben, z. B.: *das Haar, das Beet, das Moos*
Bei Ableitungen von Wörtern mit Doppelvokalen entstehen manchmal einfache Umlaute, z. B.: *der Saal – die Säle, das Boot – das Bötchen*
- Manchmal steht **hinter** einem **langen Vokal** ein **h**, z. B.: *nehmen, die Wahrheit, ihm, lahm*
Das **h** erscheint nach langem Vokal besonders oft **vor** den Buchstaben **m, n, r** und **l**.

Wörter mit langem *i* und *ie*

Viel Fantasie

Wo hat man schon mal Gelegenheit, sich von Kopf bis Fuß mit Schokolade einzuschmieren? Beim Karneval in London! Bei dem riesigen Straßenfest im Stadtteil Nottinghill verkleiden sich viele Menschen mit fantasievollen Kostümen und tanzen ausgiebig zu lauter karibischer Musik. Seit 1964 gehört der beliebte Karneval mit etwa einer Million Besuchern zu den größten Straßenfesten Europas. Wie lange diese Mädchen gebraucht haben, um die braune Soße wieder loszuwerden, ist nicht bekannt. Auf jeden Fall hatten sie einen Riesenspaß. Und vielleicht werden sie im nächsten Jahr ja als Gummibärchen auftreten …

8
a Würdet ihr auch gern einmal den Nottinghill Karneval besuchen? Begründet eure Meinung.
b Lest den Text halblaut vor und schreibt alle Wörter mit langem **ie** heraus.
c Findet im Text zwei Wörter mit langem **i** ohne **e**. Lest euch dazu den Text halblaut vor.

Wissen und Können — **Der lange i-Laut – meistens *ie***

Für das lange **i** gibt es zwei Schreibweisen:
- Am häufigsten ist **ie,** z. B.: *ziemlich, ich blieb, die Liebe, nie*
- Selten ist **i,** z. B.: *mir, dir, die Maschine, die Apfelsine*

Achtung: Nur bei ▶ Pronomen erscheint **ih,** z. B.: *ihr, ihm, ihnen*

Testet euer Wissen!

Kurze und lange Vokale unterscheiden

Bei einem Strandausflug sahen meine Schwester und ich viele Fische im Wasser schwimmen. Wir hatten viel Spaß daran, sie bei ihrem Treiben im Meer zu beobachten. Plötzlich zog ein schreiendes Kind nebenan unsere Blicke auf sich. Es hatte offensichtlich seine Mutter verloren und irrte alleine unter den Sonnenschirmen umher. Wir kümmerten uns um das kleine Mädchen und beruhigten es. Kurze Zeit später sahen wir die aufgeregte Mutter auf uns zu rennen. Sie schloss die Kleine erleichtert in ihre Arme und wir konnten unseren Spaziergang fortsetzen.

9 Schreibt aus dem Text alle Wörter heraus, die Dehnungszeichen oder Doppelkonsonanten enthalten, und ordnet sie in einer Tabelle. Markiert den betonten langen oder kurzen Vokal.

Kurzer betonter Vokal + Doppelkonsonant	Langer betonter Vokal + Dehnungszeichen
das Wasser	das Meer, sahen
…	…

Die Schreibung der s-Laute

Steffen Kuhlmann, der neue Schüler, wird schnell zum großen Coolman, zum Klassen-King. Hannah ist hin- und hergerissen zwischen Bewunderung und Missachtung. Denn viele seiner Aktionen findet sie gar nicht gut. Andererseits ist sie ein bisschen verliebt in ihn, das ist aber ihr Geheimnis. Als er schließlich auf sie zugeht, weiß sie nicht genau, was sie machen soll. Der Nachmittag wird ein Albtraum, und Hannah wird bewusst, dass es ihr nicht um den Klassen-King geht. Wohl aber um Steffen …

1
a Würdet ihr das Jugendbuch „Der Klassen-King" gern lesen? Begründet eure Meinung.
b Schreibt alle Wörter mit **s**-Lauten (**s, ss,** oder **ß**) aus dem Text geordnet in euer Heft.
c Lest die Wörter laut vor und ergänzt zu zweit die folgende Regel:
   – **ss** steht nur nach einem ❓ ❓ Vokal, z. B. ❓.
   – **ß** steht nur nach einem ❓ ❓ Vokal, z. B. ❓, oder nach einem Doppellaut (Diphthong), z. B. ❓.

Diese Wörter und Beispiele könnt ihr einsetzen:

| der Pass • groß • kurzen betonten • langen betonten • außerdem |

2 ß oder ss? Lest die Werbeslogans laut. Schreibt sie dann ab und ergänzt den passenden Laut.

Warum Kompromi❓e schlie❓en? Genie❓en sie das Leben!
Die besten Schnäppchen im gro❓en Schlu❓verkauf – worauf Sie sich verla❓en können!
Man kann die Natur nicht verbe❓ern, aber verfeinern: Noch mehr Genu❓ in neuer Grö❓e!
La❓en Sie den Alltag hinter sich: Ein ungestörter Fahrgenu❓!

3 Übertragt die Wortfamilien in euer Heft und entscheidet, ob ihr **ss** oder **ß** schreiben müsst.

der Ri❓	rei❓en	er rei❓t	ri❓ig
der Genu❓	genie❓en	der Genie❓er	genü❓lich
sto❓en	der Sto❓	das Kugelsto❓en	er stö❓t
abschlie❓en	das Schlo❓	die Schlo❓er	er verschlie❓t

Wissen und Können — s-Laute richtig schreiben

- Der **stimmhafte** (summende) **s-Laut** wird mit einfachem **s** geschrieben, z. B.: *die Rose*
- Der **stimmlose** (zischende) **s-Laut** wird mit einfachem **s** geschrieben, wenn man beim Verlängern des Wortes ein stimmhaftes s hört, z. B. *der Vers – die Verse, speiste – speisen*
  Achtung: Im Dialekt wird oft nicht zwischen stimmlosem und stimmhaftem **s** unterschieden.
- Ein **ß** steht nach **betontem langen Vokal** oder nach einem **Diphthong** (au, äu, ei, eu), wenn der s-Laut bei der Verlängerungsprobe stimmlos bleibt, z. B.: *der Fuß – die Füße*
- Ein **stimmloser s-Laut** nach einem **betonten kurzen Vokal** wird meist **ss** geschrieben, z. B.: *das Fass, lassen, wässrig*

Testet euer Wissen!

Schreibung der s-Laute

Auf dem Weg nach Hause lie? Emma sich Zeit. Ab und zu gab sie einer alten Wa?erflasche auf der Stra?e einen Sto?, nur so zum Spa?. Zu Hause wartete ihr Vater mit dem Mittage?en. Während Emma genü?lich ihre Nudeln mampfte, wollte er wi?en: „Sag mal, du wei?t doch noch, dass heute das Fu?ballspiel ist?" Emma blieb der Bi?en im Halse stecken. Natürlich! Sie mu?te doch ihre Mannschaft ins Finale schie?en! Schlie?lich war sie die Spielerin mit den besten Torschü?en! Sie durfte den Ansto? auf keinen Fall verpa?en. Nicht zu fas?n, da? sie es beinahe verge?en hätte! Aber sie würde ihr Team nicht im Stich la?en …

1 ss oder ß? Entscheidet, welche s-Laute in die Lücken gehören, und übertragt den Text in der richtigen Schreibung in euer Heft.

Rechtschreibung am Computer prüfen

Sehr geehrter Herr Wagner,

im Mai findet an unserer Schule im Fach deutsch eine Projektwoche zum Thema „Jugendliteratur" statt. Unsere Klasse möchte sich in dieser Zeit vor allem mit Büchern zum Thema „Freundschaft, Liebe und Clique" beschäftigen.

Sie haben unserer Schulleitung vor einiger Zeit mitgeteilt, dass sie an einer zusammenarbeit interessiert sind. Im rahmen unseres Projekts möchten wir nun gern auf ihr Angebot zurückkommen. Wir würden uns freuen, wenn unsere Klassensprecher sie zum besprechen des Klassenprojekts besuchen dürften. Gern möchten wir eine passende Broschüre, Zeitschrift oder Wandzeitung zum Thema gestalten. Darin solten alte Klassiker, neu erschienene Geschichten und auch Sachtexte vorgestellt werden. Es wäre schön, wenn Sie uns dabei beraten könten. Wir bedanken uns schon jetzt für Ihre Unterstützung und freuen uns auf eine Antwort von ihnen.

Mit freundlichen Grüßen

Max Müller (Klasse 6 a)

2 Am Computer geschriebene Texte könnt ihr mit einem automatischen Rechtschreibprogramm auf Fehler überprüfen lassen. Das Programm „übersieht" jedoch manche Fehlerarten (▶ S. 47).
  a Dieser Brief enthält neun Rechtschreibfehler, von denen nur drei gekennzeichnet wurden. Findet die übrigen fünf Fehler und schreibt den verbesserten Brief in euer Heft.
  b Bestimmt die Art der Fehler, die das Rechtschreibprogramm „übersehen" hat.

Satzzeichen richtig setzen

Das Komma bei Aufzählungen, Satzreihen und Satzgefügen

> Wörter oder Wortgruppen in einer **Aufzählung** trennt man durch Kommas. Vor **und** bzw. **oder** steht kein Komma, z. B.: *Ich lese, male oder sehe fern.*

1 Beschreibt mit möglichst vielen Aufzählungen euren Tagesablauf wie im Beispiel. Achtet auf die richtige Kommasetzung.
*Morgens stehe ich auf, ziehe mich an, esse Müsli und laufe zum Bus.
Mittags gehe ich auf den Pausenhof, ...
Am Wochenende ...   Abends ...   In den Ferien ...*

2 Bildet aus den folgenden Hauptsätzen sinnvolle Satzreihen mit den Konjunktionen **aber, denn, doch, oder**. Entscheidet, wo ihr ein Komma setzen müsst.

> Gestern wollten wir Drachen steigen lassen. Das Wetter war herrlich.
> Zuerst war der Himmel strahlend blau. Plötzlich kamen Wolken auf.
> Konnten wir noch bleiben? Sollten wir besser nach Hause fahren?
> Wir hofften auf ein Wunder. Schließlich mussten wir vor dem Regen fliehen.

3 a In den folgenden Satzgefügen fehlen die Kommas. Schreibt die Sätze ab, kreist die Konjunktionen ein und unterstreicht die Hauptsätze blau, die Nebensätze grün. Ergänzt dann die Kommas.

- Mario liest das Buch ohne Unterbrechung weil es sehr spannend ist.
- Wir müssen uns gut eincremen damit wir keinen Sonnenbrand bekommen.
- Tobias und Anna hören Musik während sie auf den Bus warten.
- Meine Schwester geht heute ins Freibad obwohl es recht kühl ist.
- Wenn mein Fahrrad kaputt ist bringe ich es zur Reparatur.

b Stellt die Sätze, die mit einem Hauptsatz beginnen, so um, dass der Nebensatz vorne steht.

4 Bildet Satzgefüge. Verwendet die folgenden Hauptsätze und die Konjunktionen **weil, damit, wenn, obwohl, während** und ergänzt sinnvolle Nebensätze. Schreibt die Satzgefüge auf und setzt die Kommas.
Wir beeilen uns, weil wir ... • *Er ging in die Schule* • *Sie rannte zum Zug* • *Er aß ein Brot* • *Wir singen*

5 Begründet die Kommasetzung im Brief auf Seite 252.

Wissen und Können   **Satzreihen und Satzgefüge**

- Zwei verbundene **Hauptsätze** bilden eine **Satzreihe**.
  Man verwendet dazu oft **nebenordnende Konjunktionen**, z. B.: *denn, doch, aber*
  Zwischen Hauptsätzen steht ein Komma, wenn sie nicht durch **und** bzw. **oder** verbunden sind.
- Wenn ein **Hauptsatz** und ein **Nebensatz** durch eine **unterordnende Konjunktion** *(weil, damit, wenn, obwohl, während)* verbunden werden, entsteht ein **Satzgefüge.**
  Man trennt die Sätze durch ein **Komma**, z. B.: *Ich bleibe im Bett, weil ich krank bin.*

15 Rechtschreibtraining

Zeichensetzung bei wörtlicher Rede

> **Heute schon gelacht?**
>
> Ein Zahnstocher geht im Wald spazieren. Da sieht er einen Igel ...
> A „Ich wusste gar nicht, dass hier ein Bus fährt", sagt der Zahnstocher erstaunt.
> B Der Zahnstocher sagt erstaunt: „Ich wusste gar nicht, dass hier ein Bus fährt."
> C „Ich wusste gar nicht", sagt der Zahnstocher erstaunt, „dass hier ein Bus fährt."

1 Die drei Fortsetzungen des Witzes sind inhaltlich gleich.
Allerdings unterscheidet sich die Satzstellung bei der wörtlichen Rede.
a Schreibt die drei Sätze ab und markiert alle Satzzeichen der wörtlichen Rede farbig.
b Unterstreicht in jedem Satz den Redebegleitsatz und ordnet folgende Bezeichnungen zu:
vorangestellter Redebegleitsatz – nachgestellter Redebegleitsatz – eingeschobener Redebegleitsatz
c Überprüft eure Ergebnisse mit Hilfe des Merkwissens auf ▶ S. 84 und ▶ S. 294.

VORSICHT FEHLER!

> Nach dem Biologieunterricht unterhalten sich Susanne und Tim über die Tierwelt in Skandinavien. Susanne erklärt In den Wäldern Norwegens leben riesige Elche. Aber nicht nur in den Wäldern findet man diese Tiere, auch an Seen halten sie sich gerne auf entgegnet Tim. Diese Geschichte interessiert Susanne sehr. Susanne, weißt du eigentlich, wovon sich Elche am liebsten ernähren? fragt Tim. In den Wäldern finden die Elche ganz viele Moose, Kräuter und Flechten erklärt Susanne. Ich hab gehört, dass die Tiere wegen des sumpfigen Untergrundes sehr große Hufe haben erzählt Tim. Weißt du, ob das stimmt? Susanne antwortet Ich weiß es nicht genau, aber wir könnten Herrn Weber, unseren Biolehrer, fragen.

2 a Schreibt den Text ab und setzt die Zeichen der wörtlichen Rede farbig ein.
b Unterstreicht die Redesätze blau und die Redebegleitsätze grün.
●●● c Bestimmt die Art der Redebegleitsätze.

3 Schreibt das folgende Gespräch zwischen Tim und seiner Mutter in Form eines Dialoges auf.
Bildet dabei vorangestellte, nachgestellte und eingeschobene Redebegleitsätze.

Hallo Tim, wie war die Schule heute?

Hi Mama, war ganz interessant. Wir haben heute etwas über Elche gelernt!

Das klingt spannend. Erzähl mal, wo die Tiere leben!

Sie leben in den Wäldern von Norwegen und fressen Moose.

Sind Fotos von Elchen im Biologiebuch abgebildet?

Nein, leider nicht. Aber ich schau gleich mal im Internet nach.

4 Diktiert einander im Partnerdiktat die Witze auf Seite 240.
Achtet auf die richtige Verwendung der Satzzeichen.

15.2 Rechtschreibregeln üben

Testet euer Wissen!

Satzzeichen richtig setzen

1 Der folgende Bericht informiert über eines der wichtigsten muslimischen Feste.
Im Text fehlen alle Kommas bei Aufzählungen. Schreibt ihn ab und setzt die fehlenden Kommas.

Ramadan und Zuckerfest

Bei Familien aus der Türkei dem Iran aus Marokko oder Tunesien gibt es keinen Weihnachtsbaum. Dafür feiern sie das „Zuckerfest" (Şeker Bayramı): Es ist das zweitwichtigste islamische Fest findet immer zum Abschluss des Fastenmonats Ramadan statt und dauert drei Tage.
Während des Ramadan sollen Moslems den Tag über nichts essen nichts trinken keine laute Musik hören oder Parfüm benutzen. Das Fasten beginnt am frühen Morgen dauert bis zum Abend und darf erst nach Sonnenuntergang unterbrochen werden.

Das Zuckerfest bekam seinen Namen, weil man nach dem Ende des Fastens seine Familie und enge Freunde besucht sich gegenseitig mit Süßspeisen beschenkt und gemeinsam festlich isst.

2 Eine Musikschule im Regenwald – gibt's das? Im folgenden Artikel erfahrt ihr mehr darüber.
Im Text fehlen alle Satzzeichen der wörtlichen Rede. Schreibt ihn ab und ergänzt alle fehlenden Satzzeichen (Doppelpunkte, Anführungszeichen, Kommas, Ausrufezeichen).

Ein Jugendorchester im Regenwald!

In keinem anderen Ort Boliviens sind Kinder so fasziniert von klassischer Musik wie in Urubichà. Mehr als 400 Mädchen und Jungen lernen an der Musikschule ein Instrument.

Noch einmal ganz von vorn ruft Lehrer Juan-Carlos und tippt mit dem Fuß den Takt. Ich fühle die Musik tief in mir sagt Froilán. Ist sie traurig, bin auch ich traurig. Ist sie fröhlich, fühl auch ich mich gut.
Sein Lehrer berichtet Dass Froilán erst seit zehn Monaten Cello spielt, kann man kaum glauben. Was andere in zwei Jahren lernen, kann er schon jetzt lobt Juan-Carlos seinen talentierten Schüler.
Bezahlen können meine Eltern den Unterricht nicht gibt Froilán zu. Wir leben von dem, was wir auf kleinen Gemüsefeldern im Regenwald anbauen.
Sein Lehrer ergänzt stolz Die Schule ist auf Spenden angewiesen Deshalb schicken uns Musiker aus der ganzen Welt ihre ausgedienten Instrumente.

15.3 Fit in …? – An persönlichen Fehlerschwerpunkten arbeiten

1 Im folgenden Text wurden viele Rechtschreibregeln missachtet. Schreibt die markierten Wörter korrigiert auf und notiert eine passende Regel oder Probe als Begründung, z. B.: *kam – langer betonter Vokal*

So ein Affentheater!

Bei der Polizei kamm ein außergewöhnlicher notruf an. Ein Anrufer aus Stukenbrock meldete, ein Pavian turne auf den Dechern herum. Offensichtlig war das Tier aus dem in der nähe gelegenen Safaripark ausgebrochen und erkundete seine neue umgebung. Als die alarmierten Tierfenger den Ausbrecher mit einem Schuß aus dem Beteubungsgewehr einfangen wollten, schluk ihnen das schlaue Tier ein Schnippchen, indem es geschickt in Deckung ging. Die Männer, die ziemlich radlos nach dem Affen suchten, staunten nicht schlecht, als der Ausreißer aus eigenem Antrieb schlißlich in sein Gehege zurückkehrte.

2 Der folgende Artikel informiert über einen alten Brauch, der bis heute in Tirol bekannt ist. Schreibt den Text in der richtigen Groß-/Kleinschreibung ab und setzt alle fehlenden Kommas.

Gaudi in Tirol

in österreich gibt es einen alten brauch namens grasausläuten. diese lärmumzüge mit tönenden glocken klingelnden schellen und lautem peitschenknallen finden in der zeit des viehauftriebs und des weidebeginns in tirol statt. das lärmen schallen und knallen steht symbolisch für das austreiben des winters. nach einem großen festzug gibt es wettkämpfe, zum beispiel das widderstoßen, hahnenkämpfe oder ringkämpfe. die jungen burschen können sich zudem im fingerhakeln beim handumlegen oder beim hufeisenwerfen messen.

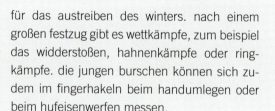

3 Übt eure Fehlerschwerpunkte mit Hilfe einer Fehlerliste (▶ S. 261): Tragt eure persönlichen Übungswörter ein, markiert die Stellen, die ihr falsch geschrieben habt, und trainiert die Schreibung dieser Wörter immer wieder.
Ihr könnt verwandte Wörter suchen oder weitere Wörter mit demselben Rechtschreibproblem notieren, z. B.: *das Gehen – das Spielen*

So könnt ihr Rechtschreibfehler vermeiden:
1 Verlängert das Wort.
2 Leitet das Wort ab.
3 Zerlegt das Wort in Wortbausteine.
4 Achtet bei der Großschreibung auf Signalwörter.

16 Das Lernen lernen

1. Auf dem Bild seht ihr eine Klasse, die gerade einen Test zurückbekommt.
   a Wie verhalten sich die Schülerinnen und Schüler? Beschreibt ihre Reaktionen.
   b Berichtet von ähnlichen Erfahrungen.

2. Wie kann man sich auf eine Klassenarbeit vorbereiten – und wie kann man sie nachbereiten? Erstellt zwei Cluster und sammelt Tipps.

16.1 Lernstrategien kennen und anwenden

Vor dem Test: Sich gezielt vorbereiten

Jeder Mensch ist anders – und jeder lernt anders!
Doch welche Lernstrategie ist für euch am besten? Es lohnt sich, dies herauszufinden.

1 Diskutiert verschiedene Wege, wie man sich auf Tests oder eine Schulaufgabe vorbereiten kann.
   a Welche der folgenden Vorschläge habt ihr schon ausprobiert?
   Besprecht sie und ergänzt weitere Ideen.
   b Schreibt drei Vorschläge auf, die ihr persönlich am nützlichsten findet.

> – Ich sehe mir alle Hausaufgaben und Mitschriften aus dem Unterricht noch einmal genau an.
> – Ich teile mir den Stoff in kleine Portionen ein.
> – Ich verteile den Lernstoff auf mehrere Tage.
> – Das Wichtigste schreibe ich in Stichworten auf Karteikärtchen.
> – Ich lasse mich von jemandem abfragen.
> – Ich sehe mir meine Fehlerliste gründlich an.
> – Ich erstelle eine Checkliste mit wichtigen Schritten.
> – Ich ordne den Lernstoff in einer Mind-Map.

2 Leon hat sieben Schritte aufgeschrieben und möchte einen Lernplan erstellen.
   a Besprecht, in welche Reihenfolge ihr die sieben „Lern-Etappen" im Kalender ordnen würdet.
   b Erstellt für eure nächste Schulaufgabe einen eigenen Lernplan.
   Wählt dazu sieben Schritte aus der Liste aus und schreibt sie in euren Kalender.

Oktober		
1	So	*Ein Tag Pause!*
2	Mo	*Ich lerne mit jemandem zusammen.*
3	Di	*Ich schreibe eine Übungsarbeit mit dem Blick auf die Uhr.*
4	Mi	
5	Do	*Ich notiere den Lernstoff auf möglichst wenigen Karteikarten.*
6	Fr	
7	Sa	*Heute lerne ich gezielt die „harten Nüsse".*
8	So	*Nichts Neues mehr! Nur noch gründlich wiederholen.*
9	Mo	*Ich verschaffe mir einen Überblick über den Lernstoff:*
10	Di	*Was weiß ich? Was muss ich noch üben? Wo finde ich das?*
11	Mi	
12	Do	

Wissen und Können — Sich auf Tests und Schulaufgaben vorbereiten

Wer im Unterricht gut mitarbeitet und regelmäßig die Hausaufgaben erledigt, weiß, worauf es in der Schulaufgabe ankommt. So könnt ihr euch gezielt weiter vorbereiten:
- Bereitet euch in mehreren **Etappen** auf die Klassenarbeit vor.
- Legt in einem **Lernplan** fest, was und wie ihr an den einzelnen Lerntagen üben wollt.
- Beobachtet euer eigenes **Lernverhalten:** Was hilft euch? Wie lange braucht ihr? usw.

Eine Mind-Map erstellen

In einer Mind-Map (engl. = „Gedächtnis-Landkarte") schreibt ihr alle wichtigen Informationen zu einem Thema oder eigene Ideen strukturiert auf. Ihr könnt euch damit auch einen Überblick über den Lernstoff einer Schulaufgabe verschaffen.

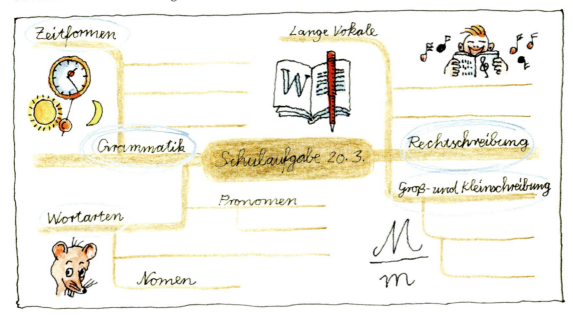

3 Diese Mind-Map wurde als Vorbereitung auf eine Schulaufgabe zum Thema „Rechtschreibung und Grammatik" angelegt. Beschreibt, wie sie aufgebaut ist und was euch auffällt.

4 Legt eine eigene Mind-Map zum Thema eurer nächsten Schulaufgabe an, z. B.:

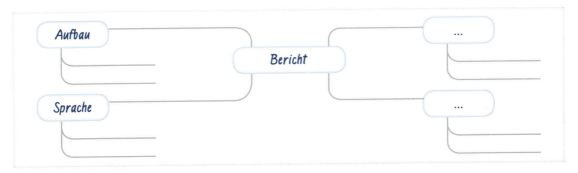

Wissen und Können — Eine Mind-Map erstellen

In einer Mind-Map kann man Ideen und Informationen **ordnen**. Sie hilft euch, einen **Überblick** über ein bestimmtes Thema zu bekommen. So geht ihr vor:
- Schreibt das **Thema** in die Mitte eines großen Papierbogens.
- Schreibt **Hauptgedanken** auf die Hauptäste, **untergeordnete Gedanken** und Beispiele auf die dünnen Äste.
- Wenn ihr passende kleine **Bilder** ergänzt, prägen sich die Informationen besser ein.

Während des Tests: Etappenweise zum Ziel!

Beim Schreiben von Tests oder Schulaufgaben solltet ihr euch gut konzentrieren. Schrittweises Vorgehen hilft euch, den Überblick zu behalten.

1 Probiert die folgenden Tipps aus, um ruhig zu werden:
  a Schließt eure Augen und sagt in Gedanken ganz langsam das Alphabet auf.
  b Versucht, das Alphabet rückwärts aufzusagen.

2 Bergsteiger teilen ihren Weg in Etappen ein, dann kommen sie problemlos zum Ziel. Das klappt auch bei euch in der Schulaufgabe! Zeichnet einen Bergsteiger in euer Heft. Ergänzt bei den Etappen die fehlenden Wörter aus dem Kasten unten und schreibt sie neben den Bergsteiger.

9 Bleibt mir die Zeit, sollte ich alles nochmals ?.

8 Noch 10 Minuten bis zur Abgabe: Ich entscheide ruhig, was ich noch ? kann.

7 Wenn ich unsicher bin, lese ich die Aufgaben noch einmal ? durch. Stolpere ich wieder, stelle ich die Aufgabe zurück und probiere sie ? noch einmal.

6 Wenn ich unkonzentriert werde, mache ich eine Minute ? und atme tief durch.

5 Ich fange mit etwas an, bei dem ich mir ? bin.

4 Falls ich noch ? zu den Aufgaben habe, stelle ich sie sofort.

3 Ich ? zuerst alle Aufgaben ruhig und ? durch.

2 Ich habe alle ? griffbereit, z. B. Stifte, Papier, Wörterbuch.

1 Positiv denken: Ich habe mich ? vorbereitet und werde das Gelernte jetzt ?.

durchlesen • erledigen • genau • Pause • gut • später • Materialien • lese • Fragen • sicher • konzentriert • anwenden

3 Gestaltet ein Lernplakat zu diesem Thema (▸ S. 265).

Nach dem Test: Mit Fehlerlisten üben

Aus Fehlern könnt ihr lernen! Wenn ihr euch bewusst macht, wo ihr noch Schwierigkeiten habt, könnt ihr diese Übungsschwerpunkte gezielt weiter trainieren.

1
a Legt eine Fehlerliste an. Füllt sie regelmäßig aus, wenn ihr einen Test oder eine Hausaufgabe korrigiert zurückbekommen habt.
b Tragt ein, was ihr schon gut könnt und was ihr noch üben müsst, z. B.: ☺ ☺ ☹
c Stellt fest, wo eure Fehlerschwerpunkte liegen. Notiert dann in der letzten Spalte, was ihr weiter üben möchtet. Ihr könnt auch eure Lehrkraft nach Lerntipps fragen.

	Hausaufgabe, 3.5.	*Test, 8.6.*
Text(e) verstanden:	☺	…
Text gegliedert:	☺	…
Rechtschreibung:	☺	…
Zeichensetzung:	☹	…
Grammatik:	☺	…
Ausdruck/Stil:	☹	…
Das möchte ich üben:	– 5-Schritt-Lesemethode anwenden – Kommas vor Nebensätzen! – weniger Umgangssprache	…

Testet euer Wissen!

Lernstrategien anwenden

1 Vervollständigt diese Lerntipps und schreibt sie auf.

> Ein ? hilft, sich den Lernstoff einzuteilen. • In einer ? kann man den Lernstoff ordnen. •
> Mit Hilfe einer Fehlerliste kann man ? herausfinden. • Aus ? kann man lernen! •
> In der Schulaufgabe prüfe ich die ? genau und lese sie wiederholt.

2 Erstellt eine Mind-Map zum Thema „Sinnvoll lernen". Ordnet die folgenden Begriffe passend den Ästen der Mind-Map zu. Markiert farbig, worauf ihr beim Lernen besonders achten möchtet.

> sich Überblick über den Lernstoff verschaffen • Aufzeichnungen im Heft durchlesen •
> Mind-Map erstellen • Lernplan erstellen • Wichtiges markieren • sich neue Ziele setzen •
> Lern-Etappen im Kalender eintragen • Checkliste erstellen • Fehlerliste erstellen •
> sich abfragen lassen • Stichpunkte auf Karteikärtchen schreiben

16.2 Sich und andere informieren

Texte zielgerichtet auswerten und Informationen präsentieren

1 Ihr sollt in einem Referat eines der „neuen sieben Weltwunder" vorstellen.
  a Der folgende Text informiert über dieses Thema. Erschließt ihn mit der Fünf-Schritt-Lesemethode (▶ S. 281).
  b Ordnet die folgenden Fotos den neuen sieben Weltwundern zu.

A

B

C

D

E

F

Die neuen sieben Weltwunder

Viele kennen die sieben Weltwunder der Antike. Seit 2007 gibt es nun die neuen Sieben Weltwunder. Der Filmemacher Bernard Weber wollte damit die Aufmerksamkeit der Öffentlichkeit auf den Schutz besonderer Bauwerke lenken. An der Wahl der neuen sieben Weltwunder sollten alle Menschen teilnehmen können. Der Startschuss für die Wahl fiel im Sommer 2004, als von der Jury 200 Kandidaten zur öffentlichen Abstimmung vorgeschlagen wurden. Zur Wahl standen zum Beispiel das über 140 Jahre alte Schloss Neuschwanstein, der 276 Meter hohe Eiffelturm in Paris oder die Chinesische Mauer als das größte von Menschen errichtete Bauwerk. Insgesamt hatten sich fast 100 Millionen Menschen weltweit an der Abstimmung beteiligt. Die Gewinner wurden am 7. Juli 2007 in Lissabon bekannt gegeben.

Gewählt wurden letztendlich die 32 Meter hohe Christusstatue in Brasilien, die Chinesische Mauer und Chichen Itza, die große Stadt der Mayas, die einst das größte politische und wirtschaftliche Zentrum dieser Hochkultur war. Unter den Gewinnern ist auch das römische Kolosseum, das bereits im Altertum ein großer Favorit für die sieben Weltwunder der Antike war. Des Weiteren wurde das Taj Mahal gewählt, das als schönstes Bauwerk der muslimischen Architektur in Indien gilt und weltweit als Symbol für Liebe und Leidenschaft bekannt ist. Nicht zu vergessen sind schließlich die zwei letzten der neuen sieben Weltwunder, nämlich die Felsenstadt Petra und die Inkastadt Machu Picchu.

Das erste der Neuen Sieben Weltwunder ist Chichen Itza, die große Ruinenstadt der Maya auf der Halbinsel Yucatán in Mexiko. Das Zentrum der Stadt bildete eine 33 Meter hohe Pyramide, anhand derer die Maya astronomische Erkenntnisse ableiteten. Der Name der Stadt bedeutet „Am Rande des Brunnens des Volkes Itzá".

Die Chinesische Mauer wurde erbaut, um Feinde abzuwehren. Die Mauer windet sich über eine Länge von 6700 Kilometern durch das ganze Land. Einige Teile der Chinesischen Mauer sind in der über 2000 Jahre währenden Geschichte zerfallen oder verschwunden. Ein heute noch begehbarer Teil liegt in der Nähe der Stadt Peking.

Das dritte Neue Weltwunder, die Christusstatue auf dem Berg Corcovado in Rio de Janeiro, steht auf einem acht Meter hohen Sockel, in dem eine Kapelle untergebracht ist. Die Figur stellt Jesus Christus dar und wird auch Erlöserstatue genannt.

Das Taj Mahal (sprich „Tadsch Mahal") wurde von einem Großmogul in Erinnerung an seine geliebte Frau erbaut. Sie hatte einen sehr großen Einfluss auf sein Leben und seine Politik und starb bei der Geburt des vierzehnten Kindes. Bei ihrem Tod wünschte sie sich von ihrem Mann ein Mausoleum, wie es die Welt zuvor noch nie gesehen hatte. Das begehbare Grabmal wurde ab 1631 bis etwa 1648 errichtet. Etwa 20000 Arbeiter waren mit dem Bau beauftragt. Das Gebäude, das eine Höhe von 58 Metern und eine Breite von 56 Metern umfasst,

Das Taj Mahal in Agra

besteht zum großen Teil aus Marmor, der aus ganz Indien und Asien gebracht wurde. Über 1000 Elefanten sollen bei der schweren Arbeit geholfen haben. Zur Verzierung wurden 28 verschiedene Edelsteine in den Marmor eingesetzt.

Ein weiterer Sieger war das Kolosseum in Rom. Das gewaltige Amphitheater, das Platz für 50000 Zuschauer bot, wurde 79 n. Chr. fertig gestellt. Die Römer erfreuten sich in dem antiken Stadion an Wagenrennen, aber auch an grausamen Schauspielen wie Gladiatorenkämpfen.

Als weiteres Neues Weltwunder wurde die Ruinenstadt einer vergangenen Hochkultur gewählt: die Inkastadt Machu Picchu (sprich „Matschu Piktschu", dt. „Alter Gipfel"), in den Anden von Peru. Die terrassenförmige Stadt in den Wolken wurde um 1440 auf einem Berg in den Anden in 2350 Meter Höhe errichtet.

In Jordanien liegt das letzte der neuen sieben Weltwunder, die verlassene Felsenstadt Petra. Der legendäre Ruf von Petra ist begründet durch seine kunstvollen, bis zu 40 Meter hohen Fassaden und Häuser, die in einen Fels gehauen wurden.

2 Stellt euch vor, ihr hättet das Taj Mahal als Gegenstand eures Kurzreferats gewählt.
   a Was möchtet ihr über dieses neue Weltwunder wissen? Was ist für euer Publikum interessant? Notiert W-Fragen, die im Referat beantwortet werden sollten.
   b Markiert Schlüsselwörter zur Beantwortung der W-Fragen auf einer Folie oder notiert sie.
   c Tragt die wichtigsten Angaben in Stichpunkten in eine Mind-Map ein.

3 Habt ihr genau gelesen? Prüft die folgenden Aussagen und korrigiert, was falsch ist.
– Das Taj Mahal ist eines der antiken sieben Weltwunder.
– Das Bauwerk liegt in Indien.
– Es gilt als eines der schönsten christlichen Gebäude in Indien.
– Das Taj Mahal wurde zur Erinnerung an die Tochter eines Großmoguls errichtet.
– Die Bauzeit betrug etwa 17 Jahre.

Ein Info-Plakat erstellen

Wenn ihr genügend Informationen für euer Referat zusammengetragen habt, solltet ihr sie ordnen und verarbeiten. Auf einem Plakat könnt ihr die wichtigsten Ergebnisse strukturiert und anschaulich präsentieren.

1 Vergleicht die beiden Plakate.
a Besprecht, was am zweiten Plakat besser gelungen ist.
b Schreibt Merksätze auf, z. B.:

> – Die Überschrift muss deutlich lesbar sein.
> – Die Texte sollten …
> – Die Schrift …
> – Die Bilder …

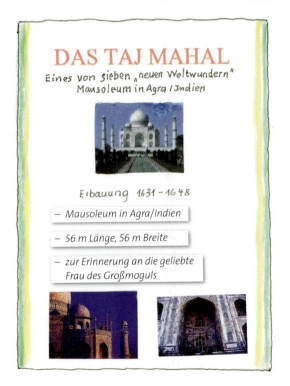

2 Wählt eines der anderen Weltwunder aus dem Text auf Seite 262 f. aus und plant ein Plakat dazu.
  a Lest den Text noch einmal gründlich und sammelt Informationen in einer Mind-Map.
  Ihr könnt weitere Informationen aus dem Internet oder aus Lexika ergänzen.
  b Wie soll euer Plakat aussehen? Legt dazu eine Skizze auf einem DIN-A4-Blatt an und beschriftet sie mit Informationen. Markiert die Stellen, an denen ihr Bilder platzieren wollt.

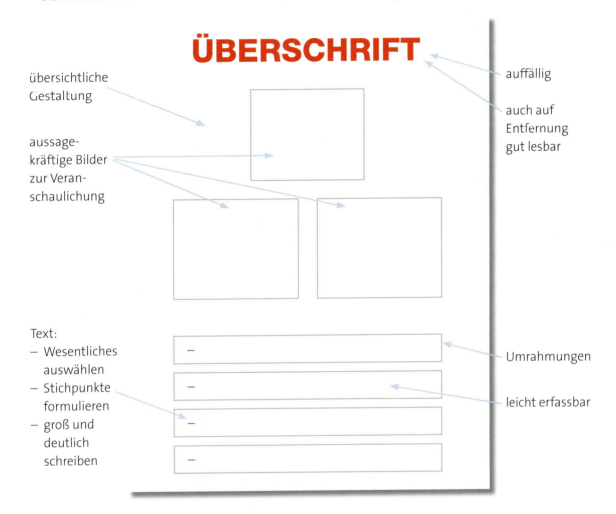

Wissen und Können — Ein Info-Plakat gestalten

Auf einem Plakat könnt ihr Informationen strukturieren und für andere sichtbar machen. Beachtet bei der Gestaltung eures Info-Plakats:
- Konzentriert euch auf **das Wesentliche** – weniger ist mehr!
- Achtet auf **Übersichtlichkeit:**
  - Strukturiert das Plakat durch **Umrahmungen der Textteile.**
  - Überschriften und wichtige Schlüsselwörter könnt ihr **farbig hervorheben.**
- Schreibt in **Stichpunkten** und achtet dabei auf die Rechtschreibung.
- Schreibt **deutlich** und **in großer Schrift** (Buchstabenhöhe ca. 3 cm). Ihr könnt auch Texte auf dem Computer schreiben (Schriftgröße 40), ausdrucken und aufkleben.
- Klebt **passende Bilder** auf und ergänzt eine Beschriftung.

16.3 Ein Referat halten

Den Vortrag vorbereiten

Bei einem Referat seid ihr die Experten und informiert eure Zuhörer über ein Thema. Stellt euch vor, ihr sollt eurer Klasse in einem Referat zum Thema „Das achte Weltwunder" ein beeindruckendes Gebäude eurer Wahl vorstellen.

Das Referat planen

1 Bevor ihr euch mit dem Stoff beschäftigt, solltet ihr einige Vorüberlegungen anstellen:
– Wie lange soll mein Referat dauern?
– Worüber genau will ich informieren?
– Welche Aspekte daran sind für mein Publikum besonders interessant?
Beantwortet die Fragen in Stichpunkten, z. B.:
– *Mein Referat über die Nürnberger Burg soll 10 Minuten dauern.*
– *Es soll über die Geschichte, die Lage und die Funktion der Burg informiert werden.*
– *Meine Klasse interessiert wahrscheinlich besonders ...*

Das Thema erschließen

2 Informiert euch über den gewählten Themenbereich im Internet oder in Lexika.

3 Legt eine Mind-Map an und ergänzt wichtige Informationen zu eurem Thema in Stichpunkten.

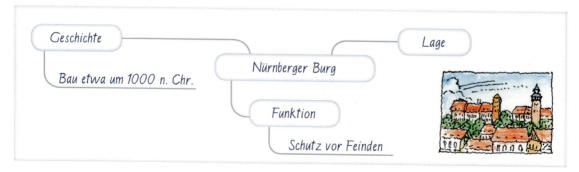

Das Referat gliedern

4 Damit die Zuhörer dem Vortrag gut folgen können, sollte er klar strukturiert sein.
  a Gliedert euer Referat in Einleitung, Hauptteil und Schluss.
  b Legt für euer „achtes Weltwunder" Karteikarten an und beschriftet sie mit Stichpunkten. Die Karteikarten könnt ihr während des Vortrags als Gedächtnisstütze nutzen. Beachtet dazu die nebenstehenden Tipps.

- Notiert auf den Karteikarten **kurze Stichpunkte,** keine ganzen Sätze.
- Schreibt **groß und deutlich** nur auf **eine Seite** der Karte.
- **Nummeriert** die Karten und vermerkt, an welchen Stellen ihr **Material** zeigen wollt.

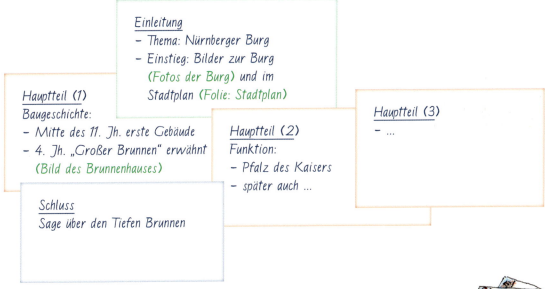

5 Die ersten Sätze eines Referats sollen das Interesse der Zuhörenden wecken und sie neugierig auf den Vortrag machen.
Welche der folgenden Einleitungen findet ihr gelungen, welche nicht? Begründet eure Meinung.

- Die Nürnberger Burg wurde um 1000 n. Chr. erbaut.
- Wer von euch kennt die Nürnberger Burg? Sie war so wichtig, dass sogar die Stadt nach dem Felsen, auf dem sie gebaut wurde, benannt worden ist!
- In unserer Schule gibt es 62 Räume. Was schätzt ihr, wie viele Räume es in der Nürnberger Burg gibt?

6 Der Schluss rundet euer Referat ab. Er sollte euren Zuhörern im Gedächtnis bleiben.
Dazu könnt ihr z. B. Fotos oder Prospekte mitbringen, das Publikum auffordern, Fragen zu stellen, oder Quizfragen zu eurem Referat an die Klasse stellen.
Schreibt drei Quizfragen zu eurem persönlichen Weltwunder auf, z. B.:
– Wer lebte in der Nürnberger Burg?
– Wie viele …?

Anschaulich präsentieren und Feedback einholen

1 Sucht passendes Anschauungsmaterial, das ihr zeigen oder aufhängen könnt, z. B. Fotos, Folien, Stadtpläne, Prospekte oder passende Gegenstände.

2 Überlegt euch Möglichkeiten, wie ihr euer Plakat (▶ S. 265) in den Vortrag einbeziehen könnt. Ihr könnt es z. B. an die Tafel hängen, auf ein passendes Bild deuten usw.

3 Übt euren Vortrag mehrmals. Tragt ihn anderen vor oder nehmt euch mit einem Aufnahmegerät auf. Achtet auf die folgenden Punkte:
– Habe ich laut, deutlich und nicht zu schnell gesprochen?
– Ist der Aufbau des Vortrags logisch?
– Habe ich die vorgegebene Zeit eingehalten?
– Habe ich an den passenden Stellen auf das Anschauungsmaterial verwiesen?

In der Checkliste unten findet ihr weitere Tipps für euren Vortrag.

4 Die Klasse sollte jedem Vortragenden ein Feedback geben, was an dem Referat gelungen ist und was man besser machen könnte. Damit die Tipps auch angenommen werden können, ist ein freundlicher Ton wichtig.

a Welche der folgenden Rückmeldungen wirken freundlich?
Schreibt sie auf und ergänzt weitere geeignete Formulierungen.

> Du hast viel zu schnell gesprochen! • Insgesamt solltest du etwas langsamer sprechen. • Du hast uns nie angeschaut! • Versuche vielleicht mal, die Zuhörer ab und zu anzusehen.

b Erprobt in der Klasse das „Fünf-Finger-Feedback":

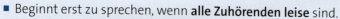

Ein Referat halten
- Beginnt erst zu sprechen, wenn **alle Zuhörenden leise** sind.
- Sprecht **laut, deutlich und nicht zu schnell.**
- **Umgangssprache und Dialekt** sollten im Referat vermieden werden.
- Macht ab und zu **Pausen** und sucht den **Blickkontakt** zum Publikum.
- Sprecht **möglichst frei.** Falls ihr einmal den Faden verliert, helfen euch die **Karteikarten.**
- Vergesst nicht, das **Anschauungsmaterial** in das Referat einzubeziehen.
- Gebt eurem Publikum Gelegenheit zum Nachfragen.

Grundwissen

Sprechen, zuhören und schreiben

Gesprächsregeln ▶ S. 26–28

Gespräche, in denen verschiedene Meinungen oder Wortbeiträge ausgetauscht werden, sollten nach bestimmten Regeln ablaufen, damit die Verständigung erleichtert wird. Die wichtigsten Gesprächsregeln sind:
- Jede/Jeder äußert sich nur zu dem Thema, um das es geht.
- Wir melden uns zu Wort und reden nicht einfach los.
- Wir hören den anderen Gesprächsteilnehmern aufmerksam zu.
- Wir fallen den anderen Gesprächsteilnehmern nicht ins Wort.
- Niemand wird wegen seiner Äußerungen beleidigt, verspottet oder ausgelacht.
- Wir befolgen die Hinweise des Moderators oder der Moderatorin (Gesprächsleiter/in).

Standardsprache – Umgangssprache – Jugendsprache – Dialekt ▶ S. 70, 268

Fast alle Menschen verwenden unterschiedliche **Sprachebenen**, je nachdem, mit wem und worüber sie sprechen. Man **unterscheidet**:
- **Standardsprache (Hochsprache):** gutes, sprachlich richtiges Deutsch mit abwechslungsreichem Wortschatz (wird im Aufsatz und in Büchern verwendet).
- **Umgangssprache** (Alltagssprache): einfachere Ausdrucksweise, z. B. *kriegen* statt *bekommen*, *rauf* statt *hinauf*. Im Aufsatz sollte sie nicht verwendet werden.
- **Jugendsprache:** Sie ist der Mode unterworfen und enthält häufig Ausdrücke aus dem Englischen, z. B. *cool, checken* usw.
- **Dialekt** (Mundart, ortsgebundene Sprache): in Bayern v. a. bairische, schwäbisch-alemannische und fränkische Mundarten.

Ein Telefongespräch führen ▶ S. 48, 60

Ein Telefongespräch hat bestimmte Bestandteile:
- **Die Begrüßung,** z. B.: *Guten Tag!/Grüß Gott!/Hallo!*
- **Die Vorstellung der eigenen Person,** z. B.: *Mein Name ist ... Ich bin Schüler/in der Klasse .../an der ... Schule.*
- **Das Anliegen,** z. B.: *Ich würde gern/möchte gern .../Können Sie mir bitte sagen, ob ...?/Wäre es möglich, dass ...?/Ich möchte mich erkundigen, ob ...*
- **Die Verabschiedung,** z. B.: *Vielen Dank für die Information/für Ihre Hilfe. Ich wünsche Ihnen noch einen schönen Tag! Auf Wiederhören.*

Diskussionen führen
▶ S. 27

- In einer Diskussion tauschen sich mehrere Personen zu einer **Frage** aus, z. B.: *Soll das Fußballspielen auf dem Pausenhof erlaubt werden?*
- Ziele einer Diskussion können sein: verschiedene **Positionen /Ansichten darzustellen** und **Argumente auszutauschen,** andere von der eigenen Meinung zu **überzeugen** oder zu einer **Einigung** zu kommen, d. h., eine gemeinsame **Lösung** zu finden.
- Ihr solltet folgende **Diskussionsregeln** beachten:
  - Äußert eure Meinung in der **Ich**-Form.
  - **Erklärt** und **begründet** eure Meinung, damit die anderen sie nachvollziehen können.
  - **Hört einander gut zu** und unterbrecht oder stört den Redner/die Rednerin nicht.
  - **Meldet euch** und sprecht erst nach Aufforderung.
  - Bleibt immer **sachlich.**

Ein Anliegen vorbringen
▶ S. 26–31

Das Gespräch vorbereiten
Überlege dir genau, was du sagen willst. Mache dir Notizen zu den folgenden Fragen:
- 1. Anliegen: Was will ich?
- 2. Begründung: Warum will ich das? (Welchen Nutzen ziehe ich daraus?)
- 3. Gegenleistung: Was kann/werde ich selbst tun, damit die Bitte erfüllt wird?

Durch höfliches Auftreten zeigst du, dass du dein Gegenüber respektierst:
- Klopfe an und warte, bis du hereingerufen wirst.
- Frage, ob du kurz stören kannst.

Das Gespräch eröffnen
- Grüße dein Gegenüber, stelle dich vor und erkläre ggf., wer dich beauftragt hat.

Das Anliegen vorbringen
- Sprich alle Punkte an, zu denen du dir in der Vorbereitung Notizen gemacht hast.
- Bleibe sachlich und höflich, vermeide Betteln, Fordern oder Überreden.

Das Gespräch beenden
- Bedanke dich immer für das Gespräch.
- Verabschiede dich.

Informationen an andere weitergeben

Berichten
▶ S. 58–63

Ein Bericht stellt den Ablauf eines Geschehens **möglichst vollständig** dar und beschränkt sich auf die **wesentlichen Informationen.** Er gibt das Geschehene möglichst **genau und sachlich** wieder. Man schreibt ihn im **Präteritum.** Er besteht aus drei Teilen, in denen bestimmte W-Fragen beantwortet werden:

- Die **Einleitung** sagt, worum es geht:
  Was geschah? – Wer war beteiligt? – Wann geschah es? – Wo geschah es?
- Der **Hauptteil** nennt in zeitlicher Reihenfolge die wichtigsten Ereignisse:
  Wie geschah es? – Warum geschah es?
- Der **Schluss** nennt Ergebnisse oder Auswirkungen: *Welche Folgen hat das Geschehen?*

Gefühle, Meinungen oder Aussagen in wörtlicher Rede gehören nicht in einen Bericht.
In einem **Zeitungsbericht** werden gewöhnlich Namen und Details ausgelassen, in einem **Polizeibericht** oder einem **Unfallbericht** gibt man dagegen vollständige Daten mit allen Einzelheiten an.

Gegenstände beschreiben ▶ S. 48–52

In einer **Gegenstandsbeschreibung, z. B. für eine Verlustanzeige,** beschreibt man einen verlorenen oder vergessenen Gegenstand **sachlich** und **möglichst genau,** sodass die Leserin oder der Leser sich den Gegenstand vorstellen und ihn wiedererkennen kann. Die Zeitform ist das **Präsens.**
So könnt ihr eine Gegenstandsbeschreibung aufbauen:

- Benennt die **Art des Gegenstandes** (z. B. *Regenjacke*) und beschreibt den **Gesamteindruck** (allgemeine Merkmale wie Farbe, Größe, Form, Marke).
- Beschreibt dann **Einzelheiten** (Details wie z. B. *Reißverschluss*) und **besondere Merkmale** (z. B. *kleiner Riss am rechten Ärmel*).

Genauigkeit und Anschaulichkeit erreicht man durch:
- detaillierte Angaben zu Marke, Größe, Format bzw. Form, Material
- Fachausdrücke (z. B. *die Paspel, der Schieber*)
- anschauliche Adjektive (z. B. *strapazierfähig*)
- Vergleiche (z. B. *lederähnlich*)
- Wortzusammensetzungen (z. B. *himmelblau, der Ledersattel*)
- treffende Verben (z. B. *befinden, erkennen, sehen, stecken, abbilden, umsäumen*)

Über Sachtexte informieren ▶ S. 180–185

Wenn ihr schriftlich über einen Sachtext informieren sollt, zum Beispiel in einem **textgebundenen Aufsatz (TGA),** werden euch häufig bestimmte Arbeitsaufträge oder Leitfragen vorgegeben, die ihr beantworten sollt. Beachtet dabei folgende Hinweise:

Aufbau ▶ S. 181–183

- In der **Einleitung** nennt ihr **Textsorte, Titel, Autor, Quelle** (Erscheinungsort + Erscheinungsdatum) des Textes und gebt kurz das **Thema** wieder (Worum geht es?). Wenn Informationen zu dem Text fehlen, solltet ihr darauf hinweisen, z. B.: *Das Erscheinungsdatum ist nicht angegeben.*
- Im **Hauptteil** beantwortet ihr die vorgegebenen Leitfragen oder fasst den Inhalt des Textes knapp zusammen. In eurer Antwort solltet ihr jeweils kurz die Frage aufgreifen.
  Manchmal bekommt ihr auch die Aufgabe, das Layout des Textes zu beschreiben.
  Benennt dazu alle äußeren Textbestandteile (siehe S. 272) und erklärt ihre Funktion.
- Wenn ihr am **Schluss** zum Text Stellung nehmen sollt, müsst ihr eure Antwort sachlich und aus dem Text heraus begründen.

Grundwissen

Sprachliche Gestaltung ▶ S. 182, 184 f.

Schreibt in der Zeitform **Präsens** und verwendet möglichst **eigene Worte**.
Denkt an einen **abwechslungsreichen Satzbau.**

Das Layout eines Sachtextes untersuchen ▶ S. 182

Ein übersichtliches **Layout** (= die äußere Textgestaltung) erleichtert das Lesen eines Textes.
- Die **Überschrift (Headline)** weckt das Interesse des Lesers, der **Vorspann (Lead)** gibt einen Ausblick auf den Inhalt, Zwischenüberschriften fassen Absätze zusammen.
- **Bilder** oder **Grafiken,** oft mit **Bildunterschrift,** machen den Inhalt anschaulicher.
- Der Artikel kann als **Fließtext** oder zur besseren Lesbarkeit in **Spalten** gesetzt werden.
- Als weitere Lesehilfe wird der Text in inhaltlich zusammengehörige **Absätze** unterteilt.

Briefe schreiben

Persönliche Briefe schreiben ▶ S. 23 f., 37

Einen Brief schreibt man an eine Person oder an eine Gruppe, der man etwas mitteilen oder von der man etwas wissen möchte. Man nennt sie Adressat oder Empfänger.
Inhalt und Wortwahl des Schreibens hängen vom Empfänger ab, z. B. könnt ihr einen Brief an euren Opa anders formulieren als den an eure Lehrerin oder euren Lehrer.

Briefkopf
Ort und Datum

Anrede
Nach der Anrede setzt ihr entweder ein Ausrufezeichen und beginnt danach groß oder ihr setzt ein Komma und schreibt klein weiter. Wenn ihr jemanden siezt, schreibt ihr die Anredepronomen groß, z. B.: *Sie, Ihnen, Ihr* usw. Sonst könnt ihr sie kleinschreiben, z. B.: *dir, dein, euch, euer*

Brieftext
- Im **Einleitungsteil** sprecht ihr den Empfänger direkt an und nennt den Anlass des Schreibens.
- Der **Hauptteil** ist der eigentliche Kern des Briefes. Hier steht oft ein besonderes Erlebnis im Mittelpunkt.
- Im **Schlussteil** könnt ihr den Empfänger durch Fragen oder Aufforderungen zum Antworten anregen.

Gunzenhausen, den 1. Oktober 20 XX

Sehr geehrte Frau Aigner,

sicher wollen Sie wissen, wie es mir geht.

Lieber Rudi!

Sicher bist du neugierig, wie es bei mir so läuft.

Vielen Dank für …
Zu deinem Geburtstag …
Ich habe mich so über … gefreut

Die letzten Wochen waren …
Mir gefällt …

Wie war die erste Woche bei dir?
Du wolltest wissen, ob …

- Wenn ihr einen **Brief beantwortet**, ist es wichtig, dass ihr auf Fragen des Briefpartners eingeht.

Grußformel und Unterschrift
Die Grußformel und die Unterschrift stehen jeweils in einer eigenen Zeile. Am Ende setzt man weder Punkt noch Ausrufezeichen.

Deine Frage nach ...
Ich hoffe, du meldest dich bald.

Herzliche Grüße	*Liebe Grüße*
Viele Grüße	*Bis bald*
Ihre Marie	*dein Manuel*

Sachliche Briefe schreiben ▶ S. 36–45

- Sachliche Briefe schreibt man aus ganz unterschiedlichen Gründen, z. B. um **Bitten, Anfragen, Anregungen, Beschwerden, Entschuldigungen** vorzubringen oder **Informationen einzuholen.** Sie richten sich an Amtspersonen (z. B. Schuldirektorin, Bürgermeister) oder an Leute, die man nicht kennt (z. B. Museumsleiterin). Deshalb hält man sich strenger als im persönlichen Brief an bestimmte Regeln.
- Sachliche Briefe werden meist mit dem Computer geschrieben und **handschriftlich unterschrieben.**

Briefkopf
Links oben stehen der Name und die Adresse des Absenders,
darunter Name und Adresse des Empfängers.
Rechts oben stehen Ort und Datum, z. B.:
Ebern, 22. 11. 20XX

Betreffzeile
In der Betreffzeile gebt ihr den Briefanlass **genau, knapp** und **sachlich** wieder.
Dabei werden oft Nomen und Präpositionen gebraucht, z. B.:
Anfrage wegen einer Museumsführung

Anrede
Nach der Anrede setzt ihr ein Komma und schreibt klein weiter.
- Die Anrede lautet immer *Sehr geehrte Frau ...* bzw. *Sehr geehrter Herr ...*
  Wenn man nicht genau weiß, wer den Brief bearbeitet, schreibt man *Sehr geehrte Damen und Herren.*
- Man verwendet die Anredepronomen der Höflichkeitsform (*Sie, Ihnen* usw.). Sie werden großgeschrieben.

```
Name des Absenders
Straße und Hausnummer
Postleitzahl und Ort

Name des Empfängers
Straße und Hausnummer
Postleitzahl und Ort
                                    Ort, Datum

Betreffzeile: Briefanlass in möglichst
wenigen Stichworten

Sehr geehrte Frau .../
Sehr geehrter Herr .../

Text

Mit freundlichen Grüßen

Unterschrift
```

Brieftext

In der **Einleitung** benennt ihr das Anliegen und formuliert die Bitte.
Im **Hauptteil** begründet ihr euer Anliegen knapp und sachlich.
Ihr könnt
- erklären, weshalb ihr um etwas bittet,
- erläutern, welche Informationen ihr weshalb benötigt,
- einen verlorenen Gegenstand beschreiben,
- darlegen, warum ihr etwas kritisiert oder euch über etwas beschwert.

Am **Schluss** fasst ihr das Anliegen zusammen und sprecht den Empfänger direkt an.

Grußformel und Unterschrift

Die Grußformel und die Unterschrift stehen jeweils in einer eigenen Zeile.
Am Ende setzt man weder Punkt noch Ausrufezeichen.

- Anstelle eines Briefes schreibt man heute oft **E-Mails.** Statt der Empfängeradresse schreibt man die E-Mail-Adresse in die Adresszeile, in die Zeile darunter den Betreff des Schreibens. Anstelle einer handschriftlichen Unterschrift wird der Vor- und Zuname eingetippt. Ganz unten steht die Absenderadresse (Signatur). Das Datum erscheint automatisch beim Versenden.

Schriftlich erzählen ▶ S. 70, 72

In einer Erlebniserzählung erzählt ihr, was ihr wirklich erlebt habt oder erlebt haben könntet.
Achtet auf das Thema: Das Erlebnis muss darauf abgestimmt sein.
Eine **Fantasieerzählung** fängt oft in der Wirklichkeit an und endet auch dort.
Im Hauptteil passieren aber ungewöhnliche Dinge, die es nur in der Fantasie gibt.
Personen, Gegenstände und Ereignisse müssen aber zueinander passen,
damit die Geschichte logisch bleibt! Im Schlussteil soll die Rückkehr in die Realität erfolgen.
In einer **Reizwortgeschichte** werden euch Wörter vorgegeben, die ihr (in einer beliebigen Reihenfolge) sinnvoll in eurer Geschichte verwenden müsst.

Aufbau einer Erzählung ▶ S. 73

- Die **Einleitung** führt in das Erlebnis ein und gibt Antwort auf die wichtigsten W-Fragen:
  Wer sind die Hauptfiguren? **Wann** hat sich das Erlebnis ereignet? **Wo** spielt es?
  Ein **Köder** macht neugierig auf den Hauptteil.
- Der **Hauptteil** besteht aus mindestens drei oder vier Erzählschritten, die logisch aufeinander aufbauen **(Handlungstreppe).** Besonders interessant wird eure Erzählung, wenn sie einen anschaulich ausgestalteten **Höhepunkt** hat. Manchmal gibt es auch mehrere Höhepunkte.
- Der **Schluss** rundet die Geschichte ab. Hier kann man noch einmal auf den Anfang der Geschichte zurückkommen oder auch eine Frage offenlassen. Bei einer Fantasiegeschichte sollte die Rückkehr in die Realität erfolgen.

Anschaulich erzählen ▶ S. 74

- Verwendet **abwechslungsreiche Verben**: nicht *sagte*, sondern *jammerte*.
- Sucht **treffende Adjektive**. Oft sind zusammengesetzte Adjektive ausdrucksstark, z. B. nicht *kalt*, sondern *eisig* oder *eiskalt*.
- Achtet auf **unterschiedliche Satzanfänge**: nicht *dann ... dann, als ... als* verwenden.
- Denkt daran, auch **Sinneseindrücke** der Beteiligten wiederzugeben: Was sehen, hören, riechen, schmecken oder fühlen sie?
- Ihr könnt in der **Ich-Form schreiben**: Hier gelingt es euch leichter, euch in die Geschichte hineinzuversetzen. Bei der **Er- oder Sie-Form** habt ihr die Möglichkeit, die Gefühle mehrerer Personen zu schildern.

Wörtliche Rede verwenden ▶ S. 84

Wörtliche Rede lässt den Leser die Ereignisse hautnah miterleben.
Sie muss aber so eingesetzt sein, dass sie auch für die Handlung von Interesse ist.
Die Regeln zur Zeichensetzung bei wörtlicher Rede findet ihr auf S. 84.

Die Tempusformen beim schriftlichen Erzählen ▶ S. 70

Beim schriftlichen Erzählen verwendet man in der Regel das **Präteritum** (▶ S. 205 f.):
Emil und ich machten die Judo-Übungen gemeinsam.
Wenn ein Ereignis bereits vor dem erzählten Geschehen stattgefunden hat, verwendet man das **Plusquamperfekt** (▶ S. 208 f.): *Weil mir Emil ein Bein gestellt hatte, fiel ich unsanft auf die Matte.*

Äußere und innere Handlung ▶ S. 77 f.

In Erzählungen werden die Erlebnisse von Figuren dargestellt. Dabei unterscheidet man zwischen äußerer Handlung und innerer Handlung.
- Die **äußere Handlung** beschreibt das, was gerade passiert, z. B.: *Er lachte laut.*
- Die **innere Handlung** bezeichnet die Gefühle und Gedanken der Figuren, die nicht äußerlich sichtbar sind, z. B.: *Niemand sollte merken, dass sein Herz vor Angst klopfte.*

Gebt in euren Erzählungen sowohl die äußere als auch die innere Handlung der Figuren wieder.

Zu einer Redewendung erzählen ▶ S. 79–83

Wenn ihr zu einer Redewendung erzählen sollt, müsst ihr ihre Bedeutung gut verstanden haben. Überlegt dazu, in welcher Situation ihr die Redewendung vielleicht schon einmal gehört habt. **Der Inhalt** eurer Erzählung soll **zur Redewendung passen**. Diesen Bezug macht ihr am besten deutlich, wenn ihr die Redewendung **als Überschrift** für euren Text verwendet und sie **im Schluss** noch einmal aufgreift. Der Aufbau und die Regeln für die sprachliche Gestaltung entsprechen der Erlebniserzählung (▶ S. 72).

Nacherzählen
▶ S. 125

Eine Geschichte könnt ihr mit eigenen Worten neu erzählen. Beachtet dabei folgende Punkte:
- Erzählt die einzelnen **Handlungsschritte** in der gleichen **Reihenfolge wie im Original.**
- Erfindet **nichts Neues** hinzu (z. B. Orte oder Figuren). Gibt es im Original einen **Höhepunkt**, wird dieser auch in der Nacherzählung besonders ausgestaltet.
- Wählt **eigene Formulierungen.** Nur wichtige Kernstellen dürft ihr wörtlich wiedergeben, z. B. lustige Wortspiele, die Lehre einer Fabel oder wichtige wörtliche Reden.

Zu literarischen Texten schreiben
▶ S. 115–117, 134

In einem **textgebundenen Aufsatz (TGA)** zu einem literarischen Text bearbeitet ihr verschiedene Schreibaufgaben. Der TGA besteht in der Regel aus mehreren Teilen:
- Zunächst gibt man (in der **Einleitung**) knapp die **wichtigsten Informationen zum Text** wieder: Titel und Verfasser des Schriftstückes, die Textsorte (z. B. Sage), Quellenangabe und Erscheinungsjahr. Wenn eine dieser Angaben fehlt, solltet ihr dies vermerken, z. B.: *Die Quelle des vorliegenden Textes ist nicht bekannt.*
- Es folgt eine **Inhaltswiedergabe/Zusammenfassung des Textes.**
  Als Hilfe erhaltet ihr meist **Leitfragen,** die ihr beantworten sollt.
  So könnt ihr dabei vorgehen:
  – Lest den Text konzentriert durch und markiert oder notiert Schlüsselwörter.
  – Zu Beginn jeder Antwort solltet ihr die Formulierung aus der Frage aufgreifen.
  – Die Inhaltswiedergabe schreibt man in der Regel im Präsens.
- Anschließend untersucht ihr **weitere Besonderheiten des Textes,** z. B. Merkmale der Textsorte. Lest den Text noch einmal gründlich und sucht passende Textbelege. Achtet bei der Einleitung eurer Antwortsätze auf abwechslungsreiche Formulierungen und notiert zu jedem Beleg eine Zeilenangabe.
- Zum Schluss kann eine **weiterführende Aufgabe gestellt** werden. Oft ist dies eine kreative Schreibaufgabe (▶ S. 280), z. B.: *Schreibe den Text ab Zeile X neu.* oder: *Lies die Textstelle Zeile X–Y und schreibe ein Gespräch auf, das zwischen den Figuren A und B stattgefunden haben könnte.* Achtet darauf, dass **Inhalt, Sprachstil** und **Zeitform** eures Textes zum Ausgangstext passen.

Texte planen und überarbeiten

In einem Cluster Ideen sammeln
▶ S. 14

Ein Cluster (engl. = Haufen, Menge) ist eine Sammlung von Stichpunkten zu einem Thema.
Er eignet sich dafür, Ideen für einen Aufsatz oder ein Projekt zu sammeln, erste Eindrücke zu einem Text festzuhalten oder Informationen herauszuschreiben.
- Schreibt das Thema (den Oberbegriff) in die Mitte eines Blattes.
- Notiert dann Gedanken und Ideen in Stichworten und verbindet sie durch Linien mit der Mitte des Clusters.

In einer Mind-Map Ideen und Informationen ordnen ▶ S. 259

In einer Mind-Map (engl. = „Gedächtnis-Landkarte") bringt man Stichpunkte zu einem Thema in einen Zusammenhang. Die Mind-Map eignet sich gut, um Informationen aus einem Text oder eigene Ideen zu ordnen.
- Legt einen Notizzettel mit eigenen Ideen bzw. Stichpunkten aus dem Text an.
- Schreibt das **Thema** in die Mitte eines Blattes.
- Schreibt die wichtigsten Stichpunkte auf **Hauptäste** und verbindet sie mit dem Thema.
- Leitet von den Hauptästen **Unteräste** mit untergeordneten Stichworten ab.
- Durch **kleine Zeichnungen** wird eure Mind-Map übersichtlicher und einprägsamer.

Eine Schreibkonferenz durchführen ▶ S. 86

- Setzt euch in Kleingruppen zu dritt oder zu viert zusammen. Bestimmt einen **Schriftführer,** der Notizen macht, und legt fest, wer jeweils für **Textaufbau, Inhalt** und **Sprache** zuständig ist.
- Lest eure Texte nacheinander vor. Die anderen sagen reihum, was gelungen ist und was verbessert werden sollte, der Schriftführer macht Notizen.
- Schreibt eure Texte ins Reine und arbeitet die Vorschläge ein.
- Überprüft zum Schluss die Rechtschreibung und Zeichensetzung.

Texte überarbeiten ▶ S. 44, 62, 134

Umstellen, Weglassen, Ersetzen ▶ S. 217

Ein eintöniger Satzbau lässt sich durch **Umstellen** vermeiden.
Man kann zum Beispiel die wichtigste Aussage an den Satzanfang stellen:
Uns gefiel der Nachmittag bis dahin. Uns durchfuhr jedoch ein großer Schreck ...
→ *Uns gefiel der Nachmittag bis dahin. Ein großer Schreck durchfuhr uns jedoch ...*
Durch das **Weglassen** unpassender und überflüssiger Wörter kann ein Text verbessert werden:
Also, wir mussten tatsächlich die Feuerwehr rufen, und wir mussten aber nur voll kurz auf sie warten.
Wörter, die sich wiederholen, kann man durch ähnliche Begriffe oder durch Pronomen **ersetzen:**
Wie aus dem Nichts tauchte ein großer Hund auf. Der Hund wollte sich auf Tiffy stürzen.
→ *Wie aus dem Nichts tauchte ein großer Hund auf. Er/Das Tier wollte sich auf Tiffy stürzen.*

Textverbesserung durch Satzverknüpfungen ▶ S. 184 f.

Mit **Satzreihen** (SR ▶ S. 223) oder **Satzgefügen** (SG ▶ S. 226) könnt ihr eure Texte abwechslungsreicher formulieren. Außerdem könnt ihr Zusammenhänge deutlich machen:
Der Feuerwehrmann legte uns Tiffy in die Arme. Wir waren glücklich.
→ *Der Feuerwehrmann legte uns Tiffy in die Arme und wir waren glücklich. (SR)*
→ *Als der Feuerwehrmann uns Tiffy in die Arme legte, waren wir glücklich. (SG)*

Grundwissen

Mit Texten und Medien umgehen

Literarische Texte erschließen ▶ S. 122

Erzählschritte in einer Geschichte ▶ S. 73

Jede Geschichte besteht in der Regel aus mehreren Erzählschritten, die man auch Handlungsschritte nennt. Ein neuer Erzählschritt beginnt häufig dann, wenn z. B.:
- der Ort der Handlung wechselt, z. B.: *Bei Lisa angekommen ...*
- ein Zeitsprung stattfindet, z. B.: *Am nächsten Morgen ...*
- eine neue Figur auftaucht, z. B.: *„Tag!", sagte jemand, als Frieda gerade verschwinden wollte.*
- die Handlung eine Wendung erfährt, z. B.: *Auf einmal ...*

Die Figuren ▶ S. 19; 94–97

Die Personen, die in einer Geschichte vorkommen bzw. handeln, nennt man Figuren. Sie haben bestimmte Eigenschaften und Absichten. In vielen Geschichten gibt es eine Hauptfigur, über die die Leserinnen und Leser besonders viel erfahren. Um eine Geschichte zu verstehen, solltet ihr euch ein klares Bild von den einzelnen Figuren machen.

Ich-Erzähler oder Er-/Sie-Erzähler ▶ S. 93

- Ein Ich-Erzähler ist selbst als handelnde Figur in das Geschehen verwickelt und schildert die Ereignisse aus seiner persönlichen Sicht, z. B.: *Meine Schwester hatte ...*
- Der Er-/Sie-Erzähler ist nicht am Geschehen beteiligt. Er/Sie erzählt von allen Figuren in der Er-Form bzw. in der Sie-Form, z. B.: *An diesem Tag geschah etwas, das David nie für möglich gehalten hätte. Seine Schwester hatte ...*

Erzählweisen erkennen ▶ S. 72

Spannend wird erzählt, wenn z. B.:
- Zeit und/oder Ort unheimlich wirken.
- von einer gefährlichen Situation erzählt wird.
- Rätselhaftes geschieht oder der Ausgang eines Geschehens ungewiss bleibt.
- spannungssteigernde Wörter und Wendungen verwendet werden, z. B.: *schlagartig, auf unheimliche Weise*

Fabeln ▶ S. 124–134

Fabeln sind **kurze Erzähltexte,** sie können aber **auch in Versen** geschrieben sein.
- In der Fabel **handeln und sprechen Tiere** oder **Gegenstände,** die **menschliche Charaktereigenschaften** verkörpern, z. B.: schlauer Fuchs, dummer Esel
- Die Tiere sind oft **ungleiche Gegenspieler** (z. B. Löwe gegen Maus), die ein **Streitgespräch** führen. Am Ende **siegt der Stärkere oder der Listigere.**

- Fabeln haben meist einen ganz bestimmten **Aufbau:**
  Ausgangssituation – Konfliktsituation – Streitgespräch (Dialog: Rede und Gegenrede) – Lösung
- Aus Fabeln soll man **Lehren für das eigene Verhalten** ziehen. In vielen Fabeln wird diese Lehre (auch „Moral" genannt) am Ende noch einmal extra formuliert.

Märchen ▶ S. 123

Märchen haben wiederkehrende Merkmale, an denen man sie gut erkennen kann. Dabei sind natürlich nicht in jedem Märchen alle diese Merkmale zu finden.
- **Ort** und **Zeit** der Handlung sind nicht genau festgelegt, z. B.: *im Wald, vor langer Zeit*
- Es treten **typische Figuren** auf, wie z. B.: *König und Königin, Prinz und Prinzessin, Handwerker und Bauern, die böse Stiefmutter*, aber auch **fantastische** Figuren wie *sprechende Tiere, Feen, Hexen, Riesen, Zwerge, Zauberer, Drachen* usw.
- Die Figuren sind häufig auf **wenige Eigenschaften** festgelegt, z. B.: *die gute Fee, die böse Hexe*
- Meist **siegt** am Ende das **Gute** und das **Böse** wird **bestraft.**
- Der Held/Die Heldin muss **Prüfungen** bestehen oder **Aufgaben** erfüllen (häufig drei).
- Im Märchen geschehen **wundersame Dinge:** Tiere können sprechen, es gibt magische Gegenstände (z. B. *einen Wundertisch, ein Zauberkästchen*) und Zauberei.
- Oft enthalten Märchen **feste sprachliche Formeln,** z. B.: *Es war einmal, Und wenn sie nicht gestorben sind …*
- **Magische Zahlen** wie 3, 7 und 12 spielen häufig eine besondere Rolle, z. B.: *drei Wünsche, sieben Zwerge, zwölf Gesellen*
- Oft gibt es **(magische) Verse oder Zaubersprüche,** z. B.: *Ach wie gut, dass niemand weiß, dass ich Rumpelstilzchen heiß.*

Sagen ▶ S. 104–120

Sagen sind ursprünglich **mündlich überlieferte Erzählungen** unbekannter Verfasser. Im Gegensatz zu Märchen enthalten sie meist **einen wahren Kern.**
Es gibt verschiedene Formen von Sagen:
- **Heimatsagen** beschäftigen sich mit **Naturerscheinungen** und **Besonderheiten der Landschaft,** z. B.: Erdbeben, seltsame Felsformen
- **In Götter- und Heldensagen der Antike** treten **Götter und Göttinnen** auf, die den Helden beschützen oder verfolgen.

Darüber hinaus haben Sagen folgende Merkmale:
- Häufig kommen **übernatürliche Wesen mit besonderen Fähigkeiten** vor (Berggeister, der Teufel) oder es werden **unwahrscheinliche Begebenheiten** geschildert (Steine werden zu Gold, Riesen werfen mit Felsen).
- Der **Ort des Geschehens** wird meistens genau benannt, manchmal werden auch Angaben zu **Namen, Berufen und Herkunft der Personen** gemacht.
- Es kommen oft **Helden** vor, die besonders **listig und ideenreich** Hindernisse bewältigen oder über **außergewöhnliche Kräfte** verfügen. In Heimatsagen **wird das Böse auch oft** durch den **Glauben** besiegt.

Kreativ mit Texten umgehen
▶ S. 81–83, 117, 129–134, 146 f., 156 f.

Um einen **Text stimmig fortsetzen** zu können, muss man ihn gut verstanden haben:
- **Wo** spielt die Geschichte und **wann**?
- **Aus der Sicht welcher Figur** wird (in der Ich-Form) erzählt? Oder gibt es einen **Er-/Sie-Erzähler**?
- Was erfährt man über ihre Stimmung oder Eigenschaften?
- Gibt es andere **wichtige Figuren**?

Gehört der Text einer bestimmten **Textsorte** an, ist er z. B. eine Sage, müssen in eurer Fortsetzung natürlich auch **typische Merkmale** dieser Textsorte vorkommen.

Gedichte
▶ S. 138–148

- Gedichte (auch als „lyrische Werke" oder „Lyrik" bezeichnet) werden oft zu bestimmten Themen geschrieben, z. B.: Naturgedichte, Liebesgedichte, Großstadtgedichte
- **Naturgedichte** behandeln die Natur selbst und das Verhältnis der Menschen zur Natur. Oft werden darin **verschiedene Sinne** angesprochen, z. B.: Sehen, Hören, Riechen, Ertasten. Dadurch kann man sich die beschriebenen Inhalte besser vorstellen und Beobachtungen nachempfinden.
- Zu Erzähltexten gehört ein Erzähler/eine Erzählerin, zu Gedichten dagegen **ein Sprecher/eine Sprecherin („lyrisches Ich")**, der/die sich häufig in der **Ich-Form** mitteilt.

Formale Merkmale

- Eine Gedichtzeile heißt **Vers**. Mehrere zusammengehörige Verse bilden eine **Strophe**. Mehrere Strophen werden durch Leerzeilen voneinander getrennt.
- Ein wichtiges Merkmal in vielen Gedichten ist der **Reim**. Wenn zwei Wörter vom letzten betonten Vokal an gleich klingen, nennt man das Endreim, z. B.: *im Stillen – Widerwillen* In Gedichten könnt ihr verschiedene **Reimformen** erkennen.
  - **Paarreim:** Zwei aufeinanderfolgende Verse reimen sich → **a a b b**.
  - **Kreuzreim:** Der 1. und 3. sowie der 2. und 4. Vers reimen sich (über Kreuz) → **a b a b**.
  - **Umarmender Reim:** Ein Paarreim wird von zwei Versen „umarmt", die sich ebenfalls reimen → **a b b a**.
- Es gibt aber auch Gedichte, die sich nicht reimen. Man nennt sie **reimlose Gedichte**.
- Eine besondere Gedichtform ist das **Akrostichon** (▶ S. 171). Dabei werden die Buchstaben eines Wortes senkrecht untereinander geschrieben. Jeder dieser Buchstaben bildet dann den Anfang (oder einen Teil) eines neuen Wortes.

Sprachliche Bilder

In Gedichten werden oft **sprachliche Bilder** verwendet.
Sie machen das Beschriebene **anschaulich** und lassen den Text **lebendig** wirken.
- Oft werden **menschliche Eigenschaften** auf leblose Gegenstände oder die Natur übertragen **(Personifikation)**, um etwas Bestimmtes über sie zum Ausdruck zu bringen, z. B.: *Und die armen welken Blätter, / Wie sie tanzen in dem Wind!* → *Die Blätter wehen im Wind.* *Der Winter [...] / schläft im kalten Zimmer.* → *Im Winter ist es kalt und ungemütlich.*
- Durch **Vergleiche** werden zwei verschiedene Vorstellungen durch ein „wie" verknüpft, z. B.: *Sein Fleisch fühlt sich wie Eisen an.* → *Er ist sehr stark und muskulös.*

Mit Texten und Medien umgehen

Ein Gedicht vortragen/Einen literarischen Text vorlesen
▶ S. 97–99, 143

Wenn ihr ein Gedicht vortragt oder einen literarischen Text einem Publikum vorlest, sollte euer Vortrag möglichst verständlich und abwechslungsreich sein. Beachtet dazu Folgendes:
- Sprecht den Text **deutlich, betont** dabei **wichtige Wörter**.
- Macht wirkungsvolle **Sprechpausen** an passenden Stellen.
- Achtet auf die **Lautstärke** und werdet je nach Inhalt der Textstelle lauter oder leiser.
- Ein **Tempowechsel** macht euren Vortrag abwechslungsreicher:
  Überlegt euch, an welchen Textstellen ihr schneller oder langsamer vorlesen solltet.
- Eure **Gestik** und **Mimik** sollte zu dem Inhalt der Textstellen passen.

Damit der Vortrag gut gelingt, solltet ihr ihn **vorbereiten**:
- Schreibt den Text ab oder legt eine Folie darüber. **Unterstreicht** Wörter, die ihr **besonders betonen** sollt.
- **Markiert** Stellen, an denen ihr **(kurze oder längere) Pausen** machen wollt.
- **Übt** das Vorlesen mehrmals. Lest den Text zum Beispiel euren Eltern oder Freunden vor und lasst euch eine Rückmeldung geben. Ihr könnt euch auch selbst aufnehmen.

Sachtexte
▶ S. 172–179

Unter Sachtexten versteht man z. B. **Zeitungsberichte, Lexikonartikel, Kochrezepte, Spielanleitungen, Schaubilder** und **Diagramme** (z. B. Klimadiagramm).
Sachtexte **informieren** über bestimmte Themen. Manche Sachtexte wollen auch zu etwas **anleiten** oder **auffordern**. Die **Sprache** im Sachtext ist **klar** und **sachlich**. Gefühle oder Gedanken finden sich hier in der Regel nicht. Sachtexte lassen sich mit der **Fünf-Schritt-Lesemethode** gut erschließen:

1. Schritt: Grob überfliegen und Thema erfassen
- Hier sollt ihr einen groben Überblick, einen ersten Eindruck vom Inhalt und Aufbau des Textes bekommen.
- Der Text wird nicht Wort für Wort, sondern diagonal gelesen: Achtet vor allem auf Überschriften, Hervorhebungen, Satzanfänge und einzelne Abschnitte.

2. Schritt: Fragen stellen
- Was wisst ihr schon über das Thema des Textes? Was möchtet ihr noch wissen?
  Stellt W-Fragen an den Text (Wer? Wo? Wann?)

3. Schritt: Gründlich lesen und Schlüsselwörter unterstreichen
- Klärt unbekannte oder schwierige Wörter aus dem Textzusammenhang, durch Nachdenken oder durch das Nachschlagen in einem Wörterbuch.
- Markiert sparsam **Schlüsselwörter**. Das sind oft die Wörter, an denen ihr beim Überfliegen des Textes mit euren Augen hängen bleibt. Meist geben die Schlüsselwörter die Antworten auf die W-Fragen.

4. Schritt: Wichtiges zusammenfassen
- Findet für jeden Textabschnitt eine Überschrift, die den Inhalt knapp zusammenfasst. Nutzt dazu die unterstrichenen Schlüsselwörter. Prüft, ob die Überschrift zum Inhalt des Textes passt.

5. Schritt: Wiederholen
- Wenn ihr den Text gelesen habt, dann wiederholt den Inhalt nochmals mit Hilfe eurer Notizen. Denkt auch dabei an eure Fragen von Schritt 2.
- Ihr könnt den Inhalt in Gedanken wiederholen oder ihn wie in einem Selbstgespräch laut vor euch hin sprechen.

Theater

▶ S. 150–158

- Im Theater sprechen Darsteller/innen nicht nur ihren Text, sie gebrauchen ihren ganzen Körper, um Gefühlen und Stimmungen Ausdruck zu verleihen.
- Damit ihr auf der Bühne gut zu hören seid, solltet ihr **deutlich und betont sprechen**. Eine **aufrechte, entspannte Körperhaltung** und **bewusstes Atmen** helfen dabei.

Beim Theater verwendet man besondere **Fachbegriffe:**

- **Bühnenbild:** Gestaltung, Aufbau einer Bühne
- **Garderobe:** 1. Kostüme
  2. Umkleidekabine
- **Gestik:** Gebärden, Handbewegungen
- **Improvisieren/Stegreifspiel:** spontan eine Szene spielen, ohne sich vorher abgesprochen zu haben
- **Inszenierung:** Gestaltung einer Theateraufführung
- **Kulisse:** Bühnendekoration (Hintergrundbild, Aufbauten usw.)
- **Maske:** 1. Maske zum Aufsetzen
  2. Schminke, Verkleidung, Perücken
- **Mimik:** Gesichtsausdruck, Mienenspiel
- **Regieanweisung:** Hinweise für Schauspieler/innen und Techniker/innen
- **Regisseur/in:** Spielleiter/in
- **Requisiten:** Gegenstände, die auf der Bühne stehen oder von den Spielern verwendet werden
- **Rolle:** Gestalt oder Figur, die ein/e Schauspieler/in auf der Bühne verkörpert
- **Souffleur/Souffleuse:** Einsager/in
- **Sprechweise:** Betonung, Lautstärke, Ausdruck beim Sprechen

Über Sprache nachdenken

Wortarten

Das Nomen (das Hauptwort/Substantiv; Plural: die Nomen) ▶ S. 190–193

Die meisten Wörter in unserer Sprache sind Nomen. Sie werden immer **großgeschrieben.**
Nomen bezeichnen
- **Lebewesen,** z. B. *Frosch, Baum, Hund, Mädchen,*
- **Gegenstände,** z. B. *Haus, Schreibtisch, MP3-Player,* oder
- **Begriffe** (Gedanken, Gefühle, Zustände), z. B. *Angst, Mut, Freude, Ferien, Freundschaft.*

Sie werden häufig von **Wörtern begleitet,** an denen wir sie erkennen können, z. B. einem **Artikel** *(der Hase, eine Uhr)* oder einem **Adjektiv** *(blauer Himmel, fröhliche Menschen).*

Genus (das grammatische Geschlecht; Plural: die Genera) ▶ S. 192 f.

Jedes Nomen hat ein Genus (ein grammatisches Geschlecht), das man **an** seinem **Artikel erkennen** kann. Ein Nomen ist entweder
- ein **Maskulinum** (männliches Nomen), z. B. *der Stift, der Regen, der Hund,*
- ein **Femininum** (weibliches Nomen), z. B. *die Uhr, die Sonne, die Katze* oder
- ein **Neutrum** (sächliches Nomen), z. B. *das Buch, das Eis, das Kind.*

Das **grammatische Geschlecht** eines Nomens stimmt **nicht immer** mit dem **natürlichen Geschlecht** überein, z. B.: *das Mädchen, das Kind*

Numerus (die grammatische Zahl; Plural: die Numeri) ▶ S. 192 f.

Nomen haben einen Numerus, d. h. eine Anzahl. Sie stehen entweder im
- **Singular** (Einzahl), z. B. *der Wald, die Jacke, das Haus,* oder im
- **Plural** (Mehrzahl), z. B. *die Wälder, die Jacken, die Häuser.*

Nur bei wenigen Wörtern ist entweder nur eine Singularform oder eine Pluralform möglich, z. B.: *der Regen, die Ferien*

Kasus (der Fall; Plural: die Kasus, mit langem *u* gesprochen) ▶ S. 192 f.

In Sätzen erscheinen Nomen immer in einem bestimmten Kasus, das heißt in einem grammatischen Fall. **Im Deutschen gibt es vier Kasus.** Nach dem Kasus richten sich die Form des Artikels und die Endung des Nomens. Man kann den **Kasus** eines Nomens **durch Fragen ermitteln.**

Kasus	Kasusfrage	Beispiele
1. Fall: **Nominativ**	*Wer oder was …?*	*Der Junge liest ein Buch.*
2. Fall: **Genitiv**	*Wessen …?*	*Das Buch des Jungen ist spannend.*
3. Fall: **Dativ**	*Wem …?*	*Ein Mädchen schaut dem Jungen zu.*
4. Fall: **Akkusativ**	*Wen oder was …?*	*Sie beobachtet den Jungen genau.*

Meist ist der Kasus am veränderten Artikel des Nomens erkennbar, manchmal auch an der Endung des Nomens, z. B.: *des Mannes, des Mädchens, den Kindern*
Wenn man ein Nomen in einen Kasus setzt, nennt man das **deklinieren** (beugen).

Grundwissen

Der Artikel (der Begleiter, das Geschlechtswort; Plural: die Artikel)   ▶ S. 192 f.

Das Nomen tritt selten allein auf, sondern wird häufig von einem Artikel begleitet.
Man unterscheidet zwischen dem bestimmten Artikel *(der, die, das)* und dem unbestimmten Artikel *(ein, eine, ein)*, z. B.:

	bestimmter Artikel	unbestimmter Artikel
männlich	*der* Stift	*ein* Stift
weiblich	*die* Uhr	*eine* Uhr
sächlich	*das* Buch	*ein* Buch

Das Adjektiv (das Eigenschaftswort; Plural: die Adjektive)   ▶ S. 197–199

Adjektive drücken aus, **wie** etwas ist. Sie werden **kleingeschrieben.**
Mit Adjektiven können wir die **Eigenschaften** von Lebewesen, Dingen, Vorgängen, Gefühlen und Vorstellungen genauer beschreiben, z. B.: *der starke Wind, der eiskalte Wind*

- **Steigerung der Adjektive**

  Die meisten Adjektive kann man steigern (z. B.: *schön – schöner – am schönsten*).
  So kann man z. B. Dinge und Lebewesen miteinander vergleichen. Es gibt drei Steigerungsstufen:

Positiv (Grundstufe)	**Komparativ** (Höherstufe)	**Superlativ** (Höchststufe)
Lars ist groß.	*Stefan ist größer.*	*Fabian ist am größten.*

- **Nominalisierung von Adjektiven**

  Adjektive können als Nomen gebraucht **(nominalisiert)** werden. Dann schreibt man sie **groß**.
  Man erkennt sie am **Artikel** (z. B. *das Besondere, ein Leichtes*) oder an **Numeralen** (Mengenwörtern), z. B.: *viel Neues, alles Gute*
  Manchmal muss man sich den Artikel dazudenken, z. B.: *Hast du (etwas) Neues gehört?*

Die Konjunktion (das Bindewort; Plural: die Konjunktionen)   ▶ S. 64 f., 185, 223, 226

Konjunktionen verbinden Satzteile oder Teilsätze miteinander, z. B.: *Es gab Donner und Blitz.*
Er konnte nicht an der Wanderung teilnehmen, weil er sich den Fuß verstaucht hatte.
Die häufigsten Konjunktionen sind: *und, oder, weil, da, nachdem*
Konjunktionen sind nicht veränderbar: Man kann sie nicht beugen (in einen Kasus oder eine Personalform setzen).
Man unterscheidet zwischen nebenordnenden und unterordnenden Konjunktionen.

nebenordnende Konjunktionen

Peter schwimmt im See,   denn   es ist sehr heiß.
—— Hauptsatz 1 —— Konjunktion — Hauptsatz 2 —

unterordnende Konjunktionen

Ich sprang heute vom 3-Meter-Brett,   obwohl   ich etwas Angst hatte.
—— Hauptsatz 1 ——
                              Konjunktion ——— Nebensatz ———

Über Sprache nachdenken

Das Pronomen (das Fürwort; Plural: die Pronomen) ▶ S. 194–196, 228

Das Pronomen ist ein Stellvertreter oder Begleiter; es vertritt oder begleitet ein Nomen.
Es gibt verschiedene Arten von Pronomen.

- **Das Personalpronomen** (persönliches Fürwort)
  Mit den **Personalpronomen** *(ich, du, er, sie, es, wir, ihr, sie)* kann man **Nomen und Namen ersetzen,** z. B.:

  Die Katze möchte ins Haus. Sie miaut. Schnell lassen wir sie herein.

  Paul rennt zum Bus. Er hat verschlafen und weiß, dass der Busfahrer nicht auf ihn wartet.

  Personalpronomen werden wie die Nomen **dekliniert** (gebeugt):

Kasus	Singular			Plural		
	1. Pers.	2. Pers.	3. Pers.	1. Pers.	2. Pers.	3. Pers.
1. Fall: **Nominativ**	ich	du	er/sie/es	wir	ihr	sie
2. Fall: **Genitiv**	meiner	deiner	seiner/ihrer/seiner	unser	euer	ihrer
3. Fall: **Dativ**	mir	dir	ihm/ihr/ihm	uns	euch	ihnen
4. Fall: **Akkusativ**	mich	dich	ihn/sie/es	uns	euch	sie

- **Das Demonstrativpronomen** (hinweisendes Fürwort)
  Mit Demonstrativpronomen kann man auf etwas **zeigen** oder **hinweisen.**
  Sie werden wie Nomen dekliniert (gebeugt). Demonstrativpronomen sind z. B.:
  - *dieser, diese, dieses;* Beispiel: *Ich glaube, diese Tiere sind nachtaktiv.*
  - *jener, jene, jenes;* Beispiel: *Jenes Nashorn läuft den ganzen Tag im Kreis.*
  - *der, die, das,* wenn sie im Unterschied zum bestimmten Artikel (▶ S. 192 f.) betont sind.
    Beispiel: *Das ist der kleine Elefant, der im letzten Jahr geboren wurde.*

- **Das Relativpronomen**
  Relativpronomen leiten einen Relativsatz ein. Sie **beziehen sich auf** ein **Nomen im Hauptsatz.**
  Der Relativsatz ist ein Nebensatz, der einen Bezug zu einem Nomen im Hauptsatz herstellt.
  Beispiel: *Der Tiger, der heute noch kein Futter bekommen hatte, lief im Käfig auf und ab.*

          Relativpronomen   Relativsatz

  Als Relativpronomen verwendet werden die Wörter *der, die, das, welcher, welche, welches.*
  Relativpronomen können wie Nomen dekliniert werden.
  Den Fall, in dem sie stehen, kann man erfragen.

Beispiel:	*Der Tiger, dessen Fütterung unmittelbar bevorstand, lief im Käfig auf und ab.*
Frageprobe:	*Wessen Fütterung stand unmittelbar bevor?*
Antwort:	*Dessen Fütterung stand unmittelbar bevor.* → Genitiv

- **Das Possessivpronomen** (besitzanzeigendes Fürwort)
  Possessivpronomen *(mein/meine – dein/deine – sein/seine, ihr/ihre – unser/unsere – euer/eure – ihr/ihre)* **geben an, zu wem etwas gehört,** z. B.: *mein* Buch, *deine* Tasche, *unsere* Lehrerin
  Possessivpronomen begleiten meist Nomen und stehen dann in dem gleichen Kasus (Fall) wie das dazugehörige Nomen, z. B.:
  Ich gebe meinen Freunden eine Einladungskarte. (Wem ...? → Dativ)

Die Präposition
▶ S. 200 f.

Präpositionen (Verhältniswörter) geben die Beziehungen zwischen Menschen, Lebewesen und Dingen an. Sie stehen in der Regel vor Nomen und Pronomen. Man unterscheidet:
- **lokale Präpositionen** *(Wo? Wohin?)*, z. B.: *im* Kino, *auf* dem Sportplatz, *neben* dir, *hinter* ihm
- **temporale Präpositionen** *(Wann?)*, z. B.: *nach* dem Unterricht, *während* des Gewitters
- **kausale Präpositionen** *(Warum?)*, z. B.: *wegen* des Nebels, *auf Grund* der schlechten Sicht
- **modale Präpositionen** *(Wie?)*, z. B.: *mit* euch, *ohne* Eile, *aus* Dankbarkeit

Die Präposition bestimmt den Kasus (▶ S. 192 f.) des folgenden Nomens, z. B.:
während (Wessen?) *des Gewitters* → Genitiv; *ohne* (Wen?) *dich* → Akkusativ;
von (Wem?) *meinem Bruder* → Dativ

Das Verb (das Tätigkeitswort; Plural: die Verben)
▶ S. 203

Mit Verben gibt man an, **was jemand tut** (z. B. *laufen, reden, lachen*), **was geschieht** (z. B. *regnen, brennen*) oder **was ist** (z. B. *haben, sein, bleiben*). Verben werden **kleingeschrieben.**
- Der **Infinitiv** (die Grundform) eines Verbs endet auf *-en* oder *-n*, z. B.: *rennen, sagen, lächeln*
- Wenn man ein Verb in einem Satz verwendet, bildet man **die Personalform des Verbs.** Das nennt man **konjugieren (beugen),** z. B.: *such-en* (Infinitiv) → *Ich such-e den Schlüssel* (1. Person Singular). Die Personalform des Verbs wird aus dem Infinitiv des Verbs gebildet. An den Stamm des Verbs wird dabei die passende Personalendung gehängt, z. B.: *sprech-en* (Infinitiv) → *Er spricht* (3. Person Singular).
- **Verben** können in ihrer Grundform (Infinitiv) wie ein Nomen gebraucht **(nominalisiert)** werden. Dann schreibt man sie **groß.** Man erkennt sie am Artikel, der davorsteht oder den man probeweise ergänzen kann, z. B.: *Das Wandern und (das) Klettern macht Spaß!*

Die Tempora (Zeitformen) der Verben
▶ S. 203–210

Verben kann man in verschiedenen Zeitformen (Tempora; Singular: das Tempus) verwenden:
- **Präsens** (Gegenwartsform)
  1. Das Präsens wird verwendet, wenn etwas in der **Gegenwart** (in diesem Augenblick) geschieht, z. B.: *Er schreibt gerade einen Brief.* (Es geschieht in diesem Augenblick.)
  2. Im Präsens stehen auch **Aussagen, die immer gelten,** z. B.: *Suppe isst man mit dem Löffel.* (Es ist immer gültig.)
  3. Man kann das Präsens auch verwenden, **um etwas Zukünftiges auszudrücken.** Meist verwendet man dann eine Zeitangabe, die auf die Zukunft verweist, z. B.: *Morgen gehe ich ins Kino.*

- **Futur I** (Zukunftsform) und **Futur II** (vollendete Zukunft)
  Mit dem Futur kann man zukünftiges Geschehen ausdrücken, z. B.: *Es wird Regen geben.*
  Das Futur wird gebildet durch: Personalform von **werden im Präsens + Infinitiv** des Verbs, z. B.:
  ich werde anrufen, du wirst anrufen
  Mit der selten gebrauchten Zeitform **Futur II** drücken wir aus, dass etwas in der Zukunft
  abgeschlossen sein wird, z. B.: *Bis morgen werde ich das Bild fertig gemalt haben.*
  Das Futur II wird gebildet durch: Personalform von **werden im Präsens + Perfektform** des Verbs.
- **Perfekt** (2. Vergangenheit)
  Wenn man mündlich von etwas Vergangenem erzählt oder berichtet, verwendet man häufig das
  Perfekt, z. B.: *Ich habe gerade etwas gegessen. Er ist nach Hause gekommen.*
  Das Perfekt ist eine **zusammengesetzte Vergangenheitsform,** weil es mit einer Form von **haben**
  oder **sein** im Präsens (z. B. *hast, sind*) und dem **Partizip II des Verbs** (z. B. *gesehen, aufgebrochen*)
  gebildet wird.
  - Das Partizip II beginnt meist mit *ge-*, z. B.: *lachen → gelacht; gehen → gegangen*
  - Wenn das Verb schon eine Vorsilbe hat (*ge-, be-* oder *ver-*), bekommt das Partizip II keine mehr,
    z. B.: *gelingen → gelungen; beschweren → beschwert; verlieren → verloren*
- **Präteritum** (1. Vergangenheit)
  Das Präteritum ist eine **einfache Zeitform der Vergangenheit.** Diese Zeitform wird vor allem in
  schriftlichen Erzählungen (z. B. in Märchen und Geschichten) und in Berichten verwendet, z. B.:
  Sie lief schnell nach Hause, denn es regnete in Strömen.
  Man unterscheidet:
  - **regelmäßige** (schwache) **Verben:** Bei den regelmäßigen Verben ändert sich der Vokal *(a, e, i, o, u)*
    im Verbstamm nicht, wenn das Verb ins Präteritum gesetzt wird, z. B.:
    ich lache (Präsens) → *ich lachte* (Präteritum)
  - **unregelmäßige** (starke) **Verben:** Bei den unregelmäßigen Verben ändert sich im Präteritum der
    Vokal *(a, e, i, o, u)* im Verbstamm, z. B.:
    ich singe (Präsens) → *ich sang* (Präteritum); *ich laufe* (Präsens) → *ich lief* (Präteritum)
- **Plusquamperfekt** (3. Vergangenheit)
  Wenn etwas vor dem passiert, wovon im Präteritum oder im Perfekt erzählt wird, verwendet man
  das Plusquamperfekt. Das Plusquamperfekt wird deshalb auch **Vorvergangenheit** genannt, z. B.:
  Nachdem er den Computer ausgeschaltet hatte, verließ er das Zimmer.
  Das Plusquamperfekt ist wie das Perfekt eine **zusammengesetzte Vergangenheitsform,** weil es
  mit einer Form von **haben** oder **sein** im Präteritum (z. B. *hatte, war*) und dem **Partizip II des Verbs**
  (z. B. *gelesen, aufgebrochen*) gebildet wird, z. B.: *Nachdem er gegessen hatte, ging er los.*
  Tipp: Die Konjunktion *nachdem* leitet oft einen Satz im Plusquamperfekt ein.

Verben im Aktiv und Passiv
▶ S. 211f.

Wir unterscheiden Sätze im **Aktiv** und im **Passiv.**
- Im **Aktivsatz** wird der/die Handelnde („Täter") im Subjekt genannt, z. B.:
  Der Mann entwendete Geld.
- Im **Passivsatz** tritt der/die Handelnde („Täter") zurück oder verschwindet.
  Dafür tritt das passive Objekt in den Vordergrund, mit dem etwas geschieht, z. B.:
  Geld wurde von einem Mann entwendet./Geld wurde entwendet.
- Passivsätze bildet man aus einer Form von **werden + Partizip II** eines anderen
  Verbs (hier: *entwenden*).

Satzglieder

Wortart und Satzglied

Beachtet den Unterschied zwischen Wortarten und Satzgliedern: Einzelne Wörter kann man nach ihrer Wortart bestimmen, Satzglieder sind die Bausteine in einem Satz. Oft besteht ein Satzglied aus mehreren Wörtern. Man merkt das, wenn man versucht, die Satzglieder eines Satzes umzustellen (Umstellprobe ▶ S. 217).

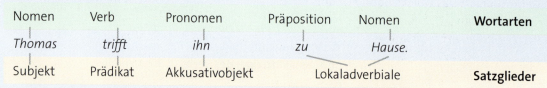

Satzglieder erkennen: Die Umstellprobe ▶ S. 217

Ein Satz besteht aus verschiedenen Satzgliedern. Diese Satzglieder können aus einem einzelnen Wort oder aus mehreren Wörtern (einer Wortgruppe) bestehen.
Mit der **Umstellprobe** könnt ihr feststellen, wie viele Satzglieder ein Satz hat. Wörter und Wortgruppen, die bei der Umstellprobe immer zusammenbleiben, bilden ein Satzglied, z. B.:
Unbekannte Täter stahlen nachts den teuren Schmuck.
Nachts stahlen unbekannte Täter den teuren Schmuck.

Das Prädikat (Plural: die Prädikate) ▶ S. 216

Der **Kern des Satzes** ist das Prädikat (Satzaussage). Prädikate werden durch Verben gebildet.
In einem Aussagesatz steht die Personalform des Verbs (der gebeugte Teil) **immer an zweiter Satzgliedstelle,** z. B.: *Der Hamster schläft in seinem Käfig. Er isst gerne Möhren.*
Prädikate können **aus mehreren Teilen** bestehen, z. B. aus
- **einem Verb,** das in **zwei Bestandteile** getrennt ist: *Der Hund lief plötzlich fort.*
- **Personalform** und **Partizip:** *Der Hund ist plötzlich losgelaufen.*
- **zwei Verben:** *Petra ging mit ihrem Hund spazieren.*

Die zwei Teile des Prädikats bilden eine Prädikatsklammer. Sie klammern andere Satzglieder ein:
Petra hat den Hund später auf dem Nachbargrundstück gefunden.

Prädikatsklammer

Das Subjekt (der Satzgegenstand; Plural: die Subjekte) ▶ S. 216

Das Satzglied, das angibt, wer oder was etwas tut, veranlasst, handelt usw., heißt Subjekt.
- Ihr könnt das Subjekt mit der Frage **„Wer oder was …?"** ermitteln: *Ich schlafe.* → *Wer schläft?*
- Es kann aus mehreren Wörtern bestehen, z. B.: *Tim schläft. Mein treuer Hund Tim schläft.*

Die Objekte (Singular: das Objekt) ▶ S. 216

Objekte können aus einem oder aus mehreren Wörtern bestehen.
Sie lassen sich durch die Frageprobe ermitteln:
- **Akkusativobjekt:** Das Objekt, das im Akkusativ steht, heißt Akkusativobjekt. Ihr ermittelt es mit der Frage: „Wen oder was …?", z. B.: *Wen oder was* leiht sie mir? Sie leiht mir *das Buch*.
- **Dativobjekt:** Das Objekt, das im Dativ steht, heißt Dativobjekt. Ihr ermittelt es mit der Frage: „Wem …?", z. B.: *Wem* leiht sie das Buch? Sie leiht das Buch *mir*.
- **Genitivobjekt:** Das Objekt, das im Genitiv steht, heißt Genitivobjekt. Ihr ermittelt es mit der Frage: „Wessen …?", z. B.: *Wessen* gedachten die Menschen? Sie gedachten *der Opfer*.
Das Genitivobjekt folgt auf Verben wie *sich erinnern, sich rühmen, sich enthalten, gedenken, sich bedienen, bedürfen, beschuldigen*.

Die Präpositionalobjekte ▶ S. 218

Das Satzglied, nach dem man mit einer **Präposition** (▶ S. 200 f.) fragt und das mit einer Präposition beginnt, heißt **Präpositionalobjekt**:

Er kümmert sich um seine kranke Mutter.
   Um wen?

Ich freue mich auf die Sommerferien!
   Auf was/Worauf?

Sie musste über den Witz lachen.
   Über was?/Worüber?

Er bedankte sich für das Geschenk.
   Für was/Wofür?

Die Adverbialien (Singular: das Adverbiale) ▶ S. 219 f.

Adverbialien (auch „Umstandsbestimmungen" genannt) sind Satzglieder, die man mit den Fragen *Wann …? Wo …? Warum …? Wie…?* ermittelt.
Sie liefern Informationen
- zur Zeit (das **Temporaladverbiale**), z. B.: *am Wochenende, abends*
- zum Ort (das **Lokaladverbiale**), z. B.: *in Sizilien, am Schreibtisch*
- zur Begründung (das **Kausaladverbiale**), z. B.: *wegen des Regens, auf Grund der Verspätung*
- zur Art und Weise (das **Modaladverbiale**), z. B.: *lachend, voller Groll, langsam*

Adverbialien können aus einem oder aus mehreren Wörtern bestehen.
Durch die **Frageprobe** kann man ermitteln, welches Adverbiale vorliegt.

Frageprobe	Satzglied	Beispiel
Wann …? Wie lange …? Seit wann …?	**Temporaladverbiale**	*Wie lange* regnete es? Es regnete *zwei Tage lang*.
Wo …? Wohin …? Woher …?	**Lokaladverbiale**	*Wo* fand Nils den Krebs? Nils fand den Krebs *am Strand*.
Warum …? Aus welchem Grund …?	**Kausaladverbiale**	*Weshalb* kamen sie zu spät? *Wegen eines Staus* kamen sie zu spät.
Wie …? Womit …? Auf welche Weise …?	**Modaladverbiale**	*Wie* trug er das Gedicht vor? Er trug das Gedicht *ausdrucksstark* vor.

Grundwissen

Sätze

Satzarten ▶ S. 222

- Ein **Aussagesatz** teilt etwas mit oder stellt etwas fest. Er wird begrenzt durch einen **Punkt:**
  Bruno beobachtet die Rehe und Hirsche.
- Der **Fragesatz** beinhaltet eine Frage und endet mit einem **Fragezeichen:**
  Hast du das gefleckte Rehkitz schon entdeckt?
- Der **Aufforderungs- oder Ausrufesatz** bringt ein Gefühl oder eine Aufforderung, einen Befehl zum Ausdruck. Meistens steht danach ein **Ausrufezeichen:**
  Sieh mal, was für ein prächtiges Geweih!

Die Satzreihe: Hauptsatz + Hauptsatz ▶ S. 223

Hauptsätze haben folgende Kennzeichen:
- Ein **Hauptsatz** ist ein **selbstständiger Satz.** Er kann alleine stehen.
- Er enthält **mindestens zwei Satzglieder,** nämlich Subjekt und **Prädikat,** z. B.: *Peter schwimmt.*
- Die **Personalform des Verbs** (das gebeugte Verb) steht im Hauptsatz in der Regel an **zweiter Satzgliedstelle,** z. B.: *Peter schwimmt im See.*

Ein **Satz,** der **aus zwei oder mehr Hauptsätzen** besteht, wird **Satzreihe** genannt. Die einzelnen Hauptsätze einer Satzreihe werden durch ein **Komma** voneinander getrennt, z. B.:
Peter schwimmt im See, Philipp kauft sich ein Eis.
Häufig werden die Hauptsätze durch die nebenordnenden **Konjunktionen** (Bindewörter) *und, oder, aber, denn, doch* verbunden, z. B.: *Peter schwimmt im See, denn es ist sehr heiß.*
Nur vor den Konjunktionen *und* bzw. *oder* darf das Komma wegfallen, z. B.:
Peter schwimmt im See und Philipp kauft sich ein Eis.

Satzgefüge: Hauptsatz + Nebensatz ▶ S. 226

Nebensätze haben folgende Kennzeichen:
- Ein Nebensatz kann **nicht ohne** einen **Hauptsatz** stehen.
- Der Nebensatz **ist dem Hauptsatz untergeordnet** und wird durch eine unterordnende **Konjunktion** (Bindewort) **eingeleitet,** z. B.: *weil, da, obwohl, damit, dass, sodass, nachdem, während*
- Die **Personalform des Verbs** (das gebeugte Verb) steht im Nebensatz immer **an letzter Satzgliedstelle.**

Einen **Satz, der aus** mindestens einem **Hauptsatz und** mindestens einem **Nebensatz** besteht, nennt man **Satzgefüge.** Zwischen Hauptsatz und Nebensatz muss **immer ein Komma** stehen, z. B.:
Wir gehen heute ins Schwimmbad, weil die Sonne scheint.
      Hauptsatz   Nebensatz

In einem Satzgefüge kann der Nebensatz vor, zwischen oder nach dem Hauptsatz stehen.

Relativsatz
▶ S. 228

Relativsätze sind unselbstständige Nebensätze, die ein Satzglied im Hauptsatz näher erklären, z. B.:
Das Buch, das du mir geschenkt hast, habe ich schon gelesen.

Morgen findet endlich die große Feier statt, auf die wir uns schon lange freuen.

- Ein Relativsatz wird mit den **Relativpronomen** *der, die, das* oder einer gebeugten Form davon (z. B. *den, dem*) eingeleitet und endet mit einem gebeugten Verb.
- Relativsätze werden durch **Komma(s)** vom Hauptsatz abgetrennt.

Tipps zum Rechtschreiben
▶ S. 234–238

Tipp 1: Deutlich sprechen – genau hinhören
▶ S. 234

Sprecht euch das Wort, das ihr schreiben wollt, deutlich vor. Sprecht dabei jeden Buchstaben einzeln. Achtet darauf, ob der **betonte Vokal kurz** gesprochen wird (z. B. *Kamm*) oder **lang** (z. B. *kam*). Unterscheidet deutlich **harte** und **weiche** Konsonanten (z. B. *er tankt/er dankt*).

Tipp 2: Auf Wortbausteine achten
▶ S. 235

In verschiedenen Wörtern kommen oft gleiche **Wortbausteine** vor. Wer diese Bausteine kennt, macht weniger Fehler. Der Grundbaustein eines Wortes heißt **Wortstamm**.

Vorsilben	Wortstamm	Endungen
	geb	*en*
an	*geb*	*en*
Er	*geb*	*nis*

Tipp 3: Verwandte Wörter suchen
▶ S. 236

Wenn ihr unsicher seid, ob ein Wort mit **ä** oder **e** geschrieben wird, hilft oft die **Suche nach** einem **verwandten Wort mit *a*.**
Gibt es eins, dann schreibt man **ä**, z. B.: *St ? ngel → Stange → Stängel*
Gibt es keins, schreibt man meistens **e**, z. B.: *Gel ? nk → ? → Gelenk*
Dasselbe gilt für **äu** und **eu**, z. B.: *M ? se → Maus → Mäuse*
Diese Suche nach einem verwandten Wort nennt man **Ableitungsprobe**.

Tipp 4: Wörter verlängern
▶ S. 237

Am Wortende klingt **b** wie **p** (*gel ?*), **g** wie **k** oder **ch** (*Krie ?* , *wichti ?*) und **d** wie **t** (*Gel ?*). Wenn ihr die Wörter verlängert und deutlich ausspricht, hört ihr, welchen Buchstaben ihr schreiben müsst. Dieses Verfahren nennt man **Verlängerungsprobe**. Bildet
- bei **Nomen** den Plural: *Gelder → Geld*,
- bei **Adjektiven** die Steigerungsform: *wichtiger → wichtig*
  oder beugt mit einem Nomen: *die gelbe Kugel → gelb*,
- bei **Verben** eine andere Verbform, z. B. den Infinitiv: *hupen → Er hupt*.

Grundwissen

Tipp 5: Silbentrennung ▶ S. 238

Mehrsilbige Wörter trennt man nach **Sprechsilben,** die sich beim langsamen, deutlichen Vorlesen ergeben: *Spa-zier-gang, Welt-meis-ter, er-zäh-len, Recht-schrei-bung, kom-men.*
Von mehreren Konsonanten kommt **nur einer** in die **neue Zeile:** *Git-ter, Kat-ze, knusp-rig.*
Aber: **ch, ck** und **sch** bleiben immer zusammen: *pa-cken, drü-cken, wa-schen, lau-schen.*
Einzelne Buchstaben werden **nicht abgetrennt:** *Abend, Ofen.*
Zusammengesetzte Wörter und Wörter mit Vorsilbe trennt man **zwischen** den **Wortbausteinen:**
Rast-platz, Ab-sprung, Tief-schlaf, Trenn-strich, Ver-trag, be-stellt.

Rechtschreibregeln ▶ S. 240–256

Großschreibung ▶ S. 240–245

Satzanfänge, Namen und **Nomen** schreibt man groß.
So kann man Nomen erkennen:

- Nomen sind Wörter, vor die man einen Artikel setzen kann. Mit der **Artikelprobe** kann man prüfen, ob ein Wort ein Nomen ist und folglich großgeschrieben werden muss, z. B.:
  Auto → das Auto, ein Auto
  In Sätzen steht der Artikel nicht immer direkt vor dem Nomen, z. B.: *das neue Auto*

Manchmal fehlt der Artikel, aber das Wort **könnte** mit Artikel stehen, z. B.:
Auf den Autobahnen ist viel Verkehr. → der Verkehr

- Wörter mit den Endungen **-heit, -keit, -nis, -schaft, -ung, -tum** sind **Nomen** und werden **großgeschrieben,** z. B.: *die Schönheit, die Süßigkeit, das Ereignis, die Mannschaft, die Zeichnung, das Eigentum*

Verben und Adjektive können wie Nomen gebraucht werden (**Nominalisierung** ▶ S. 244).
Dann schreibt man sie groß, z. B.:
wandern (Verb) → *Das lange Wandern war anstrengend.*
interessant (Adjektiv) → *Ich muss dir etwas Interessantes erzählen!*

Kleinschreibung ▶ S. 245

Die meisten Wortarten werden kleingeschrieben, z. B.
- alle Verben, z. B.: *malen, tanzen, gehen,*
- alle Adjektive, z. B.: *freundlich, sonderbar, rostig*
  Viele Adjektive kann man an typischen Adjektivendungen erkennen, z. B.: **-ig, -sam, -lich, -isch, -bar, -haft, -los**
- alle Pronomen (Fürwörter), z. B.: *ich, du, er/sie/es, wir, ihr, sie, mich, dich, mein, dein, euer, dieser, diese, dieses, der, die das*
  Tipp: Eine Sonderregelung gibt es bei den Anredepronomen in Briefen und E-Mails:
  Wenn ihr jemanden siezt, schreibt ihr die Anredepronomen immer groß, z. B.: *Sie, Ihnen, Ihr*
  Die vertraute Anrede *du* kann man kleinschreiben, z. B.: *dir, dein, euch, euer*

Über Sprache nachdenken

Kurze Vokale – doppelte Konsonanten ▶ S. 247

Nach **kurzem betontem Vokal** folgen fast immer **zwei oder mehr Konsonanten.**
- In den meisten Fällen kann man die Konsonanten bei deutlichem Sprechen gut unterscheiden, z. B.: *Hund, Topf, Karte, singen, wandern*
- Wenn nach einem kurzen Vokal nur ein Konsonant zu hören ist, wird dieser beim Schreiben meist **verdoppelt,** z. B.: *knabbern, Brunnen, Pudding, Koffer, Bagger, schwimmen, Suppe, irren, vergessen*
Ausnahmen: Statt verdoppeltem **k** schreibt man **ck** und statt verdoppeltem **z** schreibt man **tz,** z. B.: *backen, Nacken, Ecke, Katze, Netz, Hitze*

Lange Vokale ▶ S. 249

- **Einfacher Konsonant hinter langem Vokal**
  Die langen Vokale **a, e, o, u** und die Umlaute **ä, ö, ü** werden oft nur mit einem einfachen Buchstaben geschrieben, z. B.: *Wagen, leben, Bogen, klären, Flöte, Gemüse*
  Nach einem **langen Vokal** und nach **ä, ö, ü** steht meist *nur ein* Konsonant, z. B.: *haben, geben, oben, rufen, Käse, mögen, grüßen*
- **Wörter mit Doppelvokal**
  In einigen Wörtern wird der lange Vokal mit Doppelbuchstaben geschrieben, z. B.:
  - **aa:** *Aal, Aas, Haar, paar, Paar, Saal, Saat, Staat, Waage*
  - **ee:** *Beere, Beet, Fee, Heer, Klee, Schnee, See, Seele;* ursprünglich aus einer anderen Sprache stammen Wörter wie: *Armee, Idee, Kaffee, Klischee, Tee, Tournee, Püree*
  - **oo:** *Boot, doof, Moor, Moos, Zoo*
- **Langer Vokal + h**
  Manchmal steht hinter einem langen Vokal ein **h,** z. B.: *zahm, Sehne, wahr, gestohlen*
  Das **h** erscheint nach langem Vokal besonders oft vor den Buchstaben **m, n, r** und **l.**
- **Langer *i*-Laut**
  Das lang gesprochene **i** wird meistens **ie** geschrieben, z. B.: *Dieb, hier, blieb, kriechen*
  Die Verbindung **ih** findet man bei Pronomen, z. B.: *ihm, ihn, ihr*
  Manchmal wird das lange **i** nur durch den Einzelbuchstaben **i** wiedergegeben, z. B.: *dir, mir, Biber, Igel, Maschine*

Schreibung des *s*-Lauts ▶ S. 251

Im Hochdeutschen unterscheidet man in der Aussprache den **stimmhaften s-Laut** vom **stimmlosen s-Laut.** In vielen Dialekten hört man den Unterschied nicht.
In diesem Fall muss man sich die Schreibweise einprägen oder im Wörterbuch nachschlagen.
- Der **stimmhafte s**-Laut wird **mit einfachem s** geschrieben, z. B.: *Hase, Riese, eisig*
- Der **stimmlose s**-Laut wird mit einfachem **s** geschrieben, wenn sich beim Verlängern des Wortes ein stimmhaftes **s** ergibt, z. B.: *Gras – Gräser, Haus – Häuser, reiste – reisen*
- Den **stimmlosen s**-Laut nach langem **Vokal** oder nach **Diphthong** *(au, äu, ei, eu)* schreibt man **ß,** wenn er bei der **Verlängerungsprobe stimmlos** bleibt, z. B.: *weiß – weißer*
- **Nach** einem **kurzen betonten Vokal** wird ein **stimmloser s**-Laut meist **ss** geschrieben, z. B.: *Fass, Biss, sie muss, er hasst, hässlich*

- *das* oder *dass*?
  Mit einem einfachen **s** geschrieben wird das Wort *das* als
  - **bestimmter Artikel,** z. B.: *Ich kaufe das Buch.*
  - **Demonstrativpronomen** (kann durch **dieses** ersetzt werden), z. B.: *Das ist mein Lieblingsbuch.*
  - **Relativpronomen** (kann durch **welches** ersetzt werden), z. B.: *Ich lese das Buch, das mir gefällt.*

  Die Konjunktion (das Bindewort) *dass* wird mit **Doppel-s** geschrieben. Man erkennt sie daran, dass sie **nicht durch *dieses* oder *welches*** ersetzt werden kann, z. B.:
  Ich glaube, dass ich das Buch schon kenne.

Zeichensetzung

▶ S. 253–256

Kommasetzung

▶ S. 253

- Zwischen den einzelnen Teilen einer **Aufzählung** steht ein **Komma,** wenn diese nicht durch *und* oder *oder* verbunden sind, z. B.: *Ich spiele Hockey, Fußball, Völkerball und Karten.*
- Zwischen den Hauptsätzen in einer **Satzreihe** (▶ S. 223) müssen Kommas stehen, wenn die Hauptsätze nicht durch *und* oder *oder* verbunden sind, z. B.:
  Lene kommt mit dem Fahrrad zur Schule, aber Ole nimmt den Bus.
  Vinzenz geht zu Fuß, Clara wird gebracht und Anton kommt mit dem Zug.
- **Nebensätze** werden durch **Komma** vom Hauptsatz getrennt.
  Eingeleitet werden sie meist durch
  - eine **Konjunktion** (Bindewort ▶ S. 226), z. B.: *weil, dass, nachdem, wenn, obwohl, oder*
  - ein **Relativpronomen** (▶ S. 228), z. B.: *der, die, das, welche, dessen*

    Tina muss das Fahrrad nehmen, wenn sie am Wochenende zur Theater-AG fährt.
    ——— HS ———, ——————— NS ———————.

    Als sie sich einmal auf den Schulbus verlassen hatte, wurde sie enttäuscht.
    ——————— NS ———————, ——— HS ———.

    Der Schulbus, der vor der Schule hält, fährt nur werktags.
    —HS (1. Teil)—, ——— NS ———, — HS (2. Teil) —.

Zeichensetzung bei wörtlicher Rede

▶ S. 254

- Steht der **Redebegleitsatz vor der wörtlichen Rede,** wird er mit einem **Doppelpunkt** von der wörtlichen Rede abgetrennt: *Wir riefen: „Wir sind schneller!" – Ich dachte: „Wenn das mal gut geht."*
- Steht der **Redebegleitsatz in der Mitte oder nach der wörtlichen Rede,** wird er durch Komma abgetrennt. Dabei **verliert** der Aussagesatz den **Schlusspunkt. Fragezeichen** und **Ausrufezeichen bleiben stehen:** *„Haltet mehr Abstand", mahnte Uwe uns.*
  „Markus", warnten unsere Klassenkameraden, „hör auf damit!"
  „Warum denn?", antwortete Markus übermütig. „Es passiert doch nichts."
  „Vorsicht, wir kentern!", schrien die anderen in diesem Moment.

Vielfalt und Wandel der Sprache

Die Redewendung ▶ S. 80

Redewendungen sind **feste Verbindungen von Wörtern,** die zusammen eine **neue Bedeutung** haben, z. B.: *ins Schwarze treffen* = genau das Richtige erkennen, bei etwas Erfolg haben
→ *Er traf mit seiner Bemerkung genau ins Schwarze und alle stimmten ihm zu.*
Die einzelnen Wörter einer Redewendung sind nicht austauschbar
(nicht: *ins Graue treffen; ins Schwarze zielen*).
Mit Redewendungen kann man eine Sache anschaulich, bildhaft und knapp auf den Punkt bringen.

Das Sprichwort ▶ S. 80

Sprichwörter sind kurze, einprägsame Sätze, die (meist) eine **Lebensweisheit** (Erfahrung, Urteil, Meinung, Warnung oder Vorschrift) enthalten. Sie werden immer in demselben Wortlaut gebraucht **(unveränderlich).** Ihre **Bedeutung** ist **festgelegt.** Meist muss man sie kennen, um das Sprichwort zu verstehen, z. B.: *Morgenstund hat Gold im Mund* = Wer früh mit der Arbeit beginnt, erreicht viel.

Das Wortfeld ▶ S. 85

Wörter mit ähnlicher Bedeutung bilden ein Wortfeld, z. B.: *klein: winzig, zwergenhaft, gering*
Mit Wörtern aus einem Wortfeld kann man abwechslungsreich und aussagekräftig formulieren.

Die Wortfamilie ▶ S. 235

Der Grundbaustein eines Wortes heißt **Wortstamm.** Wörter mit dem gleichen Wortstamm bilden eine **Wortfamilie.** Sie können verschiedenen Wortarten angehören, z. B.:
freuen, die Freude, freudig, erfreuen   *kennen, erkennen, die Kenntnis*

Fremdwörter ▶ S. 175

Im heutigen Deutsch finden wir viele Fremdwörter, also Wörter, die ursprünglich aus einer anderen Sprache stammen.
- Viele Fremdwörter – oft aus den Bereichen Wissenschaft und Technik – kommen aus dem Griechischen oder Lateinischen. Sie sind oft in **Wortbausteine** zerlegbar, die jeweils eigene Bedeutungen haben, z. B.: *Biologie = Bio + logie* → die Wissenschaft vom Leben
- Heutzutage werden meist **Fremdwörter aus dem Englischen (Anglizismen)** ins Deutsche übernommen, v. a. in den Bereichen Medien, Mode, Wissenschaft und Wirtschaft/Handel. Man sieht oder hört diesen Wörtern ihre Herkunft an, z. B.: *Notebook, Gameboy, Shopping, Sale* Manche Fremdwörter sind in unserem Sprachgebrauch schon so alltäglich, dass es schwerfällt, sie ins Deutsche zu „übersetzen", z. B.: *die Temperatur, der Computer*

Arbeitstechniken und Methoden

Die eigene Arbeit organisieren

Sich gezielt auf Tests und Schulaufgaben vorbereiten	▶ S. 258
Mit Fehlerlisten arbeiten	▶ S. 261
Im Wörterbuch nachschlagen	▶ S. 239

Informationen/Ideen sammeln und auswerten

Cluster	▶ S. 14
Mind-Map	▶ S. 259
Punktabfrage	▶ S. 170
Texte markieren und Notizen anfertigen	▶ S. 173
Fünf-Schritt-Lesemethode	▶ S. 173 f.

Texte überarbeiten

Schreibkonferenz	▶ S. 86
Umstellen, Weglassen, Ersetzen	▶ S. 217
Textverbesserung durch Satzverknüpfungen	▶ S. 64 f.
Mit Hilfe des Computers Rechtschreibprüfungen vornehmen	▶ S. 47

Arbeitsergebnisse aufbereiten und präsentieren

Gallery Walk	▶ S. 135
Wirkungsvoll vorlesen	▶ S. 97–99
Ein Gedicht vortragen	▶ S. 143
Ein Buch vorstellen	▶ S. 99
Einen Vorlesewettbewerb durchführen	▶ S. 99
Stichwortkarten erstellen und nutzen	▶ S. 130
Einen Kurzvortrag vorbereiten und halten	▶ S. 266 f.
Szenen schreiben und spielen	▶ S. 155–158
Ein (bewertetes) Projekt durchführen	▶ S. 148
Ein Info-Plakat gestalten	▶ S. 265

Textartenverzeichnis

Bastelanleitung, Rezept
Eierraupe 213
Orangen-Crêpes 214

Berichte
Aktuelles aus dem Schulsport 63
Biberfamilie baute Damm mit gestohlenen Dollars 205
Eichhörnchen-Bande stahl Weihnachtsbeleuchtung 206
Ein Fall für Hauptkommissarin Gräf 221
Ein fast perfekter Bankraub 68
Hund verursacht Verkehrschaos 61
Krokodile hielten Feuerwehr ... 209
Kuh fraß Handy ... 207
Kuh Luna springt wie ein Pferd 234
Polizeibericht 57
Polizeieinsatz wegen Schülerstreich 62
„Robin Hood" gefasst 208
Schülerin bei Fahrradunfall verletzt 58
So ein Affentheater! 256

Bildergeschichten
Busch, Wilhelm:
 Der fliegende Frosch 133

Dialoge, Spielvorlagen
Ein Anliegen vorbringen 28
(Erbs ist noch nicht grün genug) 155
Jacke gesucht! 48
Klassen-Rap „Kaufrausch" 150
Meinungen vertreten 26

Erzählungen, Kurzprosa
Hanisch, Hanna:
 Die Sache mit dem Parka 32
Ruck-Pauquèt, Gina:
 Im Viertelland 152

Fabeln
Arntzen, Helmut:
 (Der Wolf und das Lamm) 125
 Grille und Ameise 130
Äsop:
 Der Wolf und das Lamm 124
 Die Ameise und die Grille 130
Born, Georg:
 Sie tanzte nur einen Winter 131
Die Schildkröte und der Leopard 128
Drei wahre Worte 127
de La Fontaine, Jean:
 Der geschmeichelte Sänger 125
Kirsten, Rudolf:
 Ungleiche Boten 126

Krasicki, Ignacy:
 Der Wein und das Wasser 129
Thurber, James:
 Der Seehund, der berühmt wurde 131

Gedichte
Brunner, Reinhard:
 Ein Stein 138
Busta, Christine:
 Die Frühlingssonne 141
Claudius, Matthias:
 Ein Lied hinterm Ofen zu singen 144
Guggenmos, Josef:
 Gegen den Wind 148
Kleberger, Ilse:
 Sommer 146
Krause-Gebauer, Erika:
 Ich träume mir ein Land 139
Roth, Eugen
 (Zu fällen einen schönen Baum ...) 139
Seidel, Heinrich:
 November 142
von Hofmannsthal, Hugo:
 Regen in der Dämmerung 147
von Pocci, Franz:
 Der Wind 148

Jugendbuchauszüge
Kästner, Erich:
 Das fliegende Klassenzimmer
 Das erste Kapitel – Im Internat ist immer was los! 160
 Das achte Kapitel – Warum Uli einen Schirm mitbrachte 163
Jacobsson, Anders und Olsson, Sören:
 Berts intime Katastrophen 17
Richter, Jutta:
 Im Gruselhaus 20
Steinhöfel, Andreas:
 Rico, Oscar und die Tieferschatten:
 Die Fundnudel 91
 Mister 2000 92
 Erste Begegnung mit Oskar 94
 Rico sucht Oskar 97
Zöller, Elisabeth:
 Und wenn ich zurückhaue? 76

Klappentexte
Kästner, Erich:
 Das doppelte Lottchen 246
Steinhöfel, Andreas:
 Rico, Oscar und die Tieferschatten 90

Zöller, Elisabeth:
 Der Klassen-King 251

Sagen
Der Teufelstein bei Tittling 106
Die Gründung des Juliusspitals 108
Homer:
 Auf Kirkes Insel 117
 Die Lotosesser 111
 Ikarus und Dädalus 218
 Odysseus 217
 Odysseus in der Höhle des Polyphem 219
Vergil:
 Alba Longa (aus Aeneis) 115
Wie der Wendelstein zu seinem Namen kam 104

Rezensionen
Das fliegende Klassenzimmer – Der Film zum Buch 162
Der Roman „Das fliegende Klassenzimmer" ... 167

Sachtexte
Ägypten – Ein Geschenk des Nils 224
Bären zurück in Europa 243
Beckmann, Katharina:
 Gewinnen mit allen Mitteln 186
Der Bär ist los! 242
Der Grasfrosch 225
Der Große Bär 244
Die erste Bibliothek der Welt 214
Die neuen sieben Weltwunder 262
Dinosaurier 228
Du hast Rechte! 204
Ein Jugendorchester im Regenwald! 255
Gaudi in Tirol 256
Greschik, Stefan:
 Die nackten Helden von Olympia 172
Huhn oder Hase? 249
Interview mit einem Bärenpfleger 244
Klein, Edwin:
 Die Olympischen Spiele der Neuzeit 177
Kuhn, Krystyna:
 „Ich lese für mein Publikum" 100
Nachrichten früher und heute 232
Ramadan und Zuckerfest 255
Sensationelle Entdeckung 245
Viel Fantasie 250
Wimmert, Jörg:
 Die Paralympics 180

Autoren- und Quellenverzeichnis

ARNTZEN, HELMUT (*1931)
125 (Der Wolf und das Lamm) (1)
130 Grille und Ameise (2)
 aus: Kurzer Prozess, Aphorismen und Fabeln. Nymphenburger Verlagsbuchhandlung, München 1966 (1) und (2)

ÄSOP (6. Jh. v. Chr.)
124 Der Wolf und das Lamm (1)
130 Die Ameise und die Grille (2)
 aus: Alverdes, Paul: Das Hausbuch der Fabeln. Ehrenwirt, München 1990, S. 9 (1)
 aus: Aesopische Fabeln. Hrsg. und übersetzt von A. Hausrath. Heimeran, München 1940, S. 57 (2)

BECKMANN, KATHARINA
186 Gewinnen mit allen Mitteln
 aus: GEOLINO extra (Nr. 15), Gruner und Jahr, Hamburg 2008, S. 56–61

BORN, GEORG (*1928)
131 Sie tanzte nur einen Winter
 aus: Poser, Therese (Hrsg.): Fabeln. Arbeitstexte für den Unterricht. Philipp Reclam Verlag, Stuttgart 2006

BRUNNER, REINHARD
138 Ein Stein
 aus: Brunner, Reinhard: Hörst du die Stille? Meditative Übungen mit Kindern. Kösel, München 2001, S. 20

BUSCH, WILHELM (1832–1908)
133 Der fliegende Frosch
 aus: Werner, Hugo (Hrsg.): Gesammelte Werke in sechs Bänden (Bd. 2). Fackel Verlag, Herrsching o. J., S. 77–80

BUSTA, CHRISTINE (1915–1987)
141 Die Frühlingssonne
 aus: Die Scheune der Vögel. Otto Müller Verlag, Salzburg 1958

CLAUDIUS, MATTHIAS (1740–1815)
144 Ein Lied hinterm Ofen zu singen
 aus: Paefgen Elisabeth K. (Hrsg.): Echtermeyer. Deutsche Gedichte. Von den Anfängen bis zur Gegenwart. Cornelsen Verlag, 19. Auflage, Berlin 2005, S. 152

DE LA FONTAINE, JEAN (1621–1695)
125 Der geschmeichelte Sänger
 aus: Alverdes, Paul: Das Hausbuch der Fabeln. Ehrenwirt, München 1990, S. 121

GRESCHIK, STEFAN
172 Die nackten Helden von Olympia
 aus: GEOLINO extra (Nr. 15), Gruner und Jahr, Hamburg 2008, S. 18–23

GUGGENMOS, JOSEF (1922–2003)
148 Gegen den Wind
 aus: Oh, Verzeihung, sagte die Ameise. Beltz & Gelberg, Weinheim u. a. 1990, S. 83

HANISCH, HANNA (1920–1989)
32 Die Sache mit dem Parka
 aus: Steinwede, Dietrich; Ruprecht, Sabine (Hrsg.): Vorlesebuch Religion 3. Vandenhoeck & Ruprecht, Göttingen 1976

HOMER (ca. 8. Jh. v. Chr.)
111 Die Lotosesser (1)
117 Auf Kirkes Insel (2)
 aus: Die Abenteuer des Odysseus. Neu erzählt von Bernard Evslin. Deutscher Taschenbuch Verlag, München 2010^3, S. 15–19 (1)
 aus: Gustav Schwab: Griechische Sagen. Bearbeitet und ergänzt von R. Carstensen. Ensslin und Laiblin, Reutlingen 1954 (2)

JACOBSSON, ANDERS (*1963) und OLSSON, SÖREN (*1964)
17 Berts intime Katastrophen
 aus: Jacobsson, Anders und Olsson, Sören: Berts intime Katastrophen. Oetinger Verlag, Hamburg 1992

KÄSTNER, ERICH (1899–1974)
160 Das erste Kapitel – Im Internat ist immer was los! (1)
163 Das achte Kapitel – Warum Uli einen Schirm mitbrachte (2)
 aus: Das fliegende Klassenzimmer. Cecilie Dressler; © Atrium Verlag, Zürich 1935^{167}, S. 22–36 (1), 112–113 (2)

KIRSTEN, RUDOLF
126 Ungleiche Boten
 aus: Kirsten, Rudolf: Hundertfünf Fabeln. Logos Verlag, Zürich 1960

KLEBERGER, ILSE (*1921)
146 Sommer
 aus: Gelberg, H.-J. (Hrsg.): Die Stadt der Kinder. Bitter, Recklinghausen 1969

KLEIN, EDWIN
177 Die Olympischen Spiele der Neuzeit
 aus: WAS IST WAS: Olympia vom Altertum bis zur Neuzeit. Band 93. Tessloff-Verlag, Nürnberg 1993, S. 15–16

KRASICKI, IGNACY (1735–1801)
129 Der Wein und das Wasser
 aus: Berger, Karl Heinz (Hrsg.): Das Kutschpferd und der Ackergaul. Kinderbuch Verlag in der Verlagsgruppe Beltz, Weinheim und Basel 2008

KRAUSE-GEBAUER, ERIKA
139 Ich träume mir ein Land
 aus: Mai, Manfred; Kunert, Almud: Es hüpft in meinem Kopf herum. Gedichte für Kinder. Deutscher Taschenbuch Verlag, München 2007

KUHN, KRYSTYNA (*1960)
100 „Ich lese für mein Publikum"
 aus: http://www.krystyna-kuhn.de/

RICHTER, JUTTA (*1955)
20 Im Gruselhaus
 aus: Richter, Jutta: Der Tag, als ich lernte die Spinnen zu zähmen. Carl Hanser Verlag, München 2000

ROTH, EUGEN (1895–1976)
139 (Zu fällen einen schönen Baum …)
 aus: Roth, Eugen: Das Eugen-Roth-Buch. Deutscher Taschenbuch Verlag, München 2009

RUCK-PAUQUÈT, GINA (*1931)
152 Im Viertelland.
 aus: Eine Badewanne voll Geschichten. Carl Ueberreuter Verlag, Wien 1993 (gekürzt)

SEIDEL, HEINRICH (1842–1906)
142 November
 aus: Krüss, James (Hrsg.): So viele Tage wie das Jahr hat. 365 Gedichte für Kinder und Kenner. Bertelsmann Verlag, Gütersloh 1959

STEINHÖFEL, ANDREAS (*1962)
91 Die Fundnudel (1)
92 Mister 2000 (2)
94 Erste Begegnung mit Oskar (3)
97 Rico sucht Oskar (4)
 aus: Steinhöfel, Andreas: Rico, Oskar und die Tieferschatten. Carlsen Verlag, Hamburg 2008, S. 9–17 (1), 19–22 (2), 32–38 (3), 189–191 (4)

THURBER, JAMES (1894–1961)
131 Der Seehund, der berühmt wurde
 aus: Thurber, James: 75 Fabeln für Zeitgenossen. Rowohlt, Hamburg 1995, S. 24–26

VERGIL (70–19 v. Chr.)
115 Alba Longa
 aus: Römische Sagen. Nacherzählt von Richard Carstensen. dtv Junior, München 2010^{25}, S. 91f.

VON HOFMANNSTHAL, HUGO (1874–1929)
147 Regen in der Dämmerung
 aus: Korte, Hermann (Hrsg.): Conrady. Das Buch der Gedichte. Deutsche Lyrik von den Anfängen bis zur Gegenwart. Cornelsen Verlag, Berlin 2006, S. 345

VON POCCI, FRANZ (1807–1876)
148 Der Wind
aus: Bogner, Ute (Hrsg.): Die schönsten Kinderreime. Delphin Verlag, München und Zürich 1983, S. 304

WIMMERT, JÖRG
180 Die Paralympics
aus: WAS IST WAS: Die Olympischen Spiele. Band 93. Tessloff-Verlag, Nürnberg, 2004, S. 28–29

ZÖLLER, ELISABETH (*1945)
76 Und wenn ich zurückhaue?
aus: Zöller, Elisabeth: Und wenn ich zurückhaue? Bertelsmann, München 2000

Unbekannte/Ungenannte Autorinnen und Autoren
90 Rico, Oskar und die Tieferschatten
Klappentext zu Steinhöfel, Andreas: Rico, Oskar und die Tieferschatten. Carlsen Verlag, Hamburg 2008

106 Der Teufelstein bei Tittling
aus: Sagen aus dem Dreiburgenland. Hrsg. vom Heimatarchiv Tittling. Offsetdruck und Verlag Dorfmeister, Tittlingen 1990, S. 52

108 Die Gründung des Juliusspitals
aus: Treutwein, Karl: Sagen aus Mainfranken. Stürtz Verlag, Würzburg 1969, S. 77 f.

127 Drei wahre Worte (Aus Afrika)
aus: Alverdes, Paul (Hrsg.): Das Hausbuch der Fabeln. Ehrenwirth, München 1990, S. 66

128 Die Schildkröte und der Leopard
aus: Barbosa, Rogério Andrade und Fittipaldi, Ciça: Großvater Ussumane erzählt ... Tiergeschichten aus Afrika. Legenden und Fabeln. Hammer, Wuppertal 1990, S. 15–17

250 Viel Fantasie
aus: GEOlino Nr. 1/2006, Verlag Gruner und Jahr, Hamburg

255 Ramadan und Zuckerfest
aus: GEOlino Nr. 2/2006, Verlag Gruner und Jahr, Hamburg

255 Ein Jugendorchester im Regenwald!
aus: GEOlino Nr. 2/2006, Verlag Gruner und Jahr, Hamburg

Bildquellenverzeichnis

S. 13: © vario images; **S. 17 links:** Cover von: A. Jacobsson/S. Olsson, Berts gesammelte Katastrophen. Verlag Friedrich Oetinger, Hamburg; **S. 17 rechts:** © Verlag Friedrich Oetinger, Hamburg; **S. 20:** Cover von: Jutta Richter, Der Tag, als ich lernte die Spinnen zu zähmen. Carl Hanser Verlag, München; Umschlagbild: Dieter Wiesmüller; **S. 20 rechts:** © ullstein bild/B. Friedrich; **S. 24:** © Fotolia/Jean MarieSalvadori; **S. 25, 26, 29, 55, 70, 149, 150, 175, 178, 189, 257:** Thomas Schulz, Teupitz; **S. 35:** © Franz Marc Frei/LOOK-foto; **S. 49:** © Fotolia/BEAUTYofLIFE; **S. 61:** ©Fotolia/Lars Kilian; **S. 62:** © Caro/Sorge; **S. 79:** bpk/Jörg P. Anders; **S. 89:** Cover von: Christine Nöstlinger, Das Austauschkind. Beltz & Gelberg in der Verlagsgruppe Beltz, Weinheim, Basel 2006; Gulliver 1100; Einbandbild: Eva Schöffmann-Davidov; Einbandgestaltung: b3K Hamburg, Frankfurt/M.; **S. 89:** Cover von: Cornelia Funke, Igraine Ohnefurcht. Dressler Verlag, Hamburg; Umschlagillustration: Cornelia Funke; **S. 89:** Cover von: Joanne K. Rowling, Harry Potter und der Stein der Weisen. Carlsen Verlag, Hamburg; Umschlagillustration: Sabine Willharm; **S. 89:** Cover von: Otfried Preußler, Krabat. Thienemann Verlag, Stuttgart.; **S. 89:** Cover von: Michael Ende, Die unendliche Geschichte. Thieneman Verlag, Stuttgart; **S. 90 rechts:** Ekko von Schwichow, Berlin; **S. 91, 92, 95, 97:** © Peter Schössow, Hamburg; **S. 100:** © Roland Albrecht; **S. 102:** © Peter Peitsch/peitschphoto.com; **S. 104:** Museum Kunstpalast, Düsseldorf: Dauerleihgabe der Bundesrepublik Deutschland; **S. 105 oben:** Volkhard Binder; **S. 105 unten links:** © Schapowalow/Huber; **S. 105 unten rechts:** © Rainer Jahns Siegsdorf; **S. 107:** © Bayerisches Landesamt für Umwelt; **S. 109:** © Jahreszeiten Verlag/Markus Bassler; **S. 111 links:** bpk; **S. 115 links:** akg-images/De Agostini Picture Lib.; **S. 120** Volkhard Binder; **S. 125, 168 177:** ullstein bild; **S. 133:** aus: Das große Wilhelm Busch Album. Joachim Richter Verlag, Heinrichshagen; **S. 134:** Blauel/ARTOTHEK; **S. 137:** Christie's Imaages Ltd/ARTOTHEK; **S. 144:** bpk; **S. 159 links:** Cover von: Erich Kästner, Das fliegende Klassenzimmer. Atrium Verlag, Zürich; Einbandillustration: Walter Trier; **S. 159 rechts, 162:** © Bavaria Filmverleih- und Produktions-GmbH, Geiselgasteig; **S. 163:** Walter Trier aus: Das Fliegende Klassenzimmer. Atrium Verlag, Zürich; **S. 164, 165, 166:** Szenenfotos aus: Das Fliegende Klassenzimmer. © Bavaria Filmverleih- und Produktions-GmbH, Geiselgasteig; **S. 171:** © SVEN SIMON; **S. 172:** Bridgemanart.com; **S. 180:** © picture alliance/dpa/Julian Stratenschulte; **S. 186:** © picture alliance/dpa-report/Gero Breloer; **S. 190 links:** ullstein bild/The Granger Collection; **S. 190 rechts:** bpk; **S. 192 oben:** © images.de/APA; **S. 192 Mitte:** © Fotolia; **S. 193, 195, 196:** Gundula Friese; **S. 202:** © Deutscher Depeschendienst/Mario Vedder; **S. 203 oben links:** © DAVIDS/Darmer; **S. 203 oben rechts:** © Deutscher Depeschendienst/Clemens Bilan; **S. 203 Mitte links:** © Caro/Amruth; **S. 203 Mitte rechts:** Deutscher Depeschendienst/Peter Roggenthin; **S. 203 unten links:** © Caro/Trappe; **S. 203 unten rechts:** © Deutscher Depeschendienst/Polizeihubschrauberstaffel Bayern; **S. 204:** © Deutscher Depeschendienst/Maja Hitij; **S. 205:** © Bildagentur Huber/Roemmelt; **S. 207:** © www.BilderBox.com; **S. 208:** Wikimedia Commons; **S. 209:** © Deutscher Depeschendienst/Daniel Peter; **S. 210 links:** © Fotolia/Jacek Chabraszewki; **S. 210 rechts:** © Fotolia/Deram-Emotion; **S. 212:** © plainpicture/Westend61; **S. 213:** aus: Marion Busch, 100 tolle Ideen für Ostern. © 2003 by Ravensburger Buchverlag; **S. 215:** © Bildagentur Huber; **S. 216:** © Caro/Sorge; **S. 217:** © Jeanne Szilit/buchcover.com; **S. 218:** © Bildagentur Geduldig; **S. 219:** © vario images; **S. 220:** © Holger Leue/LOOK-foto; **S. 221:** © Your Photo Today/Karl Thomas; **S. 222, 223:** © B. Reek/bilwisedition.com; **S. 224:** © Werner OTTO; **S. 225:** © Okapia/imagebroker/Herbert Kehrer; **S. 226:** © Juniors Bildarchiv; **S. 227:** © Erich Häfele/JOKER; **S. 228:** © ullstein bild/Schöning; **S. 229:** © Franklin Holländer/FREELENS Pool; **S. 230:** © WILDLIFE/G.Lacz; **S. 231:** © Bildagentur Huber; **S. 232:** bpk/Alfredo Dagli Orti; **S. 234 unten:** © Michael Hudelist; **S. 242:** © Fotolia/Onkelchen; **S. 244 oben:** © Keystone/Zick, Jochen; **S. 244 unten:** © Fotolia/virtua73; **S. 245 oben:** © Vario Images/vario images; **S. 245 unten:** © picture alliance/DB The Royal; Society; **S. 246:** Cover von: Erich Kästner, Das doppelte Lottchen. Atrium Verlag, Zürich; Einbandillustration: Walter Trier; **S. 249:** © picture alliance/Stefan Sauer; **S. 250:** © AP/Sergio Dionisio; **S. 251:** Cover von: Elisabeth Zöller, Der Klassen-King. Carlsen Verlag, Hamburg 2010; Umschlagbild: Edda Skippe; **S. 255 oben:** © Fotolia/titan 120; **S. 255 unten:** © obs/Adveniat Bischöfliche; Aktion; **S. 256:** © Benno Grieshaber/VISUM; **S. 262 (A):** © Die Bildstelle/MCPHOTO; **S. 262 (B):** © Westend61; **S. 262 (C):** © Okapia/imagebroker/TPG; **S. 262 (D):** © Ritterbach/F1online Bildagentur ; **S. 262 (E), (F):** © A1PIX/Your Photo Today/JTB; **S. 262 (G):** © Mats Rosenberg/NordicPhotos; **S. 263:** © SeaTops.com; **S. 266 links:** Rainer Martini/LOOK-foto; **S. 266 Mitte:** © blickwinkel/McPHOTO; **S. 266 rechts:** © Okapia/imagebroker/fotosol

Nicht in allen Fällen war es möglich, die Rechteinhaber der Abbildungen ausfindig zu machen. Berechtigte Ansprüche werden im Rahmen der üblichen Vereinbarungen abgegolten.

Sachregister

A

ableiten **191**
Ableitungsprobe **236**, 291
Adjektiv **197 f.**, 284
- Komparativ (Höherstufe) **197**, 284
- Positiv (Grundform) **197–199**, 284
- Steigerung **197–199**, 284
- Superlativ (Höchststufe) **197–199**, 284
- zusammengesetzte Adjektive 52
Adverbiale **219–221**, 289
- Kausaladverbiale **219 f.**, 289
- Lokaladverbiale **219 f.**, 289
- Modaladverbiale **219 f.**, 289
- Temporaladverbiale **219 f.**, 289
Aktiv 62, **211 f.**, 287
Akkusativ **192**, 283
Akkusativobjekt **216**, 289
Akrostichon 171, **280**
Anglizismen 295
Anliegen begründen **41–43**, 274
Anliegen vorbringen **26–31**, 270
Anredepronomen 45, 54, 272 f., 292
Arbeitsprotokoll **136**
Arbeitstechniken und Methoden
- Arbeitstechniken auf einen Blick **296**
- Cluster 14, 74, 85, 102, **276**
- Fernsehtagebuch 170
- Fünf-Finger-Feedback **268**
- Fünf-Schritt-Lesemethode **173 f.**, **281**
- Gallery Walk **135 f.**
- Hausaufgaben 248
- Kartenabfrage 102
- Mind-Map 36, **249**, 256, **277**
- Punktabfrage 170
- Rollenspiel 33, **34**, 131, 132
- Stichwortkarten 15, **257**
- Textüberarbeitung 44 f., 47, 62 f., 66 f., **86–88**
Artikel 192, 284
Artikelprobe **240**, 242 f., 292
Aufforderungssatz **222**, 290
Aufzählung 253, **294**
Aussagesatz **222**, 290
äußere Handlung 77 f.

B

Beobachtungsbogen **99**

Berichte **55–68**
- Aufbau **57**, 270
- Checkliste 68
- Polizeibericht **57 f.**, 221, 223, 271
- sprachliche Besonderheiten 60, 62–65
- Unfallbericht **59 f.**, 66, 271
- Zeitformen 63, 65, 286 f.
- Zeitungsbericht **61–63**, 271
beschreiben **48–50**, 271
Betreffzeile **42 f.**, 273
beugen ▶ konjugieren
bewertetes Projekt **152–158**
Bibliothek **169**
Bildergeschichte 133
Bindewort ▶ Konjunktion
Briefe schreiben 23 f., 35–54, **272–274**
- Anredepronomen 40, 45
- Aufbau 38–40
- äußere Form 40
- Checkliste 54
- Formulierungen 45
- persönliche Briefe 22, 37, **272**
- sachliche Briefe **38–47**, 53 f. 252, **273**
Bücherei ▶ Bibliothek
Buchkritik 167 f.

C

Cluster 14, 74, 85, 102, **276**
Computereinsatz 47, 178, 252
- Rechtschreibprüfung am Computer **47**, **252**

D

das oder *dass*? **229**, 294
Dativ **192**, 283
Dativobjekt **216–221**, 289
Deklinieren **192**, 283
Demonstrativpronomen (hinweisendes Fürwort) ▶ Pronomen
Dialekt 130 f., 251, 268, **269**
Dialog 26, 28, 48, 78, 150, 155
Dialog schreiben 117, 119, 130, 134
Diktat ▶ Partnerdiktat
Diskussion 26 f., 31, 33, 34, 270
Doppelkonsonant **246 f.**, **293**

E

Eigenschaftswort ▶ Adjektiv
Einstellungsgrößen (Kamera) **165**
Einzahl ▶ Singular 192 f.

E-Mail 23 f.
Erlebniserzählung **72**
Ersetzen 217
Er-/Sie-Erzähler **93**, 278
Erzählen **69–88**
- anschaulich erzählen 74
- Aufbau 15, 73
- äußere und innere Handlung 77
- Checkliste 88
- Erlebniserzählung 72
- Fantasieerzählung 72
- Handlungstreppe 73
- mündlich und schriftlich erzählen **70**
- Schreibplan 74–75
- sprachliche Gestaltung 61–63
- Sprichwörter **80**
- Wortfelder **85**
- wörtliche Rede **84**
- zu Bildern **15**
- zu Bildergeschichten 133 f.
- zu Redewendungen **79 f.**
- nach Reizwörtern 274
Erzählperspektive **93**, 278
Erzählschritte **73**, **75**, 124

F

Fabeln **123–136**
- Fabeln umgestalten/neu schreiben 134
- Fabelrundgang 135 f.
- zu Bildern Fabeln erzählen 133 f.
Fall ▶ Kasus
Fehlerlisten 261
Femininum ▶ Genus **192**
Figuren **93–96**
Film **159–170**
- eine Filmkritik (Rezension) schreiben **168 f.**
- Einstellungsgrößen 165
- Kameraperspektiven 166
Filmkritik 162, 168 f.
Fragesatz **222**, **290**
Fremdwörter **175 f.**, 295
Fünf-Schritt-Lesemethode 173 f., 281
Futur **210**, 287

G

Gallery Walk **135 f.**
Gedichte **137–148**, 280
- Akrostichon 171, **280**

– Form 280
– Jahreszeitengedichte **141–145**
– Jahreszeitenposter **148**
– Naturgedicht **138–140,** 280
– sprachliche Bilder 143, **145,** 280
– Strophe 140, 280
– untersuchen 140, 280
– Vers 140, 280
– vortragen 143, 148, 266–268
Gegenstandsbeschreibung **48–54,** 271
– Checkliste 54
– sprachliche Gestaltung 52
Gegenwart ▶ Präsens
Genitiv **192,** 283, 289
Genitivobjekt **216,** 289
Genus 192, 283
– Femininum 192, 283
– Maskulinum 192, 283
– Neutrum 192, 283
Geschlecht ▶ Genus
Gespräche vorbereiten **30 f.,** 270
Gesprächsregeln 27, 31, 269
Gestik beim Vortragen 99, 151, 169
Göttersagen **111–122,** 215–220, 279
Grundform Adjektiv ▶ Positiv
Grundform Verb ▶ Infinitiv
Grußformel (Brief) **40,** 273 f.

H

Handlungsschritte ▶ Erzählschritte
Handlungstreppe **73,** 83
Hauptsatz **223 f.,** 290
Hauptwort ▶ Nomen
Hausaufgaben 258
Heimatsagen **104–110,** 279
Heldensagen **111–122,** 215–220, 279
hinweisendes Fürwort
  ▶ Demonstrativpronomen
Höchststufe ▶ Superlativ
Höherstufe ▶ Komparativ

I

i-Laut **250 f.,** 293
Ich-Erzähler 88, **93,** 278
Infinitiv 207, 286
Info-Plakat 264 f.
Informationen beschaffen 265 f.
– Bibliothek 34, 214, 101, 169
– Fernsehsendungen auswerten 170
– im Internet recherchieren 120, 162, 168 f., 265 f.
– Sachtexte **180–188,** 271, 281

informieren **58–63,** 270
– Gegenstandsbeschreibung **48–54,** 271
– Infoplakat 264 f.
– Referat 266 f.
– Texte auswerten, Informationen präsentieren **262 f.**
innere Handlung 77 f.
Interview 244

J

Jugendbuch 17 f., 20 f., 32 f., **90–96**
Jugendsprache 19, 269

K

Kameraperspektive **165**
– Froschperspektive 166
– Normalsicht 166
– Vogelperspektive 166
Kartenabfrage 102
Kasus **192,** 283
– Akkusativ 192, 283
– Dativ 192, 283
– Genitiv 192, 283
– Nominativ 192, 283
Kausaladverbiale **219,** 289
Klappentext **90**
Kommasetzung **253–256,** 294
Komparativ **197,** 284
konjugieren 286
Konjunktion 33, 64 f., 223, 218 f., 284
Konsonant 293
kreativ mit Texten umgehen 278
– eine Erzählung zu einer Redewendung verfassen 81–83
– mit Fabeln umgehen 129–136
– Sagen umgestalten 121 f.
– Sagen weiterschreiben 117, 119, 121 f.
– Theaterszenen entwickeln 152–158

L

lange Vokale 248, **250,** 293
Layout 178, **182,** 272
Lernen lernen **257–268**
– Checkliste 268
– Fehlerlisten 261
– Info-Plakat 264 f.
– Mind-Map 36, 101, **259,** 277
– präsentieren 268
– Referat 266 f.
– Strategien anwenden 258
– Texte auswerten 262 f.
Lesestrategie ▶ Fünf-Schritt-Lesemethode

literarische Texte erschließen 104–120, 124–127, 138–147
Lokaladverbiale **219,** 289

M

Märchen 123, **279**
Maskulinum ▶ Genus
Medien
– E-Mail 23 f., 50
– Fernsehen **170**
– Film **162–166**
– Internet 120, 162, 168 f., 265 f.
– Medienkonsum reflektieren 170
– Medientagebuch 170
– Nachrichtensendungen 170
– SMS 24
– Wissenssendungen 170
Mehrzahl ▶ Plural
Meinungen begründen/formulieren **26–30,** 183
Mind-Map 36, 101, **259,** 277
miteinander sprechen 26–34, 269 f.
Modaladverbiale **219,** 289

N

nacherzählen 19, 22, 96, 124, 126, 129, 154, **276**
Nebensatz **225 f.,** 290
Neutrum ▶ Genus
Nomen **190–193,** 283
– ableiten 191
– Artikel 192, 241 f., 284
– deklinieren 192, 283
– Genus 192, 283
– Kasus 192, 283
– Nomenendungen 191, 242
– Numerus 192, 283
Nomenendungen **191**
Nominalisierungen **242–245,** 286
Nominativ **192,** 283
Numerus ▶ Nomen

O

Objekt **214–218,** 289
– Akkusativobjekt 214–218, 289
– Dativobjekt 214–218, 289
– Genitivobjekt 214–218, 289
– Präpositionalobjekt 218, 289

P

Partizip 206, 208, 211, 287
Partnerdiktat 234, 236, 247, 254
Passiv 62, **211 f.,** 287
Perfekt 70, **206 f.**
Personalform 208, 286

Personalpronomen (persönliches Fürwort) ▶ Pronomen
persönliche Briefe schreiben ▶ Briefe schreiben
Plakat ▶ Info-Plakat
Plural **192**, 283
Plusquamperfekt **208**, 287
Polizeibericht **61**, 68, 271
Possessivpronomen (besitzanzeigendes Fürwort) ▶ Pronomen
Positiv **197f.**, 284
Prädikat **216–218**, 288
Präpositionalobjekt **218**, 289
Präpositionen **200–202**, 286
Präsens **203f.**, 286
präsentieren 268
Präteritum **205–207**, 287
Projekt 135f., 148–158
– Fabelrundgang 135f.
– Jahreszeitenposter 148
– Theaterprojekt 149–158
Pronomen **194–196**, 285
– Demonstrativpronomen **195f.**, 285
– Personalpronomen **194f.**, 285
– Possessivpronomen **194f.**, 286
– Relativpronomen **195f.**, 285
Protokoll 136

R
Rechtschreibproben **234–239**, 291
– Ableitungsprobe **236**, 291
– Verlängerungsprobe **237**, 291
Rechtschreibregeln **240–253**, 291f.
– Groß-/Kleinschreibung **240–246**, 292
– kurze Vokale (Schärfung) **247f.**, 293
– lange Vokale (Dehnung) **248–250**, 293
– Silbentrennung **238**, 292
– s-Laut **251f.**, 293
– verwandte Wörter **236**, 291
– Wortbausteine **235**, 291
– Wörter verlängern **237**, 291
Rechtschreibtipps und -techniken ▶ Rechtschreibregeln
Rechtschreibung ▶ Rechtschreibregeln
Redewendung **79–88**, 275, 295
Referat **256–258**
regelmäßige (schwache) Verben 287
Regieanweisung 157, 282
Reim **137–148**, 238, 280
– Kreuzreim **140**, 280
– Paarreim **140**, 280
– umarmender Reim **140**, 280

Reizwortgeschichte 274
Relativsatz **228**, 291
Requisiten 151, 282
Rezension **167–169**
– Buchkritik 167
– Filmkritik 168f.

S
sachliche Briefe schreiben ▶ Briefe schreiben
Sachtexte **171–188**, 281
– Aufbau 177, 271
– Checkliste 188
– die eigene Meinung formulieren 183
– Einleitungssätze formulieren 181
– erschließen (Fünf-Schritt-Lesemethode) 173f.
– Fremdwörter 175
– Inhalte wiedergeben 182
– Inhalt zusammenfassen 174
– Layout 178, **182**, 187f., 272
– Sätze verknüpfen 185, 277
– Schlüsselwörter 173, 281
– sprachliche Gestaltung 272
– Thema nennen 173, 281
– Überschriften zu Abschnitten formulieren 174, 281
– unbekannte Wörter klären 173, 281
Sagen **103–133**, 279
– antike Götter- und Heldensagen **111–122**, 215–220, 279
– Checkliste 122
– eine Sage weiterschreiben 117, 119, 121f.
– Sagenmerkmale **110**, 114
Satzarten **222**, 290
Satzgefüge **226**, 254, 290
Satzglieder **216**, 288
– Adverbiale **219f.**, 289
– bestimmen **216**, 289
– Objekt **216**, 289
– Prädikat **216**, 288
– Subjekt **216**, 288
Satzreihe **223**, 254, 290
Satzschlusszeichen ▶ Satzarten
Satzverknüpfungen 33, 185, 218f., 223, 226, 277
Schreibkonferenz 16, 42, 44, **86**, 133, 157, 277
schriftlich erzählen **69–88**, 274
sich vorstellen 28, 30, 48, 269
Silbentrennung **238**, 292
Singular **192**, 283

s-Laut **251f.**, 293
Sprachebenen 269
– Dialekt 130f., 251, 268, **269**
– Jugendsprache 19, 269
– Standardsprache 24, 269
– Umgangssprache 24, 70, 86, 251, 285, 269
sprachliche Bilder 80, 143, **145**, 280
Sprichwörter **79–81**, 295
Standardsprache 24, 269
Steckbrief 19
Stegreifspiel 131, **155**, 282
Stichwortkarten 15, 258
Subjekt **216**, 288
Suffix 191
Superlativ **197**, 284
Szene 157, 282

T
Tätigkeitswort ▶ Verb
Telefongespräch 29, 48, 60, 78, **269**
Temporaladverbiale **219**, 289
Tempus/Tempusformen **203–210**, 286f.
– Futur 210, 287
– Perfekt 206f., 287
– Plusquamperfekt 208f., 287
– Präsens 203f., 286
– Präteritum 206f., 287
Texte markieren 173
Texte überarbeiten 44f., 62f., 276
Texte zusammenfassen 172–179, 281
textgebundener Aufsatz (TGA) 109, **114f.**, **117**, 121f., **181f.**, 187, 271, 276
Theater **149–158**, 282
– Fachbegriffe 282
– Grundlagen **151**, 282
– Stegreifspiel 131, **155**, 282
– Szenen entwickeln **152–158**

U
Umgangssprache 24, 70, 86, 261, 269
Umstellprobe **217**, 277, 288
Unfallbericht 59f., 271
unregelmäßige (starke) Verben 287

V
Veranstaltungen organisieren 36, 100–102, 135f.
Verb **203–212**
– Aktiv und Passiv 62, **211**, 287
– Infinitiv 207, 286
– Partizip 206, 208, 211, 287
– Personalform 208, 286

- regelmäßige (schwache) Verben 287
- Tempus **203–210,** 286 f.
- unregelmäßige (starke) Verben 287

Vergangenheitsformen ▶ Präteritum, Perfekt, Plusquamperfekt
Vergleiche 39, 52, 74, **141,** 145, 197
Verlängerungsprobe 237, 291
Vokal **246–250**
- kurze Vokale (Schärfung) **247,** 293
- lange Vokale (Dehnung) **248–250,** 293

vorlesen **97–99,** 143, **281**
Vorlesewettbewerb **99**
Vortrag ▶ Referat

W

Weglassprobe 277
W-Fragen 15, 58, 68, 173, 179, 283
Wortarten **189–214,** 283 f.
- Adjektiv **197 f.,** 284
- Artikel 192, 284
- Konjunktion 33, 64 f., 223, 218 f., 284
- Nomen **190–193,** 283
- Pronomen **194–196,** 285
- Verb **203–212,** 286 f.

Wortbaustein **235,** 241, 291
Wortbildung ▶ Wortbaustein
Wörterbuch **43,** 173, **239**
Wortfamilie 235, 246, 249, 251, **295**
Wortfeld **85,** 174, 295
wörtliche Rede **84, 254,** 294
Wortstamm 235, 291

Z

Zeichensetzung 84, 214, 253–255, **294**
- Kommasetzung **253–255,** 294
- Satzschlusszeichen **214,** 290
- wörtliche Rede **84, 274,** 294

Zeitform ▶ Tempus
Zeitungsbericht **61,** 270 f.
Zukunft ▶ Futur

Zu diesem Buch gibt es:
- ein passendes Arbeitsheft (mit Übungssoftware ISBN 978-3-06-062444-7; ohne Übungssoftware ISBN 978-3-06-062426-3)
- einen passenden Schulaufgabentrainer (ISBN 978-3-06-062438-6)

Teile einiger Kapitel dieses Bandes wurden erarbeitet von
Christoph Berghaus, Günther Biermann, Annette Brosi, Wolfgang Butz, Andrea Carl, Friedrich Dick, Ute Fenske, Josi Ferrante-Heidl, Gertraud Fuchsberger-Zirbs, Susanne Gasse, Andrea Gefeke, Angelika von Hochmeister, Marlene Koppers, Monika Lenkaitis, Anna Löwen, Sabine Matthäus, Wilhelm Matthiessen, Birgit Patzelt, Katja Reinhardt, Gerhard Ruhland, Toka-Lena Rusnok, Marco Schlegel, Christine Steinmüller, Carolin Wemhoff, Sylvia Wüst.

Redaktion: Amelie Ihering, Otmar Käge, Stefanie Schumacher
Bildrecherche: Gabi Sprickerhof
Coverfoto: Tom Chance. © Westend 61/Photoshot

Illustrationen:
Uta Bettzieche, Leipzig (S. 123–135)
Maja Bohn, Berlin (S. 27–34)
Nils Fliegner, Hamburg (S. 233–241; 247–248)
Marie Geißler, Berlin (S. 151–158)
Konrad Golz, Zühlsdorf (S. 101–102; 160; 166; 197–199; 201; 259–268)
Christiane Grauert, Milwaukee/USA (S. 56–67; 173–185)
Sylvia Graupner, Annaberg-Buchholz (S. 69–83)
Constanze Guhr, Berlin (S. 36–51)
Constanze v. Kitzing, Köln (S. 103; 106–119)
Peter Schössow, Hamburg (S. 90–98)
Barbara Schumann, Berlin (S. 14–16; 18–19; 21–23)
Christa Unzner, Den Haag (S. 138–148)

Gesamtgestaltung und technische Umsetzung: werkstatt für gebrauchsgrafik, Berlin

www.cornelsen.de

Dieses Werk berücksichtigt die Regeln der reformierten Rechtschreibung und Zeichensetzung.
Bei den mit ⓡ gekennzeichneten Texten haben die Rechteinhaber einer Anpassung widersprochen.

1. Auflage, 2. Druck 2013

Alle Drucke dieser Auflage sind inhaltlich unverändert
und können im Unterricht nebeneinander verwendet werden.

© 2012 Cornelsen Schulverlage GmbH, Berlin

Das Werk und seine Teile sind urheberrechtlich geschützt.
Jede Nutzung in anderen als den gesetzlich zugelassenen Fällen bedarf
der vorherigen schriftlichen Einwilligung des Verlages.
Hinweis zu den §§ 46, 52a UrhG: Weder das Werk noch seine Teile dürfen ohne eine
solche Einwilligung eingescannt und in ein Netzwerk eingestellt oder sonst öffentlich
zugänglich gemacht werden.
Dies gilt auch für Intranets von Schulen und sonstigen Bildungseinrichtungen.

Druck: Mohn Media Mohndruck, Gütersloh

ISBN 978-3-06-062420-1

 Inhalt gedruckt auf säurefreiem Papier aus nachhaltiger Forstwirtschaft.

Kniffelige Verben im Überblick

Infinitiv	Präsens	Präteritum	Perfekt
befehlen	du befiehlst	er befahl	er hat befohlen
beginnen	du beginnst	sie begann	sie hat begonnen
beißen	du beißt	er biss	er hat gebissen
bieten	du bietest	er bot	er hat geboten
bitten	du bittest	sie bat	sie hat gebeten
blasen	du bläst	er blies	er hat geblasen
bleiben	du bleibst	sie blieb	sie ist geblieben
brechen	du brichst	sie brach	sie hat gebrochen
brennen	du brennst	es brannte	es hat gebrannt
bringen	du bringst	sie brachte	sie hat gebracht
dürfen	du darfst	er durfte	er hat gedurft
einladen	du lädst ein	sie lud ein	sie hat eingeladen
erschrecken	du erschrickst	er erschrak	er ist erschrocken
essen	du isst	er aß	er hat gegessen
fahren	du fährst	sie fuhr	sie ist gefahren
fallen	du fällst	er fiel	er ist gefallen
fangen	du fängst	sie fing	sie hat gefangen
fliehen	du fliehst	er floh	er ist geflohen
fließen	du fließt	es floss	es ist geflossen
frieren	du frierst	er fror	er hat gefroren
gehen	du gehst	sie ging	sie ist gegangen
gelingen	es gelingt	es gelang	es ist gelungen
genießen	du genießt	sie genoss	sie hat genossen
geschehen	es geschieht	es geschah	es ist geschehen
greifen	du greifst	sie griff	sie hat gegriffen
halten	du hältst	sie hielt	sie hat gehalten
heben	du hebst	er hob	er hat gehoben
heißen	du heißt	sie hieß	sie hat geheißen
helfen	du hilfst	er half	er hat geholfen
kennen	du kennst	sie kannte	sie hat gekannt
können	du kannst	er konnte	er hat gekonnt
kommen	du kommst	sie kam	sie ist gekommen
lassen	du lässt	sie ließ	sie hat gelassen
laufen	du läufst	er lief	er ist gelaufen
lesen	du liest	er las	er hat gelesen